Erfolgreich in den Arbeitsmarkt?

Campus Forschung
Band 960

Christian Ebner ist wissenschaftlicher Mitarbeiter am Wissenschaftszentrum Berlin für Sozialforschung.

Christian Ebner

Erfolgreich in den Arbeitsmarkt?

Die duale Berufsausbildung im internationalen Vergleich

Campus Verlag
Frankfurt/New York

Zugl.: Dissertation, Berlin, Humboldt-Universität zu Berlin, 2012

Bibliografische Information der Deutschen Nationalbibliothek
Die Deutsche Nationalbibliothek verzeichnet diese Publikation in der Deutschen Nationalbibliografie; detaillierte bibliografische Daten sind im Internet unter http://dnb.d-nb.de abrufbar.
ISBN 978-3-593-39875-4

Umschlaggestaltung: Campus Verlag GmbH, Frankfurt am Main
Druck und Bindung: CPI buchbücher.de, Birkach
Gedruckt auf Papier aus zertifizierten Rohstoffen (FSC/PEFC).
Printed in Germany

Dieser Titel ist auch als E-Book erschienen.
www.campus.de

Inhalt

Dank

Diese Dissertationsschrift wurde Anfang Januar 2012 an der Humboldt-Universität zu Berlin vorgelegt. Die Vollendung einer solchen Arbeit wäre niemals ohne die Ermutigung und Unterstützung durch Familie, Freunde und Kollegen möglich gewesen. Zuallererst möchte ich meinen beiden Betreuerinnen Jutta Allmendinger und Rita Nikolai danken, die den Prozess von Anfang an begleitet, praktische Hinweise und konstruktives Feedback zu einzelnen Kapiteln gegeben haben. Jutta Allmendinger war es auch, die nicht nur die richtigen Nachfragen zur richtigen Zeit stellte, sondern schon den Prozess der Themenfindung und -zuspitzung entscheidend mitprägte. Viele Kollegen standen mir mit Rat und Tat zur Seite. Schon früh Kathrin Dressel und Martin Schludi, mit denen ich eine sehr bereichernde Zeit am Institut für Arbeitsmarkt- und Berufsforschung verbinde. Mein Kollege Marcel Helbig, mit dem ich mir über mehrere Jahre ein Büro am Wissenschaftszentrum Berlin teilte, hat meine Arbeit durch kritische Nachfragen weitergebracht. Ich danke außerdem Heike Solga und der Abteilung Ausbildung und Arbeitsmarkt für inhaltliche Hinweise in den entsprechenden Kolloquien, Johannes Giesecke für methodischen Rat und den (ehemals) studentischen Hilfskräften Simone Grellmann, Benni Edelstein sowie Stefanie Jähnen. Danken möchte ich auch dem Wissenschaftszentrum Berlin für Sozialforschung mit seiner hervorragenden Forschungsinfrastruktur sowie dem Bundesministerium für Bildung und Forschung für die Finanzierung des Projektes. Viele Personen, die mir nahe stehen und die mir viel Kraft gegeben haben, sollen hier abschließend erwähnt werden. Zum einen meine Freunde Dirk, Joachim, Lena, Martin und Simon. Ganz besonders auch meine Geschwister Nadja und Martin sowie meine Eltern Elke und Alfred, die immer an mich geglaubt und mich in allen Lebenslagen unterstützt haben. Dank an Euch alle.

Vorwort: Das duale Ausbildungssystem im internationalen Vergleich

Der Übergang von Bildung in Beschäftigung ist eine der wichtigsten Weichenstellungen im Leben junger Menschen. Seit langem wissen wir, wie sehr ein erfolgreicher Abschluss dieser sensiblen Phase von der Dauer der Ausbildung, dem formalen Abschluss, den Noten und den sozialen Kompetenzen der Menschen abhängt. Wir wissen auch, dass institutionelle und wirtschaftliche Rahmenbedingungen diesen Übergang prägen. Besonders eindrucksvoll zeigt sich dies in der beruflichen Ausbildung: In manchen Ländern wird direkt in den Betrieben ausgebildet, oft sind die Kenntnisse dann sehr auf den Bedarf des jeweiligen Betriebs zugeschnitten und lassen sich nach Ende der Ausbildung nicht recht in anderen Betrieben einsetzen. In anderen Ländern erfolgt die Ausbildung in Schulen. Die Ausbildungsinhalte sind dann zwar oft standardisiert und damit übertragbar, meist fehlt den Ausgebildeten aber die praktische Erfahrung. Diese muss später von den Betrieben nachgeliefert werden. Die duale berufliche Ausbildung wird daher von vielen als der Königsweg angesehen. Ausbildungsinhalte sind standardisiert und übertragbar, die betrieblichen Anteile vermitteln das entsprechend angewandte und praktische Wissen, und theoretisches Knowhow wird in der Berufsschule erlernt.

Mittlerweile liegen viele Untersuchungen zum Stellenwert beruflicher Ausbildung für den Übergang zwischen Bildung und Beschäftigung vor: theoretisch fundiert, auf einem breiten ländervergleichenden Ansatz und immer besseren Längsschnittdaten aufgebaut, überprüft und verfeinert. Dabei wurde für die Analyse die Dreiteilung in die Kategorien betrieblich – schulisch – dual fortgeschrieben und gezeigt, wie erfolgreich die duale Ausbildung im Vergleich zu anderen Ausbildungsformen ist.

»Die duale Ausbildung in Deutschland ist ein Exportschlager«, hören wir dann oft. Manchmal überhören wir diese Feststellung sogar, so vertraut sind wir mit dieser gelingenden Verbindung von Schule und Betrieb als Vorbereitung auf das Berufsleben. Es ist mittlerweile der einzige Export von Bildungs- und Ausbildungsstrukturen, der Deutschland geblieben ist. Doch auch er ist bedroht.

Der typisch deutsche Studienabschluss, das deutsche Diplom, wird seit einigen Jahren nicht mehr exportiert. Wir haben die Bologna-Verträge unterzeichnet und unsere Studiengänge weitgehend auf Bachelor- und Masterstudiengänge umgestellt. Diese Umstellung erfolgte, um einen einheitlichen europäischen Hochschulrahmen zu erzeugen, die jungen Menschen früher aus dem Studium in den Arbeitsmarkt zu bringen und die Mobilität der Studierenden zu erhöhen. Dabei hat man weitgehend übersehen, dass sich der neue Bachelor-Studiengang mit seinen explizit auf die praktische Berufsvorbereitung zugeschnittenen Ausbildungsinhalten nun in direktem Wettbewerb mit dem in Deutschland vorherrschenden dualen Ausbildungssystem befindet.

Dieser Wettbewerb wird aus mehreren Gründen stärker. Über die Jahrzehnte haben immer mehr junge Menschen in Deutschland eine Studienberechtigung erreicht. Viele von ihnen setzen diese nicht in ein Studium um, sondern entscheiden sich für eine duale berufliche Ausbildung. Sie haben gute Chancen, einen solchen Ausbildungsplatz zu bekommen, verdrängen dabei aber häufig Jugendliche mit Haupt- und Realschulabschluss. Inwieweit die Einführung von Bachelor-Studiengängen an diesem Wettbewerb um freie Ausbildungsplätze etwas ändert, kann noch nicht zufriedenstellend beantwortet werden. Auch der Qualitätsvergleich der erreichten Fähigkeiten und Fertigkeiten nach dem dreijährigen Bachelor und der manchmal mehr als dreijährigen Lehre ist durchaus offen.

Die international und europäisch vergleichende Statistik berücksichtigt nicht die spezifisch deutsche Situation. Alle Benchmarks kreisen um den Anteil von Menschen im tertiären Bildungssystem – hierzu zählt der Bachelor, nicht aber die duale Ausbildung. Die Situation ist paradox. Das Vorbildhafte gerät durch die neuen Strukturen in Bedrängnis, will man den international vereinbarten Benchmarks zur Akademisierung der Bevölkerung gerecht werden.

Während ein deutscher Exportschlager im internationalen Dialog nicht berücksichtigt wird, so sehen wir gleichermaßen keinen Import von Schulsystemen, die sich in anderen Ländern als überaus erfolgreich erwiesen haben. Hatte man das dreiteilige deutsche Bildungssystem mit einer frühen Trennung von Kindern in möglichst homogene Klassenverbände vor langer Zeit in anderen Ländern kopiert, wurde es in den letzten Jahrzehnten wieder grundsätzlich verworfen. Die besten, aber längst nicht einzigen Beispiele sind Finnland und Kanada, Länder also, die zunächst das deutsche System übernommen hatten, dann aber binnen wenigen Jahren die Lehrerbildung und dann die Schulstruktur verändert haben. Heute unterrichtet man, unterstützt von einer Pädagogik der Vielfalt, die Kinder bis zum Alter von 16 Jahren zusammen. Erst danach können weiterführende Schulen gewählt werden. Man lebt mit der Vielfalt. So wie in den allermeisten anderen Ländern eben auch. Und erzielt damit Ergebnisse, die weit besser als die unsrigen sind.

Seltsam ist nur, dass Deutschland von diesen Erfahrungen anderer Länder und den Modellschulen im eigenen Land nicht lernt und erfolgreiche Strukturen nicht flächendeckend einsetzt. Es bleibt bei preisgekrönten Modellschulen. Dies isoliert uns international. Was noch schlimmer wiegt: Unser Schulsystem führt dazu, dass wir viele Kompetenzarme haben. Es ist eine erschreckende soziale Ungerechtigkeit, da die Bildungschancen der Kinder maßgeblich von den Bildungsergebnissen und dem sozialen Status der Eltern abhängen. Übrigens steht Deutschland im höchsten Kompetenzbereich auch schlechter als andere Länder, in denen auch die Kompetenz-Elite breiter ist.

Die Frage, in welchen Bereichen sich europäische Konvergenzen in den Schul- und Ausbildungsstrukturen zeigen und welche Bereiche sich diesen verwehren, wurde schon häufig gestellt und untersucht. Sie überdeckt damit eine andere und nicht weniger wichtige Frage: Welche Unterschiede zeigen sich innerhalb von Systemtypen, die sich ähnlich sind? Geht man dieser Frage nach, so strebt man nicht nach einer völligen Systemtransformation, sondern gewissermaßen nach Optimierungen innerhalb derselben Kategorie von Ausbildungssystemen.
Dieser analysierende Blick auf ganz ähnliche Ansätze ist die große Leistung des vorliegenden Buches. Christian Ebner zeigt, wie beträchtlich die Unterschiede innerhalb der bislang immer undifferenziert untersuchten Ländergruppe mit einer dualen Ausbildung sind, welch klaren Mustern sie folgen und welch eindeutig bestimmbare Folgen für den Übergang zwischen Bildung und Beschäftigung sie haben. Länder, die eine duale Ausbildung verfolgen, sind neben Deutschland noch Österreich, Dänemark und die Schweiz.

Ohne Ergebnisse des vorliegenden Buches hier vorwegnehmen zu wollen, zeigt die Arbeit, dass sich duale Ausbildungssysteme in mehreren Bereichen systematisch unterscheiden. So etwa bei der Zahl der Ausbildungsberufe, die sie anbieten; dem Anteil allgemeiner und berufsspezifischer Ausbildungsmodule innerhalb eines Ausbildungsgangs und dem Zeitpunkt, zu dem man sich auf einen spezifischen Ausbildungsberuf festzulegen hat. Mit diesen Komponenten gehen selbst nach Prüfung aller anderen Rahmenbedingungen – der Konjunktur, der Sozialsysteme, der arbeitsmarktpolitischen Regelungen – deutliche Unterschiede in der Passung von beruflicher Ausbildung und ausgeübtem Beruf sowie der Arbeitsplatzsicherheit einher.

Christian Ebner ist eine wichtige und innovative Arbeit geglückt. Diese hat zudem einen deutlichen Transferbezug. In Zeiten neuer Anforderungen auf dem Arbeitsmarkt und einer insgesamt längeren Lebensarbeitszeit aufgrund demografischer Entwicklungen können wir anhand der erzielten Ergebnisse gut einschätzen, welches spezifische Muster dualer Ausbildung den heutigen Herausforderungen am besten gerecht werden kann und warum das der Fall ist.

Es hat mich sehr gefreut, dass Christian Ebners Arbeiten zur Schnittstelle zwischen Bildungssystem und Arbeitsmarkt mit dem österreichischen Berufsbildungsforschungspreis 2012 ausgezeichnet wurden. Überrascht hat es mich nicht.

Berlin, November 2012
Jutta Allmendinger

1. Einleitung

Das deutsche duale Ausbildungssystem gilt international als ein wesentlicher Faktor für wirtschaftlichen Erfolg. Junge Menschen werden über mehrere Jahre zu Fachkräften ausgebildet und stellen das Rückgrat der »diversifizierten Qualitätsproduktion« dar (Streeck 1991: 21f.). Damit unterscheidet sich das deutsche Modell von einfachen Anlernausbildungen (*training on-the-job*), die etwa in England große Verbreitung gefunden haben. Das deutsche Ausbildungssystem ist außerdem durch die Dualität der Lernorte gekennzeichnet – Auszubildende erwerben sowohl theoretisch-abstraktes Wissen in der Berufsschule wie auch praktische Berufserfahrung im Betrieb. Lehrabsolventen haben damit im Vergleich zu Absolventen vollzeitschulischer beruflicher Ausbildungseinrichtungen den Vorteil, dass sie direkt in ihren Ausbildungsbetrieb übernommen werden können und Sucharbeitslosigkeit somit oft erst gar nicht auftritt. Ein im internationalen Vergleich besonders hervorstechendes Merkmal der deutschen dualen Berufsausbildung ist zudem das Berufsprinzip (z.B. Greinert 1999; Baethge 2008) und die enge Kopplung des Ausbildungssystems an den Arbeitsmarkt (Maurice et al. 1986; Marsden 1990): Arbeitgeber[1] strukturieren Arbeitsinhalte entlang von beruflichen Ausbildungsinhalten. Die Wirtschaft überarbeitet regelmäßig die Inhalte von Ausbildungsberufen, die dann in bundesweit standardisierten Ausbildungsordnungen festgehalten werden (Allmendinger 1989). Somit ist eine hohe Passung zwischen Ausbildungssystem und Arbeitsmarkt gewährleistet. In Europa ist ein solches duales Ausbildungssystem unterhalb des Hochschulbereichs neben Deutschland noch in drei weiteren Ländern etabliert – es handelt sich dabei um die Nachbarländer Österreich, Schweiz und Dänemark.

---

1 Werden Personenbezeichnungen aus Gründen der besseren Lesbarkeit lediglich in der männlichen oder weiblichen Form verwendet, so schließt dies das jeweils andere Geschlecht mit ein.

Eine große Zahl von international vergleichenden Studien im Bereich der *school-to-work transitions*-Forschung kommt zu dem Ergebnis, dass der Arbeitsmarkteinstieg junger Menschen in Ländern mit dualem Ausbildungssystem im Vergleich zu Ländern mit anderen Ausbildungssystemtypen relativ reibungslos vonstatten geht: Jugenderwerbslosenquoten sind niedrig, der berufliche Status junger Ausbildungsabsolventen ist hoch und die Zahl beruflicher Mismatches gering. Viele der komparatistisch angelegten Untersuchungen sind tiefergehende Zwei- oder Drei-Länder-Studien (z.B. Maurice et al. 1986; Allmendinger 1989; Marsden 1990; DiPrete und McManus 1996; Allmendinger und Hinz 1997; DiPrete et al. 1997; Scherer 2001; Hillmert 2002; Gangl 2004b,a; Scherer 2004; Scherer und Kogan 2004; Giesecke 2006; Leuze 2010; Longhi und Brynin 2010). Andere Studien vergleichen Übergangsprozesse vom Bildungssystem in den Arbeitsmarkt dagegen zwischen einer großen Zahl von Ländern, zum Beispiel den OECD-Ländern oder den Mitgliedsstaaten der EU (Müller und Shavit 1998; Gangl 2001,2002; Wolbers 2003; Blossfeld et al. 2005; Breen 2005; Brzinsky-Fay 2007; Saar et al. 2008; OECD 2009a; Quintini und Manfredi 2009; Andersen und van de Werfhorst 2010). Alles in allem stützen die Befunde aber die Annahme einer hohen Passung zwischen Bildungssystem und Arbeitsmarkt in Ländern mit dualer Berufsausbildung.

Dennoch gibt es auch empirische Hinweise darauf, dass es *innerhalb* der Ländergruppe mit dualem Ausbildungssystem zu Unterschieden in der frühen Arbeitsmarktphase von Ausbildungsabsolventen kommt. In den Worten von Markus Gangl »A large part of cross-national variation is still within the country clusters singled out here, so that important cross-national differences in labour market entry patterns exist within[…]group[s] of countries [Ergänzung C.E.]« (Gangl 2001: 490). Diese Forschungslücke soll mit der vorliegenden Dissertation geschlossen werden. Die zentrale Forschungsfrage lautet: Wie unterscheidet sich die frühe Arbeitsmarktphase junger Menschen mit dualem Ausbildungsabschluss zwischen Deutschland, Österreich, der Schweiz und Dänemark? Oder abstrakter mit Blick auf die Systemebene formuliert: Wie unterscheidet sich die Kopplung zwischen dualem Ausbildungssystem und Arbeitsmarkt in den vier Untersuchungsländern?

Die Dissertation ist folgendermaßen aufgebaut: Kapitel 2 geht ausführlich auf die für diese Arbeit zentrale duale Berufsausbildung ein. Nach einer kurzen Einführung in das Thema Bildung und Berufsbildung wird dargestellt, wie sich der Prototyp des deutschen dualen Ausbildungssystems in einem historischen Prozess herausbildete. Dabei wird auch die Genese typischer Systemmerkmale, wie die Dualität der Lernorte, die hohe Standardisierung der Ausbildung, die korporatistische Steuerung und das Berufsprinzip, beschrieben. Die Besonderheiten der dualen Berufsausbildung werden gegen Ende des Kapitels noch einmal hervorgehoben, indem das Modell idealtypisch mit anderen europäischen Ausbildungsmodellen kontrastiert wird. So existieren neben dem in Deutschland, Österreich, der Schweiz und Dänemark verbreiteten dualen Ausbildungssystem, ein liberaler Typus englischer Prägung (*training on-the-job*) sowie eine französisch geprägte, staatlich gesteuerte schulische Berufsausbildung (vgl. hierzu insbesondere Greinert 1999; 2005).

Kapitel 3 geht schließlich auf die systemische Anbindung der dualen Berufsausbildung an den Arbeitsmarkt ein. Nach einer Einführung in das Thema Arbeitsmarkt, wird beschrieben, wie einzelne Systemkomponenten der dualen Berufsausbildung mit dem Arbeitsmarkt zusammenspielen. Dabei wird insbesondere die Dualität der Ausbildung, deren berufliche Spezialisierung, Standardisierung und Selektivität bei der Auswahl von Auszubildenden thematisiert. Eingegangen wird zudem auf verschiedene idealtypische Vorstellungen, wie sie in Gesellschaft, Wissenschaft und Politik in Hinblick auf Übergänge vom Bildungssystem in den Arbeitsmarkt verankert sind. Klassische Konzepte sind hier etwa der »Normallebenslauf« (Kohli 1985) oder das »Normalarbeitsverhältnis« (Mückenberger 1985), das eine unbefristete Vollzeitbeschäftigung impliziert. Demgegenüber werden in Deutschland immer auch wieder kritische Stimmen laut, die eine hohe Passung zwischen dualem Ausbildungssystem und Arbeitsmarkt in Frage stellen. So werden etwa »Diskrepanzen zwischen der industriegesellschaftlichen Prägung des dualen Berufsausbildungssystems und den Herausforderungen einer flexibler regulierten, dienstleistungs- und innovationszentrierten Wissensgesellschaft« gesehen (z.B. Heidenreich 1998: 322). Ein Kernstück dieser Arbeit ist es, eine Möglichkeit zu schaffen, Passung zwischen dualem Ausbildungssystem und Arbeitsmarkt messbar zu machen, um so einen validen Vergleich zwischen Ländern mit dualem Ausbildungssystem zu ermöglichen. Das Resultat sind *vier Typen von Passung zwischen dualem Ausbildungssystem und Arbeitsmarkt*, die am Ende von Kapitel 3 entwickelt werden.

Neuere Studien zeigen, dass sich die dualen Ausbildungssysteme der vier Untersuchungsländer in verschiedenen Aspekten unterscheiden (Bertelsmann Stiftung 2009; Ebner 2009; Ebner und Nikolai 2010;

Trampusch 2010; Nikolai und Ebner 2012). Kapitel 4 untersucht und vergleicht die duale Ausbildung in Deutschland, Österreich, der Schweiz und Dänemark gezielt mit Blick auf solche Systemmerkmale, die eine Verbindung des Ausbildungssystems zum Arbeitsmarkt herstellen. Dabei werden einerseits in der Übergangsforschung etablierte Konzepte wie »Standardisierung« und »Stratifizierung« (Allmendinger 1989) und das der »beruflichen Spezifität« (Müller und Shavit 1998) auf das duale Ausbildungssystem übertragen. Darüber hinaus werden Konzepte speziell für das duale Ausbildungssystem neu entwickelt. Hier stehen etwa der berufsschulische und betriebliche Lernanteil oder die Finanzierung der dualen Berufsausbildung im Fokus. Es zeigt sich, dass dem weniger standardisierten und beruflich breit ausbildenden dänischen Ausbildungssystem ein hoch standardisierter und beruflich spezialisierter deutschsprachiger Typus gegenübersteht. Innerhalb der deutschsprachigen Ländergruppe fällt das deutsche duale Ausbildungssystem durch eine besonders hohe berufliche Spezialisierung auf. Es stellt sich hier die spannende Frage, ob es auch zu so etwas wie einer »Überspezialisierung« kommen kann, die für Lehrabsolventen beim Arbeitsmarkteinstieg hinderlich ist.

Deskriptive Ergebnisse zur Kopplung zwischen dualem Ausbildungssystem und Arbeitsmarkt werden in Kapitel 5 dargestellt. Einführend werden verwendete Datensätze beschrieben, die Untersuchungspopulation und -zeitraum abgegrenzt sowie die Operationalisierung der Untersuchungsvariablen vorgenommen. Die Analysen werden entlang der in Kapitel 3 entwickelten Typen von Passung zwischen dualem Ausbildungssystem und Arbeitsmarkt vorgenommen. (1) *Kopplung zwischen dualem Ausbildungssystem und Beschäftigungssystem* kann beobachtet werden, wenn ein hoher Prozentsatz von Lehrabsolventen bei einem Betrieb arbeitet. Entkopplung von dualem Ausbildungssystem und Beschäftigungssystem äußert sich auf verschiedene Weise (Arbeitsmarktinaktivität, Erwerbslosigkeit, Selbständigkeit). Der Grad der Kopplung zwischen dualem Ausbildungssystem und Beschäftigungssystem fällt zudem umso höher aus, je mehr Lehrabsolventen in einem Land unbefristet (enge Anbindung an Betriebe) und Vollzeit beschäftigt sind (hohe Teilhabe am Erwerbssystem). Die (2) *berufliche Kopplung zwischen dualem Ausbildungssystem und Beschäftigungssystem* fällt dann hoch aus, wenn Lehrabsolventen ihr originäres Ausbildungsberufsfeld nicht verlassen. Die (3) *Kopplung des dualen Ausbildungssystems an Fachtätigkeiten* ist dann als besonders eng einzustufen, wenn Ausbildungsabsolventen vor allem Fachtätigkeiten und keine Niedrigqualifizierten-Berufe ausüben.

Die (4) *Kopplung zwischen dualem Ausbildungssystem und Ausbildungsbetrieb* ist vor allem dann als eng anzusehen, wenn ein hoher Anteil der Auszubildenden am Ende der Ausbildung von ihrem Betrieb übernommen wird und dort auch verbleibt. Die deskriptiven Analysen stellen insbesondere heraus, dass in Deutschland ein vergleichsweise geringer Anteil von Lehrabsolventen unbefristet vollzeitbeschäftigt ist, während der Anteil in Österreich im Vier-Länder-Vergleich am höchsten ausfällt. Die Kopplung des dualen Ausbildungssystems an Fachtätigkeiten ist dagegen vor allem in Dänemark gering – in Deutschland, Österreich und der Schweiz fallen die Anteile unterwertig beschäftigter Lehrabsolventen deutlich niedriger aus.

Auch wenn die individuelle Arbeitsmarktpositionierung zu einem entscheidenden Anteil durch Faktoren des Bildungssystems bestimmt wird, kann dennoch nicht ausgeschlossen werden, dass auch (ausbildungs-) systemexogene sozioökonomische und institutionelle Faktoren Einfluss nehmen (Raffe 2008). Kapitel 6 beschreibt auf der Grundlage des Forschungsstandes verschiedene solcher Faktoren, die die Lage von Lehrabsolventen auf dem Arbeitsmarkt beeinflussen könnten. Hierunter fallen etwa die Wirtschaftsstruktur (Wirtschaftssektoren, Betriebs- und Branchenstruktur etc.), Arbeitsmarktinstitutionen oder auch wohlfahrtsstaatliche Politiken.

Kapitel 7 nimmt anschließend die sozioökonomischen und institutionellen Rahmenbedingungen in den Untersuchungsländern näher in den Blick. Beispielhaft kann hier die vergleichsweise hohe allgemeine Erwerbslosenquote in Deutschland, die Prävalenz kleiner Betriebe in Österreich oder der vergleichsweise geringe Kündigungsschutz in der Schweiz und Dänemark angeführt werden.

In Kapitel 8 werden schließlich multivariate Analysen zur Kopplung zwischen dualem Ausbildungssystem und Arbeitsmarkt durchgeführt. Dabei wird das Ziel verfolgt, verschiedene landesspezifische Makroeinflüsse jenseits des Ausbildungssystems zu kontrollieren, so dass der ›reine‹ Ausbildungssystemeffekt beurteilt werden kann. Das Kapitel startet mit einer Einführung in Datensätze, zentrale Variablen und Methodik der Untersuchung. Die multivariaten Analysen werden schließlich wiederum für die einzelnen zuvor erarbeiteten Typen von Kopplung und Entkopplung durchgeführt. In Grundzügen bleiben die bereits im deskriptiven Teil erhaltenen Ergebnisse bestehen. Es können darüber hinaus verschiedene Effekte soziodemografischer Merkmale, des Wirtschaftszweigs, betrieblicher Merkmale und vor allem des Ausbildungsberufsfelds ausgemacht werden.

Die Dissertation schließt in Kapitel 9 mit einer Zusammenfassung, einer Diskussion der Ergebnisse und einem Ausblick auf zukünftige Forschung im Bereich der Übergänge von der dualen Berufsausbildung in den Arbeitsmarkt im internationalen Vergleich.

2. Die duale Berufsausbildung – Begriffsbestimmungen und Entstehungsgeschichte

Das duale Ausbildungssystem deutscher Prägung genießt international einen guten Ruf und wird als ein maßgeblicher Faktor für den deutschen Wirtschaftserfolg eingestuft (Sorge und Streeck 1988; Streeck 1991; 1992). Im vorliegenden Kapitel wird die Entstehung dieses Ausbildungsmodells ausführlich dargestellt. Am Beginn steht eine definitorische Eingrenzung des Begriffes der beruflichen Erstausbildung (2.1). Sie kann in ihrer Funktion von der Allgemeinbildung unterschieden und mit Blick auf die zeitliche Lagerung von Weiterbildung abgegrenzt werden. Kapitel 2.2 beschäftigt sich daran anschließend mit der Entstehung beruflicher Ausbildungssysteme in Europa und vertiefend mit dem in dieser Dissertation behandelten »dual-korporatistischen Modell der Berufsausbildung« (Greinert 1999). Dieses hat heute in Deutschland, Österreich, der Schweiz und Dänemark noch immer eine herausragende Bedeutung. Kapitel 2.3 stellt drei Prototypen beruflicher Ausbildungssysteme – das duale Ausbildungssystem, die vollzeitschulische Berufsausbildung und das *training on-the-job*-Modell – systematisch vergleichend gegenüber.

2.1 Begriffsbestimmungen im Bereich von Bildung und Berufsausbildung

Bildung gilt spätestens seit der Lissabon-Strategie aus dem Jahr 2000 in ganz Europa als entscheidender Faktor für die Entwicklung von Wirtschaft und Beschäftigung (Allmendinger et al. 2010a).[2] Konkret verfolgt die EU

2 Für Deutschland beschrieb Georg Picht (1964) bereits in den 1960er Jahren, dass Bildungsnotstand auch wirtschaftlicher Notstand sei. Ein Zusammenhang zwischen Bildung und Wirtschaftswachstum wird in verschiedenen empirischen Studien belegt (Hanushek und Kimko 2000; Gundlach et al. 2002). Auch zeigen Studien einen Zusam-

dabei das Ziel, zum wettbewerbsfähigsten und dynamischsten wissensbasierten Wirtschaftsraum der Welt zu werden. So selbstverständlich wie über Bildung gesprochen wird, so schwierig ist es aber auch eine präzise Definition dieses Begriffs zu geben. Dies auch deshalb, weil sich der Blickwinkel auf den Gegenstand Bildung je nach wissenschaftlicher Disziplin deutlich unterscheidet (Tippelt und Schmidt 2009). Ganz allgemein gesprochen ist Bildung ein vielschichtiger Begriff, der »auf übergeordnete individuelle und kollektive Formationsprozesse […] bezogen ist« und daher auch nicht mit dem »kleinräumigeren« Begriff des Lernens gleichgesetzt werden sollte (Alheit und Dausien 2009: 715). Bildung sollte auch nicht mit Erziehung verwechselt werden. Erziehung stellt eine eher absichtsvolle Maßnahme von Erwachsenen dar, um den Prozess kindlichen Lernens zu steuern (Fend 1976). Um den Bildungsbegriff besser einzugrenzen und vor allem den für diese Dissertation im Vordergrund stehenden Typus der beruflichen Erstausbildung zu verdeutlichen, identifiziere ich zuerst verschiedene Grundtypen von Bildung. Es bietet sich eine Einteilung von Bildungstypen entlang zweier Dimensionen an. Eine wesentliche Dimension von Bildung ist deren Funktion (Müller 2002): Bildung als Allgemeinbildung vermittelt grundlegende Kulturtechniken wie Lesen, Schreiben oder Rechnen, Wissen auf Gebieten wie Naturwissenschaften oder Geografie, aber auch bestimmte Wertorientierungen oder soziale Kompetenzen. Berufsbildung ist dagegen vor allem auf den Arbeitsmarkt bezogen und vermittelt Fähigkeiten wie den Umgang mit Werkzeugen und Maschinen, das Programmieren von Software oder das Pflegen von älteren Menschen.[3] Eine heute gängige, individuenzentrierte Definition von Beruf geht auf Ulrich Beck, Michael Brater und Hans-Jürgen Daheim (1980) zurück, die Berufe als »komplexe, institutionalisierte Bündelungen der marktrelevanten Arbeitsfähigkeiten von Personen« sehen. Weniger personenzentriert können Berufe auch als »formalisierte Qualifikations- und Arbeitskraftmuster« (Georg und Sattel 2006: 126) beziehungsweise als »standardisierte Wissensformen« (Georg und Sattel 2006: 130) verstanden

---

menhang zwischen dem Bildungsstand von Individuen und ihrer Lebensführung und Gesundheit (Lampert und Ziese 2005; Klein et al. 2006) sowie zwischen Bildungsstand und politischer Partizipation (Hadjar und Becker 2006)

3 Allerdings sind Allgemeinbildung und Berufsbildung nicht immer auf ihren intendierten Wirkungsbereich beschränkt. Allgemeinbildung wie etwa das Beherrschen von Prozentrechnung kann auch am Arbeitsplatz von großer Relevanz sein; beruflich erlernte Fähigkeiten, wie etwa aus dem Bereich des Handwerks, können andererseits auch außerhalb des Arbeitsplatzes eingesetzt werden.

werden.[4] Tatsächlich wird der Beruf in der Soziologie schon von Emile Durkheim (1977) und Max Weber (1980) thematisiert: Arbeitsteilung ist ein Quell sozialer Ungleichheit und der Beruf ein bedeutender Mechanismus für die Statuszuweisung (Baethge und Baethge-Kinsky 1998; Stuth et al. 2009) und Identitätskonstruktion (Beck et al. 1980: 199ff.; Greinert 1999: 93). Eine weitere Dimension von Bildung stellt deren chronologische Lagerung dar: Unterschieden werden kann die Erstausbildung von der nachgelagerten Weiterbildung (Commission of the European Communities 2000). Die Dimension der Funktion kann dabei mit der Dimension der zeitlichen Lagerung kombiniert werden (Tabelle 1). Die (1) obligatorische Schulbildung, wie zum Beispiel der Besuch der Hauptschule oder des Gymnasiums nach der Grundschule, stellt eine Erstausbildung mit dem Ziel der Allgemeinbildung dar. Eine im Anschluss begonnene Lehre zum Beispiel als KFZ-Mechatroniker oder die Aufnahme eines Studiums als Betriebswirt nach abgeschlossenem Abitur gelten als (2) berufliche Erstausbildung. Die berufliche Erstausbildung unterhalb des Akademikerniveaus ist die zentrale Untersuchungseinheit dieser Dissertation. Weiterbildung, die das Ziel der Allgemeinbildung hat (3), tritt zum Beispiel beim ›Nachholen‹ eines Schulabschlusses wie zum Beispiel des Abiturs an einer Abendschule auf. Zur Weiterbildung, die auf beruflichen Kompetenzerwerb zielt (4), kann die Aufnahme eines Studiums nach abgeschlossener Lehre oder der Erwerb eines Meisterbriefes zählen.

Tabelle 1: Dimensionen von Bildung: Funktion und zeitliche Lagerung

		Zeitliche Lagerung	
		Erstausbildung	Weiterbildung
Funktion	Allgemeinbildung	(1) Obligatorische Schulbildung	(3) Allgemeine Weiterbildung
	Berufsbildung	(2) Berufliche Erstausbildung	(4) Berufliche Weiterbildung

(Eigene Darstellung)

4 Hochqualifizierte, akademische Berufe wie Arzt, Rechtsanwalt, Lehrer oder Architekt werden auch als Professionen bezeichnet (Kurtz 2001). Der aus dem amerikanischen Sprachraum stammende Terminus Job kann von Beruf dadurch unterschieden werden, dass er lediglich eine »[…]schnell zu erlernende Teilaufgabe[…]« bezeichnet, »[…]die eher kurzfristig wechselnd abgeleistet wird« (Dostal 2002: 466).

Wie lässt sich nun aber berufliche Erstausbildung operationalisieren, also messbar machen? Einen vielversprechenden, eher allgemeinen Anknüpfungspunkt bietet der Soziologe Pierre Bourdieu (1983), der die drei Kapitalsorten ökonomisches Kapital, Sozialkapital und kulturelles Kapital unterscheidet. Bildung ist für ihn kulturelles Kapital, das Menschen im Laufe ihres Lebens anhäufen. Dabei werden drei Formen von kulturellem Kapital unterschieden (Bourdieu 1983: 185), die auch für die Operationalisierung und Messung von Berufsbildung nutzbar gemacht werden können: Zum Ersten objektiviertes Kulturkapital in Form von Texten, Büchern, Musik oder Bildern. Zum Zweiten inkorporiertes Kulturkapital, das als individuelles Wissen und individuelle Kompetenzen besteht. Zum Dritten institutionalisiertes Kulturkapital in Form von Bildungs- beziehungsweise Abschlusszertifikaten.

Übertragen auf den Gegenstand der beruflichen Erstausbildung stellen Ausbildungsordnungen und Rahmenlehrpläne, in denen Lerninhalte für das duale Ausbildungssystem festgehalten werden, das objektivierte Kulturkapital dar. Individuell während der Ausbildung erworbenes berufliches Wissen beziehungsweise individuell erworbene berufliche Kompetenzen können als inkorporiertes Kulturkapital verstanden werden. Die durch Bildungsinstitutionen ausgestellten beruflichen Abschlusszertifikate (zum Beispiel das Gesellenprüfungszeugnis) stellen demgemäß das institutionalisierte Kulturkapital dar. Die Operationalisierung von Bildung sowohl über Kompetenzen wie auch Zertifikate ist heute in den Sozialwissenschaften vor allem in Hinblick auf Allgemeinbildung gebräuchlich und hat jeweils Vor- und Nachteile (Allmendinger und Leibfried 2003).[5] Im Bereich der Messung beruflicher Kompetenzen steckt die Forschung noch in den Kinderschuhen, so dass in Studien bis heute vor allem auf berufliche Abschlusszertifikate zurückgegriffen wird (Baethge et al. 2006). Folglich ist es auch in dieser Dissertation unmöglich, direkt berufliche Kompetenzen von Individuen in die statistischen Analysen zu integrieren. Durch die genaue Untersuchung von Berufsbildungs*systemen* und deren Ausgestaltung, lassen

5 Kompetenzen werden über die gesamte Lebensspanne erworben und das innerhalb und außerhalb von Bildungsinstitutionen. Zertifikate werden dagegen von Bildungsinstitutionen vergeben und spiegeln institutionalisiertes Wissen wider. Der genaue Wert, der hinter Zertifikaten steht – gemessen in Kompetenzen und Fähigkeiten –, ist nicht präzise ablesbar. Denn Bildungsinstitutionen haben bei der Vergabe von Zertifikaten meist einen mehr oder minder großen Spielraum.

sich jedoch zumindest indirekt Rückschlüsse auf zum Beispiel die berufliche Spezialisierung von Ausbildungsabsolventen ziehen.

2.2 Die Entstehung beruflicher Ausbildungssysteme in Europa

Nationale Berufsbildungssysteme haben sich in einem langen historischen Prozess herausgebildet. Ansätze einer regulierten Berufsausbildung finden sich bereits im vorindustriellen Zeitalter (2.2.1). Dort waren es vor allem Zünfte und Gilden, die über die Lehrausbildung wachten. Mit der Einführung der Gewerbefreiheit fand dieses Ausbildungsmodell, das in ganz Europa verbreitet war, jedoch sein Ende. Mit der voranschreitenden Industrialisierung, Liberalisierung und Arbeitsteilung gingen in Europa auch neue Formen der beruflichen Ausbildung einher (2.2.2). Deutschland, Frankreich und England brachten dabei jeweils einen eigenen Prototyp von Berufsbildungsmodell hervor. Der deutsche Prototyp des »dual-korporatistischen Ausbildungsmodells« (Greinert 1999) ist aus internationaler Sicht heute vor allem in den Ländern Deutschland, Österreich, Schweiz und Dänemark verbreitet (2.2.3).

2.2.1 Berufsausbildung in der vorindustriellen Agrargesellschaft

Zu Beginn des 18. Jahrhunderts lebte und arbeitete der weit größte Teil der europäischen Bevölkerung auf dem Land. Die bewirtschafteten Flächen waren zumeist Eigentum des Adels, der dafür von den leibeigenen Bauern Abgaben forderte (Feudalismus). Die Wurzeln einer systematischen Berufsausbildung sind jedoch in der Stadt zu finden (Hradil 2001: 96ff.). Dort standen Gewerbe und Handel im Mittelpunkt. Die soziale Stellung des Einzelnen hing vor allem von seiner familiären Herkunft innerhalb der gesellschaftlichen Ständeordnung ab. Dies galt sowohl für den Adel, den Klerus, das städtische Bürgertum, die unfreien Bauern sowie auch für die Armen und Nichtsesshaften. Handwerker stellten das Gros der erwerbstätigen Stadtbevölkerung. Berufsverbände, die Zünfte (Handwerk) und Gilden (Kaufleute), wachten über Rechte und Pflichten ihrer Mitglieder. Sie fungierten gleichzeitig als gewerbliche, politische und polizeiliche Einrichtungen, die auch das familiäre Leben durchdrangen (John 1987). Im Bereich des Handwerks gab es bereits eine praktische Ausbildung, die durch die Zünfte genau geregelt und deren Abschlussprüfung von diesen abgenommen wurde. Das vorindustrielle, zünftige Ausbildungsmodell zeichnete sich vor allem durch seine »Beruflichkeit« aus (Deißinger 1998). Lehrlinge wurden in einem bestimmten Beruf (zum Beispiel Schmied, Bäcker oder Müller) durch den Meister unterrichtet und schlossen als Gesellen ab. Sie partizipierten auch am familiären Leben und Alltag des Meisterhaushalts: Ausbildung kam damit einer Art »Berufserziehung« (Stratmann 1993) gleich. Die meisten Berufe durften nur von Zunftmitgliedern, ihren Gesellen und Lehrlingen ausgeübt werden.[6]

Im Gegensatz zur vorindustriellen Zeit unterscheiden sich die Ausbildungssysteme zwischen den europäischen Ländern heute teils fundamental. Verschiedene Strömungen haben hierzu beigetragen (Hradil 2001: 199). Liberale Ideen von persönlicher Freiheit und freiem Wettbewerb[7] fanden schon in der vorindustriellen Zeit Verbreitung und standen in deutlichem Gegensatz zum Zunftwesen, das kaum auf ökonomischen Marktkriterien fußte, sondern eher die Interessen von Handwerk und Handel widerspiegelte. Das System von Zünften und Gilden beschränkte die Anzahl an Betrieben und Betriebsneugründungen waren nur unter strengen Auflagen möglich. Dies beeinträchtigte die Ausdehnung der Wirtschaft und den Wettbewerb in hohem Maße. Um die starren Zunftbeschränkungen zu umgehen, förderten die absolutistischen Fürsten, die daran interessiert waren, ihren Wohlstand zu mehren, daher auch private wirtschaftliche Initiativen. Dies geschah auch jenseits der bestehenden Gewerbe, zum Beispiel bei der Produktion von Waffen oder Luxusgütern. In den neu entstehenden vorindustriellen Manufakturen wurde bereits arbeitsteilig produziert, wodurch eine vergleichsweise große Menge an Gütern in kurzer Zeit hergestellt werden konnte (Durkheim 1992). Manufakturen können als Vorläufer der Fabriken gelten. Die vergleichsweise niedrige Produktivität der Handwerksbetriebe mündete in Deutschland, England und Frankreich – drei Länder, die jeweils einen Prototyp von Berufsbildungsmodell hervorbringen sollten – schlussendlich in der Abschaffung des Zunftwesens

6 Nicht-zünftige Erwerbstätigkeit gab es in der Stadt in geringerem Umfang. Hierunter fiel etwa die sehr kleine Gruppe der städtischen Beamten, die für Bauverwaltung, Bewaffnung und Gesundheitspflege verantwortlich zeichnete. Ebenso Gruppen, die zum Beispiel ›unehrliche‹ Berufe ohne große Anerkennung ausübten (so etwa als Henker).

7 Als berühmte Vordenker sind hier Philosophen wie John Locke (1632–1704), Jean-Jacques Rousseau (1712–1778) oder Adam Smith (1723–1790) zu nennen.

(Henning 1996). Die Gewerbefreiheit wurde in allen drei Ländern gesetzlich verankert. Mit der Abschaffung der Zünfte ging auch die Auflösung des Meisterhaushalts einher. Das traditionelle Ausbildungsmodell, das in Europa seit dem Hochmittelalter vorherrschte, kam so zu einem Ende.

2.2.2 Industrielle Revolution und Ausdifferenzierung der Berufsausbildung

Mit der Industrialisierung gewannen schließlich Großbetriebe und Fabriken an Boden. Durch die technologische Revolution[8] (vgl. z.B. Popitz 1995) und das rapide Voranschreiten der Arbeitsteilung war die Industrie dem Handwerk in vielerlei Hinsicht überlegen (Bolte 1970b).[9] Emile Durkheim stellt den Terminus der Arbeitsteilung plastisch dar: »Nicht nur innerhalb der Fabriken sind die Beschäftigungen getrennt und bis ins Unendliche spezialisiert, sondern jede Fabrik ist selbst eine Spezialität, die andere voraussetzt« (Durkheim 1977: 79). Güter konnten in Fabriken schneller angefertigt und auf dem Markt billiger verkauft werden (Engelhardt 1984). Die einstige Ständegesellschaft transformierte sich in eine Klassengesellschaft, in der nun jenseits der sozialen Herkunft verstärkt ökonomische Faktoren für den Statuserwerb von Relevanz waren (Geißler 2006). Der Historiker Arnold Toynbee prägte für die sich abzeichnenden Prozesse den noch heute gebräuchlichen Terminus »Industrielle Revolution« (Toynbee 2004). Die europäischen Länder reagierten im Bereich der Arbeitsmärkte und der Ausbildung teils sehr unterschiedlich auf die sich verändernde Systemumwelt, wie sich an den Beispielen von Frankreich,

8 Zur »ersten technologischen Revolution« zählt Heinrich Popitz (1995: 14) die Technologie der Agrikultur, mit welcher der Mensch seine Lebensmittel nun selbst produzierte (etwa ab 8000 v. Chr.), die Technologie der Feuerbearbeitung wie Keramik und Metallurgie (etwa ab 6000 v. Chr.) und die Technologie des Städtebaus (etwa ab 3000 v. Chr.). Die »zweite technologische Revolution« kann als ausschlaggebend für den Prozess der Industrialisierung angesehen werden. In der zweiten Hälfte des 18. Jahrhunderts wurden erstmals großflächig (selbsttätige) Maschinen (z.B. die Dampfmaschine) eingesetzt. Es folgte die Technologie der Chemie, mit Hilfe derer die Stoffe in ihre Bauelemente zerlegt und zu neuen Stoffen wiederzusammengesetzt werden (erste Hälfte 19. Jahrhundert) sowie die Elektrizität (zweite Hälfte 19. Jahrhundert) als Mittel des Energietransfers und der Übertragung von Informationen durch Nutzung elektromagnetischer Wellen.

9 Im Handwerk widmete man sich fortan verstärkt der Erzeugung von Spezialanfertigungen; hinzu kamen Tätigkeiten wie Reparatur und Instandhaltung sowie die Installation von Industriegütern in Haushalten (z.B. Gas-, Wasser- oder Elektroinstallation) (Bolte 1970b).

England und Deutschland veranschaulichen lässt (vgl. z.B. Mückenberger 1998; Greinert 1999; Schmidt 2002).

In Frankreich herrscht auch heute noch das Primat des Staates (Mückenberger 1998): Die Produktionsbeziehung wird als politisch gestaltet angesehen. Nach Einführung der Gewerbefreiheit übernahm der Staat die Kontrolle über die Berufsausbildung, die fortan in staatlichen Vollzeitschulen durchgeführt wurde (Greinert 1999). Der Staat war für deren Organisation, Verwaltung und Steuerung zuständig. Somit hatte der Markt in Frankreich nur wenig Einfluss auf die Ausbildung. Die im Jahre 1878 gegründeten Lehrlingsschulen (Ecoles manuelles d'apprentisage) orientierten sich an den bereits bestehenden beruflich-technischen Schulen auf den höheren Qualifikationsebenen. Jenseits dieses staatlich-bürokratisch schulbasierten Modells (Greinert 2005) wurden mehrere Anläufe unternommen, die betriebliche Ausbildung wieder einzuführen, was aber nur teilweise Erfolg hatte (Troger 2004; Powell et al. 2009).

In England herrscht das Primat der Wirtschaft (Mückenberger 1998): Die Produktionsbeziehung wird ausschließlich als ein Marktprozess mit den beiden Marktteilnehmern Arbeitnehmer und Arbeitgeber betrachtet. Nach Einführung der Gewerbefreiheit zu Beginn des 19. Jahrhunderts, als die Industrielle Revolution weit vorangeschritten war, konnte jeder einen beliebigen Beruf ausüben, auch ohne eine Ausbildung durchlaufen zu haben (Deißinger 1992). Die unregulierte liberale Marktordnung hatte auch zur Folge, dass Auszubildende in Betrieben oft als billige Arbeitskräfte dienten und Kinderarbeit in großem Ausmaß eingesetzt wurde (Alt 1958; Deißinger 1992). Größere staatliche Interventionen wie die Einführung der Elementarschulpflicht bis zum zehnten Lebensjahr, können ab der zweiten Hälfte des 19. Jahrhunderts beobachtet werden. Im Bereich der Berufsbildung gab es erst mit dem »Industrial Training Act« (1964) sowie dem »Employment and Training Act« (1973) bedeutendere Interventionen. Seit Ende der 1980er Jahre wurde in England versucht, der beruflichen Ausbildung einen systematischen Rahmen zu geben und national anerkannte Befähigungsnachweise durchzusetzen. Eine Berufsschulpflicht gibt es in England nicht, so dass Lernen meist ausschließlich im Betrieb und nicht zusätzlich in einer beruflichen Schule stattfindet. Noch immer fehlt der englischen Ausbildung in vielen Fällen eine Beaufsichtigung und häufig gibt es keine offiziellen Abschlussprüfungen (Deißinger 2004). Die Ausbildung in England folgt einem liberalen Marktmodell (Greinert 2005) und kann eher als reines Anlernen oder auch *training on-the-job* betrachtet werden

(Euler 1988). Der Zugang zur beruflichen Ausbildung steuert sich über das Angebot an und die Nachfrage nach Arbeitskräften, also über den Marktmechanismus und nicht wie in Frankreich über das staatliche Berufsschulsystem.

In Deutschland herrscht das Primat der Gesellschaft (Mückenberger 1998): Die Produktionsbeziehung wird korporatistisch, das heißt gemeinschaftlich von den Sozialpartnern, also Arbeitgeberverbänden und Gewerkschaften, im staatlichen Auftrag organisiert. Die Industrialisierung setzte in Deutschland etwa Mitte des 19. Jahrhunderts ein – im Vergleich zu England und Frankreich relativ spät – zeichnete sich aber durch ein hohes Tempo aus (Dahrendorf 1977). Deutschlands Reaktion auf den Niedergang der Zünfte kann als traditionalistisch bezeichnet werden. Zwar wurde in Preußen die Gewerbe- und Niederlassungsfreiheit durch das Edikt vom 2. November 1810 festgeschrieben (Greinert 1999). Mit dem Handwerkerschutzgesetz von 1897 wurden dann aber Handwerkskammern als Körperschaften des öffentlichen Rechts gegründet und die Durchführung der Ausbildung von Lehrlingen wurde durch diese geregelt (Rinneberg 1985). 1908 setzte sich die Regelung zum *kleinen Befähigungsnachweis* durch, welche beinhaltete, dass nur geprüfte Meister zur Lehrlingsausbildung berechtigt sind. Qua Gesetz hatte sich das Handwerk in Deutschland somit gegenüber der Industrie behaupten können. Die Industrie fühlte sich durch die geltenden Regelungen benachteiligt und konzipierte daraufhin ein eigenes Ausbildungsmodell. Das industrielle Ausbildungsmodell kombinierte die traditionelle Handwerksausbildung mit der von Frederick Taylor (1865–1915) initiierten Wissenschaftlichen Betriebsführung[10] (*Scientific Management*), bei welcher Arbeitsprozesse systematisch zerlegt und rationalisiert wurden (Ploghaus 1991; Wiemann 2004).[11] Der neu entstandene Qualifikationstyp war der sogenannte Facharbeiter (Ebert 1984). In der Literatur wird der Facharbeiter häufig als maßgeblich für die *diversifizierte Qualitätsproduktion* und den deutschen Erfolg beim Export

10 Ziel des Scientific Management war es, mit Hilfe von Bewegungsstudien und Zeitvergleichen Arbeitsabläufe zu optimieren und in Einzelteile zu zerlegen. Fließbandarbeit und Massenproduktion, wie sie schon früh von Henry Ford eingeführt wurden, sind eine Konsequenz hieraus (Ära des Fordismus).

11 Das industrielle Ausbildungsmodell war erstens gekennzeichnet durch eine Identifizierung der notwendigen beruflichen Fertigkeiten, zweitens der Ableitung notwendiger Übungsarbeiten (z.B. Sägen, Feilen, Messen) und drittens der durchdachten sequenziellen Anordnung dieser Aufgaben zu einem »Lehrgang«. Dieses Modell wurde ursprünglich von Viktor Della-Vos propagiert und als »Russisches System« bezeichnet.

hochpreisiger Industriegüter angesehen (Sorge und Streeck 1988; Streeck 1991). Es war gelungen, die hohe Produktqualität aus kleinen Handwerksbetrieben in den Bereich der Massenanfertigung zu übertragen (Streeck 1992). Für Ausgestaltung und Regelungen zur industriellen Berufsausbildung waren insbesondere der im Jahre 1908 gegründete Deutsche Ausschuss für Technisches Schulwesen (DATSCH) und das Deutsche Institut für technische Arbeitsschulung (DINTA) zuständig (Harney 2006: 252f.). Sie benannten Lehrberufe mit der dazugehörigen Ausbildungsdauer, setzten das Berufsbild als Bestandteil des Lehrvertrags durch und legten schließlich selbst Prüfungsanforderungen fest. Der Widerstand aus dem Handwerk war auch deswegen eher gering, da es nach Durchsetzung des *Großen Befähigungsnachweises* von 1935, der die Führung eines Handwerksbetriebs vom Meistertitel abhängig machte, noch mit dem eigenen Prüfungswesen zu kämpfen hatte (von Saldern 2002). Nachdem die Berufsausbildung in der ersten Hälfte des 20. Jahrhunderts hauptsächlich Sache der Betriebe war, trat der Staat über die Handwerksordnung (HwO) von 1953 und das Berufsbildungsgesetz (BBiG) von 1969 fortan ebenfalls als bedeutender Stakeholder auf (Greinert 2006). Die betriebliche Ausbildung war nun national einheitlich geregelt. Ebenfalls juristisch verankert wurde mit Handwerksordnung und Berufsbildungsgesetz der zweite Lernort neben dem Betrieb: die staatliche Berufsschule.[12] Die Existenz zweier Lernorte im Rahmen der Berufsausbildung und deren korporatistische Steuerung führte schließlich zur Bezeichnung »dual-korporatistisches Berufsbildungsmodell« (Greinert 2005). Eine solche duale Berufsausbildung existierte auch in der ehemaligen DDR, unterlag dort jedoch stärker staatlich-administrativer Planung als dies in der alten Bundesrepublik der Fall war (Harney 2006: 260f.).

12 Dieser zweite Lernort im dualen Ausbildungssystem hatte seine Ursprünge bereits im 18. Jahrhundert in der sogenannten Fortbildungsschule. Sie war für die Zeit nach der Elementarschule eingerichtet worden, fand jedoch in der Bevölkerung kaum Anklang (Thyssen 1954). Der Münchner Pädagoge Georg Kerschensteiner schlug um 1900 vor, Fortbildungsschulen in eine am Beruf von Lehrlingen orientierte Einrichtung zu überführen, die neben dem Betrieb die zweite Säule der Berufsausbildung darstellen sollte. Die Ausrichtung dieser ›Berufsschule‹ lag jedoch eher auf der politischen Disziplinierung und sozialen Integration der Jugendlichen. Etwa ab 1920 nannte sich die Fortbildungsschule offiziell Berufsschule. Sie entwickelte sich nur langsam zum allgemein anerkannten Lernort. Ende der 1930er Jahre wurde für die Berufsschule dann Berufsschulpflicht und bundeseinheitliche Curricula eingeführt. Endgültig durchgesetzt hatte sich die Berufsschule aber erst nach dem Zweiten Weltkrieg, allerdings nun dem Föderalismus folgend unter Bundesländeraufsicht (Greinert 1975).

2.2.3 Zur Verbreitung dualer Ausbildung heute – ein internationaler Überblick

Lange schon ist das Thema Bildung keine rein nationale Angelegenheit mehr. Mit der Gründung und Erweiterung der Europäischen Union war explizit das Ziel verbunden, Produktions- und Handelsschranken zu beseitigen, aber auch die Mobilität der Arbeitskräfte innerhalb Europas durch Bildung zu befördern (Frommberger 2005). Besonders deutlich wird dies bei der Lissabon-Strategie aus dem Jahr 2000: Durch das Setzen von Benchmarks strebt Europa seitdem explizit eine länderübergreifende Vereinheitlichung und Leistungssteigerung im Bildungsbereich an (Allmendinger et al. 2010a). Trotz diverser Versuche einer Vereinheitlichung auch von Berufsbildungsmodellen (Baethge et al. 2007: 76ff.; CEDEFOP 2009b) konnten sich die drei von Greinert (1999) beschriebenen Typen aber doch in die Gegenwart retten: Das liberale Marktmodell englischer Prägung, das staatlich-bürokratisch vollzeitschulische Ausbildungsmodell sowie die dual-korporatistische Ausbildungsform existieren auch heute noch in unterschiedlichsten Ländern. Die duale Form der Berufsausbildung ist nicht auf Deutschland beschränkt.

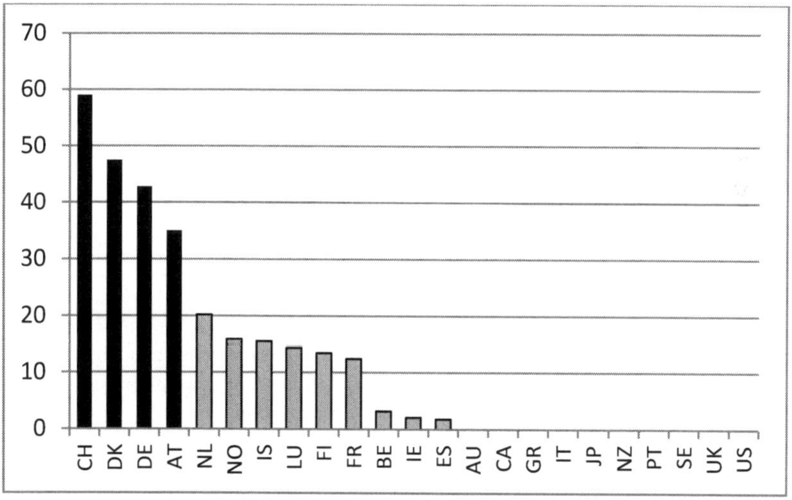

Abbildung 1: Anteil von Personen in dualer Berufsausbildung im Sekundarbereich II in den etablierten OECD-Staaten (2008; Angaben in %)

(Quellen: OECD [2009a: 337] und OECD [2010b: 348].

Abbildung 1 zeigt den Verbreitungsgrad dualer Ausbildungssysteme in den etablierten[13] OECD-Staaten im Jahr 2008. Deutschland, Österreich, die Schweiz und Dänemark grenzen sich deutlich von den anderen Ländern durch ihre hohen Anteile von jungen Menschen ab, die sich in einer dualen Berufsausbildung befinden. Sie können somit diesbezüglich als eine Ländergruppe angesehen werden. In der politischen Ökonomie wurde für dieses Ländercluster (und manchmal auch die Niederlande[14]) der Begriff des »kollektivistischen Ausbildungsregimes« begründet (Thelen und Busemeyer 2008; Busemeyer und Trampusch 2012; Nikolai und Ebner 2012). Insbesondere durch die Kopenhagen-Erklärung (2002) und das Kommuniqué von Maastricht (2004) angestoßen, gibt es auf europäischer Ebene zudem den Trend einer verstärkten Zusammenarbeit zwischen den Ländern im Bereich der Berufsbildung sowie zur Förderung von Durchlässigkeit im Bildungswesen auf nationaler wie internationaler Ebene. Dies äußert sich etwa durch die Implementation eines Kreditpunktesystems (»ECVET«) und nationale wie auch europäische Qualifikationsrahmen (Merkator und Teichler 2010: 36; Powell et al. i.E.).

13 Unter etablierte OECD-Staaten werden all jene gefasst, die Gründungsmitglieder der OECD waren oder zumindest bis 1973 beigetreten sind. Nach Neuseeland (Beitritt 1973) folgte erst im Jahre 1994 mit Mexiko der nächste Staat. Duale Ausbildungen existieren auch außerhalb der etablierten OECD-Staaten im europäischen Raum. So in den Transformationsländern Tschechische Republik, Slowakische Republik und Estland (Gerds 2007; von Kopp 2007b,a; von Kopp und Huck 2007). Eine dezidierte Untersuchung der Kopplung zwischen dualem Ausbildungssystem und Arbeitsmarkt für die osteuropäischen Länder steht noch aus.

14 Die Niederlande rangieren als fünftes Land nur bei einem Prozentsatz von 20 Prozent. Die duale Ausbildung gewann in den Niederlanden erst nach Ende des Zweiten Weltkriegs allmählich an Bedeutung, wurde dann aber von der Alternative vollzeitschulischer Berufsausbildung allmählich wieder verdrängt (Abelshauser 2004; Frommberger und Reinisch 2004; Anderson und Hassel 2009; Anderson und Nijhuis 2012). Vollzeitschulische und duale Ausbildung folgen in den Niederlanden gleichen Curricula (Frommberger 2003), wobei duale Ausbildungen in den Niederlanden eher für statusniedrigere Berufe qualifizieren als vollzeitschulische Berufsausbildungen (Hoppe 2005).

2.3 Idealtypische Gegenüberstellung europäischer Berufsbildungsmodelle

Im Mittelpunkt des Interesses dieser Studie steht die berufliche Erstausbildung unterhalb der Akademikerebene. Die systematische Berufsausbildung hat eine lange Tradition, die bis zurück in das vorindustrielle Zeitalter datiert. Heute lassen sich grob drei Typen von beruflicher Erstausbildung in Europa unterscheiden. Einer dieser Typen ist die für diese Dissertation zentrale duale Berufsausbildung, die hier nun abschließend systematisch anderen Ausbildungstypen gegenübergestellt wird. Dies soll dazu dienen, den in Deutschland, Österreich, der Schweiz und Dänemark besonders populären Ausbildungstyp besser verorten und inhaltlich einordnen zu können. Tabelle 2 stellt die nach Wolf-Dietrich Greinert (Greinert 1999; 2005) unterschiedenen Modelle idealtypisch einander gegenüber.

Das *englische liberale Marktmodell* (1) ist staatlich kaum reguliert. Der Betrieb steuert den Zugang zum Ausbildungssystem und legt die Ausbildungsinhalte fest. Es handelt sich eher um betriebliches Anlernen (*training on-the-job*), als um eine systematische, ganzheitliche Ausbildung in einem bestimmten Beruf. Das individuell erworbene berufliche Wissen ist vor allem in der Ausbildungsfirma nützlich, also hoch betriebsspezifisch (Allmendinger 1989; Estevez-Abe et al. 2001: 148). Gary S. Becker (1975) prägte für diese Art von Wissen den Begriff des *specific knowledge*, das sich von allgemeinem, in verschiedenen Firmen einsetzbarem Wissen (*general knowledge*), unterscheiden lässt.[15] Aus einer stärker wissenssoziologischen Perspektive hat das praktische Lernen im Betrieb vor allem den individuellen Erwerb »impliziten Wissens« (*tacit knowledge*) zur Folge (Polanyi 1985). Michael Polanyi (1985: 20) verdeutlicht implizites Wissen beispielhaft: »The skill of a driver cannot be replaced by a thorough schooling in the theory of the motorcar[…]«. Das implizite praktisch erlernte Wissen kann von theoretisch-abstraktem kodifiziertem »expliziten Wissen« abgegrenzt werden. Letzeres wird vor allem schulisch vermittelt.

15 Becker unterscheidet prinzipiell noch eine dritte Wissensform: das sonstige Wissen (*other knowledge*). Hierunter zählt etwa Wissen über Löhne, die Firmen zahlen (Becker 1975: 39ff.).

Tabelle 2: Die drei ›klassischen‹ europäischen Modelle beruflicher Ausbildung

	(1) Englisches Modell	(2) Französisches Modell	(3) Deutsches Modell
Steuerung	Liberales Marktmodell	Staatlich-bürokratisch	Korporatistisch
Lernort	Betrieb	Berufsschule	Betrieb und Berufsschule
Zugang über	Arbeitsmarkt	Berufsschule	Ausbildungsmarkt
Wissen	Praxisbezogen	Theoretisch	Praxisbezogen und theoretisch
Betriebsspezifik	Hoch	Niedrig	Mittel
Standardisierung	Gering	Hoch	Hoch
Berufsspezifik	Niedrig	Mittel	Hoch

(Quelle: Eigene Darstellung in Anlehnung an Greinert [2005])

Das *französische staatlich-bürokratische Ausbildungsmodell* (2) ist staatlich gesteuert und kommt ohne betriebliche Ausbildungskomponente aus. Ausbildung findet in Vollzeit berufsschulisch statt; der Zugang zu diesem Ausbildungstypus vollzieht sich über die Vorlage allgemeinbildender Schulzertifikate oder das Bestehen von Zulassungsprüfungen (Hupka-Brunner et al. 2010). Betriebsspezifisches Wissen ist also nicht vorhanden beziehungsweise gering, wenn junge Menschen während der schulischen Ausbildung kurze Betriebspraktika ableisten. Die Wissensvermittlung geschieht in beruflichen Vollzeitschulen theoretisch-abstrakt, was insbesondere zu explizitem beruflichen Wissen führt. Der Grad der beruflichen Spezialisierung liegt auf mittlerem Niveau, denn ausgebildet wird inhaltlich eher breit.

Das *deutsche dual-korporatistische Ausbildungsmodell* (3) stützt sich auf die beiden Lernorte Berufsschule und Betrieb. Auch die Steuerung der Ausbildung ist in dem Sinne dual, als sowohl Staat wie auch Wirtschaft – genauer: Arbeitgebervertreter und Gewerkschaften – Einfluss nehmen (Korporatismus). Durch den hohen betrieblichen Lernanteil wird berufliches Wissen vor allem über praktische Erfahrung am Arbeitsplatz erlernt und in geringerem Maße theoretisch-abstrakt in der Schule. Lehrlinge erwerben folglich in Anlehnung an Michael Polanyi (1985) vor allem implizites Wissen, das weniger verallgemeinerbar ist und in geringerem Maße explizites kodifiziertes Wissen. Trotz des hohen betrieblichen Ausbildungsanteils ist das erworbene Wissen nur mittelmäßig firmenspezifisch und kann auch auf andere Unternehmen übertragen werden. Denn ausgebildet wird in einem aus einer Vielzahl von möglichen anerkannten Ausbildungsberufen, deren Inhalte und Ablauf bundesweit über Berufsbildungsgesetze und Ausbildungsordnungen geregelt (BIBB 2008) und damit hoch standardisiert sind (Allmendinger 1989). Die berufliche Spezialisierung ist hoch. Der Zugang zur dualen Berufsausbildung regelt sich über den Ausbildungsmarkt, also über das Angebot beziehungsweise die Verfügbarkeit von betrieblichen Lehrstellen auf der einen und die Nachfrage nach Lehrstellen durch die Jugendlichen auf der anderen Seite. Inwieweit es auch Unterschiede in der Ausgestaltung des dual-korporatistischen Modells zwischen Deutschland, Österreich, der Schweiz und Dänemark gibt und ob sich die Kopplung des dualen Ausbildungssystems an den Arbeitsmarkt im Vier-Länder-Vergleich unterscheidet, wird im Folgenden en détail untersucht.

3. Systemische Verknüpfung der dualen Berufsausbildung mit dem Arbeitsmarkt

Das duale Ausbildungssystem weist mit dem zweiten Lernort neben der Berufsschule – dem Betrieb – bereits eine Anbindung an das Beschäftigungssystem auf. Diese erste und offensichtliche Verknüpfung mit dem Arbeitsmarkt ist aber nicht die einzige Systemkomponente, die für eine enge Kopplung zwischen dualem Ausbildungssystem und Arbeitsmarkt verantwortlich zeichnet. Kapitel 3.1 führt aus, wie bestimmte Merkmale der dualen Berufsausbildung mit dem Arbeitsmarkt zusammenspielen und sich dies auf individuelle Arbeitsmarkteinstiegsprozesse von Lehrabsolventen auswirkt. Dabei wird neben der Dualität der Lernorte vor allem auf das Berufsprinzip und die hohe Standardisierung von Ausbildungsinhalten sowie die Selektivität beziehungsweise Stratifizierung des Berufsbildungssystems hingewiesen. Der reibungslose Übergang von der Ausbildung in den Arbeitsmarkt ist auch Inhalt sozialwissenschaftlicher Konzepte, wie dem der Normalbiografie und des Normalarbeitsverhältnisses (3.2). Nicht immer verläuft der Arbeitsmarkteinstieg nach der Ausbildung aber derart problemlos. Tatsächlich hat das duale Ausbildungssystem vor dem Hintergrund eines sich wandelnden Arbeitsmarktes erhebliche Anpassungsleistungen zu vollbringen. Da es sich bei dem in dieser Dissertation vorgenommenen internationalen Vergleich der Passung zwischen dualem Ausbildungssystem und Arbeitsmarkt weitestgehend um ›Neuland‹ handelt, steht am Ende des Kapitels schließlich die konzeptionelle Herausforderung, die Passung zwischen dualer Berufsausbildung und Arbeitsmarkt angemessen zu operationalisieren (3.3).

3.1 Merkmale des dualen Ausbildungssystems und deren Arbeitsmarktbezug

International vergleichende empirische Studien stützen die Annahme, dass die Kopplung zwischen beruflicher Ausbildung und dem Arbeitsmarkt in Ländern mit dualem Ausbildungssystem besonders eng ist. So weisen Studien für solche Länder auf relativ niedrige Arbeitslosenquoten (Gangl 2001; Plünnecke und Werner 2004; Breen 2005; Brzinsky-Fay 2007) und eine geringe Zahl von Jobwechseln beziehungsweise beruflichen Mismatches hin (Allmendinger 1989; Allmendinger und Hinz 1997; Müller und Shavit 1998; Gangl 2001; Wolbers 2003; Plünnecke und Werner 2004). Es sollen hier nun einige Kernelemente der dualen Berufsausbildung beschrieben werden, die für eine solche enge Verbindung zwischen Ausbildungssystem und Arbeitsmarkt verantwortlich zeichnen. Zu Beginn steht eine Hinführung zum Thema Arbeitsmarkt (3.1.1). Der Arbeitsmarkt kann als derjenige (abstrakte) Ort betrachtet werden, an dem die Anbieter des Gutes Arbeitskraft und die Nachfrager nach Arbeitskraft zusammentreffen. Wie eng das Bildungssystem und der Arbeitsmarkt miteinander verwoben sind – und wie entsprechend aus individueller Sicht der Prozess des Übergangs von der Ausbildung in Beschäftigung vollzogen wird –, ist auf verschiedene Merkmale des Ausbildungssystems selbst zurückzuführen. Im Falle des dualen Ausbildungssystems haben Auszubildende aufgrund der Dualität der Lernorte (3.1.2) die Möglichkeit, sowohl theoretisch-abstraktes Wissen zu erwerben (vor allem in der Berufsschule) sowie praktische Berufserfahrung im Betrieb zu sammeln. Die bereits während der Ausbildung bestehende Betriebsbindung beugt in vielen Fällen Sucharbeitslosigkeit vor, wenn eine direkte Übernahme des Lehrlings erfolgt. Das duale Ausbildungssystem bildet zudem hoch berufsspezifisch aus (3.1.3). Für Absolventen einer dualen Berufsausbildung bedeutet dies, dass nach der Ausbildung gleich der Zugang zu einer spezialisierten beziehungsweise Fachtätigkeit gelingen kann. Auch die hohe Standardisierung und die Stratifizierung der dualen Berufsausbildung führen zu einer engen systemischen Verbindung mit dem Arbeitsmarkt (3.1.4). Schon der Zugang zur dualen Berufsausbildung ist hoch selektiv und eine weitere Auslese findet bei der Abschlussprüfung statt, was die Übergangschancen erfolgreicher Lehrabsolventen in den Arbeitsmarkt schlussendlich erhöht. Die bundesweit einheitlichen Vorschriften zur Berufsausbildung und einheitlichen Lehrpläne für einzelne Ausbildungsberufe (Standardisierung) machen berufliche Kompetenzen von Ausbildungsabsolventen für Unternehmen gut einschätzbar, so dass Eingangstests, längere Anlernphasen und Jobwechsel seltener sind.

3.1.1 Arbeit, Markt und Arbeitsmarkt

Aus ökonomischer Sicht ist Arbeit neben Boden (eingesetzte Grundstücksfläche) und Kapital (zum Beispiel Bürogebäude, Maschinen) einer von drei Produktionsfaktoren, das heißt eine getätigte Investition zur Produktion von Waren und Dienstleistungen (Mankiw 1999). Viele Formen der Arbeit, seien sie gesellschaftlich noch so unverzichtbar, werden nicht direkt monetär entlohnt. Darunter fallen etwa Haus- und Erziehungsarbeit oder ehrenamtliches Engagement (Gensicke et al. 2005; Allmendinger 2010). In dieser Dissertation steht jedoch bezahlte Arbeit beziehungsweise Erwerbsarbeit im Vordergrund. Folgt man der Sozialwissenschaftlerin Marie Jahoda (1986), hat Erwerbsarbeit auf der Mikroebene neben dem finanziellen Aspekt weitere positive Funktionen: Arbeit gibt eine Zeitstruktur vor, sie führt zu Erfahrungen und Kontakten außerhalb der Kernfamilie, sie schafft gemeinschaftliche Ziele und Zwecke, sie bestimmt Status und Identität und zwingt zu regelmäßiger Aktivität.[16] Auf der Makroebene wird die Bedeutsamkeit von Erwerbsarbeit etwa durch die Institution *Tag der Arbeit* am 1. Mai, die Darstellung von Arbeitslosen in den Medien oder die ritualisierte Verkündung der Arbeitslosenzahlen durch die Bundesagentur für Arbeit ins »kollektive Gedächtnis«[17] (Halbwachs 1967) gerufen.

---

16 Karl Marx (1988) betrachtet Produktionsarbeit aus einem deutlich kritischeren Blickwinkel. Für ihn waren vermehrte Anzeichen einer »Entfremdung« der Arbeit zu sehen. Arbeiter produzierten Güter nicht mehr für sich selbst und zur Befriedigung ihrer eigenen Bedürfnisse. Vielmehr produzierten sie ›fremde‹ Waren für die herrschende Klasse der Kapitalisten und entfremdeten sich somit von ihrem Schaffen, ihren Bedürfnissen und anderen Menschen; Geld und das Streben nach Geld symbolisieren laut Marx diese Entfremdung. Die Bedeutung von Arbeit unterscheidet sich heute erheblich zwischen Ländern (Halman et al. 2005; Harpaz 1989) und unterlag auch im Verlauf der Geschichte größeren Veränderungen. Für die alten Griechen und Römer stand Arbeit in engem Zusammenhang mit Sklaverei (Grint 1991; Negt 1984). Diese Einschätzung änderte sich mit dem Christentum und dem Neuen Testament. Körperliche Arbeit wurde nun mehr und mehr respektiert (Oexle 2000). Protestanten – insbesondere Calvinisten – sahen Erfolg im Arbeitsleben und finanziellen Reichtum als ein Zeichen dafür, von Gott erwählt worden zu sein. Für Max Weber war das protestantische Arbeitsethos die Grundlage des modernen Kapitalismus (Weber 1988).

17 Nach Maurice Halbwachs (1967) können nicht nur Individuen, sondern auch Gesellschaften ein Gedächtnis besitzen. Auf der Makroebene existieren Institutionen und

Bevor der Gegenstand Arbeitsmarkt im Detail beleuchtet wird, soll zunächst umrissen werden, was unter *Markt* im Allgemeinen verstanden werden kann. Grundsätzlich handelt es sich bei einem Markt [lat. mercatus = Handel/Handelsplatz] um einen (abstrakten) Ort, an dem Anbieter und Nachfrager von Gütern zusammenkommen. Güter werden heute im Vergleich zu frühen Naturalwirtschaften nicht mehr oder nur noch selten direkt gegeneinander ausgetauscht. Vielmehr bedient man sich eines Tauschmediums, das übertragbar und teilbar ist: angebotene Güter werden gegen Geld eingetauscht (Simmel 2009 [1907]). Der Preis eines angebotenen Gutes ist nach Max Weber immer Resultat eines Machtkampfes zwischen den Parteien auf einem Markt (Weber 1980). Es herrscht Wettbewerb zwischen Anbietern von Gütern wie auch zwischen den Nachfragern nach Gütern. Wettbewerb kann in Anlehnung an Georg Simmel (1903) als indirekter Konflikt beschrieben werden. Denn weder Anbieter von Gütern bekämpfen sich direkt gegenseitig, noch tun dies die Nachfrager nach Gütern. Vielmehr gibt es parallele Bemühungen, Güter zu verkaufen beziehungsweise knappe Güter zu kaufen, um damit konkurrierende Anbieter beziehungsweise konkurrierende Nachfrager jeweils zu übertreffen. Das Ausmaß des Wettbewerbs, der auf einem Markt herrscht, ist von einer Vielzahl von Faktoren abhängig, wie etwa der Zahl der Anbieter und Nachfrager oder dem Grad der Regulierung (Marshall 1961 [1920]; Swedberg 1994).

Auf dem *Arbeitsmarkt* treffen Anbieter des Gutes Arbeitskraft und Nachfrager nach Arbeitskraft zusammen. Abbildung 2 zeigt einen Arbeitsmarktquerschnitt. Die Begrifflichkeiten und folgenden Definitionen basieren auf Richtlinien, die von der International Labour Organization (ILO) für internationale Vergleiche vorgeschlagen werden (Hussmanns 2007). Das Arbeitskräfteangebot, auch als Erwerbspersonen bezeichnet, setzt sich aus zwei Personengruppen zusammen: den Erwerbslosen und den Erwerbstätigen.[18] Als erwerbslos zählen Personen, die nicht erwerbstätig sind

Praktiken, die ›Gedächtnispflege‹ betreiben (Medien, Gedenktage, Denkmäler etc.) und somit eine kollektive Identität aufrechterhalten.

18 Streng genommen ist zum Arbeitskräfteangebot auch die so genannte »Stille Reserve« zu zählen (Brinkmann et al. 1987). Als Stille Reserve im engeren Sinne gelten Personen, die nach Arbeit suchen würden, wenn ihre Chancen auf dem Arbeitsmarkt besser wären. Zur stillen Reserve im weiteren Sinne werden diejenigen Personen gerechnet, die dem Arbeitsmarkt durch arbeitsmarktpolitische Maßnahmen entzogen sind. Dieses erweiterte Arbeitskräfteangebot wird streckenweise auch als »Erwerbspersonenpotenzial« bezeichnet (Fuchs 2002).

(einwöchiger Berichtszeitraum), aber aktiv nach Arbeit suchen beziehungsweise innerhalb der letzten vier Wochen gesucht haben.[19] Erwerbslosigkeit ist damit von dem im deutschen Kontext gebräuchlichen Begriff Arbeitslosigkeit zu unterscheiden (vgl. auch Konle-Seidl 2009). Als arbeitslos werden in der deutschen Statistik nur diejenigen Personen gezählt, die auch als Arbeitslose bei der Bundesagentur für Arbeit gemeldet sind (Bundesagentur für Arbeit 2009).[20] Der Zustand der Erwerbslosigkeit wird von sehr vielen Individuen als psychische Belastung empfunden (Banks und Ullah 1988; Paul und Moser 2001: 104; Romeu Gordo 2006; Schels 2007; Schmitz 2011). Gerade Langzeiterwerbslose leiden verstärkt unter sozialer Ausgrenzung (Beelmann et al. 2001) und deren gesundheitlicher Zustand ist – physisch wie psychisch – oft sehr schlecht (Brinkmann 1984). Mangelnde finanzielle Absicherung aufgrund von Erwerbslosigkeit schafft Abhängigkeit von Familie und Staat. M. Rainer Lepsius prägte für Personen, die auf staatliche Transferleistungen angewiesen sind, den Begriff der »Versorgungsklasse« (Lepsius 1979: 179).[21] Der andere Teil des Arbeitskräfteangebots, die Erwerbstätigen, geht hingegen einer bezahlten Tätigkeit von mindestens einer Stunde in einem einwöchigen Berichtszeitraum nach, sei dies als Beschäftigte[22] bei einem Betrieb oder als Selbstän-

---

19 Als erwerbstätig gilt auch, wer sich in einem formalen Arbeitsverhältnis befindet, dies aber im Berichtszeitraum nur vorübergehend nicht ausgeübt hat (z.B. wegen Krankheit). Ein weiteres Kriterium, das in manchen Untersuchungen für die Definition als erwerbslos herangezogen wird, ist die Verfügbarkeit für eine Arbeit in den kommenden zwei Wochen.

20 Weitere in der Literatur verwendete Typen von Erwerbslosigkeit/Arbeitslosigkeit, deren Bezeichnung auf der jeweiligen Ursache beruht, sind nach Lachmann (1997: 208f.): Erstens strukturelle Arbeitslosigkeit, die vorliegt, wenn zum Beispiel der Bedarf an Niedrigqualifizierten in der Wirtschaft zurückgeht, aber ein sehr hoher Teil der Arbeitsanbieter nur über ein geringes Bildungsniveau verfügt. Zweitens friktionelle Arbeitslosigkeit (Sucharbeitslosigkeit), die Resultat von Suchprozessen auf dem Arbeitsmarkt ist: Die Suche nach einem angemessenen Arbeitsplatz durch potenzielle Arbeitnehmer beziehungsweise nach einem passenden Mitarbeiter durch die Unternehmen nimmt Zeit in Anspruch. Drittens saisonale Arbeitslosigkeit, die in festen Rhythmen auftritt (Stiglbauer 2006). Sie betrifft im Wesentlichen witterungsabhängige Branchen, wie zum Beispiel Landwirtschaft, Tourismus oder das Baugewerbe. Viertens konjunkturelle Arbeitslosigkeit, die durch den mit einer Rezession verbundenen Rückgang der Nachfrage nach Waren und Dienstleistungen verursacht wird.

21 Weitere ›Nebenwirkungen‹ von Arbeitslosigkeit können der Aufschub von Familiengründung (Gebel und Giesecke 2009) sowie ein Anstieg rechtsextremistischer Einstellungen sein (Bacher 2001).

22 Nach Sozialgesetzbuch IV, Abs. 1 kann Beschäftigung folgendermaßen definiert werden: »Beschäftigung ist die nichtselbständige Arbeit, insbesondere in einem Arbeitsver-

dige. Nach Karl Martin Bolte (1970a: 360) lassen sich Selbständige definieren als Personen, »die außerhalb eines Arbeitsvertrages oder Dienstverhältnisses stehen und (formal gesehen) über ihre Arbeitsbedingungen und ihre Arbeitsfunktionen selbst bestimmen«. Lehrlinge zählen nach Definition der ILO als erwerbstätig, obwohl sie keinen Arbeitsvertrag, sondern einen Ausbildungsvertrag mit einem Unternehmen abgeschlossen haben. Ebenfalls in Abbildung 2 dargestellt ist die dem Arbeitskräfteangebot gegenüberliegende Seite, die Arbeitskräftenachfrage. Sie umfasst sowohl die tatsächlich besetzten Arbeitsstellen als auch die offenen Stellen. Nicht alle Personen bieten ihre Arbeitskraft auf dem Arbeitsmarkt an. Kinder, Hausfrauen/Hausmänner oder Rentner zählen zu den Nichterwerbspersonen, sie sind arbeitsmarktinaktiv.

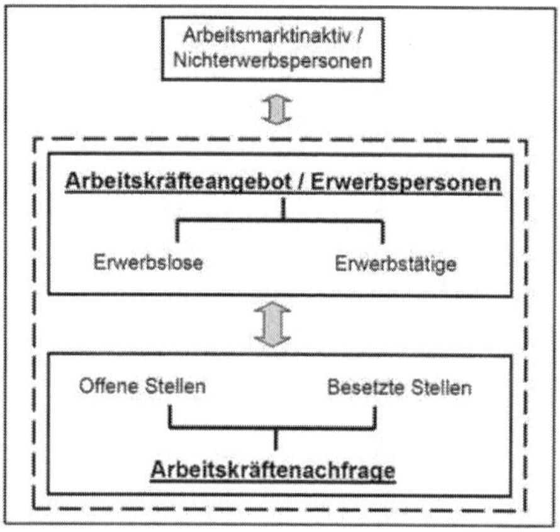

Abbildung 2: Angebot und Nachfrage auf dem Arbeitsmarkt

(Eigene Darstellung)

Wer auf dem Arbeitsmarkt welche Stelle erhält und wer möglicherweise bei der Stellenvergabe ganz leer ausgeht, ist von einer Vielzahl von Faktoren abhängig. Wie auf anderen Märkten auch, herrscht auf dem Arbeitsmarkt eine Wettbewerbssituation: Arbeitsanbieter konkurrieren untereinander um Arbeitsplätze, Arbeitsnachfrager untereinander um die verfügbaren Arbeitskräfte. Treffen Anbieter auf Nachfrager, kommt es zu einem *Matchingprozess* (Jovanovic 1979; Coleman 1991; Franz 2003). Beide Parteien haben

hältnis. Anhaltspunkte für eine Beschäftigung sind eine Tätigkeit nach Weisungen und eine Eingliederung in die Arbeitsorganisation des Weisungsgebers.«

oft unterschiedliche Vorstellungen hinsichtlich Umfang und Art der Arbeit, der Vergütung oder notwendigen Qualifikationen. Kommt es zu einer Übereinkunft (Match), wird üblicherweise ein Arbeitsvertrag geschlossen, vermittels welchem der Arbeitgeber Weisungsbefugnis über den Arbeitnehmer hinsichtlich Tätigkeitsbereich und Arbeitszeiten besitzt.[23] Der Arbeitnehmer erhält wie auf anderen Märkten dafür Geld, in diesem Falle ein Gehalt.[24] Matchingprozesse finden auf dem (betriebs-)internen und dem (betriebs-)externen Arbeitsmarkt statt (Sengenberger 1987: 34f.). Der externe Arbeitsmarkt steht in der Arbeitsmarktforschung meist im Vordergrund. Er umfasst Prozesse wie Beginn und Beendigung eines Beschäftigungsverhältnisses, aber zum Beispiel auch den Wechsel des Betriebs während des Arbeitslebens. Ein großer Teil von Bewegung findet aber auch auf dem internen Arbeitsmarkt statt. Arbeitskräfte werden innerhalb eines Betriebs versetzt, steigen in der Unternehmenshierarchie auf und ab, wechseln ihre Tätigkeit oder erhöhen beziehungsweise verringern ihre Arbeitszeit. Ein junger Mensch bekommt nur dann Zugang zum Beschäftigungssystem oder einer bestimmten Arbeitsstelle innerhalb eines Unternehmens, wenn für ihn eine neue Stelle geschaffen wird oder eine bis dato beschäftigte Person eine Position freiwillig verlässt oder dazu gezwungen wird, diese zu verlassen (Sørensen 1983: 260). Werden Stellen neu geschaffen oder frei, können sich ganze »Vakanzketten« (*vacancy chains*) in Bewegung setzen (White 1970).

3.1.2 Dauer der Ausbildung und Dualität der Lernorte

Aus neoklassischer Sicht ist der Arbeitsmarkt ein selbstregulierendes System: Treten quantitative Unterschiede zwischen Arbeitskräfteangebot und Arbeitskräftenachfrage auf, so würde die »unsichtbare Hand« des Marktes (Adam Smith) dazu führen, dass sich der Lohnsatz so anpasst, dass ein er-

23 Der Arbeitgeber hat trotz Arbeitsvertrag keine vollständige Kontrolle über seine Arbeitskräfte (anders wie etwa über ein materielles Gut). Vielmehr handelt es sich auch um eine psychologische wechselseitige Beziehung zwischen Arbeitgeber und Arbeitnehmer, die auf Wohlbefinden und Produktivität am Arbeitsplatz wirkt (Argyris 1964). Bei Schwarzarbeit kommt es zwischen Arbeitsanbieter und Arbeitsnachfrager ebenfalls zu einem Match, nicht jedoch zu einem Arbeitsvertrag (Schneider 2004).

24 Neben dem Lohn können für einen Arbeitsanbieter teils andere, nicht-finanzielle Anreize für die Arbeitsaufnahme von Bedeutung sein, so etwa ein gutes Arbeitsklima, eine interessante oder prestigeträchtige Tätigkeit sowie Aufstiegsmöglichkeiten innerhalb der Organisation (Tilly und Tilly 1994).

neuter Gleichgewichtszustand zwischen Angebot und Nachfrage eintritt (Mankiw 1999). Die neoklassische Theorie geht allerdings von der Idee eines »perfekten Marktes« aus, nach der Arbeitsmarktteilnehmer vollständig mobil, informiert, rein rational handelnd und gänzlich gegeneinander austauschbar sind (Tilly und Tilly 1994). Gerade Unterschiede im individuellen Ausbildungsniveau führen jedoch dazu, dass Menschen nicht immer einfach gegeneinander substituierbar sind. Die *Humankapitaltheorie* (Becker 1964; 1975) kann als eine Weiterentwicklung klassischer ökonomischer Arbeitsmarkttheorien betrachtet werden. Sie geht explizit von der Ungleichheit der Qualifikationen der Arbeitskräfte, also der Ungleichheit des »Humankapitals«, aus. Theoriegemäß erhöht sich durch individuelle Investition in Bildung auch die Produktivität der Arbeitnehmer und damit deren Einkommen.[25] Die Dauer der dualen Berufsausbildung beträgt im Normalfall drei Jahre und unterscheidet sich damit deutlich von anderen europäischen Ausbildungsmodellen, wie dem eines *training on-the-job.* Bei letzterem Modell, das insbesondere in liberalen Staaten wie den USA oder dem Vereinigten Königreich verbreitet ist, handelt es sich eher um eine kürzere Anlernphase. Die Investition in Bildung fällt somit geringer aus. Ein zweites Wesensmerkmal des dualen Ausbildungssystems ist die Dualität der Lernorte. Auszubildende erlernen ihren Beruf nicht nur in einer Schule, wie dies im französischen Modell der Fall ist. Sie verbringen darüber hinaus einen beträchtlichen Teil der Ausbildung – sogar mehr als die Hälfte der Zeit – in einem Betrieb. Dieser bereits bestehende Betriebsbezug der Ausbildung hat einen entscheidenden Vorteil: Im Anschluss an die Ausbildung kann ein direkter Übergang in den Ausbildungsbetrieb als Beschäftigter erfolgen. Die bereits bestehende direkte Verbindung mit dem Beschäftigungssystem kann also auch Sucharbeitslosigkeit (friktionelle Arbeitslosigkeit) vorbeugen. Auch aus einer wissenssoziologischen Perspektive hat die duale Berufsausbildung Vorteile gegenüber vollzeitschulischen Ausbildungsmodellen. So wird nicht nur theoretisch-abstraktes Wissen in einer Berufsschule vermittelt. Durch den im Ausbildungsbetrieb gegebenen Praxisbezug er-

25 Becker weist ferner darauf hin, dass immer auch Kosten beim Wissenserwerb entstünden (Becker 1975: 39ff.). Beim Hochschulbesuch etwa fallen direkte Kosten durch Studiengebühren oder Lehrmaterial an, aber auch Opportunitätskosten in Form von entgangenem Arbeitseinkommen an. Die Humankapitaltheorie geht daher davon aus, dass Investitionen in Bildung nur dann erfolgen, wenn die Erträge aus Bildung langfristig deren Kosten übersteigen. Die Relevanz von Humankapital auch für das Wirtschaftswachstum von Gesellschaften wurde bereits Anfang der 1960er Jahre von Theodore W. Schultz in einem theoretischen Papier beschrieben (Schultz 1961).

werben Auszubildende zudem »implizites Wissen« (*tacit knowledge*) (Polanyi 1985). Die praktische Berufserfahrung und das Lernen anhand von Ernstsituationen versetzt Jugendliche nach Ausbildungsabschluss auch in die Lage, von Beginn an mit berufserfahrenen *Insidern* (Lindbeck und Snower 2002) mitzuhalten.

3.1.3 Berufe und berufliche Spezifität des dualen Ausbildungssystems

Die duale Ausbildung folgt überdies dem Berufsprinzip (z.B. Greinert 1999; Baethge 2008), das schon ein Merkmal vorindustrieller Ausbildung war (vgl. 2.2.1). Auszubildende erlernen einen aus mehreren hundert staatlich anerkannten Ausbildungsberufen über den Zeitraum von mehreren Jahren (BIBB 2008). Marc Maurice, Francois Sellier und Jean-Jacques Silvestre (1986), später auch David Marsden (1990), beschreiben detailliert wie Arbeitgeber in Deutschland Tätigkeiten entlang von beruflichen Ausbildungsinhalten strukturieren. Ausbildungsberufsinhalte werden auf Initiative der Wirtschaft regelmäßig überarbeitet und auch neue Ausbildungsberufe werden bei Bedarf ins Leben gerufen. Dies gewährleistet eine hohe Passung zwischen dem in der Ausbildung vermittelten beruflichen Wissen und den tatsächlich am Arbeitsmarkt verlangten Fähigkeiten. Vor diesem Hintergrund wurde Deutschland auch als »Qualificational Space« (Maurice et al. 1986) beziehungsweise »Occupational Labour Market« (Marsden 1990) bezeichnet. In anderen Ländern, wie etwa Frankreich, ist eine solch enge Verbindung zwischen Ausbildungssystem und Beschäftigungssystem beziehungsweise zwischen Ausbildungsberufen und Tätigkeitsberufen, nicht gegeben – Ausbildung ist eher allgemein und Arbeit wird dort deutlich stärker firmenspezifisch organisiert. Frankreich fällt damit in die Kategorie des »Organizational Space« (Maurice et al. 1986) beziehungsweise »Internal Labour Market« (Marsden 1990). Länder unterscheiden sich somit in dem Ausmaß, in dem berufsbezogen ausgebildet wird. Dabei können verschiedene Grade *beruflicher Spezifität* unterschieden werden (Müller und Shavit 1998: 5). In Schweden werden in beruflichen Schulen breite berufliche Kompetenzen wie zum Beispiel im Bereich Mechanik vermittelt, ohne dass dabei eine größere Spezialisierung erfolgt. Deutschland bildet dagegen in mehreren hundert Berufen hoch spezialisiert aus – sowohl im Betrieb wie in Berufsschulen. Man ist damit also nicht nur Mechaniker, sondern KFZ-Mechaniker beziehungsweise KFZ-Mechatroniker. Personen, die hoch beruflich spezialisiert ausgebildet wurden, müssen auch nicht mehr im Rahmen eines *training on-the-job* zu Beschäftigungsbeginn weitergebildet werden, sondern können alsbald einer Fachtätigkeit nachgehen (Müller und Shavit 1998). Kritisch soll abschließend jedoch angemerkt werden, dass theoretisch auch die Möglichkeit einer ›Überspezialisierung‹ besteht. Eine sehr hohe Spezialisierung schon in der Ausbildung macht Ausbildungsabsolventen weniger breit einsetzbar und die Flexibilität zwischen beruflichen Positionen wechseln zu können, geht verloren.[26]

3.1.4 Standardisierung und Stratifizierung des dualen Ausbildungssystems

Bereits 1989 identifiziert Jutta Allmendinger zwei Faktoren, die Bildungssystemen innewohnen, als ursächlich für den Grad der Kopplung zwischen Bildungssystem und Arbeitsmarkt: die Stratifizierung der Bildungschancen sowie die Standardisierung des Bildungssystems. Beide Konzeptualisierungen sind auf das duale Ausbildungssystem übertragbar.

Die Dimension der *Stratifizierung* bildet die Selektivität des Bildungssystems ab: »Stratification is the proportion of a cohort that attains the maximum number of school years provided by the educational system, coupled with the degree of differentiation within given educational levels (tracking). This dimension can be measured by examining the organizational structure of educational systems and/or by data that show the proportion of a cohort that exits at a given educational level (attrition rate)« (Allmendinger 1989: 233). In der Forschung zu Übergängen vom Bildungssystem in den Arbeitsmarkt weniger beachtet wird die *Stratifizierung des Ausbildungssystems* (Allmendinger 1989: 238). Ein Ausbildungssystem kann demgemäß als stärker stratifiziert angesehen werden, wenn erstens der Zugang zur Ausbildung hoch selektiv ist und/oder auch Abschlussprüfungen sehr anspruchsvoll sind und ein großer Teil der Auszubildenden schlussendlich keinen Abschluss erlangt. Bevor junge Menschen eine Ausbildung im Rahmen des dualen Systems beginnen können, müssen sie mit dem ausbildenden Unternehmen einen Ausbildungsvertrag abschließen. Bereits an dieser *ersten Schwelle* (Mertens 1976), an der der Ausbildungsmarkt angesiedelt ist, kommt es zu einer qualitativen Vorselektion der Be-

26 Ein Vergleich zwischen Deutschland und Schweden bestätigt, dass berufliche Mobilität von Ausbildungsabsolventen in Deutschland geringer ist als in Schweden (Korpi und Mertens 2003).

werber. Häufig investieren Betriebe auch nur dann in Ausbildung, wenn sie Bedarf an Fachkräften haben. Dies begünstigt wiederum eine direkte Übernahme des Lehrlings in den Ausbildungsbetrieb (*zweite Schwelle*) nach Ausbildungsabschluss. Darüber hinaus dient die Ausbildungsphase selbst als Ausprobier- und Kennenlernphase für beide Seiten (*Screening*) (Riley 1976). Unternehmen können über einen mehrjährigen Zeitraum bereits vielfältige Informationen über die Leistungsfähigkeit des Auszubildenden gewinnen (Franz und Soskice 1995; Acemoglu und Pischke 1998). Kommt es während der Ausbildung also zu keiner Vertragslösung spricht dies für eine gute Passung zwischen Lehrling und Ausbildungsbetrieb. Am Ende der Ausbildung steht eine Kammerprüfung, die dafür sorgen soll, dass nur fähige Auszubildende einen Abschluss erlangen. Für andere Betriebe spiegelt ein erfolgreicher Ausbildungsabschluss sowohl die berufliche Eignung des Auszubildenden wie auch dessen ›Ausbildungsfähigkeit‹ wider und stellt damit ein Qualitätskriterium per se dar. Je selektiver der Zugang und der Abschluss der Ausbildung sind, desto stärker fällt auch die Kopplung zwischen dualem Ausbildungssystem und Beschäftigungssystem aus.

Die zweite Dimension zur Klassifizierung von Bildungssystemen ist die *Standardisierung*. Sie wird folgendermaßen definiert: »Standardization is the degree to which the quality of education meets the same standards nationwide. Variables such as teacher's training, school budgets, curricula, and the uniformity of school-leaving examinations are relevant in measuring the standing of an educational system on this dimension« (Allmendinger 1989: 233). Die Standardisierung des Bildungssystems ist damit umso höher, je stärker das System bundesweit einheitlich entlang verschiedener Kriterien geregelt ist. Das deutsche duale Ausbildungssystem etwa ist ein Beispiel für ein hoch standardisiertes Ausbildungssystem. Über ein Berufsbildungsgesetz werden bundesweit die allgemeinen Regeln für die Ausbildung festgelegt, so etwa zu Lernorten, dem Prüfungswesen oder der Ausgestaltung von Ausbildungsverträgen. Darüber hinaus werden in Ausbildungsordnungen bundesweit Berufsinhalte und Curricula für die zu erlernenden Ausbildungsberufe festgeschrieben.

Dies hat zur Folge, dass Lehrabsolventen, selbst wenn sie nicht direkt von ihrem Ausbildungsbetrieb übernommen werden oder nach einiger Zeit wieder entlassen werden, auch ohne größere Eingangstests relativ leicht Zugang zu anderen Firmen bekommen – denn die beruflichen Kompetenzen von Jugendlichen mit dualem Abschluss sind für Unternehmen gut einzuschätzen (Allmendinger 1989). Zudem entfallen lange Anlernphasen bei Betriebszugang und Jobs müssen seltener gewechselt werden, bis eine passende Beschäftigung gefunden wurde (Allmendinger 1989: 247). Zusammenfassend kann also angenommen werden, dass mit steigender Standardisierung und Stratifizierung der dualen Berufsausbildung der Grad der Kopplung zwischen dualem Ausbildungssystem und Beschäftigungssystem zunimmt (vgl. auch Tabelle 3).

Tabelle 3: Standardisierung, Stratifizierung und Kopplung mit dem Arbeitsmarkt

		Stratifizierung	
		Hoch	Niedrig
Standardisierung	Hoch	++	+
	Niedrig	+	0

(0) lose Kopplung; (+) mittlere Kopplung; (++) enge Kopplung

(Quelle: Eigene Darstellung basierend auf Allmendinger [1989: 239])

3.2 Vom Normallebenslauf zur Lebensverlaufsperspektive

Der reibungslose Übergang von der Schule in die duale Ausbildung und von der Ausbildung in das Beschäftigungssystem spiegelt sich in den deutschen Sozialwissenschaften in verschiedenen Modellvorstellungen wider (3.2.1). Besonders prominent sind etwa das Konzept des »Normallebenslaufs« (Kohli 1985) oder das »Normalarbeitsverhältnis« (Mückenberger 1985). Ebenso existieren idealtypische Vorstellungen von einer beruflichen Kontinuität, also dem Verbleib im einmal erlernten Ausbildungsberuf über das Erwerbsleben hinweg. Faktisch verläuft die Arbeitsmarktphase von Ausbildungsabsolventen aber selten so geradlinig. Das duale Ausbildungssystem steht angesichts der sich abzeichnenden Veränderungsprozesse auf dem Arbeitsmarkt (Expansion des Dienstleistungssektors, Flexibilisierung des Arbeitsmarktes, breitere Wissensanforderungen) zudem vor großen Herausforderungen (3.2.2). Aus analytischer Sicht erscheint es daher sinnvoll, Normalbiografien nicht als gegeben hinzunehmen, sondern im Sinne der Lebensverlaufsperspektive (Mayer 1990) auch tatsächliche Unwegsamkeiten beim Erwerbseinstieg in den Blick zu nehmen und deren Ursachen zu identifizieren.

3.2.1 Normalbiografie, Normalarbeitsverhältnis und berufliche Kontinuität

Die Normalbiografie und das Normalarbeitsverhältnis haben in den Sozialwissenschaften – gerade im Bereich der Übergangsforschung – als Modellvorstellungen große Bekanntheit erlangt. Martin Kohli (1985) beschreibt eindrucksvoll, wie sich der um das Erwerbsleben herum organisierte standardisierte Normallebenslauf in einem historischen Prozess herausbildete und drei Phasen umfasst. Mit Einführung der allgemeinen Schulpflicht habe sich eine erste am Lebensalter normierte Phase durchgesetzt (»Vorbereitungsphase«). Es folgt die »Aktivitätsphase« im Beschäftigungssystem und schließlich die »Ruhephase«, die durch ein staatlich festgelegtes Verrentungsalter bestimmt und eingeläutet wird. Der Staat garantiere ab diesem Zeitpunkt materielle Sicherheit, so dass der verdiente Ruhestand angetreten werden könne. Anders ausgedrückt, sei es im Lauf der Geschichte zu einer Homogenisierung der Lebensläufe gekommen. In dieser Dissertation steht ein kurzer Ausschnitt eines solchen Normallebenslaufs im Mittelpunkt: die Übergangsphase von der Ausbildung in das Beschäftigungssystem oder um in der obigen Terminologie zu bleiben, die Schnittstelle zwischen Vorbereitungsphase und Aktivitätsphase. Das duale Ausbildungssystem kann als institutionalisiertes Verbindungsglied zwischen beiden Phasen gesehen werden, denn für Ausbildungsabsolventen besteht an der »zweiten Schwelle« (Mertens 1976) die Chance, direkt beim Ausbildungsbetrieb beschäftigt zu werden (›Übernahme‹ des Lehrlings).

Ebenso gibt es in den Sozialwissenschaften Vorstellungen darüber, wie die Beschäftigungsphase nach Ausbildungsabschluss genau auszusehen hätte. In den Medien, der politischen und öffentlichen Debatte wird das *Normalarbeitsverhältnis* (Mückenberger 1985) als Beschäftigungsstandard beschworen und das duale Ausbildungssystem selbst zieht einen Großteil seiner Legitimität aus der Platzierung seiner Absolventen in solche Beschäftigungsverhältnisse (Hall und Soskice 2001a). Das Normalarbeitsverhältnis garantiert arbeits- und sozialrechtlichen Schutz und kann folgendermaßen skizziert werden (Mückenberger 1985: 423ff.): Es handelt sich erstens um abhängige Beschäftigung bei einem Betrieb. Das Beschäftigungsverhältnis ist zweitens auf Dauer und Kontinuität ausgerichtet und drittens handelt es sich um eine Vollzeiterwerbstätigkeit, da mit kürzeren Arbeitszeiten auch die Teilnahme am System der sozialen Sicherung schwindet. Tabelle 4 verdeutlicht diese Kernmerkmale des Normalarbeitsverhältnisses.

Tabelle 4: Kernmerkmale des Normalarbeitsverhältnisses im Überblick

Erwerbsstatus	Arbeitszeit	Arbeitsvertrag
Abhängig beschäftigt	Vollzeit	Unbefristet
Selbständig	Teilzeit	Befristet
Erwerbslos	Geringfügig	
Arbeitsmarkt-inaktiv		

Kennzeichen des Normalarbeitsverhältnisses sind grau unterlegt.

(Quelle: Eigene Darstellung in Anlehnung an Mückenberger [1985])

Das erste Merkmal des Normalarbeitsverhältnisses – die abhängige Beschäftigung bei einem Betrieb – schließt folglich Selbständigkeit aus. Der Übergang in Selbständigkeit ist nicht immer freiwillig, sondern stellt zeitweilig eine Notlösung dar, um den Zustand der Erwerbslosigkeit zu umgehen (Kock 2008). Weitere Arbeitsmarktzustände, die einen Ausschluss vom Beschäftigungssystem bedeuten, sind Erwerbslosigkeit und Arbeitsmarktinaktivität (siehe auch 3.1.1).

Das zweite Merkmal des Normalarbeitsverhältnisses ist die Erwerbstätigkeit in Vollzeit. Eine gängige Klassifizierung von Arbeitszeit sieht drei Gruppen vor (Statistisches Bundesamt 2004): Vollzeit Erwerbstätige arbeiten 35 Stunden und mehr, von geringfügiger Erwerbstätigkeit wird im Falle von bis maximal 14 Stunden Arbeitszeit gesprochen und Teilzeiterwerbstätigkeit rangiert zwischen 15 und höchstens 34 Stunden. Teilzeit- und geringfügig Erwerbstätige befinden sich überdurchschnittlich häufig in beruflichen Mismatch-Positionen (Wolbers 2003) (vgl. auch 3.2.2).

Das dritte Kennzeichen des Normalarbeitsverhältnisses ist ein unbefristeter Arbeitsvertrag. Personen, die eine duale Ausbildung abgeschlossen haben, sind seltener in einer befristeten Tätigkeit zu finden als Universitätsabsolventen oder Personen ohne abgeschlossene Ausbildung (McGinnity und Mertens 2004). Von Bedeutung hierfür ist sicherlich, dass die duale Ausbildung den Betrieben bereits als *Screeningphase* dient und daher im Anschluss häufig keine Probezeit mehr nötig ist. Manchmal werden Befristungen aber auch von Gewerkschaften und Betriebsräten initiiert, damit sich Ausbildungsabsolventen zumindest eine befristete Übernahme anstelle von Arbeitslosigkeit anbietet (Kock 2008: 15).[27] Im Durchschnitt

27 In Deutschland gibt es in mehr als 50 Branchen tarifvertragliche Regelungen zur Übernahme von Lehrlingen nach Ausbildungsabschluss, wie etwa eine befristete Übernahme für mehrere Monate bis zu einem Jahr (Bispinck et al. 2002).

haben Personen mit befristetem Arbeitsvertrag ein geringeres Gehalt als Festangestellte und tragen ein größeres Risiko, arbeitslos zu werden (Groß 1999; Gebel 2009; Giesecke 2009). Befristungen haben in Deutschland im Trend über die letzten Jahrzehnte zugenommen und sind insbesondere bei Berufseinsteigern anzutreffen (Giesecke und Groß 2007; Buchholz 2008).

Atypische Erwerbsformen – als Abweichungen vom Normalarbeitsverhältnis – haben häufig prekären Charakter, stellen also für Individuen ein Risiko dar (Keller und Seifert 2006). Ungeachtet dessen können aber auch Normalarbeitsverhältnisse ein Risiko bergen, zum Beispiel dann, wenn ein unbefristet Vollzeitangestellter nur ein sehr geringes Einkommen erlangt, das kaum für den Lebensunterhalt ausreicht.

Eine weitere idealtypische Vorstellung ist der kontinuierliche Verbleib im einstmalig erlernten Beruf. Diese Vorstellung steht jedoch Prozessen wie dem Strukturwandel auf dem Arbeitsmarkt oder auch dem Auftreten von individueller Berufsunfähigkeit entgegen. Tatsächlich kommt es also auch zu teils deutlichen Abweichungen zwischen dem Ausbildungsberuf und später ausgeübtem Tätigkeitsberuf (Witte und Kalleberg 1995; Szydlik 1996; Konietzka 2002; Wolbers 2003; Burkert und Seibert 2007; Pollmann-Schult und Mayer 2010).[28]

3.2.2 Herausforderungen für die duale Berufsausbildung

Vorstellungen wie der Normallebenslauf, das Normalarbeitsverhältnis und der Verbleib im erlernten Beruf entbehren nicht eines gewissen Charmes, sind sie doch relativ griffig und intuitiv. Die Frage bleibt jedoch bestehen, ob es sich dabei um angemessene Modellvorstellungen handelt, das heißt, ob sie die Wirklichkeit auch tatsächlich gut abbilden, oder kritischer formuliert, ob sie möglicherweise Prozesse sozialer Ungleichheit verdecken. In den meisten westeuropäischen Ländern trat Massenarbeitslosigkeit in den 1980er Jahren deutlich in Erscheinung (Schmid 2002: 28). Zwar werden in Deutschland mehr als die Hälfte der Auszubildenden nach Ausbil-

28 Ein vertikaler beruflicher Mismatch liegt vor, wenn der berufliche Status einer Person niedriger ist als dies ihre Qualifikation nahe legen würde (»unterwertige Beschäftigung« oder »Überqualifizierung«) oder auch, wenn der berufliche Status höher ist. Von einem horizontalen beruflichen Mismatch kann man etwa dann sprechen, wenn zwar die ausgeübte Tätigkeit zum Qualifikationsniveau passt, jedoch die Inhalte von »Ausbildungsberuf« und »Tätigkeitsberuf« nicht übereinstimmen (Kupka 2006). Bei einem beruflichen Mismatch muss also nicht immer Statusinkonsistenz vorliegen.

dungsabschluss direkt in eine Anschlussbeschäftigung übernommen (Bellmann und Hartung 2010). Der größte Teil der Jugendlichen, die nicht in den Ausbildungsbetrieb übernommen werden, findet aber erst einmal keinen weiteren Betrieb und meldet sich arbeitslos (Somaggio 2010).[29] Auch Trends hin zu selbständiger Erwerbstätigkeit, geringfügigen und befristeten Beschäftigungsverhältnissen sind in Deutschland zu erkennen (Allmendinger und Ebner 2006).[30] Eine Analyse der Übergänge aus der dualen Berufsausbildung in Deutschland seit Mitte der 1970er Jahre zeigt ferner auf, dass bei Männern über die letzten drei Jahrzehnte tendenziell immer häufiger Berufswechsel nach der dualen Ausbildung auftreten (Seibert 2007).

Inwieweit nun aber tatsächlich von einer Krise des dualen Ausbildungssystems zu sprechen ist (Geißler 1991; Heidenreich 1998) oder dieses System durch einen anderen Ausbildungstypus ersetzt werden sollte (Mayer 2000; Baethge 2001), ist gerade mit Blick auf internationale Vergleiche eher in Frage zu stellen. Ohne Zweifel hat das duale System der Berufsausbildung aber mit dem fortwährenden Wandel des Arbeitsmarktes erhebliche Anpassungsleistungen zu vollbringen. So liegen die historischen Wurzeln des dualen Ausbildungssystems im Bereich des Handwerks und der Industrie (vgl. auch 2.2). Es besteht die Gefahr von »Diskrepanzen zwischen der industriegesellschaftlichen Prägung des dualen Berufsausbildungssystems und den Herausforderungen einer flexibler regulierten, dienstleistungs- und innovationszentrierten Wissensgesellschaft« (Heidenreich 1998: 322). Die Globalisierung[31] im Bereich der Wirtschafts- und Arbeitsbeziehungen sowie die voranschreitende Technisierung haben die Bedeutung des Austauschs, der Generierung und Selektion von Informationen weiter verstärkt (Castells 2003). Eine heute gängige Umschreibung der modernen Gesellschaft, die immer mehr auf die Kodifizierung von Wissenselementen setzt,

29 Auch in der Schweiz haben von allen Jugendlichen, die eine dreijährige Berufsausbildung abgeschlossen haben (Jahr 2004) rund ein Drittel bereits die Erfahrung von Arbeitslosigkeit gemacht (Meyer 2005: 11).

30 Dies zeigt sich allerdings vor allem bei bestimmten Gruppen wie Geringqualifizierten und weniger bei Personen mit beruflichem Ausbildungsabschluss (Konietzka 2002; Giesecke und Heisig 2010).

31 Unter Globalisierung wird gemeinhin die voranschreitende globale Vernetzung verstanden (Held et al. 1999; Alasuutari 2000). Grenzüberschreitende Interaktionsbeziehungen und Interdependenzen erfassen dabei eine Vielzahl von sozialen Sphären: Arbeit, Güter, Kapital, Verbrechen, Umweltverschmutzung, Wissen, Drogen oder Mode machen immer weniger vor nationalen Grenzen halt.

ist dementsprechend auch die der Informationsgesellschaft (OECD 1996).[32] Die Expansion von Dienstleistungstätigkeiten und Zunahme von interpersonalen Austauschbeziehungen verlangt von Arbeitnehmern neben hoher Abstraktionsfähigkeit auch sozialkommunikative Kompetenzen (inkl. gute Fremdsprachenkenntnisse) und die Fähigkeit zur Selbstorganisation der Arbeit (Murnane und Levy 1996; Gallie et al. 2004; Mayer und Solga 2008: 3). Der Arbeitnehmer muss damit heute mehr als früher als »Arbeitskraftunternehmer« (Voß und Pongratz 1998) oder »Problemlöser« (Baethge und Baethge-Kinsky 1998) auftreten. Es ist möglich, dass Unternehmen solche Fertigkeiten gerade nicht bei Personen mit dualer Berufsausbildung, sondern bei anderen Bildungsgruppen, wie zum Beispiel Hochschulabsolventen, sehen. Produktbezogene Herstellungsarbeit befindet sich auf dem Rückzug (Kern und Schumann 1984). Damit nimmt auch die Bedeutung physisch-motorischer Fähigkeiten am Arbeitsplatz ab und Arbeitsabläufe werden zunehmend kognitiv komplexer – es besteht vermehrter Bedarf an analytischen und synthetisierenden Fähigkeiten (Howell und Wolff 1991). Implizites Wissen (Polanyi 1985) verliert relativ gegenüber explizitem theoretischen Wissen am Bedeutung. Geht man davon aus, dass sich theoretisch-abstraktes (explizites) Wissen leichter »praxisenthoben« an schulischen Einrichtungen vermitteln lässt (Baethge et al. 2007: 76), würde dies auch einen geringeren betrieblichen Ausbildungsanteil in der dualen Ausbildung nahe legen.[33] Darüber hinaus scheinen Tätigkeitsprofile am Arbeitsplatz über die Zeit breiter zu werden (Baethge und Baethge-Kinsky 1998; Voß und Pongratz 1998). So erfordert heute etwa die Reparatur eines Autos neben den klassischen Kenntnissen in Mechanik zusätzlich vertiefte Kenntnisse in Elektronik.[34] Manche Autoren sprechen gar davon, dass der Beruf lediglich zur Legitimation von Statusunterschieden diene und mit der »Qualifikations-Collage« am Arbeitsplatz

32 Zu dieser Entwicklung beigetragen hat die zunehmende weltweite Verbreitung von Informationstechnologien (IT) wie Computer, Email, multifunktionale Mobiltelefone, Intranet oder Internet (Jovanovic und Rousseau 2005).

33 Trotz allem erscheint betrieblich praktisches Lernen und implizites Wissen dort, wo es – wie etwa im Handwerk – auf unmittelbare Erfahrung mit Material und Maschinen ankommt, als durchaus sinnvoll. Dass dual erworbenes berufliches Wissen im allgemeinen aber immer weniger tragfähig beziehungsweise nachhaltig ist, zeigt die relativ stark sinkende Halbwertszeit im Vergleich zu Wissen, das in anderen Ausbildungsinstitutionen erworben wurde (Ludwig und Pfeiffer 2006).

34 Entsprechend wurde in Deutschland auch das Berufsbild des »Kraftfahrzeugmechanikers« zum »Kraftfahrzeugmechatroniker« umformuliert.

nichts mehr zu tun habe (Geißler 1991: 72). Faktisch steht die Verbreiterung von Tätigkeitsprofilen am Arbeitsplatz einer teilweise hoch beruflich spezialisierten dualen Ausbildung entgegen.

Inwieweit das duale Ausbildungssystem heute noch eng an das Beschäftigungssystem gekoppelt ist und in welchem der vier untersuchten Länder dies in besonderem Maße der Fall beziehungsweise nicht der Fall ist, wird in dieser Dissertation analysiert. Die Arbeit nimmt also keine Normalbiografien oder Normalarbeitsverhältnisse als gegeben hin, sondern folgt dem von Karl Ulrich Mayer (1990) vorgeschlagenen Paradigma der Lebensverlaufsforschung. Hiernach ist der individuelle Lebens*verlauf*[35] – Familienentwicklung, Bildungsbiografie oder auch der Arbeitsmarkteinstiegsprozess – das Ergebnis von ökonomischen, institutionellen und politischen Einflüssen, ebenso wie von individuellen Entscheidungen oder Selektionsmechanismen (Mayer 1990: 9).

3.3 Messung der Kopplung zwischen Ausbildungssystem und Arbeitsmarkt – Vier Typen

Die leitende Fragestellung dieser Dissertation ist, wie gut das duale Ausbildungssystem in Deutschland, Österreich, der Schweiz und Dänemark an den Arbeitsmarkt angepasst ist. Um dies zu analysieren, wird die frühe Arbeitsmarktphase von Lehrabsolventen untersucht. Befinden sich etwa viele Absolventen der dualen Berufsausbildung in einer Mismatch-Position am Arbeitsmarkt, deutet dies auf Passungsprobleme zwischen dualem Ausbildungssystem und Arbeitsmarkt hin. Treten Arbeitsmarkt-Mismatches dagegen nur in sehr geringer Zahl auf, kann von einer hohen Passung ausgegangen werden. Arbeitsmarkt-Matches und Arbeitsmarkt-Mismatches werden dabei der Untersuchungsfrage angemessen aus (ausbildungs-)systemischer Perspektive heraus festgelegt. Es werden dabei vier Formen der Passung zwischen dualem Ausbildungssystem und Arbeitsmarkt herausgearbeitet: Die Kopplung zwischen dualem Ausbildungssystem und Beschäf-

35 Karl Ulrich Mayer verwendet den Begriff »Lebensverlauf« anstelle des bis dahin üblichen Begriffes »Lebenslauf«, um erstens den Verlaufscharakter zu betonen, zweitens, da er ihm als angemessenere Übersetzung des englischen life history und life course erscheint und drittens, da er Verwechslungen mit dem deutschen alltagssprachlichen Lebenslauf als schriftliche Kurzbiografie ausschließen möchte (Mayer 1990).

tigungssystem (3.3.1), die Kopplung des dualen Ausbildungssystems an Berufe (3.3.2), die Kopplung des dualen Ausbildungssystems an Fachtätigkeiten (3.3.3) und die Kopplung zwischen dualem Ausbildungssystem und Ausbildungsbetrieb (3.3.4).

3.3.1 Kopplung zwischen dualem Ausbildungssystem und Beschäftigungssystem

Lehrlinge investieren in eine hoch berufsspezifische Ausbildung und entscheiden sich häufig gegen den Erwerb allgemeinerer und breiter einsetzbarer Qualifikationen, wie sie an einer (Fach-)Hochschule erworben werden können (Estevez-Abe et al. 2001: 150). Der Staat wie auch die Sozialpartner betreiben erheblichen Aufwand, um die duale Berufsausbildung als funktionierendes System aufrecht zu erhalten (Hall und Soskice 2001a). Betriebe selbst binden sich zudem über Ausbildungsverträge mehrere Jahre an einen Lehrling und investieren in diesen Zeit und Geld (Ausbildungsvergütung, Kosten für Arbeitsplatz, Ausbilderkosten). Aus dieser Perspektive ist es für die Stabilität des Systems als wesentlich anzusehen, dass Auszubildende nach ihrem beruflichen Abschluss zu großen Teilen bei einem Betrieb beschäftigt sind. Es liegt dann eine (1) *Kopplung zwischen dualem Ausbildungssystem und Beschäftigungssystem* vor. *Entkopplung* äußert sich in unterschiedlicher Form (vgl. Tabelle 5). Ausbildungsabsolventen können sich erstens komplett vom Arbeitsmarkt zurückziehen und zum Beispiel Hausarbeit anstelle von Erwerbsarbeit wählen oder den Weg zurück ins Bildungssystem antreten (Arbeitsmarktinaktivität) – dies deutet auf eine Entkopplung von dualem Ausbildungssystem und Arbeitsmarkt hin. Zweitens ist denkbar, dass Absolventen ihre Arbeitskraft weiterhin am Arbeitsmarkt anbieten, aber dabei nicht erfolgreich sind beziehungsweise keinen Zugang zum Erwerbssystem bekommen (Erwerbslosigkeit). Dies weist auf eine Entkopplung vom Erwerbssystem hin. Drittens können Ausbildungsabsolventen den Weg in Selbständigkeit wählen. Junge Menschen sind dann zwar Teil des Erwerbssystems, der Zugang zum Beschäftigungssystem ist jedoch offensichtlich blockiert beziehungsweise letzteres ist weniger attraktiv. Dies legt eine Entkopplung vom Beschäftigungssystem nahe.

Eine Verbindung zwischen dualem Ausbildungssystem und Beschäftigungssystem ist also gegeben, wenn Auszubildende nach ihrem Lehrabschluss zu großen Teilen in einem Betrieb unterkommen. Allerdings sagt dies noch nicht unbedingt etwas darüber aus, wie eng das duale Ausbildungssystem an das Beschäftigungssystem gekoppelt ist. Das Normalarbeitsverhältnis – die unbefristete Beschäftigung bei einem Betrieb in Vollzeit – wird in Politik, Medien und Öffentlichkeit als Beschäftigungsstandard konstruiert. Tatsächlich garantiert es für Individuen in den meisten Fällen auch materielle Sicherheit sowie arbeits- und sozialrechtlichen Schutz (Mückenberger 1985). Das Normalarbeitsverhältnis oder individuelle Abweichungen von diesem, stellt aber auch aus systemischer Perspektive ein geeignetes Mittel dar, um den *Grad der Kopplung* zwischen dualem Ausbildungssystem und Beschäftigungssystem zu operationalisieren. Arbeiten Absolventen einer dualen Berufsausbildung bei einem Betrieb vielfach nur in Teilzeit oder sind gar nur geringfügig beschäftigt, sind sie zwar Teil des Beschäftigungssystems – gering ist jedoch die individuelle Teilhabe an diesem System. Entkopplung findet über den Faktor Arbeitszeit statt. Sind Lehrabsolventen in großer Zahl befristet beschäftigt, deutet dies auf eine geringe Anbindung an Betriebe, beziehungsweise darauf, dass (noch) kein optimaler Match zwischen Arbeitgeber und Arbeitnehmer besteht (Buch et al. 2010). Entkopplung findet hier über die Art des Arbeitsvertrages statt. Befristungen und geringe Arbeitszeiten fallen gemeinhin unter atypische Beschäftigung. Solche atypische Beschäftigung deutet also darauf hin, dass der Grad der Kopplung zwischen dualem Ausbildungssystem und Beschäftigungssystem als eher lose einzustufen ist. Arbeiten Absolventen einer dualen Ausbildung im Anschluss hingegen in einer unbefristeten Vollzeiterwerbstätigkeit, das heißt in einem *Normalarbeitsverhältnis* deutet dies schließlich auf eine enge Kopplung zwischen dualem Ausbildungssystem und Beschäftigungssystem hin. Tabelle 5 fasst die bis hierher gemachten Operationalisierungen überblicksartig zusammen.

Tabelle 5: Individuelle Position auf dem Arbeitsmarkt und Kopplung zwischen dualem Ausbildungssystem und Beschäftigungssystem

Individuelle Arbeitsmarktposition	Systemebene: Kopplung zwischen dualer Berufsausbildung und Beschäftigungssystem
(1) Arbeitsmarktinaktivität	Entkopplung vom Arbeitsmarkt
(2) Erwerbslosigkeit	Entkopplung vom Erwerbssystem
(3) Selbständigkeit	Entkopplung vom Beschäftigungssystem
(4) Atypische Beschäftigung	Lose Kopplung mit Beschäftigungssystem
(5) Normalarbeitsverhältnis	Enge Kopplung mit Beschäftigungssystem

(Eigene Darstellung)

3.3.2 Kopplung des dualen Ausbildungssystems an Berufe

Ein weiteres Kernmerkmal des dualen Ausbildungssystems ist die Beruflichkeit. Auszubildende erlernen einen staatlich anerkannten Ausbildungsberuf über den Zeitraum mehrerer Jahre. Die Wirtschaft auf der anderen Seite betreibt erheblichen Aufwand, um bestehende Ausbildungsberufe zu überarbeiten oder neue Ausbildungsberufe ins Leben zu rufen, wenn der Wandel der Arbeitswelt dies erfordert. Damit soll eine hohe Passung zwischen dem in der Ausbildung vermittelten beruflichen Wissen und den am Arbeitsmarkt verlangten Fähigkeiten gewährleistet sein (vgl. auch oben die Ausführungen zum Occupational Labour Market und beruflicher Spezifität). Zeigt sich nun, dass Absolventen einer dualen Berufsausbildung bereits in der frühen Arbeitsmarkphase zu großen Teilen nicht mehr in ihrem erlernten Beruf arbeiten, oder sogar ihr Ausbildungsberufsfeld verlassen haben, deutet dies auf eine geringe *Kopplung des dualen Ausbildungssystems an Berufe* hin. Grundsätzlich kann für Individuen eine solche Flexibilität, zwischen Ausbildungsfeldern wechseln zu können, auch von Vorteil sein. Aus systemischer Perspektive ist dies dennoch als lose berufliche Kopplung zu deuten. Als eng ist der Grad der beruflichen Kopplung dagegen einzustufen, wenn sehr viele Ausbildungsabsolventen über einen längeren Zeitraum weiter in ihrem erlernten Beruf arbeiten.

3.3.3 Kopplung des dualen Ausbildungssystems an Fachtätigkeiten

Die Ausbildung zu Fachkräften ist ein weiteres Charakteristikum dualer Berufsbildung und nach Meinung von Wissenschaftlern und Politik ist der deutsche Facharbeiter ein wesentlicher Grund für die prosperierende Wirtschaft. Würden viele Ausbildungsabsolventen keine Fachkrafttätigkeit mehr ausüben, könnte dies folglich auch als systemisches Problem gedeutet werden. Von einer geringen *Kopplung des dualen Systems an Fachtätigkeiten* wäre also dann zu sprechen, wenn ein großer Teil der Ausbildungsabsolventen ›unterwertig‹ beschäftigt ist, das heißt in einem Beruf arbeitet, der sonst vor allem von Un- und Angelernten ausgeübt wird. Dagegen ist die Kopplung des dualen Ausbildungssystems an Fachtätigkeiten als hoch einzustufen, wenn der weit größte Teil der Absolventen in einem Gelerntenberuf arbeitet. Tabelle 6 stellt die beiden letztgenannten Typen – Kopplung des dualen Ausbildungssystems an Berufe und Fachtätigkeiten – noch einmal kurz dar.

Tabelle 6: Individuelle berufliche Passung und Kopplung des dualen Ausbildungssystems an Berufe und Fachtätigkeiten

Individuelle berufliche Passung	Kopplung des dualen Systems an Berufe und Fachtätigkeiten
Verbleib im Ausbildungsberuf(-sfeld)	Enge berufliche Kopplung
Verlassen des Ausbildungsberufs(-felds)	Lose berufliche Kopplung
Fachlich anspruchsvolle Tätigkeit	Enge Kopplung an Fachtätigkeit
›Unterwertige‹ Tätigkeit	Lose Kopplung an Fachtätigkeit

(Eigene Darstellung)

3.3.4 Kopplung zwischen dualem Ausbildungssystem und Ausbildungsbetrieb

Abschließend soll die systemische *Kopplung zwischen dualer Berufsausbildung und Ausbildungsbetrieb* angeführt werden. Das oben beschriebene Konzept der Normalbiografie legt einen fließenden Übergang in die Ausbildungsfirma (›Übernahme‹ des Lehrlings) und dortigen Verbleib nahe. Auch aus Firmensicht kann der Einstieg und Verbleib des Lehrlings nach Abschluss wesentlich sein, vor allem dann, wenn Firmen bereits viel in ihren Lehrling investiert haben (Hall und Soskice 2001a; Dietrich 2008). Werden Auszubildende nach Abschluss zu großen Anteilen von ihrem Betrieb übernommen und verbleiben dort, spricht dies für eine enge Kopplung zwischen dualem System und Ausbildungsbetrieb. Werden Absolventen dagegen zu großen Anteilen nicht übernommen oder verlassen ihren Ausbildungsbetrieb schon nach kurzer Zeit der Beschäftigung wieder, ist die Kopplung zwischen dualem System und Ausbildungsbetrieb als weniger eng einzustufen. Dieser letzte Typus wird in dieser Arbeit nicht näher untersucht. Für eine solche Untersuchung sind Daten vonnöten, die eine klare Identifikation des Ausbildungsbetriebs zulassen.[36]

36 Leider haben solche Daten – wie etwa die prozessproduzierten Daten des Instituts für Arbeitsmarkt- und Berufsforschung – manchmal den Nachteil, dass andere Variablen wie etwa Befristung, der Übergang in Selbständigkeit oder der Besuch einer Bildungseinrichtung parallel zur Erwerbstätigkeit nicht untersucht werden können (Oberschachtsiek et al. 2009).

4. Duale Ausbildung in Deutschland, Österreich, der Schweiz und Dänemark

Deutschland, Österreich, die Schweiz und Dänemark haben gemein, dass sie einen großen Teil ihres Nachwuchses im Rahmen einer dualen Berufsausbildung qualifizieren. Duale Ausbildung ist aber nicht gleich duale Ausbildung, wie hier gezeigt werden soll. Vielmehr unterscheiden sich die Systeme der vier Länder in Bezug auf verschiedene Merkmale, die auch die frühe Erwerbsphase von Ausbildungsabsolventen spezifisch prägen können.

Solche Merkmale sind etwa die Selektivität beziehungsweise Stratifizierung des dualen Ausbildungssystems (4.1). Nur kleine Unterschiede zwischen den Ländern können hinsichtlich der Ausbildungsdauer und den Lernanteilen in Betrieb und Berufsschule ausgemacht werden. Kapitel 4.2 fokussiert die Steuerung des dualen Ausbildungssystems durch Staat und Wirtschaft sowie den Grad der Standardisierung der dualen Berufsausbildung. Vor allem die Standardisierung von Ausbildung und Ausbildungsinhalten kann als ein wesentlicher Faktor für den individuellen Arbeitsmarkteinstieg von Ausbildungsabsolventen gelten. Ein weiteres Markenzeichen dualer Ausbildungsmodelle ist das Berufsprinzip: Über den Zeitraum mehrerer Jahre erlernen Auszubildende einen aus einer großen Zahl von Ausbildungsberufen, die zur Wahl stehen. In Kapitel 4.3 wird zweierlei untersucht: Erstens wird analysiert, auf welche Ausbildungsberufsfelder von Landwirtschaft über Handwerk, Industrie und den Dienstleistungssektor sich die duale Berufsausbildung in Deutschland, Österreich, der Schweiz und Dänemark konzentriert. Zweitens interessiert, wie spezialisiert junge Menschen in den Untersuchungsländern ausgebildet werden. Eine Kurzzusammenfassung der zentralen Befunde sowie die Hypothesengenerierung zur Kopplung zwischen dualem Ausbildungssystem und Arbeitsmarkt in Deutschland, Österreich, der Schweiz und Dänemark, werden in Kapitel 4.4 vorgenommen.

4.1 Aufbau, Stratifizierung und Einordnung

Die Dualität der Lernorte mit Betrieb und Berufsschule ist ein Markenzeichen der dualen Berufsausbildung. Kapitel 4.1.1 nimmt dieses Strukturmerkmal näher in den Blick und analysiert, ob sich die Anteile berufsschulischen und betrieblichen Lernens zwischen den Ländern unterscheiden. Ebenso wird auf die Dauer der dualen Ausbildungsgänge in Deutschland, Österreich, der Schweiz und Dänemark eingegangen. Kapitel 4.1.2 thematisiert schließlich den Ausbildungsmarkt und die Einbettung des dualen Ausbildungssystems in den Gesamtbildungskontext. Es ist davon auszugehen, dass der Übergang von der Ausbildung in den Arbeitsmarkt dann erfolgreicher ist, wenn beim Zugang und Abschluss der dualen Berufsausbildung stark selektiert wird.

4.1.1 Dauer der Ausbildung und Verhältnis Betrieb zu Berufsschule

Die duale Ausbildungsphase beginnt in allen vier Untersuchungsländern mit dem Zeitpunkt, zu dem Jugendliche einen Ausbildungsvertrag mit einem Unternehmen abgeschlossen haben. In Deutschland beträgt die Dauer der dualen Ausbildung im Normalfall drei Jahre. Je nach Beruf kann die Ausbildungszeit aber zwischen zwei und dreieinhalb Jahren streuen (Bundesagentur für Arbeit 2008). Mehr und mehr gibt es in Deutschland für Jugendliche auch die Möglichkeit, von zweijährigen Ausbildungen in dreijährige Ausbildungen überzugehen (Aktionsrat Bildung 2011: 124). Am Ende der Ausbildungszeit folgt nach der dualen Ausbildung die Abschlussprüfung bei der Industrie- und Handelskammer. Auch in Österreich dauert die duale Ausbildung normalerweise drei Jahre, kann aber je nach Beruf zwei oder sogar vier Jahre betragen (BMUKK 2010). Die Lehrabschlussprüfung wird vor einer Kommission abgelegt, die aus Vertretern der Wirtschaftskammer und Arbeiterkammer besteht. In der Schweiz dauert die Ausbildung üblicherweise drei Jahre, kann aber wie in Österreich auch vier Jahre andauern. Diese mindestens drei Jahre andauernden Schweizer Ausbildungen schließen mit dem *Eidgenössischen Fähigkeitszeugnis* (EFZ) ab. Jugendliche mit weniger guten Schulleistungen haben in der Schweiz seit dem letzten Berufsbildungsgesetz, das 2004 in Kraft getreten ist, die Möglichkeit, auch eine 2-jährige Ausbildung mit *Eidgenössischem Berufsattest* (EBA) abzuschließen (Hofmann und Häfeli 2010). Dieser Typ von Ausbildung beinhaltet ein eigenständiges Berufsprofil und schließt mit einem anerkannten Abschluss ab – im Gegensatz zur bis dato existierenden Anlehre[37]. Ferner ist der Übergang nach dem EBA zu einer längeren Ausbildung mit EFZ-Abschluss möglich (BBT 2009). Für die Durchführung der Abschlussprüfung sind die kantonalen Berufsbildungsämter zusammen mit den Berufsverbänden verantwortlich. Auch in Dänemark beträgt die Dauer der dualen Ausbildung (Erhvervsuddanelser [EUD]) normalerweise drei Jahre. Die Spannweite reicht aber von 1,5 Jahren bis zu fünf Jahren (Undervisnings Ministeriet 2009a). Die berufliche Ausbildung schließt mit einer Gesellenprüfung (Svendeprøve) oder einer Facharbeiterprüfung (Fagprøve) ab.

Die Berufsschule hat im Rahmen der länderspezifischen dualen Ausbildungssysteme zudem jeweils einen unterschiedlichen quantitativen Stellenwert. In Deutschland (Baethge 2005) und in der Schweiz (Wettstein 2009b,a) wird in der Woche üblicherweise an ein bis zwei Tagen die Berufsschule[38] besucht (Anteil 20 bis 40 Prozent), an den übrigen drei bis vier Tagen im Betrieb gelernt (Anteil 60 bis 80 Prozent).[39] Um grundlegende berufliche Fertigkeiten zu erlangen, die nicht im Ausbildungsbetrieb vermittelt werden können, kann der Jugendliche in der Schweiz überbetriebliche Kurse besuchen (seit 1980 Gesetz). Überbetriebliche Kurse werden manchmal auch durchgeführt, um den Ausbildungsstand der Jugendlichen während der Lehre festzustellen (Wettstein und Lauterbach 2007).[40] In Österreich wird die Berufsschule an ein bis eineinhalb Tagen in der Woche besucht (Anteil 20 bis 30 Prozent), in der restlichen Zeit der Betrieb (Anteil 70 bis 80 Prozent) (Archan und Mayr 2006; Gruber 2008). In

37 Bei der Anlehre schließen Jugendliche einen Lehrvertrag mit einem Unternehmen ab, werden in diesem ausgebildet und besuchen die Berufsschule einen Tag in der Woche in speziellen Klassen. Der Ausbildungsinhalt wird sowohl im Betrieb wie auch in der Schule an die Möglichkeiten des Lehrlings angepasst. Eine Anlehre dauert mindestens ein, aber höchstens zwei Jahre. Dahinter steht die Hoffnung, dass Jugendliche nach der Anlehre in eine normale Lehre einmünden (Wettstein und Lauterbach 2007).

38 Hinweis: Die Berufsschule wird in der Schweiz heute Berufsfachschule genannt. Da es zu Verwechslungen mit der deutschen vollzeitschulischen Berufsfachschule kommen kann, verwende ich in dieser Arbeit durchgängig den Begriff Berufsschule für den schulischen Teil des Schweizer dualen Systems.

39 Dabei ist in Deutschland ein Trend dahingehend zu erkennen, dass sich der Berufsschulanteil im Vergleich zum betrieblichen Anteil über die Jahre hinweg langsam erhöht (Vereinigung der Bayerischen Wirtschaft e.v. 2008: 78).

40 Manchmal wird für die Schweizer Berufsbildung auch der Begriff des »trialen« Systems verwendet. Am dritten Lernort verbringen Auszubildende jedoch meist nur wenige Wochen der Gesamtlehrzeit, in wenigen Fällen aber bis zu einem Jahr (Wettstein 2009b). Überbetriebliche Kurse finden meist in Ausbildungszentren der Verbände statt.

Dänemark wechseln sich betriebliche und berufsschulische Anteile in Blöcken von fünf bis zehn Wochen ab; 50 bis 70 Prozent der Zeit während der dualen Ausbildung werden im Betrieb verbracht und dementsprechend 50 bis 30 Prozent in der Schule (Grollmann et al. 2003; Undervisnings Ministeriet 2009a).

4.1.2 Stratifizierung des dualen Ausbildungssystems und Einordnung in den Gesamtbildungskontext

Das duale Ausbildungssystem zeichnet sich durch zwei Lernorte aus: die staatliche Berufsschule und den privatwirtschaftlichen Betrieb. Der Zugang zur Berufsausbildung findet über die Betriebsseite statt, das heißt potenzielle Auszubildende müssen zuerst mit dem entsprechenden Betrieb einen Ausbildungsvertrag abschließen. Der Ausbildungsmarkt ist damit zum einen durch das Angebot beziehungsweise die Verfügbarkeit von betrieblichen Lehrstellen bestimmt, auf der anderen Seite durch die Nachfrage nach Lehrstellen seitens der Jugendlichen. Die Terminologie unterscheidet sich damit von der Angebots- und Nachfragebetrachtung auf dem Arbeitsmarkt. Dort werden die zu besetzenden Arbeitsplätze unter dem Begriff Nachfrage subsumiert, während die Arbeitssuchenden das Angebot stellen (Ulrich 2004).[41] Ein Vergleich der Situation auf den Ausbildungsmärkten Deutschlands, Österreichs, der Schweiz und Dänemarks stellt sich grundsätzlich schwierig dar, da die Statistiken zu Angebot und Nachfrage nicht nach länderübergreifenden Standards ausgewiesen werden, wie dies etwa bei Arbeitsmarktstatistiken über die ILO-Klassifikation der Fall ist. Grob lässt sich jedoch sagen, dass in allen vier Ländern heute die Nachfrage nach Lehrstellen das Angebot an Lehrstellen übersteigt (Albæk 2004; Autorengruppe Bildungsberichterstattung 2008; BBT 2008; Gruber 2008; Albæk 2009). Für den Übergang von der dualen Ausbildung in den Arbeitsmarkt ist insbesondere relevant, wie selektiv beziehungsweise wie stark stratifiziert die dualen Ausbildungssysteme der vier Untersuchungs-

41 Nachfrage beschreibt auf dem Arbeitsmarkt (wie auch auf dem Gütermarkt) somit diejenige Partei, die eine Arbeitskraft (beziehungsweise ein Gut) begehrt und dafür ein Entgelt zahlt. Auf dem Ausbildungsmarkt hingegen bekommt der Nachfrager, also der Lehrling, ein Entgelt dafür, dass er eine Lehrstelle erhalten hat. Die Umkehrung von Angebot und Nachfrage auf dem Ausbildungsmarkt spiegelt die zentrale Bedeutung der Ausbildung für die Gesellschaft als *social demand* wider und betont die Bildungsfunktion der betrieblichen Ausbildung anstelle der Erwerbsfunktion.

länder sind (Allmendinger 1989: 238). Je höher die Stratifizierung des dualen Ausbildungssystems ist, desto enger sollte die Kopplung an das Beschäftigungssystem sein und entsprechend reibungsloser sollten individuelle Erwerbseinstiege nach der Ausbildung vonstatten gehen. Ein Indikator für den Grad der Stratifizierung dualer Berufsausbildung ist der Anteil von Jugendlichen, die keine Ausbildung abgeschlossen haben. Je mehr Jugendliche in einem Land ohne beruflichen Abschluss bleiben, desto stärker stratifiziert ist das Ausbildungssystem. Dem Ausbildungsabschluss sind verschiedene Selektionsmechanismen vorgelagert. Zu Beginn stellt sich die Frage, wer überhaupt berechtigt ist, eine Ausbildung aufzunehmen. De jure gibt es in Deutschland, Österreich und der Schweiz außer dem Erfüllen der Schulpflicht keine Zugangsbeschränkungen zur dualen Ausbildung (Rothe 2001) und auch in Dänemark gilt nur bei wenigen Berufen ein Eingangsnotenkriterium (Nielsen und Minderop 2000). In Abhängigkeit von der Konjunktur kann das Angebot an Lehrstellen schwanken. Hier setzen diverse Maßnahmesysteme ein, die sowohl nachqualifizierender Art sind als auch beruflich qualifizierende außerbetriebliche Ausbildungen zur Verfügung stellen (Descy und Tessaring 2007; Niemeyer 2007; Seibert und Kleinert 2009). Statistiken zu Maßnahmen sind nicht standardisiert und deshalb kaum zwischen Ländern vergleichbar.[42] Finden Jugendliche Zugang zu

42 In Deutschland hat die Bundesagentur für Arbeit eine zentrale Funktion bei der Vermittlung von Lehrstellen, unterhält Maßnahmen für Jugendliche mit besonders schlechten Schulleistungen und fördert außerbetriebliche Ausbildungsstellen für marktbenachteiligte Jugendliche – letzteres insbesondere in Ostdeutschland (Allmendinger et al. 2006; Autorengruppe Bildungsberichterstattung 2008: 96; Beicht und Ulrich 2008). Auch in Österreich spielt die Arbeitsverwaltung (Arbeitsmarktservice) bei der Vermittlung von Lehrstellen und der Unterstützung von benachteiligten Jugendlichen eine wichtige Rolle (Alteneder et al. 2006). Die dort seit 2003 bestehende »Integrative Berufsausbildung« unterscheidet zwei Maßnahmetypen: Zum einen die Verlängerung der Lehrzeit (bis zu zwei Jahre), des Weiteren die Möglichkeit, einen Ausbildungsvertrag über bestimmte zu erlernende Teilqualifikationen abzuschließen (Gruber 2008: 48). Die Integrative Berufsausbildung löste die Vorlehre ab, die es lernschwachen Jugendlichen ermöglichte, das erste Lehrjahr über einen längeren Zeitraum (maximal drei Jahre) zu strecken. In der Schweiz ist die Berufsberatung anders als in Deutschland und Österreich von der Arbeitsverwaltung unabhängig (Wettstein und Lauterbach 2007). Jugendliche, die keine Lehrstelle finden, landen ebenfalls in verschiedensten »Brückenangeboten« beziehungsweise »Zwischenlösungen« (10. Schuljahr, andere allgemein bildende Schule, Vorlehre) (Ryser und von Erlach 2007). In Dänemark sind es die Berufsschulen, die Ausbildungsplätze vermitteln und Jugendliche im Bewerbungsprozess unterstützen (CEDEFOP 2009a). Zu den gängigsten Maßnahmen für Jugendliche in Dänemark zählen maximal einjährige Produktionsschulen und die 1,5 bis drei Jahre andauernde berufliche Grund-

Ausbildung, gilt es zuerst eine Probezeit zu absolvieren, die in allen vier Ländern von ähnlicher Dauer ist: In Deutschland währt sie mindestens einen und maximal vier Monate (Berufsbildungsgesetz 2005), in Österreich (WKO 2011) und Dänemark drei Monate (CEDEFOP 2009a) und in der Schweiz mindestens einen und maximal drei Monate (BBG 2002). Innerhalb dieses Zeitraums kann das Ausbildungsverhältnis von jeder Seite leicht aufgekündigt werden, danach nur, wenn beide Parteien – Lehrling und Betrieb – zustimmen. Für den hier herangezogenen Indikator der Stratifizierung von Berufsausbildung ist es insbesondere von Bedeutung, zu welchen Anteilen junge Menschen einen Lehrabschluss erwerben beziehungsweise wie viele dies nicht tun. Ausbildungsarmut (Allmendinger 1999; Giesecke et al. 2010) oder Ausbildungslosigkeit ist in Bildungsgesellschaften zu einem sozialen Stigma geworden (Solga 2002). Junge Menschen ohne beruflichen Abschluss haben in ganz Europa große Schwierigkeiten auf dem Arbeitsmarkt. Tabelle 7 stellt den Anteil ausbildungsarmer junger Menschen im Vier-Länder-Vergleich dar. Als ausbildungsarm werden hier alle Personen im Alter von 25 bis 34 Jahren gezählt, die keine berufliche Ausbildung abgeschlossen haben und sich auch nicht (mehr) im Bildungssystem befinden. Ausbildungsarmut beziehungsweise Stratifizierung der Berufsausbildung liegt in den vier Vergleichsländern auf ähnlichem Niveau: In Deutschland bei 14,1 Prozent, in Österreich bei 15,8 Prozent, in der Schweiz bei 12,3 Prozent und in Dänemark bei 14,6 Prozent. In der Tendenz erscheint die Stratifizierung der beruflichen Ausbildung damit in der Schweiz am geringsten.[43]

---

bildung (EGU), die sich gezielt an ›schulmüde‹ Jugendliche richten und mit einem hohen praktischen Anteil aufwarten (Undervisnings Ministeriet 2009b,c).

43 Eine weitere Möglichkeit, die Stratifizierung der dualen Berufsausbildung zu bestimmen, kann über die Analyse der schulischen Vorbildung von Auszubildenden erfolgen. Es stellt sich also die Frage, wie offen das duale Ausbildungssystem gegenüber Personen mit unterschiedlicher schulischer Leistung ist. Schüler am Ende der Sekundarstufe I – und damit vor Beginn beruflicher Ausbildungen – weisen in allen vier Untersuchungsländern im Durchschnitt ähnlich hohe schulische Kompetenzen auf (OECD 2007b). Tendenziell scheint das österreichische duale Ausbildungssystem dabei am offensten auch für Schüler mit schlechteren Abschlüssen zu sein. Sehr gute Absolventen der Sekundarstufe I bevorzugen es dort vielmals, die hoch angesehenen Berufsbildenden Höheren Schulen – vollzeitschulische berufliche Lehranstalten – zu besuchen (Ebner und Nikolai 2010). Junge Menschen mit einer Hochschulzugangsberechtigung beginnen in Österreich und der Schweiz in der Regel keine Ausbildung im dualen System, sondern besuchen im Anschluss eine Universität. In Deutschland und Dänemark finden sich hingegen unter den Anfängern einer dualen Berufsausbildung auch Personen mit Hochschulzugangsberechtigung. In Deutschland bewegt sich dieser Wert etwa bei 20 Prozent

Tabelle 7: Höchster beruflicher Ausbildungsabschluss junger Menschen (25 bis 34 Jahre) in Deutschland, Österreich, der Schweiz und Dänemark (Angaben in %)

	Deutschland	Österreich	Schweiz	Dänemark
In (Aus-)Bildung:	11,7	9,3	11,7	18,0
Nicht in Ausbildung: darunter	88,3	90,7	88,3	82,0
- Kein Abschluss	16,0	17,4	13,9	17,8
- Dualer Berufsabschluss	56,7	41,5	49,4	43,4
- Vollzeitschulisch	3,2	24,3	6,1	-
- Tertiärabschluss B	7,5	6,1	16,5	9,1
- Tertiärabschluss A	16,7	10,7	14,2	29,7
Ausbildungsarmut	14,1	15,8	12,3	14,6
N	86001	21609	18144	8688

*a) Berechnung Ausbildungsarmut: Anteil ohne beruflichen Abschluss an den Personen nicht in Ausbildung (zum Beispiel Deutschland: 0,37) * Anteil Personen nicht in Ausbildung (zum Beispiel Deutschland: 30,6) b) Alle Zahlen sind gewichtet (landesspezifische Hochrechnungsfaktoren). Die Zuordnung einzelner Bildungsgänge zu obigen Bildungskategorien kann Tabelle A 1 im Anhang entnommen werden.*

(Quellen: Mikrozensus Deutschland, Mikrozensus Österreich, Schweizerische Arbeitskräfteerhebung, Dänischer Labour Force Survey. Jahre 2004 bis 2007 [immer 2. Quartal] gepoolt. Eigene Berechnungen)

Wie Tabelle 7 zu entnehmen ist, spielt der duale Berufsabschluss quantitativ in allen vier Ländern im Vergleich zu anderen Ausbildungsgängen eine bedeutende Rolle. Männer sind insbesondere in Österreich und Dänemark verstärkt unter den Absolventen einer dualen Berufsausbildung zu finden (Tabelle A 2). Neben der dualen Ausbildung gibt es innerhalb der Sekundarstufe II jedoch in allen vier Ländern auch die Möglichkeit, eine berufliche Ausbildung vollzeitschulisch abzuschließen. Vor allem wird dieser Weg von jungen Menschen in Österreich beschritten (siehe auch Ebner und Nikolai 2010; Graf et al. 2012). Dort existieren zwei Formen vollzeitschulischer Ausbildungsgänge: Die für junge Menschen attraktiven fünfjährigen Berufsbildenden Höheren Schulen (BHS), an denen nicht nur eine komplette berufliche Ausbildung absolviert, sondern gleichzeitig eine allgemeine Hochschulzugangsberechtigung erworben wird (Dorninger et al. 2007) sowie die Berufsbildenden Mittleren Schulen (BMS) meist dreijähriger Dauer. Sie führen ebenfalls zu einem vollwertigen beruflichen Ab-

(BIBB 2011: 163). Statistik-Dänemark online (http://www.statbank.dk/) weist keine vergleichbaren Zahlen aus. Nach eigenen Berechnungen befinden sich jedoch fast 10 Prozent der Abgangskohorte 2006 allgemeinbildender Schulen mit Hochschulzugangsberechtigung im Jahr 2007 in einer dualen Berufsausbildung.

schluss, enden aber anders als die BHS nicht automatisch mit einer Hochschulzugangsberechtigung. Weniger verbreitet ist die vollzeitschulische Ausbildung in Deutschland, der Schweiz und Dänemark.[44] Auf der Tertiärstufe unterscheidet die Anfang der 1970er Jahre von der UNESCO entwickelte *International Standard Classification of Education (ISCED)* (Schroedter et al. 2006) die hochschulische Tertiärstufe A von der nicht-hochschulischen Tertiärstufe B. Die Tertiärstufe B mit ihren kürzeren formalen Weiterbildungsmöglichkeiten steht Absolventen mit dualem Ausbildungsabschluss grundsätzlich offen. Vor allem in der Schweiz machen Lehrabsolventen von dieser Möglichkeit Gebrauch und lassen sich an Höheren Fachschulen diplomieren beziehungsweise legen Höhere Fachprüfungen vor Berufs- oder Branchenverbänden ab (Barabasch et al. 2009a; Hoeckel et al. 2009).[45] Die hochschulische Tertiärstufe A ist in Deutschland, Österreich, der

44 In Deutschland entwickelte sich die vollzeitschulische Ausbildung vor allem jenseits des industriellen Sektors und besetzt vorwiegend den Bereich Gesundheit/Pflege sowie einer Reihe von Assistenzberufen (Meifort 1999; Feller 2004; Krueger und Kumar 2004). Schulen des Gesundheitswesens, die Krankenschwestern oder Krankenpfleger ausbilden, sind zumeist Krankenhäusern oder Kliniken angegliedert und zeichnen sich durch längere Praxisphasen aus. Die deutsche Krankenpflegeausbildung wird hier deshalb dem dualen Ausbildungssystem zugerechnet. In der Schweiz sind im vollzeitschulischen Berufsbildungssektor v.a. Handelsschulen, Handelsmittelschulen, Informatikmittelschulen und Lehrwerkstätten angesiedelt, in denen verschiedene Ausbildungen bei Lehrstellenknappheit stattfinden. Die Prävalenz vollzeitschulischer Berufsausbildung unterscheidet sich merklich nach Sprachregionen: In der französischen und italienischen Schweiz ist der Anteil der vollzeitschulischen Berufsausbildung höher als in der Deutschschweiz (EDK 2007b: 89; BBT 2009). Die Möglichkeit, eine vollzeitschulische Ausbildung zu beginnen, besteht in Dänemark nur dann, wenn Jugendliche keinen Ausbildungsvertrag mit einem Unternehmen abschließen können (Länderfachkommission Dänemark 1999; Grollmann et al. 2003; Jørgensen 2008) Auch während der vollzeitschulischen Ausbildung sind Jugendliche verpflichtet, sich nach einem ausbildenden Unternehmen umzusehen. Der Anteil der vollzeitschulischen Ausbildung ist in Dänemark nur sehr gering.

45 In Deutschland sind die Fortbildungsmöglichkeiten im Tertiärbereich B je nach Berufsfeld unterschiedlich (Faulstich 2005; Bundesagentur für Arbeit 2010: 10). Fortbildungen zum Meister (Handwerk), Industriemeister wie auch im betriebswirtschaftlichen Bereich zum Fachwirt werden vor den Industrie- und Handelskammern abgelegt. Eine Fortbildung zum staatlich geprüften Techniker kann an Fachschulen absolviert werden. In Österreich können Absolventen dualer Berufsbildungsgänge auf Tertiärstufe B Meister- oder Werkmeisterschulen besuchen (Kirsch et al. 2003: 81). In Dänemark besteht nach der beruflichen Ausbildung die Möglichkeit, auf Tertiärstufe B Kurzausbildungen (KVU – Korte videregående uddannelser) auf technischen und Handelsakademien aufzunehmen, die mit einem Diplom abschließen (Kirsch et al. 2003: 89; OECD 2004a: 196ff.).

Schweiz und Dänemark »binär«[46] ausgestaltet (Arum et al. 2007: 12; Nikolai und Ebner 2012), das heißt es bestehen neben den eher forschungsorientierten Universitäten stärker anwendungsorientierte Fachhochschulen (Professionshøjskoler). Im Vier-Länder-Vergleich zeichnet sich der hochschulische Bereich insbesondere in Dänemark durch hohe Absolventenanteile aus.

4.2 Steuerung und Standardisierung der dualen Berufsausbildung

Im Vergleich zu anderen Berufsbildungsmodellen wie dem französischen vollzeitschulischen Ausbildungsmodell oder dem englischen *training on-the-job*-Modell (vgl. 2.3) zeichnet sich das duale Ausbildungsmodell durch eine besonders komplexe Steuerung aus. Neben dem Staat nehmen auch die Sozialpartner, also Arbeitgeberverbände und Gewerkschaften, Einfluss auf die duale Berufsausbildung. Eine solche korporatistische Konstellation besteht zwar in allen vier Untersuchungsländern, der Einfluss der einzelnen kollektiven Akteure auf das Berufsbildungssystem unterscheidet sich jedoch von Land zu Land, wie in Kapitel 4.2.1 ausgeführt wird. Davon berührt sind auch Modi der Finanzierung (Übernahme der Kosten für die Ausbildung, Lehrlingsvergütung, Ausbildungsfonds). Kapitel 4.2.2 geht schließlich auf den Grad der Standardisierung der dualen Berufsausbildung im Vier-Länder-Vergleich ein. In jedem der vier Untersuchungsländer werden in Berufsbildungsgesetzen allgemeine Regeln und Vorschriften für die duale Ausbildung festgelegt, die landesweite Gültigkeit haben – dies gilt auch für die föderalistisch verfassten Länder Deutschland, Österreich und Schweiz. Darüber hinaus werden in Ausbildungsordnungen für die staatlich anerkannten Ausbildungsberufe genaue Curricula festgeschrieben. Damit ist gewährleistet, dass Jugendliche, die sich zum Beispiel zur Restau-

46 Andere Länder, so etwa Italien, haben im Tertiärbereich A ein vereinheitlichtes (*unified*) Hochschulwesen eingerichtet, ausschließlich bestehend aus Forschungsuniversitäten (Arum et al. 2007: 5). In den meisten etablierten OECD-Staaten ist das Hochschulwesen jedoch stark diversifiziert (*diversified*) (Arum et al. 2007: 5). Als Paradebeispiel können die USA angeführt werden, wo es neben besonders prestigeträchtigen Universitäten ein zweites Segment öffentlicher und privater vierjähriger Universitäten sowie zweijährige Colleges gibt.

rantfachkraft ausbilden lassen, landesweit die gleichen Ausbildungsinhalte erlernen. Dennoch lassen sich auch in Bezug auf die Standardisierung der dualen Berufsausbildung Unterschiede zwischen Deutschland, Österreich, der Schweiz und Dänemark ausmachen.

4.2.1 Steuerung und Finanzierung

Inwieweit Systeme tatsächlich steuerbar sind, ist in der soziologischen Theorie umstritten. So steht etwa der Luhmannsche Ansatz autopoietischer[47] Systeme dem Steuerungsgedanken kritisch gegenüber (Luhmann 1984).[48] Helmut Willke (2001) verweist darauf, dass die Steuerung komplexer Systeme nur indirekt erfolgen kann, indem Umweltbedingungen des Systems verändert werden (»Kontextsteuerung«). Steuerung stellt hiernach eher einen Versuch der Einflussnahme dar – mit nicht immer gewünschtem oder absehbarem Ausgang. Diesem Verständnis von Systemsteuerung wird hier auch gefolgt. Im Falle Deutschlands, Österreichs, der Schweiz und Dänemarks nehmen verschiedene Stakeholder mit unterschiedlichen Interessen Einfluss auf die Ausgestaltung des dualen Ausbildungssystems. Diese Stakeholder beziehungsweise kollektiven Akteure sind der Staat, Arbeitgebervertreter und Gewerkschaften (Ertl 2004; Ebner und Nikolai 2010). Eine solche korporatistische Konstellation besteht zwar in allen vier Untersuchungsländern, der Einfluss der einzelnen kollektiven Akteure auf das Berufsbildungssystem unterscheidet sich jedoch von Land zu Land (Bertelsmann Stiftung 2009).

In Deutschland ist auf der Ebene des Staates das Bundesministerium für Bildung und Forschung (BMBF) als wichtigster Akteur zu nennen. Dem BMBF obliegt die Federführung für das Berufsbildungsgesetz und damit die strategische Steuerung der Berufsbildung. Auch beaufsichtigt das BMBF das Bundesinstitut für Berufsbildung (BIBB). Letzteres berät das BMBF bei Grundsatzfragen zur beruflichen Ausbildung und bereitet die Ausbildungsordnungen vor, die vom Bundesministerium für Wirtschaft und Technologie (BMWi) im Einvernehmen mit dem BMBF erlassen wer-

---

47 Der Begriff der Autopoiesis (griech. autos = selbst; poiesis = Schaffen) wurde ursprünglich von dem Biologen Humberto Maturana geprägt und kann als Selbstreferenz oder Selbstreproduktion verstanden werden (Maturana 1982).

48 Nach Luhmann sind autopoietische Systeme solche, die geschlossen ihre Elemente selbst produzieren und reproduzieren. Wie bei einer Zelle oder einem Organismus sei dies Grundlage ihrer Existenz.

den (Rauner und Wittig 2009: 157). Schließlich ist auf Bundesebene die Arbeitsverwaltung (Bundesagentur für Arbeit) von Relevanz: Sie organisiert nach Sozialgesetzbuch (SGB) III die Berufsberatung und führt Angebot und Nachfrage nach Lehrstellen durch ihre Vermittlungstätigkeit zusammen. Die Bundesländer zeichnen für die Erstellung der Lehrpläne in den Berufsschulen verantwortlich. Die Kultusministerkonferenz ist hierbei bestrebt, bundeseinheitliche Rahmenlehrpläne zu schaffen. Die Sozialpartner, also Arbeitgeber- und Arbeitnehmervertreter, wirken bei der Erstellung von Ausbildungsordnungen intensiv mit und sind manchmal auch Initiatoren, wenn es darum geht, Ausbildungsordnungen anzupassen oder gar neu zu schaffen.[49] Die Kammern[50] mit ihren Berufsbildungsausschüssen überwachen die berufliche Ausbildung, beraten Betriebe in Ausbildungsfragen, überprüfen die Ausbildungsbefähigung von Betrieben und nehmen Zwischen- und Abschlussprüfungen ab (BIBB 2006: 14f.). Die Berufsbildungsausschüsse sind dabei paritätisch aus Arbeitgebern und Arbeitnehmern sowie Berufsschullehrern zusammengesetzt.

Der Bund ist in Österreich sowohl für die Steuerung des Schulsystems wie auch des Systems der Berufsbildung zuständig. Die Gesetzgebung zu den beruflichen Schulen (Schulorganisationsgesetz) liegt beim Bundesministerium für Unterricht, Kunst und Kultur (BMUKK). Die Rahmenlehrpläne der Berufsschulen werden vom Bildungsminister erlassen. Die betriebliche Seite der Ausbildung wird vom Bundesministerium für Wirtschaft und Arbeit (BMWA) geregelt, das die Ausbildungsordnungen (in Österreich »Verordnungen«) für die Lehrberufe erlässt und die Kompetenz über das Berufsbildungsgesetz besitzt (in Österreich Bundesausbildungsgesetz [BAG]) (Barabasch et al. 2009b: 201). Noch bevor der Bundeswirtschaftsminister Verordnungen erlässt, legt der Bundes-Berufsausbildungsbeirat (BBAB) ein Gutachten zur jeweiligen Verordnung vor. Der BBAB

49 Ausbildungsordnungen entstehen in drei Schritten. In einem ersten Schritt werden meist von den Sozialpartnern Eckwerte (Berufsbezeichnung, Ausbildungsdauer, Katalog der Fertigkeiten und Kenntnisse) für die neue Ausbildungsordnung entwickelt. Es werden zweitens zusammen mit dem BIBB die konkreten Ausbildungsordnungen für die Betriebe, ebenso wie die Rahmenlehrpläne für die Berufsschulen erstellt. Der Hauptausschuss des BIBB, bestehend aus je acht Vertretern der Arbeitgeber, Arbeitnehmer und Bundesländer sowie fünf Repräsentanten des Bundes, nimmt schließlich zur Ausbildungsordnung Stellung, bevor drittens die Ausbildungsordnung vom zuständigen Ministerium erlassen wird (BIBB 2006).

50 Unternehmen eines jeden Wirtschaftszweiges sind Beitrag zahlende Pflichtmitglieder der entsprechenden Kammern (Handwerkskammern, Industrie- und Handelskammern, Landwirtschaftskammern, Kammern der freien Berufe).

besteht aus Vertretern der Sozialpartner (Wirtschaftskammer Österreich und Bundesarbeiterkammer) und Berufsschullehrern (BmWfj 2009: 18). Lehrlingsstellen, die die Eignung von Lehrbetrieben prüfen, beratend tätig sind und Lehrabschlussprüfungen abwickeln, sind bei den Wirtschaftskammern der Bundesländer angesiedelt und werden durch die Kammern für Arbeiter und Angestellte unterstützt (BmWfj 2009: 18). Der Arbeitsmarktservice Österreich (AMS) ist als zentrale Verwaltungsstelle für die Berufsberatung sowie arbeitsmarktpolitische Maßnahmen zuständig (Dorninger et al. 2007: 16).

In der Schweiz liegt die Schulhoheit bei den Kantonen, ein nationales Bildungsministerium gibt es nicht (Gonon 2004: 91f.). Der Bereich der Berufsbildung steht dagegen in nationaler Verantwortung. Der Bund, genauer, das dem Wirtschaftsministerium (Staatssekretariat für Wirtschaft [seco]) unterstellte Bundesamt für Berufsbildung und Technologie (BBT) übernimmt in der Schweiz die strategische Steuerung und Entwicklung der Berufsbildung. Der Bund erlässt Berufsbildungsgesetze, um einheitliche Standards festzulegen, ebenso wie die Ausbildungsordnungen (»Verordnungen über die berufliche Grundbildung«, früher »Ausbildungsreglemente«) (BBT 2009: 6f.). Ein weiteres Bundesorgan, das Berufsbildungsforschung betreibt und bei der Umsetzung des BBG berät ist das *Eidgenössische Hochschulinstitut für Berufsbildung* (EHB)[51]. Die Kantone sind schließlich für Umsetzung und Aufsicht zuständig. Es existieren 26 kantonale Berufsbildungsämter als Vollzugsorgane[52], deren Tätigkeiten durch die Schweizerische Konferenz der kantonalen Erziehungsdirektoren (EDK)[53] koordiniert wird. Die Kantone stellen außerdem Berufsinformations- und Berufsberatungsstellen zur Verfügung (BBT 2009: 6f.). Seit dem 1. Januar 2007 hat das Schweizerische Dienstleistungszentrum Berufsbildung, Berufs-, Studien- und Laufbahnberatung (SDBB) – eine Institution der EDK

51 Das Eidgenössische Hochschulinstitut für Berufsbildung (EHB) entwickelte sich aus dem ehemaligen Schweizerischen Institut für Berufspädagogik (SIPB) und zeichnet ebenso für die Aus- und Weiterbildung von Lehrkräften in der Berufsbildung verantwortlich (Barabasch et al. 2009a: 248).

52 Die Berufsbildungsämter sind zusammen mit den Berufsverbänden für die Durchführung der Lehrabschlussprüfung zuständig und überwachen die Lehrverhältnisse in den Betrieben.

53 Die Schweizerische Konferenz der kantonalen Erziehungsdirektoren (EDK) ist für die interkantonale Koordination zuständig. Speziell für die Berufsbildung zeichnet eine Fachkonferenz der EDK verantwortlich, die »Schweizerische Berufsbildungsämter-Konferenz« (SBBK 2009).

– seine Arbeit aufgenommen und fördert die interkantonale Zusammenarbeit bei Dienstleistungen im Bereich der Berufsbildung und Berufsberatung (EDK 2007a). Die Sozialpartnerschaft in der Schweiz ist durch eine relativ schwache Stellung der Gewerkschaften gegenüber den Arbeitgebervertretern gekennzeichnet (Katzenstein 1984). Ausbildungsordnungen werden vorab meist von den Berufsverbänden erstellt. Die Gewerkschaften werden bei der Erstellung von Berufsbildern dabei zumindest angehört, beraten ferner Auszubildende und sind Teilnehmer in Expertenkommissionen zur Berufsbildung (Wettstein und Lauterbach 2007: 13).

In Dänemark ist Bildung grundsätzlich Bundesangelegenheit. Im Bereich der Berufsbildung findet eine enge Kooperation zwischen Staat, Arbeitgebervertretern und Gewerkschaften statt (Albæk 2009: 44). Auf Bundesebene ist beim Unterrichtsministerium ein Rat für berufliche Ausbildung und Fortbildung (EUR), bestehend aus 20 stimmberechtigten Mitgliedern, eingerichtet. Der Rat ist paritätisch aus jeweils acht Mitgliedern des Dänischen Arbeitgeberverbandes (DA) und des Gewerkschaftsbundes (LO) zusammengesetzt sowie aus Mitgliedern von Bezirk, Gemeinden, Lehrern und Schülervertretung (Länderfachkommission Dänemark 1999: 69). Der Rat berät den Unterrichtsminister in Fragen der Gesamtsteuerung des Berufsbildungssystems, das heißt bezüglich Struktur und allgemeinen Zielen der beruflichen Ausbildung, womit landesweit gleiche Rahmenbedingungen gesichert sind (Lauterbach und Huck 2000: 17). Dauer, Inhalt und Prüfungsordnung für die einzelnen Ausbildungsberufe werden in Berufsbildungsausschüssen festgelegt. Für jeden Beruf wird jeweils ein Ausschuss eingerichtet, der auch über die Veränderung der Ausbildungsinhalte befindet. Die Berufsbildungsausschüsse sind ebenfalls paritätisch durch Arbeitgeber- und Arbeitnehmervertreter besetzt. Die durch die Berufsbildungsausschüsse gemachten Vorschläge werden schließlich dem Unterrichtsministerium vorgelegt, das dann die Ausbildungsordnung herausgibt (Lauterbach und Huck 2000: 42).[54] Dänemarks Berufsschulen sind relativ autonom, werden aber durch lokale Ausbildungskomitees, bestehend aus Arbeitgebern, Arbeitnehmern und Kommune beraten, die Einfluss auf Ausbildungsinhalt und Management der Berufsschule nehmen sowie Kontakte zwischen Schule und lokalem Arbeitsmarkt herstellen (Lauterbach und Huck 2000: 41). In Dänemark gibt es folglich neben der nationalen keine regionale, aber eine lokale Steuerungsebene (Länderfachkommission

54 Berufsbildungsausschüsse entscheiden überdies, welche Betriebe als Ausbildungsbetriebe zugelassen werden.

Dänemark 1999: 68; Damgaard und Torfing 2010). Im Jahr 1989 wurde eine Arbeitsverwaltung als Teil des Arbeitsministeriums gegründet, die für Arbeitsvermittlung, Berufsberatung und Berufsvorbereitung verantwortlich ist (Lauterbach und Huck 2000: 18). Im Jahr 2007 wurde schließlich eine Organisationsreform durchgeführt, um Kompetenzen der staatlichen Arbeitsverwaltung und Gemeinden im Sinne einer »zentralisierten Dezentralisierung« weiter zu bündeln (Konle-Seidl 2008: 34).

Die Finanzierungsmodalitäten der dualen Berufsausbildung sind in allen vier Untersuchungsländern prinzipiell sehr ähnlich. Der Staat übernimmt die Finanzierung der Berufsschulen[55], die Kosten für die Ausbildung in den Betrieben – Gehalt des Lehrlings, Aufwendungen für die Arbeitsplätze, Bezahlung der Ausbilder – werden von den Betrieben selbst getragen. Die Kosten für überbetriebliche Ausbildungsstätten in der Schweiz werden von Bund, Kantonen und Betrieben, die ihre Lehrlinge dort ausbilden lassen, übernommen (Wettstein und Lauterbach 2007). Für junge Menschen ist eine Lehre im dualen System sicher auch wegen des bereits gezahlten Lehrlingsgehalts interessant und ein möglicher Grund, diese einer anderen Ausbildungsform vorzuziehen. Die Vergütung der Lehrlinge ist in Deutschland für die meisten Auszubildenden tariflich geregelt und steigt mindestens jährlich an (Beicht und Walden 2004). Im Durchschnitt betragen die Ausbildungsvergütungen rund ein Viertel des Gehalts von Fachkräften (Beicht und Walden 2004: 21f.). Auch in Österreich unterliegt die Lehrlingsvergütung (beziehungsweise »Lehrlingsentschädigung«) meist Kollektivverträgen, steigt mit der Dauer der Ausbildung und beträgt im letzten Lehrjahr im Durchschnitt 80 Prozent des Gehalts einer Fachkraft in diesem Beruf (BmWfj 2009: 15). Für die Vergütung der Lehrlinge in der Schweiz bestehen Richtlinien, die von Berufsverbänden herausgegeben werden. Lehrlinge unterstehen aber keinen Gesamttarifverträgen. In letzter Instanz wird das Lehrlingsgehalt in der Schweiz zwischen Ausbildungsbetrieb, Lehrling und dessen Eltern ausgehandelt (Wettstein und Lauterbach 2007). In Dänemark ist die Ausbildungsvergütung wiederum durch einen kollektiven Tarifvertrag der Branchen geregelt und nach Ausbildungsjahren gestaffelt (Dorninger et al. 2007; CEDEFOP 2009a). Dänemark hebt sich gegenüber den anderen drei Ländern allerdings in zweierlei Hinsicht ab. Zum einen ist seit 1997 ein Ausbildungsfonds (Arbejdsgivernes Elevrefusion [AER]) eingerichtet

55 Allerdings bestehen auch privat finanzierte Berufsschulen, die oft von Unternehmen mit hohem Prestige betrieben werden (Dorninger et al. 2007).

(Länderfachkommission Dänemark 1999; Lauterbach und Huck 2000). In diesen Fonds zahlt jedes private und öffentliche Unternehmen ein, egal ob es ausbildet oder nicht. Die Höhe der Abgaben bemisst sich anhand der Beschäftigtenzahl des jeweiligen Unternehmens: Je mehr Mitarbeiter für ein Unternehmen arbeiten, desto höher ist die Abgabe, die es zu leisten hat. Aus dem Fonds wird das Gehalt von Jugendlichen in schulischer Ausbildung bezahlt, die keine Lehrstelle finden konnten; es werden Unternehmen bezuschusst, die ausbilden und auch die Finanzierung der überbetrieblichen Ausbildung wird aus Mitteln des AER bestritten (Grollmann et al. 2003; Malcomson et al. 2003). Es sei an dieser Stelle jedoch angemerkt, dass solche Fonds auch in der Schweiz vereinzelt für bestimmte Branchen existieren (zum Beispiel Schweizerische Metallunion, Verband Schweizerischer Elektro-Installationsfirmen etc.) (Wettstein 2009b). Die zweite dänische Besonderheit ist, dass mit dem Berufsschulgesetz von 1989 und dem Berufsbildungsgesetz von 1991 ein neuer Finanzierungsmodus für die Berufsschulen eingeführt wurde. Um einen größeren Wettbewerb zwischen den Schulen zu initiieren, ist die Höhe der staatlichen Bezuschussung nun von der Schülerzahl abhängig. Je mehr Schüler von einer Berufsschule angeworben werden können, desto höher ist auch der staatliche Zuschuss (Länderfachkommission Dänemark 1999).

4.2.2 Standardisierung durch Berufsbildungsgesetze und Ausbildungsordnungen

Ganz allgemein gesprochen, ist die Standardisierung eines Bildungssystems dann als besonders hoch einzustufen, wenn Bildung über das gesamte Land hinweg einheitlich geregelt ist (Allmendinger 1989: 233). Im Bereich der Berufsbildung erscheint es m. E. sinnvoll, zumindest zwei Dimensionen von Standardisierung zu untersuchen: Erstens die Standardisierung über Berufsbildungsgesetze und zweitens die Standardisierung über Ausbildungsordnungen. Berufsbildungsgesetze legen allgemeine Regeln zur Berufsausbildung fest, etwa an welchen Lernorten Berufsausbildungen stattfinden sollen oder wie Ausbildungsverträge ausgestaltet sein müssen. Ausbildungsordnungen beschreiben für jeden Ausbildungsberuf, welches Wissen und welche Kompetenzen vermittelt werden sollen, in welcher Zeit und wie dies geschehen soll.

Die föderale Struktur der Bundesrepublik Deutschland ist im Grundgesetz von 1949 fest verankert und die 16 Bundesländer haben prinzipiell die

Hoheit über den Bildungsbereich (Leschinsky und Cortina 2005). Die Berufsbildung jedoch fällt unter das Wirtschafts- und Arbeitsrecht und wird durch den Bund, der mit der Handwerksordnung (HwO) von 1953 (Bundesministerium der Justiz 1953) und dem Berufsbildungsgesetz von 1969 neben den Betrieben erstmals die Bühne der Berufsbildung betrat, deutschlandweit einheitlich geregelt (Kell 2006).[56] Das alte Berufsbildungsgesetz von 1969 erfuhr über die Zeit mehrere Ergänzungen (Pätzold 1983) und wurde im Jahre 2005 (Berufsbildungsgesetz 2005) zuletzt novelliert.[57] Das Berufsbildungsgesetz (2005) regelt in Deutschland in 105 Paragraphen unter anderem: Ziele und Begriffe der Berufsbildung (§1), Lernorte der Berufsbildung (§2), die Anerkennung von Ausbildungsberufen (§4), den Ausbildungsvertrag (§§10–12), das Prüfungswesen (§§37–50), die Berufsbildungsforschung (§§84–101), Bußgeldvorschriften (§102) sowie den Rahmen für Ausbildungsordnungen (§5). Ausbildungsordnungen bestehen für jeden der (zurzeit circa 350) anerkannten dualen Ausbildungsberufe von Änderungsschneider/in bis Zweiradmechaniker/in (BIBB 2008). Jede Ausbildungsordnung beinhaltet (nach §5 Abs. 1 BBiG) neben der Bezeichnung des entsprechenden Ausbildungsberufs (Ziffer 1) und der jeweiligen Ausbildungsdauer (Ziffer 2) das Ausbildungsberufsbild, das heißt »die beruflichen Fertigkeiten, Kenntnisse und Fähigkeiten, die mindestens Gegenstand der Berufsbildung sind« (Ziffer 3), den Ausbildungsrahmenplan und damit eine detaillierte Anleitung zur Vermittlung des Ausbildungsberufsbildes

56 Für das Handwerk war mit dem Gesetzestext von 1953 eine Einschränkung der Gewerbefreiheit insofern verbunden, dass nur Personen, die über den *Großen Befähigungsnachweis* verfügten, selbst ein Gewerbe führen durften (Boyer 1990). Am 1. Januar 2004 trat eine Novelle der Handwerksordnung in Kraft, in der die Zahl der Berufe mit »Meisterzwang« auf weniger als die Hälfte reduziert wurde. Allerdings waren hiervon fast ausschließlich Berufe betroffen, »[...]die nicht stark ins Gewicht fallen sowie solche, die nur noch in engen Nischen existieren wie Orgelbauer, Geigenbauer, Müller oder Buchbinder (beide außerhalb der Industrie), Böttcher, Sticker und Wachszieher« (Brenke 2008).

57 Das neue Berufsbildungsgesetz trat am 1. April 2005 in Kraft. Auszubildende können nun Teile ihrer Berufsausbildung – zeitlich begrenzt auf ein Viertel der in der Ausbildungsordnung vorgeschriebenen Ausbildungsdauer – im Ausland absolvieren. Ferner können in der Ausbildungsordnung Zusatzqualifikationen festgelegt werden, die in der Abschlussprüfung ebenso geprüft und dann bescheinigt werden. Durch das neue Berufsbildungsgesetz soll schließlich auch das Ablegen der Prüfung vor einer Kammer für diejenigen erleichtert werden, die ihre Ausbildung nicht im dualen System vollzogen haben. Neu sind seit 2005 die Berufsbildungsforschung und Berufsbildungsstatistik im Berufsbildungsgesetz beschrieben – beides war zuvor im Berufsbildungsförderungsgesetz von 1981 geregelt.

(Ziffer 4) sowie Prüfungsanforderungen (Ziffer 5). Neue Ausbildungsordnungen werden in das Verzeichnis anerkannter Ausbildungsberufe (BIBB 2008) aufgenommen. Die Ausbildung am zweiten Lernort Berufsschule ist jedoch weniger stark standardisiert. Zwar werden von der Kultusministerkonferenz Rahmenlehrpläne für den Berufsschulunterricht verabschiedet, die je nach Ausbildungsberuf unterschiedliche »Lernfelder« umfassen. Die Bundesländer sind jedoch nicht verpflichtet, diese Lehrpläne zu übernehmen (Kultusministerkonferenz 2009a). Eine Abstimmung zwischen den auf die Betriebe zugeschnittenen Ausbildungsordnungen und den Rahmenlehrplänen der Berufsschulen findet in einem Abstimmungsverfahren zwischen Bund und Ländern statt, das 1972 in einem gemeinsamen Ergebnisprotokoll festgehalten wurde (Kultusministerkonferenz 2009b).

Anders als in Deutschland hat der Bund im föderalistischen Österreich sowohl die Hoheit über das Schulwesen wie auch über die Berufsbildung. Im Bereich der beruflichen Ausbildung griff der Bund die Vormachtstellung der Berufsgenossenschaften in der Ausbildung das erste Mal im Jahre 1897 in einer Gewerberechtsnovelle an, indem er die Fortbildungsschulpflicht neben der betrieblichen (Handwerks-)Ausbildung einführte (Gruber 2008). Es folgten weitere Novellen, die sich auch direkt auf die betriebliche Ausbildung bezogen, erst 1969 gab es jedoch ein erstes Berufsausbildungsgesetz (BAG). Das BAG wurde mehrere Male seit 1969 novelliert, hat die Grundstruktur der Ausbildung bis heute aber kaum verändert (Gruber 2008). Das österreichische BAG enthält heute wie in den deutschsprachigen Nachbarländern eine Vielzahl von Regulierungen, die Deutschland sehr ähneln. Insgesamt regeln 36 Paragraphen jeweils sehr detailliert die Berufsausbildung im BAG von 2003 (BMWA 2003).[58] Auch in Österreich gibt es für jeden Ausbildungsberuf eine Ausbildungsordnung beziehungsweise »Ausbildungsvorschriften« (BAG 2003, §8), die die Berufsbilder sowie dazugehörige Prüfungsordnungen enthalten (BAG 2003, §24). Alle anerkannten Ausbildungsberufe und dazugehörige Ausbildungsvorschriften sind in der Liste der Lehrberufe aufgeführt. Der Bund ist in Österreich in rechtlicher Hinsicht nicht nur für den betrieblichen, sondern auch den berufsschulischen Teil der Ausbildung zuständig. Im Schulorganisationsgesetz finden sich Regelungen zu Organisation der Berufsschulen und grundsätzlichen Lehrplanbestimmungen (Dorninger et al. 2007).

---

58 Vollzogen wird das BAG von Lehrlingsstellen, die in jedem Bundesland angesiedelt sind.

In der Schweiz sind prinzipiell die Kantone für die Gesetzgebung im Bildungswesen zuständig; nicht aber im Bereich der Berufsbildung. Am 26. Juni 1930 wurde ein erstes Bundesgesetz über die Berufsbildung (BBG) verabschiedet, das dem Staat nun neben den Gewerbeverbänden Kompetenzen im Bereich der Berufsbildung einräumte. Auch wurde für Lehrlinge der Besuch der Berufsschule fortan obligatorisch (Gonon 2004). Mit Überarbeitungen dieses Gesetzes in den Jahren 1965 und 1978 wurden die überbetriebliche Ausbildung sowie Regelungen zu beruflicher Weiterbildung, Berufsberatung und Berufsbildungsforschung festgeschrieben. Mit dem neuesten Bundesgesetz, das schließlich im Jahr 2004 in Kraft trat (BBG 2002) und der dazugehörigen Verordnung über die Berufsbildung (2003), wurden sämtliche Berufe außerhalb der Hochschule in den Bereich des Bundes überführt. Dies gilt auch für die Land- und Forstwirtschaft, für die bis dato ein eigenes Gesetz bestand sowie für die zuvor kantonal geregelten Bereiche Gesundheit, Soziales und Kunst (EDK 2007b). Das Schweizerische Bundesgesetz über die Berufsbildung (2002) enthält eine Fülle von Vorschriften – insgesamt 74 Artikel, die große Ähnlichkeit mit den deutschen und österreichischen Regelungen aufweisen. Auch die Ausbildungsordnungen beziehungsweise in der Schweiz »Bildungsverordnungen« (Art. 19) (früher »Ausbildungsreglemente«), die vom Bundesamt für Berufsbildung und Technologie (BBT) überprüft und in Kraft gesetzt werden, umfassen ähnliche Punkte wie in den deutschsprachigen Nachbarländern: »a. den Gegenstand und die Dauer der Grundbildung; b. die Ziele und Anforderungen der Bildung in beruflicher Praxis; c. die Ziele und Anforderungen der schulischen Bildung; d. den Umfang der Bildungsinhalte und die Inhalte der Lernorte; e. die Qualifikationsverfahren, Ausweise und Titel.« Im Gegensatz zu Deutschland ist neben der betrieblichen Ausbildung auch die schulische Ausbildung mit geregelt. So wird für jeden Ausbildungsberuf im »Bildungsplan«, der den Bildungsverordnungen anhängt, genau festgelegt, welche Bildungsinhalte im Betrieb und der Berufsschule, aber auch in überbetrieblichen Kursen vermittelt werden. Alle eidgenössisch anerkannten Berufe sind im Berufsverzeichnis aufgelistet, das vom Bundesamt für Berufsbildung und Technologie (BBT) herausgegeben wird. Weitere 79 Artikel zu beruflicher Grundbildung ebenso wie zu Höherer Berufsbildung, Weiterbildung oder Berufsberatung sind zudem in der Verordnung über die Berufsbildung (2003) zu finden.

In Dänemark wurden mit dem Lehrlingsgesetz von 1889 die Ausbildungsbedingungen von Lehrlingen erstmalig nach Auflösung des Zunftwesens ansatzweise landesweit reguliert (Europäische Kommission 2009). So wurde der Ausbildungsvertrag zwischen Meister und Lehrling wieder ins Leben gerufen und der Besuch einer (Abend-)Berufsschule festgeschrieben. Mit dem Lehrlingsgesetz von 1956 wurde der Unterricht in Abendberufsschulen auf Tagesberufsschulen (normalerweise ein Tag pro Woche) umgestellt (Lauterbach und Huck 2000). Das Berufsschulgesetz des Jahres 1989 und das Berufsbildungsgesetz von 1991 hatten eine Stärkung der Stellung der Berufsschulen zur Folge, indem diesen größere Autonomie eingeräumt wurde. Berufsschulen wurden nun auch abhängig von ihrer Schülerzahl bezuschusst, um einen größeren Wettbewerb zwischen diesen zu initiieren (Länderfachkommission Dänemark 1999). Auch in Dänemark werden in Ausbildungsordnungen für jeden Lehrberuf Dauer, Qualifikationen und Prüfungsanforderungen geregelt (Albæk 2009). Allerdings enthalten die dänischen Ausbildungsordnungen eher Rahmenvorschriften und keine bis ins Detail ausformulierten beruflichen Curricula, so dass Berufsschulen und Betriebe größeren Spielraum bei der Umsetzung haben (Wittig und Clematide 2009). Die Standardisierung der Berufsinhalte ist in Dänemark also sichtlich geringer als in Deutschland, Österreich und der Schweiz. Die Berufsbildungsreform von 2000, die im Jahr 2001 in Kraft trat, hatte ferner sehr grundsätzliche Veränderungen in der Organisation und Struktur der Berufsbildung zur Folge. Konnten Jugendliche bis dato einen von 83 Berufen direkt erlernen, wurde die Ausbildung nun in eine Grundausbildung mit sieben breiten Zugangswegen[59] und anschließender Hauptausbildung in einem Beruf aufgeteilt (Nielsen und Minderop 2000). Ausbildungsgänge werden seitdem auch stärker auf individuelle Bedürfnisse zugeschnitten: Module aus verschiedenen Berufsbereichen können kombiniert werden und Bildungsgänge sind in der Dauer deutlich flexibler (Jørgensen 2008). Der Auszubildende entwickelt zusammen mit der Berufsschule verpflichtend einen persönlichen Bildungsplan. Während der Bildungsplan den angestrebten Ausbildungsweg beschreibt, wird in einem Logbuch zusätzlich dokumentiert, welche Ausbildungselemente tatsächlich absolviert wurden (Nielsen und Minderop 2000). Diese Individualisierung der Berufsausbildung ist mit einer weiteren Destandardisierung der Ausbildung beziehungsweise Ausbildungsinhalte gleichzusetzen. Mit der Reform

59 Die sieben Zugangswege waren: 1. Technologie und Kommunikation; 2. Bau- und Anlagengewerbe; 3. Handwerk und Technik; 4. Lebensmittelproduktion, Gastronomie; 5. Maschinenbau, Transport, Logistik; 6. Dienstleistungen; 7. Wirtschaft/Handel, Bürowirtschaft und Bankenwesen.

wurde Individuen außerdem die Möglichkeit gegeben, während der dualen Berufsausbildung eine Hochschulzugangsberechtigung zu erwerben, um das dänische duale System für Jugendliche attraktiver zu machen. Das Ausbildungsgesetz aus dem Jahre 2008 hatte schließlich zur Folge, dass die bis dahin sieben Zugangswege im Rahmen der Grundbildungsphase auf zwölf erhöht wurden.

Seit dem Jahr 1989 gibt es zwischen Deutschland und Österreich ein »Abkommen über die Zusammenarbeit in der beruflichen Bildung und die gegenseitige Anerkennung der Gleichwertigkeit von beruflichen Prüfungszeugnissen« und damit eine länderübergreifende Standardisierung in diesem Bereich. Auf dieser Grundlage wird nicht nur eine Vielzahl von Lehrabschlüssen gegenseitig anerkannt, sondern auch handwerkliche Meisterprüfungen und Fortbildungsabschlüsse. Die aktuelle »Liste der gleichwertigen Berufsbildungsabschlüsse. Deutschland – Österreich« enthält »rund 270 österreichische Lehrabschlussprüfungen im gewerblich-industriellen Bereich und in der Land- und Forstwirtschaft sowie schulische Abschlüsse, die mit rund 350 deutschen Abschluss- und Gesellenprüfungen gleichwertig sind« (BMBF et al. 2008).

4.3 Ausbildungsfelder und berufliche Spezifität

Der Beruf stellt ein Kernelement der dualen Berufsausbildung dar. So schließen Absolventen etwa als Landwirte, Köche, Schreiner oder Bürofachkräfte ab. Die historischen Wurzeln des dualen Ausbildungssystems liegen jedoch im Bereich des Handwerks und der industriellen Fertigung. Mit dem Wandel des Erwerbssystems in Richtung Dienstleistungsökonomie stand das Ausbildungssystem vor einer großen Herausforderung. Es bestand die Notwendigkeit – wollte man die Entwicklungen auf dem Arbeitsmarkt nicht vernachlässigen – auch Ausbildungsberufe im Bereich des Dienstleistungssektors ins Leben zu rufen. Kapitel 4.3.1 untersucht, welche Ausbildungsfelder die dualen Systeme der Länder Deutschland, Österreich, Schweiz und Dänemark abdecken. Berufliche Ausbildung kann darüber hinaus sehr spezialisiert auf bestimmte Tätigkeitsinhalte ausgerichtet sein oder auch ein breites Tätigkeitsspektrum abdecken. Diese »berufliche Spezifität« (Müller und Shavit 1998) der dualen Berufsausbildung in Deutschland, Österreich, der Schweiz und Dänemark wird in Kapitel 4.3.2 ausführlich untersucht.

4.3.1 Ausbildungsberufsfelder

Neben der Dualität des Lernens ist es die Beruflichkeit, die als organisierendes Prinzip die duale Ausbildung kennzeichnet (Deißinger 1998). Traditionell war die duale Ausbildung in den Berufsbereichen Handwerk und Industrie sehr verbreitet. Mit dem Übergang aller entwickelten Industrienationen in Richtung Dienstleistungsgesellschaft (Fourastié 1969) stellt sich jedoch die Frage, ob das duale Ausbildungssystem diesem Trend gefolgt ist und auch Ausbildungsberufsfelder im tertiären Sektor besetzt. Darüber hinaus ist hier von zentralem Interesse, ob die dualen Systeme der vier Untersuchungsländer ihren Schwerpunkt auf ähnliche Ausbildungsberufsfelder legen oder ob hier Unterschiede zu beobachten sind. Tabelle 8 differenziert sechs verschiedene Ausbildungsberufsfelder:[60] (1) Land- und Forstwirtschaft (inkl. Veterinärwesen), (2) Handwerk, Industrie, Bau (3) Medien, Design, Kunsthandwerk, (4) Wirtschaft, Recht, Verkauf, (5) Gesundheit, Sozialwesen, Erziehung, (6) persönliche Dienstleistungen. Die Ausbildung im Bereich »Land- und Forstwirtschaft« hat heute in keinem der vier Untersuchungsländer noch einen herausragenden quantitativen Stellenwert: Am höchsten liegt der Anteil der Absolventen in diesem Ausbildungsfeld mit knapp 7 Prozent noch in Dänemark. Der klassische Ausbildungsbereich »Handwerk, Industrie, Bau« ist in allen vier Ländern stark besetzt – dies gilt jedoch insbesondere für Österreich, wo mehr als die Hälfte der Absolventen diesem Ausbildungsberufsfeld zuzuordnen sind. Gleichwohl wird aber auch deutlich, dass das duale Ausbildungssystem heute auch Berufsfelder im Dienstleistungssektor in nicht unerheblichem Maße besetzt. Vor allem das Ausbildungsberufsfeld »Wirtschaft, Recht, Verkauf« sticht deutlich hervor und vereint je nach Land von einem Viertel (Österreich) bis hin zu einem Drittel (Deutschland, Schweiz, Dänemark) der Absolventen auf sich. Ebenfalls werden in den dualen Ausbildungssystemen der vier Untersuchungsländer die Ausbildungsberufsfelder »persönliche Dienstleistungen« (zum Beispiel Friseure, Hauswirtschaft, Gastronomen, Hotelfachkräfte) sowie »Gesundheit, Sozialwesen, Erziehung« zu merklichen Anteilen ausgebildet. Letzteres gilt jedoch nicht (mehr) für

60 Zur Methodik der Zusammenfassung der Ausbildungsberufsfelder siehe 8.1.2.

Österreich: 2001/02 wurde der traditionell nicht hochschulische Sozialbereich und die nichtärztlichen Gesundheitsberufe in den Fachhochschulsektor überführt, im Studienjahr 2006/07 folgten ferner die Gesundheitswissenschaften (Medizinische Dienste und Hebammen) (Gruber 2008). Das Ausbildungsberufsfeld »Medien, Design, Kunsthandwerk« ist in allen vier Ländern hingegen schwach besetzt. Die Zusammensetzung nach Geschlecht variiert über die Ausbildungsberufsbereiche hinweg zum Teil erheblich. Vor allem das Ausbildungsberufsfeld »Handwerk, Industrie, Bau« ist deutlich männlich dominiert. Frauen sind hingegen im Ausbildungsberufsfeld »Gesundheit, Sozialwesen, Erziehung« deutlich überrepräsentiert.

Tabelle 8: 15- bis 29-Jährige mit dualem Berufsabschluss in Deutschland, Österreich, der Schweiz und Dänemark nach Ausbildungsberufsfeld und Geschlecht (Angaben in %)

	Deutschland		Österreich		Schweiz		Dänemark	
	%	w	%	w	%	w	%	w
Landwirtschaft	1,6	29,9	2,7	44,5	4,1	24,3	6,9	28,4
Handwerk, Industrie, Bau	37,5	7,3	51,4	8,4	38,3	12,1	36,7	8,1
Medien, Design, Kunsthandwerk	2,5	61,3	2,4	59,0	3,5	76,3	1,7	30,4
Wirtschaft, Recht, Verkauf	33,9	67,9	26,7	76,4	36,6	65,7	36,1	60,2
Gesundheit, Sozialwesen, Erziehung	12,0	89,8	2,7	80,7	9,1	90.8	9,6	97,2
Persönliche Dienstleistungen	12,4	60,9	14,0	70,1	8,5	63,7	9,0	50,9
Gesamt	100	46,2	100	39,4	100	45,9	100	41,1
N	25726	12123	8390	3347	7091	3424	1959	909

Alle Zahlen sind gewichtet (landesspezifische Hochrechnungsfaktoren). Aus der Analyse ausgeschlossen sind Personen, die ihren dualen Berufsabschluss im Ausland erworben haben. Rund 10 Prozent der Personen mit dualem Abschluss haben in der Schweiz eine Berufsmaturität absolviert. Hiervon hat etwa ein Drittel als Fachrichtung Allgemeinbildung angegeben. Da diese Personengruppe keinem Ausbildungsberufsfeld zugeordnet werden kann, wird sie ebenfalls aus der Analyse ausgeschlossen.

(Quellen: Mikrozensus Deutschland, Mikrozensus Österreich, Schweizerische Arbeitskräfteerhebung, Dänischer Labour Force Survey. Jahre 2004 bis 2007 [immer 2. Quartal] gepoolt. Eigene Berechnungen)

4.3.2 Berufliche Spezifität

Junge Menschen können in Deutschland, Österreich der Schweiz und Dänemark aus einer Vielzahl von möglichen staatlich anerkannten Ausbildungsberufen auswählen. In vielen anderen Ländern wie zum Beispiel England werden im Bildungssystem vor allem allgemeinbildende Inhalte vermittelt oder nur sehr breite, wenig spezialisierte berufliche Ausbildungen angeboten, wie dies etwa in Schweden der Fall ist. Im Folgenden soll untersucht werden, wie stark spezialisiert die dualen Ausbildungssysteme der vier Untersuchungsländer ausbilden, oder anders ausgedrückt wie hoch deren *berufliche Spezifität* ist (Müller und Shavit 1998: 5). Es wird daher nun eine Möglichkeit dargestellt, wie sich der Grad der Spezialisierung eines dualen Ausbildungssystems messen lässt. Ich schlage hierfür drei Indikatoren vor.

Der *erste Indikator* lehnt sich an die Studie von Walter Müller und Yossi Shavit (1998) an, die die Zahl der Ausbildungsberufe heranziehen, um berufliche Spezifität zu operationalisieren. Je größer die Zahl der zu erlernenden Berufe ist, desto verengter oder spezialisierter ist demnach die Ausbildung in einem Beruf. Tabelle A 3 im Anhang enthält eine komplette Zusammenstellung der anerkannten Ausbildungsberufe für das duale Ausbildungssystem in den Ländern Deutschland, Österreich, Schweiz und Dänemark (2007). Jeder einzelne Ausbildungsberuf wurde zudem inhaltlich einem der oben beschriebenen Ausbildungsberufsfelder zusortiert. Erst einmal lässt sich feststellen, dass die Zahl der anerkannten Ausbildungsberufe in Deutschland mit rund 350 deutlich am höchsten ist. Die Schweiz und Österreich folgen mit rund 250 Ausbildungsberufen. Dänemark weist mit unter 150 die weit geringste Zahl anerkannter Ausbildungsberufe auf. Zieht man also diesen Indikator heran, ließe sich daraus ableiten, dass die berufliche Spezialisierung der Ausbildung in Deutschland am höchsten ist, in der Schweiz und Österreich mittel hoch und in Dänemark bei weitem am geringsten. Betrachtet man die Zahl der Ausbildungsberufe getrennt nach Ausbildungsberufsfeldern (Tabelle A 4), zeigt sich, dass in den am stärksten besetzten Berufsfeldern – »Industrie, Handwerk, Bau« sowie »Wirtschaft, Recht, Verkauf« – Deutschland ebenfalls die meisten Ausbildungsberufe zählt und Dänemark am wenigsten. Seit dem Jahr 2003 hat die Schweiz die Zahl der kaufmännischen Berufe erheblich reduziert. Hier zeigt sich die zunehmende Praxis, kaufmännische Berufe zusammenzulegen und auf eine breite Grundausbildung aufsetzend, Spezialisierungen im letzten Ausbildungsjahr vorzunehmen (Barabasch et al. 2009a).

Als *zweiter Indikator* für die Breite beziehungsweise Spezialisierung der Ausbildung wird die Institutionalisierung einer längeren verpflichtenden beruflichen Grundausbildung angesehen. Solche beruflichen Vorausbildungen, die die Breite der Ausbildung insgesamt erhöhen, finden sich in Dänemark und in Österreich. Die Grundausbildung in Dänemark vermittelt berufliche Kompetenzen in zwölf Berufsbereichen (Søndergaard et al. 2008)[61]. Die gesamte berufliche Ausbildung erstreckt sich in Dänemark somit über zwei Phasen: Die schulische Grundausbildung und die duale Hauptausbildung (Nielsen 2000; Grollmann et al. 2003; Europäische Kommission 2009: 60). Eine rechtliche Zugangsbeschränkung zur Grundausbildung gibt es nicht, es müssen lediglich die neun Pflichtschuljahre beendet worden sein (Nielsen und Minderop 2000).[62] Die Grundausbildung wird üblicherweise[63] in der Schule absolviert und dauert 20 bis 60 Wochen, abhängig von der Vorqualifikation und davon, wie lange Jugendliche sich im Vorfeld der dualen Ausbildung beruflich orientieren wollen. Mit der Grundausbildung qualifiziert sich der Auszubildende für eine Reihe von Berufen, aus denen er dann wählen kann und sich spezialisiert. Um schließlich mit der dualen Hauptausbildung zu beginnen, muss der Auszubildende einen Ausbildungsvertrag mit einem Betrieb abschließen (Nielsen und Minderop 2000). In Österreich gibt es eine neunjährige allgemeine Schulpflicht, die Hauptschule dauert aber lediglich acht Jahre. Schüler können folglich im Anschluss an die Hauptschule nicht direkt eine Lehre beginnen. Daher wurde in Österreich der einjährige Polytechnische Lehrgang (PL) im Vorfeld der Lehre eingeführt, der zur Berufsvorbereitung und Berufsorientierung dienen soll (Dorninger et al. 2007). Anders als in

61 Mit der Berufsbildungsreform wurden im Jahre 2001 die einführenden Teile der praktischen Phase erstmals zu größeren Berufsbereichen – damals sieben – zusammengefasst (vor 2001 85 Ausbildungsgänge). Diese sieben Richtungen wurden im Jahr 2008 auf zwölf erweitert (Søndergaard et al. 2008: 27; Europäische Kommission 2009: 50): 1. Tiere, Pflanzen und Natur 2. Körper und Mode 3. Bau- und Anlagengewerbe 4. Automobile, Flugzeuge und andere Transportmittel 5. Elektrizität, Controlling und Computertechnologie 6. Gebäudewartung, -technik und -sicherheit 7. Lebensmittelproduktion, Gastronomie 8. Medienproduktion 9. Produktion und Entwicklung 10. Transport und Logistik 11. Wirtschaft/Handel 12. Gesundheit, Pflege und Pädagogik.

62 Der Besuch der 10. Klasse ist freiwillig und dient der vertieften Allgemeinbildung oder dazu, sich über den Berufswunsch klar zu werden. Ungefähr 60 Prozent einer Altersgruppe nutzen die Möglichkeit eines verlängerten Schulbesuchs (Länderfachkommission Dänemark 1999).

63 Prinzipiell besteht auch die Möglichkeit, die Grundausbildung im Betrieb zu absolvieren, wenn bereits ein Ausbildungsvertrag mit dem Unternehmen vorliegt.

Dänemark ist der PL nicht auf ein bestimmtes Berufsfeld ausgerichtet und stellt damit auch keine direkte Verknüpfung mit dem tatsächlich später dual erlernten Beruf her. Für die Teilnahme am PL muss weder ein erfolgreicher Abschluss des 8. Schuljahres vorgelegt noch eine Aufnahmeprüfung absolviert werden. Kinder besuchen daher oft das erste Jahr einer der beiden österreichischen beruflichen Vollzeitschulen (BMS, BHS), um hieran anschließend die Lehre zu beginnen. Dies ist auch deswegen möglich, da der PL keine notwendige Voraussetzung für den Zugang zur Lehre ist. Er kann sogar übersprungen werden, wenn Schüler in der Vergangenheit Klassen wiederholen mussten (Dorninger et al. 2007). Anders als in Dänemark ist die verpflichtende berufliche Vorausbildungsphase also nicht auf die sich anschließende duale Berufsausbildung abgestimmt. In Deutschland wurden in den 1970er Jahren Versuche unternommen, im Vorfeld der dualen Ausbildung flächendeckend ein »Berufsgrundbildungsjahr« einzuführen, was allerdings am Widerstand der Tarifparteien scheiterte (Greinert 1984). In Deutschland gibt es somit ebenso wie in der Schweiz vor der dualen Ausbildungsphase keine verpflichtende Vorausbildung. Tatsächlich befindet sich aber eine Vielzahl von Jugendlichen, die keine Ausbildungsstelle bekommen haben in beiden Ländern in verschiedensten berufsvorbereitenden Maßnahmen (vgl. 4.1.2). Diese Maßnahmen sind aber ebenfalls kaum auf die nachfolgende duale Ausbildungsphase abgestimmt.

Als *dritter Indikator* für die Spezialisierung der Ausbildung wird die Möglichkeit betrachtet, einen Abschluss in gleich mehreren Ausbildungsberufen gleichzeitig zu erwerben. In Österreich besteht als einzigem Land diese Möglichkeit (Dorninger et al. 2007). »Doppellehren« finden meist in verwandten Berufen statt – üblicherweise im gewerblichen Ausbildungsbereich – und kombinieren zum Beispiel Koch/Köchin mit Restaurantfachmann/-frau, oder Bäcker/in mit Konditor/in. Das Verhältnis von Einzellehren zu Doppellehren beträgt circa 90 zu 10 Prozent (Bundesministerium für Bildung 2006). Doppellehren dürfen nicht bei mehreren Lehrberechtigten absolviert werden und eine Lehrzeit von insgesamt vier Jahren darf nicht überschritten werden. Es besteht dabei die Möglichkeit von einer Einzellehre in eine Doppellehre zu wechseln oder andersherum.

Eine abschließende Beurteilung der beruflichen Spezifität der dualen Ausbildung in Deutschland, Österreich, der Schweiz und Dänemark führt zu folgendem Ergebnis: Die Ausbildung in Dänemark ist deutlich am wenigsten beruflich spezialisiert und unterscheidet sich damit von der deutschsprachigen Ländergruppe. Nicht nur sind die beruflichen Ausbildungsinhalte in Dänemark sehr breit, was sich auch an der geringen Zahl von Ausbildungsberufen abzeichnet; es gibt ferner eine wenig spezialisierte berufliche Grundbildungsphase vor der eigentlichen dualen Ausbildung. Innerhalb des deutschsprachigen Länderclusters ist die berufliche Spezialisierung in Deutschland am höchsten. In Österreich und der Schweiz liegt zwar die Anzahl der anerkannten Ausbildungsberufe auf ähnlichem Niveau. In Österreich existieren jedoch zusätzlich eine breite berufliche Grundausbildungsphase vor der eigentlichen dualen Ausbildung und die Möglichkeit, gleichzeitig zwei Berufe zu erlernen. Vor allem solche Doppellehren erweitern in Österreich das Tätigkeitsspektrum von Ausbildungsabsolventen auf dem Arbeitsmarkt, ohne dass dabei ein hohes Maß an Spezialisierung verloren geht. Innerhalb der deutschsprachigen Ländergruppe ist die duale Ausbildung also in Österreich am breitesten angelegt.

4.4 Hypothesen zur Kopplung zwischen dualem Ausbildungssystem und Arbeitsmarkt

Merkmale von Bildungssystemen spielen für den individuellen Übergangsprozess in den Arbeitsmarkt eine entscheidende Rolle (z.B. Allmendinger 1989; Müller und Shavit 1998; Breen 2005; Andersen und van de Werfhorst 2010). Die Annahme in dieser Arbeit ist, dass auch spezifische Charakteristika des dualen Ausbildungssystems die frühe Arbeitsmarktphase junger Berufsabsolventen strukturieren. Die dualen Ausbildungssysteme der vier Untersuchungsländer weisen eine große Zahl von Ähnlichkeiten auf (zum Beispiel Dauer, Stratifizierung der Berufsausbildung), unterscheiden sich aber doch auch merklich in einigen Aspekten. Auffallend ist hierbei der unterschiedliche Grad der Standardisierung und beruflichen Spezifität.

Mit Blick auf die *Standardisierung der dualen Berufsausbildung* ist festzustellen, dass Berufsbildungsgesetze in allen vier Ländern jeweils nationale Standards für die Ausbildung festlegen. In Dänemark ist dabei jedoch den Berufsschulen relativ hohe Autonomie übertragen worden und Ausbildungsordnungen, welche die Ausbildungsinhalte für jeden einzelnen Beruf und Curricula beinhalten, sind in Dänemark deutlich unkonkreter als in den deutschsprachigen Ländern. Mit der dänischen Berufsbildungsreform, die 2001 in Kraft getreten ist, wurde Berufsausbildung zudem stärker individualisiert, so dass Auszubildende fortan die Möglichkeit erhielten, berufliche Kompetenzen aus verschiedenen Berufsfeldern nach ihren persönlichen Bedürfnissen miteinander zu kombinieren. Dieser Ansatz einer verstärkten auf das Individuum zugeschnittenen Berufsausbildung bedeutet gleichermaßen einen Rückgang des Grades an Standardisierung. Innerhalb der deutschsprachigen Ländergruppe ist der Grad der Standardisierung hoch und es bestehen nur kleinere Unterschiede. So waren die Berufsfelder Gesundheit, Soziales und Kunst zumindest bis zum Jahr 2003 in der Schweiz noch kantonal geregelt, bis der Bund mit dem Bundesgesetz aus dem Jahr 2004 auch in diesen Feldern die Verantwortung übernahm. In Deutschland wird zwar der betriebliche Teil der Ausbildung bundesweit über das Berufsbildungsgesetz und die Handwerksordnung geregelt; die Ausbildung am zweiten Lernort Berufsschule unterliegt jedoch der Länderhoheit. Der Standardisierung von Lehrinhalten an deutschen Berufsschulen ist dagegen wiederum zuträglich, dass es zumindest (unverbindliche) Rahmenlehrpläne auf Ansinnen der Kulturministerkonferenz der Länder gibt. In Österreich ist die duale Berufsausbildung dagegen über beide Lernorte und alle Ausbildungsbereiche hinweg bundesweit standardisiert. Sind duale Ausbildung und Ausbildungszertifikate hoch standardisiert können sich Arbeitgeber eher auf die Kompetenzen der Ausbildungsabsolventen verlassen beziehungsweise diese besser einschätzen. Lehrabsolventen sollten damit schneller Zugang zu unbefristeter Vollzeiterwerbstätigkeit, also dem Normalarbeitsverhältnis haben (Enge Kopplung zwischen dualem Ausbildungssystem und Beschäftigungssystem). Dies gilt vor allem auch, wenn keine Übernahme durch den Ausbildungsbetrieb erfolgte. Sind Ausbildungsberufsinhalte hoch standardisiert und passen zum Beschäftigungssystem, sollte es ferner weniger berufliche Mobilität geben (hohe berufliche Kopplung zwischen dualem Ausbildungssystem und Beschäftigungssystem) und auch der Zugang zu einer für Absolventen vorgesehenen Fachtätigkeit sollte eher gelingen (hohe Kopplung des dualen Ausbildungssystems an Fachtätigkeiten). Als zusammenfassende Hypothese formuliert: »Je höher der Grad der Standardisierung des dualen Ausbildungssystems, desto enger ist die Kopplung zwischen dualem Ausbildungssystem und Arbeitsmarkt«. Damit sollte die Kopplung zwischen dualem Ausbildungssystem und Arbeitsmarkt in Österreich am höchsten und in Dänemark am niedrigsten sein.

Die *berufliche Spezifität der Ausbildung* erwies sich in Dänemark – zumindest verglichen mit anderen Ländern mit dualem Ausbildungssystem – als gering. Ausbildungsinhalte sind dort vergleichsweise breit und vor der eigentlichen Ausbildung steht eine noch breiter angelegte Grundausbildung. Nimmt man das Cluster Deutschland, Österreich und Schweiz näher unter die Lupe, ist die berufliche Spezifität der dualen Berufsausbildung in Deutschland besonders hoch, was sich in der sehr großen Zahl anerkannter Ausbildungsberufe und kleinteiliger Berufsschneidungen äußert. Auch die Schweiz und Österreich bilden relativ stark beruflich spezialisiert aus, allerdings existiert in Österreich eine obligatorische breit angelegte Grundausbildung (Polytechnischer Lehrgang) vor der dualen Phase. Zudem schafft die Doppellehre in Österreich die Möglichkeit, berufliche Kompetenzen zu verbreitern ohne dadurch einen großen Teil der Spezialisierung einbüßen zu müssen. Die gängige Annahme ist, dass eine hohe berufliche Spezialisierung in einem Land auch mit einer engen Kopplung zwischen Bildungssystem und Arbeitsmarkt einhergeht (Müller und Shavit 1998). Als Hypothese übertragen auf das duale Ausbildungssystem formuliert: »Je höher die berufliche Spezifität der dualen Berufsausbildung, desto enger ist die Kopplung zwischen dualem Ausbildungssystem und Arbeitsmarkt.« Hoch spezialisiert ausgebildete Personen sollten also auch schneller Zugang zu einer Fachtätigkeit bekommen (hohe Kopplung des dualen Ausbildungssystems an Fachtätigkeiten) und auch enger an einen Beruf beziehungsweise ein Berufsfeld gebunden sein (hohe berufliche Kopplung zwischen dualem Ausbildungssystem und Beschäftigungssystem). Demgemäß sollten beide Formen der Kopplung in Dänemark besonders gering sein und in den deutschsprachigen Ländern wesentlich enger – allen voran in Deutschland. Vorstellbar ist jedoch auch, dass es zu einer ›Überspezialisierung‹ kommen kann. Personen mit einem beruflichen Abschluss, der hoch spezialisiert ist, könnten auch an Flexibilität verlieren, zwischen verschiedenen beruflichen Positionen zu wechseln. Es besteht innerhalb des deutschen Länderclusters daher auch die Möglichkeit, dass das sehr stark spezialisiert ausbildende duale System in Deutschland Lehrabsolventen teilweise dazu zwingt, nicht ausbildungsadäquate Erwerbstätigkeit aufzunehmen oder dass der Zugang zu (unbefristeter Vollzeit-)Beschäftigung im Allgemeinen durch Überspezialisierung erschwert wird.

Weitere Merkmale, hinsichtlich derer sich die dualen Ausbildungssysteme der vier Untersuchungsländer unterscheiden, liegen im Bereich des betrieblichen Ausbildungsanteils, der Finanzierung und den durch das duale Ausbildungssystem besetzten Ausbildungsberufsfeldern. In Österreich wird im Vier-Länder-Vergleich noch am stärksten im Bereich Industrie und Handwerk dual ausgebildet. Die Ausbildungsberufsfelder werden später im multivariaten Analyseteil (Kapitel 8) mit in die Modelle aufgenommen und kontrolliert. Nicht in die Modelle können der betriebliche Ausbildungsanteil und die Finanzierung aufgenommen werden. Dänemark grenzt sich von der deutschsprachigen Ländergruppe dadurch ab, dass es als einziges der vier Untersuchungsländer einen nationalen Ausbildungsfonds (AER) eingerichtet hat, in den alle Betriebe einzahlen und aus dem Maßnahmen finanziert sowie ausbildende Unternehmen im Sinne eines Lastenausgleichs bezuschusst werden. Da die Ausbildungsbetriebe in Dänemark also etwas weniger in ›ihre‹ Lehrlinge investieren als in den drei Vergleichsländern, dürfte dies auch die Bindung des Lehrlings an den Ausbildungsbetrieb und somit die Kopplung zwischen dualem System und Ausbildungsbetrieb lockern. Zudem ist der berufsschulische Ausbildungsanteil in Dänemark etwas höher als in Deutschland, Österreich und der Schweiz und Berufsschule und Betrieb wechseln sich in Blöcken von ein bis zwei Monaten ab. Da Auszubildende in Dänemark also insgesamt etwas weniger Zeit im Betrieb verbringen (weniger firmenspezifisches Humankapital) und das Arbeitsleben immer wieder in längeren Blöcken durch Berufsschulunterricht unterbrochen wird, sollte die Kopplung zwischen dualem Ausbildungssystem und Ausbildungsbetrieb in Dänemark am geringsten sein. Die Kopplung zwischen dualem Ausbildungssystem und Ausbildungsbetrieb kann in dieser Arbeit aus datentechnischen Gründen nicht angemessen beurteilt werden, da hierfür eine Identifikation des Ausbildungsbetriebs notwendig wird. Anschlussuntersuchungen sollten daher die Kopplung zwischen dualem Ausbildungssystem und Ausbildungsbetrieb zwischen Dänemark und (mindestens) einem der anderen drei Länder fokussieren. Tabelle 9 stellt die dualen Ausbildungssysteme der Länder Deutschland, Österreich, Schweiz und Dänemark noch einmal systematisch vergleichend einander gegenüber.

Tabelle 9: Zentrale Merkmale der dualen Ausbildungssysteme Deutschlands, Österreichs, der Schweiz und Dänemarks im Vergleich

	Deutschland	Österreich	Schweiz	Dänemark
Normale Dauer	3 Jahre	3 Jahre	3 Jahre	3 Jahre
Betrieblicher Anteil	60–80 %	70–80%	60–80%	50–70%
Ausbildungsarmut	12 %	11 %	14 %	12 %
Ausbildungsfonds	Nein	Nein	Nein	Ja
Standardisierung	Hoch	Sehr hoch	Hoch	Mittel
Berufliche Spezifität	Sehr hoch	Mittel/hoch	Hoch	Niedrig/mittel

(Eigene Darstellung)

5 Deskriptive Ergebnisse zur Kopplung zwischen dualem Ausbildungssystem und Arbeitsmarkt

Das duale System der Berufsausbildung gilt international als vorbildlich, wenn es darum geht, Jugendlichen einen besonders reibungslosen Arbeitsmarkteinstieg nach der Ausbildung zu gewährleisten. Die in dieser Arbeit zentrale Frage ist, inwieweit es *innerhalb* des Länderclusters mit dualem Ausbildungssystem zu Unterschieden in der Passung zwischen dualem Ausbildungssystem und Arbeitsmarkt kommt. Hierfür wird im Folgenden die frühe Arbeitsmarktphase von Personen mit dualem Berufsabschluss untersucht. Sicher können in diesem deskriptiv ausgerichteten Kapitel keine reinen Ausbildungssystemeffekte identifiziert werden, da davon auszugehen ist, dass die Arbeitsmarktpositionierung junger Menschen mit dualem Berufsabschluss auch von anderen landesspezifischen Einflüssen wie etwa der wirtschaftlichen Situation oder Arbeitsmarktregulierung beeinflusst werden. Dennoch lassen sich Hinweise auf Kopplungs- und Entkopplungstendenzen identifizieren. Zudem zeigen solche deskriptiven Auswertungen jenseits multivariater Modelle die ›ungeschönte‹ beziehungsweise reale Lage von jungen Menschen mit dualem Ausbildungsabschluss in einem Land.

Kapitel 5.1 beschreibt die Datensätze, die für die Analyse herangezogen werden und grenzt die genaue Untersuchungspopulation sowie den Untersuchungszeitraum ab. Ebenso wird beschrieben, mit Hilfe welcher Variablen und Konzepte verschiedene Formen der Kopplung zwischen dualem Ausbildungssystem und Arbeitsmarkt gemessen werden. In Kapitel 5.2 werden dann die entsprechenden statistischen Auswertungen vorgenommen. Dabei werden drei Formen der Kopplung für Deutschland, Österreich, die Schweiz und Dänemark näher analysiert: Kopplung zwischen dualem Ausbildungssystem und Beschäftigungssystem, Kopplung des dualen Ausbildungssystems an Berufe und Kopplung des dualen Ausbildungssystems an Fachtätigkeiten. Kapitel 5.3 fasst diese Ergebnisse noch einmal kurz zusammen, beschreibt das weitere Vorgehen und warum es Sinn macht hieran mit multivariaten Modellen anzuknüpfen.

5.1 Datensätze, Untersuchungspopulation und Variablen

Vor den ersten deskriptiven Analysen zur Kopplung zwischen dualem Ausbildungssystem und Arbeitsmarkt werden hier nun die methodischen und datentechnischen Grundlagen ausgeführt. Kapitel 5.1.1 beschreibt zuerst die vier hier verwendeten Datensätze und deren Eignung für die Analysen. Hieran anschließend wird die Untersuchungspopulation genau definiert. Der Fragestellung dieser Dissertation gemäß handelt es sich dabei um junge Menschen mit dualem Ausbildungsabschluss, die sich in der frühen Arbeitsmarktphase befinden. Ebenso wird der Untersuchungszeitraum genau eingegrenzt. Kapitel 5.1.2 geht schließlich detaillierter darauf ein, mit Hilfe welcher Variablen die unterschiedlichen Typen von Kopplung zwischen dualem Ausbildungssystem und Arbeitsmarkt erfasst werden.

5.1.1 Datensätze und Untersuchungspopulation

Datensätze

Vier verschiedene Datensätze bilden die Grundlage für die quantitativen empirischen Analysen: Der Mikrozensus Deutschland, der Mikrozensus Österreich, die Schweizerische Arbeitskräfteerhebung (SAKE) sowie der dänische Teildatensatz des European Labour Force Survey (EULFS). Es handelt sich bei allen vier Datensätzen um repräsentative Querschnittsuntersuchungen, die durch eine von der Europäischen Union angeregte Harmonisierung von Fragen eine hohe Vergleichbarkeit der Variablen zwischen den Ländern aufweisen. Diese Vergleichbarkeit, ausreichend hohe Fallzahlen und die Möglichkeit, die Gruppe der Personen mit dualem Berufsabschluss zu identifizieren[64], waren ausschlaggebend dafür, diese vier Datensätze heranzuziehen. Auch wenn für den durchgeführten Länder-Vergleich keine geeigneten Lebensverlaufsdatensätze zur Verfügung

64 Zwar ist im dänischen *Labour Force Survey* eine Trennung von vollzeitschulischer und dualer Berufsausbildung nicht möglich. Dies fällt aufgrund der sehr geringen Zahl vollzeitschulischer Ausbildungen in Dänemark jedoch wenig ins Gewicht.

stehen, beinhalten die vier genannten Datensätze seit 2004 Variablen zum Timing des Ausbildungsabschlusses. Dadurch kann eine Aussage darüber getroffen werden, wie sich die individuelle Situation auf dem Arbeitsmarkt in Abhängigkeit von der Zeit nach abgeschlossener Ausbildung darstellt. Im Folgenden zuerst eine nähere Beschreibung der vier Datensätze:

Der deutsche Mikrozensus wurde 1957 als amtliche Repräsentativstatistik zu den Themen Wirtschaft und soziale Lage eingeführt und umfasst eine 1-Prozent-Stichprobe der Haushalte in Deutschland – seit 1991 auch in den neuen Bundesländern.[65] Seit dem Jahr 2005 findet die Erhebung über das ganze Jahr hinweg statt. Die Jahre davor lag der Berichtszeitraum im zweiten oder am Ende des ersten Quartals eines jeden Jahres. Die Grundgesamtheit stellen alle Personen mit Wohnsitz in Deutschland dar, inklusive Personen in Gemeinschaftsunterkünften wie Heil- und Pflegeanstalten, geschlossenen Heimen oder Gefängnissen. Die Erhebung wird in Form mündlicher Befragungen (Face-to-Face), seit 2005 computerunterstützt, durchgeführt.[66] In Deutschland besteht Auskunftspflicht.[67] Der deutsche Mikrozensus beinhaltet auch die Fragen der Arbeitskräftestichprobe der Europäischen Union; seit dem Jahr 1996 ist das Erwerbstätigkeitskonzept der ILO mit dem Mikrozensus abbildbar (Schmidt 2000: 8). Die Gewichtung beziehungsweise Hochrechnung erfolgt auf Bundesländerebene nach den Merkmalen Alter, Anteil Zivilbevölkerung, Staatsangehörigkeit und Bevölkerung insgesamt (Afentakis und Bihler 2005: 1045).

Der österreichische Mikrozensus wird als Haushalts- und Bevölkerungsstichprobe seit 1968 durchgeführt, wobei die Erhebung seit 1994 nach ILO-Normen erfolgt (Statistik Austria 2008: 6f.). Die Erhebung findet seit dem Jahr 2004 ganzjährig und nicht mehr wie zuvor nur in einzelnen Monaten statt (Stadler 2005:90). Für Personen ab 18 Jahren besteht Auskunftspflicht (Statistik Austria 2009: 30). Die Erhebung wird ausschließlich in Privathaushalten durchgeführt, Gemeinschaftsunterkünfte beziehungsweise »Anstaltshaushalte« bleiben außen vor (Statistik Austria 2008: 3). Als Erhebungsmethode kommen bei den Erstbefragungen face-to-face-Interviews zum Einsatz, seit dem zweiten Quartal 2006 computer-

65 Eine ausführliche Studienbeschreibung zum Mikrozensus findet sich auf den Internetseiten der Gesellschaft Sozialwissenschaftlicher Infrastruktureinrichtungen (Gesis 2011).

66 Einige Haushalte (rund 20 Prozent) machen auch von der Möglichkeit Gebrauch, den Fragebogen alleine auszufüllen.

67 Allerdings gilt dies nicht für jede Frage. Gerade bei ›heiklen‹ Fragen wie zum Beispiel solchen zu Gesundheitsverhalten oder Gewicht wird eine freiwillige Beantwortung eingeräumt.

gestützte Erhebungen (Statistik Austria 2008: 10). Die Hochrechnung erfolgt ab dem Mikrozensus 2004 so, dass Quantitäten nach Bundesland, Alter, Geschlecht und Nationalität gemäß dem Bevölkerungsregister ausgegeben werden (Haslinger und Kytir 2006: 513).

Die *Schweizerische Arbeitskräfteerhebung* (SAKE) wurde das erste Mal im zweiten Quartal 1991 durchgeführt und folgt seit Beginn den Normen der ILO (Bundesamt für Statistik 2004: 7). In die Stichprobe gehen in Privathaushalten lebende Personen ab 15 Jahren ein. Gemeinschaftsunterkünfte beziehungsweise »Kollektivhaushaltungen« werden nicht berücksichtigt, wenn die Bewohner keinen eigenen Telefonanschluss haben (Bundesamt für Statistik 2004: 9). Die Erhebung findet jedes Jahr im zweiten Quartal, also von April bis Juni, statt (Bundesamt für Statistik 2004: 13). Seit dem Jahr 2010 wird die Schweizer Arbeitskräfteerhebung vierteljährlich durchgeführt und hat sich damit internationalen Standards angepasst. Als Befragungsmethode kommen computergestützte Telefoninterviews (CATI) zum Einsatz (Bundesamt für Statistik 2004: 17). Die Beantwortung des Fragebogens ist in der Schweiz freiwillig. Es erfolgt jedoch eine erneute Kontaktaufnahme mit Erstverweigerern (Bundesamt für Statistik 2004).[68] Gewichtungen und Hochrechnung werden nach verschiedensten Merkmalen durchgeführt. Hierzu zählen die Wohnregion, die Anzahl kontaktierbarer Telefonanschlüsse der befragten Haushalte, die Anzahl der Haushaltsmitglieder, Familienstand, Geschlecht, Alter und Nationalität.

Die dänische Arbeitskräfteerhebung (siehe im Detail: Statistics Denmark 2011) wird seit 1984 durchgeführt und seit dem Jahr 1994 ganzjährig. In der Grundgesamtheit befinden sich alle Personen mit Wohnsitz in Dänemark im Alter von 15 bis 74 Jahren. Die Teilnahme an der Befragung ist in Dänemark nicht vorgeschrieben und es findet auch keine erneute Kontaktierung jener Personen statt, die die Teilnahme verweigern.[69] Es wird versucht, Teilnahmeselektivitäten durch das

68 Die Quote der Verweigerer liegt im Durchschnitt bei unter 15 Prozent (Bundesamt für Statistik 2004: 45). Es ist nicht auszuschließen, dass es bei Antwortverweigerungen zum Beispiel zu einem »Bildungsbias« kommt, dass also Personen mit steigendem Bildungsniveau eher antworten (vgl. etwa Hartmann und Schimpl-Neimanns 1992).

69 Etwa 15 Prozent der aus dem Bevölkerungsregister ausgewählten Stichprobe können nicht kontaktiert werden – entweder, weil diese von der Option Gebrauch gemacht haben, grundsätzlich für Befragungen nicht zur Verfügung zu stehen oder weil sie ausgewandert beziehungsweise verstorben sind. Rund zwei Drittel der verbleibenden Gruppe nehmen schließlich am Interview teil.

Berücksichtigen vieler Merkmale in den Gewichtungsfaktoren zu berücksichtigen, darunter Geschlecht, Alter, registrierte Arbeitslosigkeit, Einkommen, berufliche Stellung, Bildung, Zuwanderung, Region und Mobilität. Die Befragung wird telefonisch durchgeführt.

Untersuchungspopulation

In dieser Dissertation wird die frühe Arbeitsmarktphase junger Menschen mit dualem Berufsabschluss untersucht. Als frühe Arbeitsmarktphase wird analog zu verschiedenen anderen international vergleichenden Studien die Zeit bis maximal fünf Jahre nach Ausbildungsabschluss definiert (vgl. z.B. Gangl 2002; Saar et al. 2008). Die Fokussierung auf einen deutlich kürzeren Zeitraum wie ein Jahr hätte den Nachteil, dass Veränderungen in der frühen Arbeitsmarktphase nicht ausreichend abgebildet werden können. Die Untersuchung wird auf Personen bis 29 Jahre eingeschränkt, da in höherem Alter neben der Ausbildung andere Aspekte wie langjährige Berufserfahrung die Ergebnisse erheblich beeinflussen und eher die Thematik der ›Halbwertszeit‹ beruflicher Kompetenzen und der Notwendigkeit beruflicher Weiterbildung im Mittelpunkt steht (Ludwig und Pfeiffer 2006). Die ›klassische‹ Definition von Jugend (unter 25 Jahre) wird nicht vorgenommen, da eine große Zahl von Jugendlichen ihren Abschluss erst im Alter von mehr als 20 Jahren erwirbt, so dass keine Zeit von fünf Jahren Arbeitsmarkterfahrung mehr verbleibt. ›Bildungsausländer‹ werden von der Analyse ausgeschlossen. Dabei handelt es sich um alle Personen, die ihren Ausbildungsabschluss im Ausland erworben haben – denn von Interesse sind nur Personen, die auch tatsächlich die jeweils untersuchten nationalen Ausbildungssysteme mit all ihren Systemmerkmalen durchlaufen haben. Zwar ist eine gezielte Frage zum Ort des beruflichen Qualifikationserwerbs in den Datensätzen nicht enthalten. Als Proxy werden jedoch diejenigen Ausländer von der Analyse ausgeschlossen, die nach dem 15. Lebensjahr, also zum Beispiel im Alter von 16 Jahren in das Untersuchungsland eingereist sind (vgl. auch Seibert und Solga 2005: 370). Das Einreisealter wird nicht direkt abgefragt, kann aber mit Hilfe der verfügbaren Variablen berechnet werden: In Deutschland existiert eine Angabe zum Jahr des Zuzugs. Das Einreisealter wird berechnet, indem vom Jahr des Zuzugs (zum Beispiel 2005) das Geburtsjahr der Person (zum Beispiel 1995) abgezogen wird; die entsprechende Person wäre im Alter von zehn Jahren nach Deutschland gezogen und damit im Sample enthalten. In Österreich, Dänemark und der Schweiz gibt es eine Variable, die die Dauer des Aufenthalts im Untersuchungsland abbildet. Das Einreisealter wird berechnet, indem die Aufenthaltsdauer vom Alter der Person abgezogen wird. Pflichtdienst in der jeweiligen nationalen Armee oder ersatzweise Zivildienst als staatlich verordnete Beschäftigung sind kein Indikator für einen guten Match zwischen Ausbildungsabschluss und Beschäftigung, so dass auch Wehr- und Zivildienstleistende von der Analyse ausgeschlossen bleiben. Von der Analyse ausgeschlossen bleibt ferner die Bevölkerung in Gemeinschaftsunterkünften (Kranke in Heil- und Pflegeanstalten, geschlossene Heime, Gefängnisse), da hier andere Faktoren als der berufliche Abschluss eine Barriere für den Arbeitsmarktzugang erzeugen und diese Population darüber hinaus nicht in allen vier Länderdatensätzen enthalten ist.

Untersuchungszeitraum

In dieser Dissertation steht der Einfluss bestimmter Systemmerkmale der dualen Berufsausbildung auf die Kopplung zwischen Ausbildungssystem und Arbeitsmarkt im Zentrum der Betrachtung. Dafür wird die Arbeitsmarkteinstiegsphase junger Menschen mit dualem Berufsabschluss untersucht. Die Analyse bezieht Datensätze aus den Jahren 2004 bis 2007 ein. Hierfür gibt es insbesondere drei Gründe. Erstens setzte im Jahr 2008 die Wirtschaftskrise ein, die das Zusammenspiel zwischen Ausbildungssystem und Beschäftigungssystem in jedem Untersuchungsland auf unterschiedliche Art und Weise ›gestört‹ haben kann. Zudem wurden unterschiedliche nationale Politiken ergriffen, um der Wirtschaftskrise zu begegnen (zum Beispiel Kurzarbeit). Dies ist kaum herauszurechnen. Ein zweiter Grund dafür, warum der Analysezeitraum nach 2007 zensiert wurde, besteht darin, dass Österreich im Jahr 2008 einen Mindestlohn einführte, was ebenfalls einen Einfluss auf den Arbeitsmarkteinstieg gerade junger Menschen haben kann. Als Startjahr der Untersuchung wurde das Jahr 2004 herangezogen. Beim Jahr 2004 handelt es sich um das erste Jahr, in welchem für alle vier Länder die Variable zum Jahr des höchsten Ausbildungsabschlusses erhoben wurde. Dies ist absolut zentral, da wie oben beschrieben wurde die frühe Arbeitsmarktphase (bis fünf Jahre nach Abschluss) bestimmt werden muss und auch Veränderungen in der Arbeitsmarktpositionierung in Abhängigkeit von der Dauer seit Abschluss untersucht werden sollen. Die Wirtschaftsentwicklung gemessen am Bruttoinlandsprodukt verläuft im Zeitraum zwischen 2004 und 2007 in den vier Untersuchungsländern sehr ähnlich (siehe später Kapitel 7.2.1). Von 2004 bis 2007 zieht die Konjunktur in allen vier Untersuchungsländern deutlich an. Die Kopplung zwischen dualem Ausbildungssystem und Arbeitsmarkt kann also unter konjunkturell variierenden Bedingungen getestet werden. Die Schweizerische Arbeitskräfteerhebung unterscheidet sich von den Datensätzen der anderen drei Länder dadurch, dass Personen nur im zweiten Quartal befragt wurden. Damit der internationale Vergleich nicht durch Effekte saisonaler Schwankungen beeinträchtigt wird, nimmt die Studie auch für die übrigen drei Länder Auswertungen für das zweite Quartal vor.

5.1.2 Untersuchungsvariablen und Operationalisierung

Normalarbeitsverhältnis und Kopplung mit dem Beschäftigungssystem

Wie bereits unter 3.3 ausgeführt, werden in dieser Arbeit verschiedene Typen von Kopplung und Entkopplung zwischen dualem Ausbildungssystem und Arbeitsmarkt untersucht. Eine Vergleichbarkeit zwischen den Ländern kann unter anderem über das Labour-Force-Konzept der International Labour Organization (ILO) hergestellt werden, das in allen vier Datensätzen zur Anwendung kommt. Hiernach werden zuerst einmal drei große Bevölkerungsgruppen unterschieden (Schmidt 2000): Erwerbstätige, Erwerbslose und Nichterwerbspersonen. Als Erwerbstätige werden jene Personen ab 15 Jahren betrachtet, die in der Woche vor der Erhebung mindestens eine Stunde lang einer bezahlten Tätigkeit nachgegangen sind oder normalerweise einer solchen Erwerbstätigkeit nachgehen, diese aber zum Beispiel aufgrund von Mutterschutz, Elternzeit, Krankheit oder Urlaub nicht ausüben konnten. Unter den Nicht-Erwerbstätigen befindet sich erstens die Gruppe der Erwerbslosen. Als erwerbslos gelten diejenigen Personen über 15 Jahre, die nicht erwerbstätig sind, aber in den letzten vier Wochen bis zur Befragung aktiv auf Arbeitssuche waren.[70] Zweitens befin-

70 In manchen Studien wird für die Erwerbslosen-Definition zusätzlich verlangt, dass Personen innerhalb von zwei Wochen für eine Arbeit verfügbar sind. Denkbar ist, dass Personen deswegen nicht verfügbar sind, weil sie familiäre Verpflichtungen haben, krank sind oder an einer Weiterbildungsmaßnahme teilnehmen. In dieser Arbeit wird das Verfügbarkeitskriterium nicht berücksichtigt. Oftmals ist es in Studien kaum zu bestimmen, ob Tätigkeiten wie die Teilnahme an Weiterbildung oder die Pflege Angehöriger aufgrund von Arbeitsmarkt-Mismatches ergriffen werden oder ob Personen keine andere Wahl haben, als solchen Tätigkeiten nachzugehen.

det sich unter den Nicht-Erwerbstätigen die Gruppe der Nichterwerbspersonen oder Arbeitsmarkt-Inaktiven, die nicht aktiv nach Arbeit suchen, wie etwa Hausfrauen und Hausmänner oder Schüler.

Die Gruppe der Erwerbstätigen kann weiter ausdifferenziert werden. Es fallen darunter sowohl Selbständige als auch bei einem Betrieb Beschäftigte. Wie bereits oben beschrieben, stehen all diejenigen Personen in einem Normalarbeitsverhältnis, die bei einem Betrieb beschäftigt sind, Vollzeit arbeiten und nicht befristet angestellt sind. Die Beschäftigten werden daher weiter nach ihrer Arbeitszeit untergliedert: Personen, die 35 Stunden pro Woche und mehr arbeiten, gelten als vollzeiterwerbstätig; Personen, die mindestens 15, aber höchstens 34 Stunden pro Woche arbeiten, sind teilzeiterwerbstätig und Personen, die 14 Stunden pro Woche und weniger arbeiten, gelten als geringfügig erwerbstätig (vgl. auch Statistisches Bundesamt 2004). Neben der Arbeitszeit wird in den hier verwendeten Datensätzen auch die Art des Arbeitsvertrags abgefragt. Damit kann untersucht werden, ob eine befristete Anstellung oder eine Festanstellung vorliegt. Steht ein sehr großer Teil der Auszubildenden nach dem beruflichen Abschluss in einem Normalarbeitsverhältnis, deutet dies auf eine enge Kopplung zwischen dualem Ausbildungssystem und Beschäftigungssystem (vgl. 3.3).

Berufliche Kopplung zwischen dualem Ausbildungssystem und Beschäftigungssystem

Treten nach Ausbildungsende in einem Land bei vielen Personen Berufsfeldwechsel auf, kann dies als Anzeichen dafür gewertet werden, dass das duale Ausbildungssystem dort weniger stark an Berufe gekoppelt ist. Das Ausbildungsberufsfeld der Absolventen einer dualen Berufsausbildung lässt sich in allen vier Ländern über die Eurostat Klassifizierung *Fields of Education and Training* bestimmen (Andersson und Olsson 1999). Die Eurostat-Typologisierung umfasst auf 1-Steller-Ebene neben (0) Allgemeinbildung acht Ausbildungsberufsfelder: (1) Bildungs- und Erziehungswesen, (2) Kunst, Design, Medien, (3) Wirtschaft und Recht, (4) Naturwissenschaften, Mathematik und EDV, (5) Ingenieurwesen, verarbeitendes- und Baugewerbe, (6) Landwirtschaft und Veterinärwesen, (7) Gesundheit und Sozialwesen und (8) Dienstleistungen.[71] Aufgrund teilweise sehr gerin-

71 Obgleich die Eurostat-Typologisierung auf 3-Steller Ebene entwickelt wurde, wird in internationalen Studien meist die 1- oder 2-Steller-Ebene benutzt. Das Ausbildungsbe-

ger Fallzahlen wurden diese Ausbildungsberufsfelder unter Berücksichtigung inhaltlicher Nähe zu sechs Ausbildungsberufsfeldern zusammengefasst:

(1) Landwirtschaft und Veterinärwesen (Eurostat-Field 6), (2) Handwerk, Industrie, Bau (Eurostat-Field 5 inkl. Eurostat-Field 4), (3) Kunst, Design, Medien (Eurostat-Field 2), (4) Wirtschaft, Recht, Verkauf (Eurostat-Field 3), (5) Gesundheit, Sozialwesen, Bildung/Erziehung (Eurostat-Fields 1 und 7), (6) Persönliche Dienstleistungen (Eurostat-Field 8).

Um zu bestimmen, ob Personen nach Ausbildungsende weiterhin in ihrem Berufsfeld arbeiten, wird der aktuell ausgeübte Beruf mit dem ursprünglichen Ausbildungsberufsfeld abgeglichen. Die meisten Länder haben ein eigenes Klassifikationssystem, das ihre jeweiligen landestypischen Berufe erfasst. Mit der *International Standard Classification of Occupations* (ISCO) wurde der Versuch unternommen, eine Vereinheitlichung auf internationaler Ebene zu schaffen (Elias 1989). Alle vier Untersuchungsländer kodieren ihre Berufe auch nach der ISCO aus dem Jahr 1988 (ISCO-88).[72] Auf der 1-Steller-Ebene umfasst ISCO-88 zehn Berufshauptgruppen (*major groups*), die hierarchisch nach formalem Anforderungsniveau (skill level) geordnet sind (Tabelle A 6). Auf der 2-Steller-Ebene werden 28 Berufsgruppen (*sub-major groups*), auf der 3-Steller-Ebene 116 Berufsuntergruppen (*minor groups*) und auf der 4-Steller Ebene 390 Berufsgattungen (*unit groups*) unterschieden. Ein kurzes Beispiel mag die vier Gliederungsebenen verdeutlichen: Die Berufsgattung »Rechnungswesen- und Buchhaltungsangestellte (4121)« gehört der Berufsuntergruppe »Angestellte im Rechnungs-, Statistik- und Finanzwesen (412)« an. Diese Berufsuntergruppe gehört zur Berufsgruppe »Büroangestellte ohne Kundenkontakt (41)«, welche wiederum der Berufshauptgruppe »Bürokräfte, kaufmännische Angestellte« (4) untergeordnet ist. Mit den hier verwendeten Datensätzen kann eine Differenzierung auf 3-Steller-Ebene vorgenommen werden. Eine Zuordnung von ISCO-88-Berufen zu Ausbildungsberufsfeldern wurde auch in anderen Studien vorgenommen (Konietzka 1999: 343; Wolbers 2003; Leuze 2010). Eine 1:1-Übernahme dieser Zuordnungen ist

---

rufsfeld lässt sich für die vier hier untersuchten Länder nur auf 1-Steller-Ebene vergleichen. Einen Überblick zu Ausbildungsberufsfeldern bis zur 3-Steller-Ebene findet sich in Tabelle A 5.

72 Der ISCO-88 gingen die ISCO aus dem Jahr 1958 und 1968 voraus. Eine Revision der ISCO-88 aus dem Jahr 2008 findet allmählich Eingang in international vergleichende Datensätze.

jedoch nicht möglich, da in dieser Dissertation eine ganz spezielle Bildungsgruppe, nämlich die der Absolventen einer dualen Berufsausbildung im Mittelpunkt steht. Die hier vorgenommene Zuordnung erfolgte primär nach Aspekten der Berufsinhalte von Ausbildung und später ausgeübter Tätigkeit. Um hierbei eine größtmögliche Präzision zu erreichen, wurde die Tabelle für den ISCO 4-Steller als Hilfsmittel herangezogen, da hier eine weitere Aufschlüsselung und Beschreibung der gröberen ISCO 3-Steller-Berufe aufgeführt ist. Ebenso findet sich im Manual zu den Eurostat Fields of Education and Training (Andersson und Olsson 1999) eine sehr detailreiche Beschreibung von Ausbildungsberufsinhalten innerhalb der breiteren Ausbildungsberufsfelder, so dass ein präziser inhaltlicher Abgleich zwischen Ausbildungsberufsfeldern und ISCO-Berufen möglich war. Tabelle 10 veranschaulicht die Zuordnung von ISCO-88-Berufsuntergruppen zu Ausbildungsberufsfeldern. Auf zwei grundsätzliche Schwierigkeiten soll jedoch hingewiesen werden: Erstens kann die ISCO-88 Hauptgruppe 1 »Angehörige gesetzgebender Körperschaften, leitende Verwaltungsbedienstete und Führungskräfte in der Privatwirtschaft« nur schwer einem Ausbildungsfeld zugeordnet werden, da der Weg in die ISCO Hauptgruppe 1 über mehrere Ausbildungsfelder führen kann. Personen, die in der ISCO Hauptgruppe 1 beschäftigt sind, wurden daher aus den entsprechenden Analysen ausgeschlossen. Im Falle von Lehrabsolventen kurz nach der Ausbildung war dies quantitativ zu vernachlässigen und stellt eher ein Problem für Studien zu Übergängen von Akademikern in den Arbeitsmarkt dar. Ein weiteres grundsätzliches Zuordnungsproblem stellt der ISCO Berufscode 522 (Ladenverkäufer) dar, da es keine weitere Angabe dazu gibt, in welchem Berufsbereich oder welcher Branche das Geschäft verortet ist. Nach dem empirischen Abgleich wurde deutlich, dass vor allem Personen des Ausbildungsfeldes Wirtschaft diesen Beruf ausüben, was insofern nicht verwundert, da Einzel- und Großhandelskaufleute in diesem Berufsfeld ausgebildet werden. Dennoch wurde dieser Beruf auch für die anderen Ausbildungsberufsfelder als inhaltlich kongruenter Tätigkeitsberuf kodiert. Schließlich ist nicht auszuschließen, dass zum Beispiel auch Personen aus dem Bereich Kunst Produkte in einem Geschäft verkaufen.

Tabelle 10: Zuordnung von Tätigkeitsberufen (ISCO-88) zu Ausbildungsberufsfeldern (Fields of Education and Training)

Ausbildungsfeld nach Eurostat Fields of Education and Training	Kongruente ISCO-88 Kodierungen
Land- und Forstwirtschaft, Veterinärwesen	321, 522, 610, 611, 612, 613, 614, 615, 833, 920, 921
Produktion, Verarbeitung, Bau, Naturwissenschaften, IT	210, 211, 212, 213, 214, 221, 310, 311, 312, 313, 321, 522, 710, 711, 712, 713, 714, 720, 721, 722, 723, 724, 730, 731, 732, 733, 734, 740, 741, 742, 743, 744, 810, 811, 812, 813, 814, 815, 816, 817, 820, 821, 822, 823, 824, 825, 826, 827, 828, 829, 830, 831, 833, 834, 931, 932
Kunsthandwerk, Medien, Design, Fremdsprachen	245, 246, 310, 313, 347, 348, 522, 714, 730, 731, 732, 733, 734, 740, 741, 742, 743, 744
Wirtschaft, Recht, Verkauf	240, 241, 242, 243, 244, 247, 315, 340, 341, 342, 343, 344, 346, 410, 411, 412, 413, 414, 419, 420, 421, 422, 522, 911
Gesundheit, Sozialwesen, Lehrerausbildung/Erziehung	220, 221, 222, 223, 230, 231, 232, 233, 234, 235, 244, 315, 320, 321, 322, 323, 330, 331, 332, 333, 334, 346, 513, 522
Sonstige Dienstleistungen	315, 345, 413, 414, 422, 510, 511, 512, 514, 516, 522, 741, 743, 827, 830, 831, 832, 833, 834, 913, 914, 915, 916, 933

(Eigene Darstellung)

Kopplung des dualen Ausbildungssystems an Fachtätigkeiten

Das dezidierte Ziel des dualen Berufsbildungssystems ist die Ausbildung von Fachkräften. Diese Fachkräfte stellen das Rückgrat der Wirtschaft dar und tragen zu dem bei was Wolfgang Streeck als »diversifizierte Qualitätsproduktion« bezeichnet (Streeck 1991; 1992). Geht eine große Zahl von Ausbildungsabsolventen keiner Fachtätigkeit nach, deutet dies auf eine Entkopplung des dualen Ausbildungssystems von Fachtätigkeiten hin. Aus individueller Sicht würde man dann von Überqualifikation oder unterwertiger Beschäftigung sprechen. Eine Person gilt in dieser Studie als unterwertig beschäftigt, wenn der Tätigkeitsberuf auch von Personen ohne abgeschlossene Berufsausbildung ausgeübt werden könnte. Solche typischen un- oder angelernten Berufe mit geringen fachlichen Anforderungen (*low-skilled occupations*) werden in verschiedenen international vergleichenden Studien mit Blick auf die Tätigkeitsinhalte festgelegt (Gangl 2001;

Dieckhoff 2008). Basierend auf der 2-stelligen ISCO-88 werden so zum Beispiel Bediener stationärer und verwandter Anlagen (81) Maschinenbediener und Montierer (82) oder Hilfsarbeiter im Bergbau, Baugewerbe, verarbeitenden Gewerbe und Transportwesen (93) (unter anderem) als Niedrigqualifizierten-Tätigkeiten klassifiziert (Dieckhoff 2008: 98). Manche Studien greifen auf den stärker differenzierenden ISCO 3-Steller zurück, der in dieser Arbeit auch verwendet werden kann. Als geringqualifizierte Tätigkeiten werden dann etwa unter anderem Kassierer und Schalterangestellte, Dienstleistungsberufe im hauswirtschaftlichen Bereich und im Gaststättengewerbe (512), Sicherheitsbedienstete (516), Fensterputzer und verwandtes Reinigungspersonal (914) oder Müllbeseitigung (916) festgelegt (Gangl 2001: 476). Viele der eben beschriebenen Berufe – mögen sie vielleicht intuitiv wenig fachlich anspruchsvoll erscheinen – sollten in dieser Studie aber nicht ohne Weiteres als für Lehrabsolventen unterwertige Beschäftigung eingestuft werden. Denn in den Ländern Deutschland, Österreich, Schweiz und Dänemark existieren für einige der aufgeführten Tätigkeiten mehrjährige duale Berufsausbildungen, so zum Beispiel als Fachkraft für Kreislauf- und Abfallwirtschaft, Gebäudereiniger oder für Personen- und Objektschutz. Um unterwertige Beschäftigung beziehungsweise Entkopplung von dualem System und Fachtätigkeiten zu bestimmen, wird folgendermaßen vorgegangen: Erstens werden die explizit als »Hilfsarbeiter« gekennzeichneten Tätigkeiten (921; 931–933) als für Lehrabsolventen unterwertig klassifiziert. Dies kann bedenkenlos geschehen, da das duale Ausbildungssystem dezidiert Fachkräfte ausbildet. Zweitens wird ein empirischer Weg beschritten, um unterwertige Beschäftigung festzustellen (vgl. Kiker et al. 1997). Es werden für jedes Land all jene Berufe identifiziert, in denen offenkundig keine »institutionelle Schließung« vorherrscht (Sengenberger 1975: 126ff.). Hiervon kann dann gesprochen werden, wenn mehr als 50 Prozent der Beschäftigten in diesem Beruf keinen Ausbildungsabschluss haben. Üben Absolventen der dualen Ausbildung einen solchen ›Niedrigqualifiziertenberuf‹ aus, deutet dies auf Entkopplung von dualem Ausbildungssystem und Fachtätigkeiten hin. Um Niedrigqualifiziertenberufe zu identifizieren, wird die Altersgruppe der 15- bis 34-Jährigen als Analysepopulation herangezogen. Damit zur Bestimmung des Anteils der Ungelernten für jeden einzelnen Beruf auch ausreichend Fallzahlen zur Verfügung stehen, werden außerdem für jedes Land die Jahre 2004 bis 2007 gepoolt. Die Zahl der Berufe mit mehr als 50 Prozent Erwerbstätiger ohne Ausbildungsabschluss variiert zwischen den Untersuchungsländern (vgl. Tabelle 11).

Tabelle 11: Niedrigqualifiziertenberufe in Deutschland, Österreich, der Schweiz und Dänemark

Deutschland	Österreich	Schweiz	Dänemark
Hilfsarbeitskräfte	*Hilfsarbeitskräfte*	*Hilfsarbeitskräfte*	*Hilfsarbeitskräfte*
921: Landw.	921: Landw.	921: Landw.	921: Landw.
931: Bergbau, Baugewerbe	931: Bergbau, Baugewerbe	931: Bergbau, Baugewerbe	931: Bergbau, Baugewerbe
932: Fertigung	932: Fertigung	932: Fertigung	932: Fertigung
933:Transport-/Frachtarbeiter	933:Transport-/Frachtarbeiter	933:Transport-/Frachtarbeiter	933:Transport-/Frachtarbeiter
Ungelerntenberufe: Anteil NQ >50%	*Ungelerntenberufe: Anteil NQ >50%*	*Ungelerntenberufe: Anteil NQ >50%*	*Ungelerntenberufe: Anteil NQ >50%*
421, 512, 521 (999), 813, 826, 827, 834, 911, 913, 915, 916	521, 824, 826, 834, 913	348, 414, 512, 513, 521, 614, 721, 812, 813, 821, 823, 824, 826, 827, 829, 913	347, 414, 419, 422, 512, 513, 521, 522, 615, 812, 821, 822, 824, 825, 826, 827, 828, 829, 833, 911, 913, 914, 915

Die ISCO-88 COM Berufscodes der oben stehenden Niedrigqualifiziertenberufe tragen folgende inhaltliche Bezeichnung: 347: Künstlerische, Unterhaltungs- und Sportberufe; 348: Ordensbrüder/-schwestern und Seelsorgehelfer; 414: Bibliotheks-, Post- und verwandte Angestellte; 419: sonstige Büroangestellte; 421: Kassierer, Schalter- und andere Angestellte; 422: Kundeninformationsangestellte; 512: Dienstleistungsberufe im hauswirtschaftlichen Bereich und im Gaststättengewerbe; 513: Pflege- und verwandte Berufe; 521: Models; 522: Ladenverkäufer, Marktstandverkäufer; 614: Forstarbeitskräfte; 615: Fischer, Jäger; 812: Verfahrensanlagenbediener in der Metallerzeugung und Metallumformung; 813: Bediener von Anlagen zur Glas- und Keramikherstellung; Maschinenbediener für: Metall- und Mineralerzeugnisse(821); chemische Erzeugnisse (822); Gummi- und Kunststofferzeugnisse (823); Holzerzeugnisse (824); Druck-, Buchbinde- und Papiererzeugnisse (825); Textil-, Pelz- und Ledererzeugnisse (826); 827: Maschinenbediener zur Herstellung von Nahrungs- und Genussmitteln; 828: Montierer; 829: sonstige Maschinenbediener; 833: Führer von Landmaschinen; 834: Deckspersonal auf Schiffen; 911: Straßenhändler und verwandte Berufe; 913: Haushaltshilfen; 914: Hausmeister, Fensterputzer, verwandtes Reinigungspersonal; 915: Boten, Träger, Pförtner; 916: Müllsammler und verwandte Berufe.

(Quellen: Mikrozensus Deutschland, Mikrozensus Österreich, Schweizerische Arbeitskräfteerhebung, Dänischer Labour Force Survey. Jeweils Jahre 2004 bis 2007 [immer 2. Quartal] gepoolt. Eigene Berechnungen und Darstellung)

In Dänemark sind 27 Berufe offen für Geringqualifizierte, in der Schweiz sind es 20 Berufe, in Deutschland 15 und in Österreich 9.[73] Diese erste Er-

73 Auch innerhalb der Kategorie Wissenschaftliche Lehrkräfte (23) finden sich Berufsuntergruppen, die einen Anteil von Personen ohne beruflichen Abschluss von

kenntnis zur institutionellen Schließung von Berufen in einem Land sagt noch nichts über Anteile von Lehrabsolventen in solchen Berufen und damit den eigentlichen Grad der Entkopplung zwischen dualem Ausbildungssystem und Fachtätigkeiten aus. Diese Analyse folgt im empirischen Teil (5.2).

Kopplung des dualen Ausbildungssystems an den Ausbildungsbetrieb

Die Übernahme des Auszubildenden und der Verbleib im Ausbildungsbetrieb sind Teil der idealtypisch konstruierten Normalbiografie mit einem fließenden Übergang vom Bildungssystem in Beschäftigung und durchgehender Erwerbstätigkeit bei einem Betrieb bis zur Rente (vgl. 3.2.1). Werden Ausbildungsabsolventen zu hohen Anteilen in einem Land nicht von ihrem Betrieb übernommen, deutet dies auf eine Entkopplung zwischen Ausbildungssystem und Ausbildungsbetrieben hin. Übernahme des Auszubildenden in den Ausbildungsbetrieb und Verbleib in diesem können mit den hier verwendeten Daten nicht abgebildet werden, da keine Angaben über Betriebswechsel enthalten sind. Es wird daher lediglich untersucht, zu welchen Anteilen Ausbildungsabsolventen ein Jahr nach Ausbildungsabschluss bereits unbefristet bei einem Betrieb angestellt sind. Dies kann jedoch nur als sehr grobe Annäherung an das zu untersuchende Konstrukt gesehen werden.

Formale berufliche Weiterbildung

Ein in den folgenden Analysen ebenfalls berücksichtigter individueller Zustand ist Weiterbildungsteilnahme. Formale berufliche Weiterbildung kurz nach Ausbildungsabschluss kann ebenfalls als Anzeichen dafür gewertet werden, dass junge Absolventen ihre Abschlüsse (noch) nicht gewinnbringend am Arbeitsmarkt einsetzen können. Eine weitere Aus- oder Fortbildung erscheint offensichtlich attraktiver oder die erworbenen beruflichen Kompetenzen sind noch nicht für den Betrieb passend beziehungsweise es wurde noch nicht genügend spezifisches oder berufliches Kapital erwor-

---

mehr als 50 Prozent aufweisen. Dies ist sicherlich der Tatsache geschuldet, dass hierunter zu großem Anteil Studierende zu finden sind, die weder eine berufliche Ausbildung noch ein Studium abgeschlossen haben. Wissenschaftliche Lehrkräfte stellen damit eher einen Sonderfall dar und werden hier nicht als unterwertige Beschäftigung klassifiziert.

ben. Die Teilnahme an Weiterbildung wird in den Datensätzen folgendermaßen abgefragt: »Besuchten Sie in den letzten vier Wochen eine Schule (auch berufliche Schule) oder eine Hochschule (auch Fachhochschule)?«

5.2 Deskriptive Auswertungen: Kopplung zwischen dualem Ausbildungssystem und Arbeitsmarkt

Ziel dieses Kapitels ist es, einen ersten Eindruck zu vermitteln, wie eng die Kopplung zwischen dualem Ausbildungssystem und Arbeitsmarkt in Deutschland, Österreich, der Schweiz und Dänemark ist. Hierfür wird die frühe Karrierephase der Absolventen mit dualem Berufsabschluss, das heißt die Zeit bis maximal fünf Jahre nach Abschluss, näher unter die Lupe genommen. Befindet sich ein prozentual großer Teil der Ausbildungsabsolventen in Mismatch-Positionen, kann dies als Entkopplungszeichen gewertet werden. Als erstes wird die Kopplung zwischen dualem Ausbildungssystem und Beschäftigungssystem untersucht (5.2.1 und 5.2.2). Entkopplung von dualem Ausbildungssystem und Beschäftigungssystem ist zu erkennen, wenn Lehrabsolventen in den ersten Jahren nach Ausbildungsende bei keinem Betrieb beschäftigt sind (5.2.1). Mögliche Zustände jenseits von Beschäftigung sind Erwerbslosigkeit, Selbständigkeit und der Rückzug vom Arbeitsmarkt. Daran anschließend werden diejenigen Ausbildungsabsolventen näher analysiert, die den Sprung in Beschäftigung geschafft haben (5.2.2). Viele der Lehrabsolventen arbeiten in einem befristeten Arbeitsverhältnis oder gehen einer geringfügigen Beschäftigung nach. Je nach Art des Arbeitsvertrages (befristet vs. unbefristet) und Arbeitszeit, unterscheidet sich auch der Grad der Kopplung zwischen dualem Ausbildungssystem und Beschäftigungssystem (5.2.2). Entkopplung kann aber auch auf der beruflichen Ebene auftreten. Etwa dann, wenn eine Vielzahl von jungen Menschen mit dualem Berufsabschluss nicht mehr in dem Berufsfeld arbeitet, in dem sie ihre Ausbildung erfahren haben. Die berufliche Kopplung des dualen Ausbildungssystems wird im Vier-Länder-Vergleich in Kapitel 5.2.3 untersucht. Abschließend steht die Kopplung des dualen Ausbildungssystems an Fachtätigkeiten im Fokus (5.2.4). Findet sich ein hoher Anteil von Ausbildungsabsolventen in einem Niedrigqualifizierten-Beruf, ist die Kopplung an Fachtätigkeiten schwach ausgeprägt. Alle deskriptiven Ergebnisse werden stets auch nach Geschlecht, Untersuchungsjahr und Zeit seit Ausbildungsabschluss differenziert dargestellt.

5.2.1 Entkopplung vom Beschäftigungssystem

In einem ersten Analyseschritt soll untersucht werden, in welchem Umfang in Deutschland, Österreich, der Schweiz und Dänemark eine Entkopplung von Ausbildungssystem und Beschäftigungssystem erkennbar ist. Entkopplung kann dabei in vielfältiger Weise in Erscheinung treten. So etwa, wenn sich in einem Untersuchungsland Absolventen einer dualen Ausbildung schon bald wieder komplett vom Arbeitsmarkt zurückziehen (Entkopplung vom Arbeitsmarkt), keine Erwerbsarbeit finden (Entkopplung vom Erwerbssystem) oder als Selbständige arbeiten (Entkopplung vom Beschäftigungssystem). Eine Verbindung zwischen Ausbildungssystem und Beschäftigungssystem besteht dagegen dann, wenn Ausbildungsabsolventen bei einem Betrieb beschäftigt sind. Tabelle 12 stellt die Lage für die vier Untersuchungsländer überblickshalber dar. Der Beobachtungszeitraum umfasst die Jahre 2004 bis 2007. Die Untersuchungspopulation sind in allen vier Ländern jeweils junge Menschen im Alter bis zu 29 Jahren, deren höchster Ausbildungsabschluss ein dualer Lehrabschluss ist. Es gehen ferner nur solche Personen in die Untersuchung ein, die vor maximal fünf Jahren ihren Abschluss gemacht haben, um die frühe Arbeitsmarktphase von Lehrabsolventen abzubilden. Ausgeschlossen sind diejenigen Personen, die Wehr- oder Zivildienst leisten und ihre Ausbildung nicht im Untersuchungsland abgeschlossen haben.

In allen vier Ländern sind mehr als drei Viertel der Ausbildungsabsolventen in der frühen Arbeitsmarktphase bei einem Betrieb beschäftigt. In Österreich ist der Anteil mit knapp 87 Prozent am höchsten, gefolgt von Dänemark mit 82 Prozent, der Schweiz mit rund 77 Prozent und Deutschland mit 75 Prozent. Eine sehr hohe berufliche Spezialisierung (Deutschland, Schweiz) erscheint aus dieser ersten deskriptiven Perspektive nicht förderlich für den Zugang zu Beschäftigung zu sein. Entkopplung äußert sich in den vier Untersuchungsländern auf unterschiedliche Weise. In Deutschland zeigt sich eine vergleichsweise hohe Entkopplung vom Erwerbssystem, gemessen an jungen Ausbildungsabsolventen, die nicht erwerbstätig und auf Arbeitssuche sind (Erwerbslosigkeit): Mit rund 12 Prozent liegt der Wert in Deutschland deutlich oberhalb von Österreich (ca. 6 Prozent), der Schweiz (ca. 6 Prozent) und Dänemark (5 Prozent).

Dieser Befund kann aber sicher auch auf die allgemein niedrigeren Erwerbslosenquoten in Österreich, der Schweiz und Dänemark zurückgeführt werden (vgl. Kapitel 7.2). Eine Entkopplung des Ausbildungssystems vom Arbeitsmarkt, gemessen an jungen Menschen mit dualem Abschluss, die nicht mehr auf dem Arbeitsmarkt aktiv sind, zeigt sich am ehesten in der Schweiz. Knapp 7 Prozent der Lehrabsolventen ziehen sich dort komplett vom Arbeitsmarkt zurück und nehmen auch nicht mehr an formaler Bildung teil; weitere 6 Prozent haben sich vom Arbeitsmarkt zurückgezogen und sind in das Bildungssystem zurückgekehrt. Besonders wenige arbeitsmarktinaktive Lehrabsolventen nehmen in Österreich an formaler Bildung teil. Auch der Übergang in Selbständigkeit ist ein Anzeichen dafür, dass das Beschäftigungssystem keine attraktiven Möglichkeiten für junge Menschen mit Lehrabschluss bietet. Selbständigkeit als Anzeichen für eine Entkopplung vom Beschäftigungssystem, tritt in der frühen Phase nach dem Lehrabschluss am ehesten noch in der Schweiz und Dänemark auf, liegt in beiden Ländern aber unter fünf Prozent.

Tabelle 12: Verteilung von Lehrabsolventen auf verschiedene Arbeitsmarktzustände in Deutschland, Österreich, der Schweiz und Dänemark (Angaben in %)

	Deutschland	Österreich	Schweiz	Dänemark
Beschäftigt	75,1	86,8	77,3	82,0
Erwerbslos	12,3	6,1	5,7	5,0
Selbständig	2,5	1,4	4,1	3,9
AM-Inaktiv; Bildung	6,7	1,7	6,2	5,5
AM-Inaktiv	3,3	4,0	6,7	3,6
N	19543	4114	4287	1270

Aufgrund von Rundungen in den Nachkommastellen ergeben die Spalten aufsummiert nicht notwendigerweise exakt 100 Prozent.

(Quellen: Mikrozensus Deutschland, Mikrozensus Österreich, Schweizerische Arbeitskräfteerhebung, Dänischer Labour Force Survey. Jeweils Jahre 2004 bis 2007 [immer 2. Quartal] gepoolt. Eigene Berechnungen)

Da es sich in allen vier Untersuchungsländern nicht um Vollerhebungen, sondern Stichproben handelt, sollte ebenso untersucht werden, ob Länderunterschiede signifikant sind. Tabelle 13 weist die Anteile der Lehrabsolventen, die in einem Betrieb beschäftigt sind für alle vier Untersuchungsländer getrennt nach Erhebungsjahr, also von 2004 bis 2007, aus. In allen vier Erhebungsjahren sind die Beschäftigtenanteile in Österreich am höchsten und in Deutschland am niedrigsten. Die Länderunterschiede sind in jedem Jahr signifikant (p<0,001), wie die durchgeführten Chi^2-Tests ergeben. Tendenziell steigen die Beschäftigtenanteile in allen vier Untersuchungsländern von 2004 bis 2007 an, was die Verbesserung der konjunkturellen Lage widerspiegelt (siehe auch später 7.2.1). Vor allem in Dänemark und Deutschland ist ein deutlicher Anstieg der Beschäftigungschancen von Lehrabsolventen über diesen Zeitraum zu beobachten.

Tabelle 13: Anteil von Lehrabsolventen, die bei einem Betrieb beschäftigt sind in Deutschland, Österreich, der Schweiz und Dänemark, getrennt nach Untersuchungsjahr (Angaben in %)

	2004	2005	2006	2007
Deutschland	72,5	72,3	74,6	78,2
Österreich	85,8	85,6	87,2	87,3
Schweiz	76,5	77,1	76,6	80,3
Dänemark	75,6	77,1	81,4	85,4
N	12450	5728	5263	5792
Chi^2	92,25***	76,43***	73,08***	47,95***
Cramér's V	0,086	0,116	0,118	0,091

$^{+}p < 0,10$, $^{*}p < 0,05$, $^{**}p < 0,01$, $^{***}p < 0,001$

(Quellen: Mikrozensus Deutschland, Mikrozensus Österreich, Schweizerische Arbeitskräfteerhebung, Dänischer Labour Force Survey. Jeweils 2. Quartal. Eigene Berechnungen)

Tabelle 14 gibt ferner Aufschluss darüber, wie sich die Arbeitsmarktzustände von Absolventen einer dualen Berufsausbildung mit zunehmender Zeit nach dem Lehrabschluss verändern. Es werden dabei drei Kategorien unterschieden: bis zu 1 Jahr, 2 bis 3 Jahre und 4 bis 5 Jahre seit Lehrabschluss. In Österreich und Dänemark stehen Auszubildende schon ein Jahr nach Abschluss mit einem Anteil von mehr als 80 Prozent in Beschäftigung – in Österreich erhöhen sich die Beschäftigtenanteile sogar auf fast 90 Prozent bei Personen, deren Abschluss 4 bis 5 Jahre zurück liegt. In Deutschland und der Schweiz sind ein Jahr nach Lehrabschluss rund 75 Prozent der Absolventen einer dualen Ausbildung in einem Betrieb beschäftigt; dieser Anteil verändert sich kaum. Es ist in allen vier Ländern zu beobachten, dass die Anteile erwerbsloser Lehrabsolventen mit zunehmender Zeit seit Ausbildungsabschluss zurückgehen. In Deutschland, der Schweiz und Dänemark nehmen dafür die Anteile Selbständiger zu. Auch ist in Deutschland und der Schweiz ein Anstieg von Lehrabsolventen in Arbeitsmarktinaktivität zu verzeichnen. Bei aller Vorsicht der Interpretation, die aufgrund der Datenlage gegeben sein muss – es handelt sich nicht um Paneldaten und es werden somit keine Individuen nachverfolgt – deuten die Zahlen zumindest darauf hin, dass erwerbslose Lehrabsolventen in Österreich in größerer Zahl den Sprung in abhängige Beschäftigung schaffen.

Tabelle 14: Verteilung von Lehrabsolventen auf verschiedene Arbeitsmarktzustände in Deutschland, Österreich, der Schweiz und Dänemark nach Dauer seit Abschluss (Angaben in %)

	Jahre seit Abschluss:	Max. 1	2–3	4–5	Gesamt
Deutschland	Beschäftigt	74,5	75,1	75,6	75,1
	Erwerbslos	16,2	11,3	10,5	12,3
	Selbständig	1,7	2,6	3,0	2,5
	AM-Inaktiv; Bildung	5,1	7,6	6,9	6,7
	AM-Inaktiv	2,5	3,4	3,9	3,3
Österreich	Beschäftigt	82,0	88,2	88,5	86,8
	Erwerbslos	10,2	5,4	4,4	6,14
	Selbständig	1,3	1,1	1,6	1,4
	AM-Inaktiv; Bildung	2,6	1,7	1,1	1,7
	AM-Inaktiv	4,0	3,6	4,5	4,0
Schweiz	Beschäftigt	77,1	77,1	77,8	77,3
	Erwerbslos	7,8	5,2	4,8	5,7
	Selbständig	3,4	3,6	5,1	4,1
	AM-Inaktiv; Bildung	5,4	7,7	4,9	6,2
	AM-Inaktiv	6,3	6,4	7,4	6,7
Dänemark	Beschäftigt	80,3	82,8	82,8	82,0
	Erwerbslos	7,1	4,4	3,4	5,0
	Selbständig	2,4	3,9	5,2	3,9
	AM-Inaktiv; Bildung	5,3	5,0	6,3	5,5
	AM-Inaktiv	4,9	3,9	2,2	3,6

(Quellen: Mikrozensus Deutschland, Mikrozensus Österreich, Schweizerische Arbeitskräfteerhebung, Dänischer Labour Force Survey. Jeweils Jahre 2004 bis 2007 [immer 2. Quartal] gepoolt. Eigene Berechnungen)

Tabelle 15 stellt dar, inwiefern sich Frauen und Männer mit einem dualen Berufsabschluss in der frühen Arbeitsmarktphase unterschiedlich auf verschiedene Arbeitsmarktzustände aufteilen. Eine solche Untergliederung nach Geschlecht, auch in diesem eher explorativen deskriptiven Teil, erscheint sinnvoll, da bekannt ist, dass Frauen und Männer unterschiedliche Ausbildungsberufe wählen, im Durchschnitt unterschiedlich entlohnt werden und sich Familien- und Erwerbsarbeit verschieden aufteilen. Zumindest in der frühen Arbeitsmarktphase treten Geschlechterunterschiede mit Blick auf die Anteile von Lehrabsolventen in abhängiger Beschäftigung wenig auf. Ein länderübergreifendes Phänomen stellen die etwas höheren Anteile von männlichen Lehrabsolventen in Selbständigkeit und der tendenziell stärkere Rückzug von weiblichen Lehrabsolventen vom Arbeitsmarkt ohne Rückkehr ins Bildungssystem, dar.

Tabelle 15: Verteilung von Lehrabsolventen auf verschiedene Arbeitsmarktzustände, getrennt nach Geschlecht (Angaben in %)

	Deutschland		Österreich		Schweiz		Dänemark	
	w	m	w	m	w	m	w	m
Beschäftigt	76,1	74,2	85,5	87,8	80,5	74,9	79,7	83,7
Erwerbslos	11,0	13,5	6,9	5,6	5,2	6,1	5,8	4,3
Selbständig	1,7	3,2	0,8	1,7	2,5	5,3	2,3	4,8
AM-Inaktiv; Bildung	5,7	7,6	1,9	1,5	3,5	8,3	6,1	5,1
AM-Inaktiv	5,4	1,5	5,0	3,4	8,3	5,6	5,8	2,0
N	9373	10170	1637	2477	1908	2379	604	666

Aufgrund von Rundungen in den Nachkommastellen ergeben die Spalten aufsummiert nicht notwendigerweise exakt 100 Prozent.

(Quellen: Mikrozensus Deutschland, Mikrozensus Österreich, Schweizerische Arbeitskräfteerhebung, Dänischer Labour Force Survey. Jeweils Jahre 2004 bis 2007 [immer 2. Quartal] gepoolt. Eigene Berechnungen)

5.2.2 Grad der Kopplung an das Beschäftigungssystem – Befristungen und Arbeitszeit

Im vorigen Abschnitt stand die Frage im Mittelpunkt, zu welchen Anteilen Auszubildende nach ihrem dualen Abschluss tatsächlich bei einem Betrieb beschäftigt sind beziehungsweise ob sie sich vom Arbeitsmarkt zurückziehen oder andere Arbeitsmarktzustände wie Selbständigkeit oder Erwerbslosigkeit einnehmen. Arbeitsmarktinaktivität, Selbständigkeit und Erwerbslosigkeit können jeweils als Zeichen einer Entkopplung von dualem Ausbildungssystem und Beschäftigungssystem gewertet werden. In diesem Abschnitt wird ein genauerer Blick auf die Art der Beschäftigung geworfen, die Ausbildungsabsolventen ausüben. Konzeptionell wurde in Kapitel 3.3 bereits erarbeitet, wie der Grad der Kopplung zwischen dualem System und Beschäftigungssystem operationalisiert werden kann. So ist die Kopplung dann eher als lose einzustufen, wenn die Absolventen einer dualen

Berufsausbildung zu hohen Anteilen befristet angestellt sind (geringe betriebliche Anbindung) oder ihre Arbeitszeit gering ist (geringe Teilhabe an Erwerbsarbeit). Tabelle 16 stellt die Anteile der befristet beschäftigten Lehrabsolventen insgesamt und getrennt nach Geschlecht, überblicksartig dar. Wie oben umfasst der Beobachtungszeitraum die Jahre 2004 bis 2007 und die Untersuchungspopulation sind junge Menschen im Alter bis zu 29 Jahren mit dualem Berufsabschluss, der vor maximal fünf Jahren erworben wurde. Der Grad der Kopplung zwischen dualem Ausbildungssystem und Beschäftigungssystem erscheint in Österreich mit rund 77 Prozent in unbefristeter Beschäftigung enger als in den drei Vergleichsländern. In Dänemark sind rund 71 Prozent der Lehrabsolventen unbefristet beschäftigt, in der Schweiz 66 Prozent und in Deutschland 56 Prozent. Vor allem in Dänemark tritt ein deutlicherer Geschlechterunterschied zu Tage; weibliche Lehrabsolventen befinden sich im Vergleich zu männlichen Lehrabsolventen häufiger in befristeter Beschäftigung. Dieses Ergebnis wird später im multivariaten Ergebnisteil (8.2) wieder aufgegriffen und zu erklären versucht.

Tabelle 17 weist aus, ob sich die Anteile unbefristet beschäftigter Lehrabsolventen zwischen den vier Untersuchungsländern in den einzelnen Erhebungsjahren, also von 2004 bis 2007, signifikant unterscheiden. Dies ist in jedem Untersuchungsjahr der Fall wie die Chi^2-Tests zeigen. Darüber hinaus nehmen die Anteile der Lehrabsolventen in unbefristeter Beschäftigung vor allem in Österreich und Dänemark von 2004 bis 2007 deutlich zu, während sich in diesem Zeitraum in Deutschland und der Schweiz nur wenig verändert.

Tabelle 16: Lehrabsolventen mit unbefristetem Arbeitsvertrag in Deutschland, Österreich, der Schweiz und Dänemark (Angaben in %)

	Deutschland			Österreich		
	g	w	m	g	w	m
Unbefristet beschäftigt	55,9	58,8	53,4	77,1	75,5	78,2
Befristet beschäftigt	19,2	17,3	20,8	9,7	10,0	9,5
Nicht beschäftigt	24,9	23,9	25,8	13,2	14,6	12,3
N	19513	9363	10150	4093	1634	2459

	Schweiz			Dänemark		
	g	w	m	g	w	m
Unbefristet beschäftigt	65,9	68,3	64,0	70,9	63,0	76,7
Befristet beschäftigt	11,0	11,7	10,5	11,2	16,8	7,0
Nicht beschäftigt	23,1	20,0	25,5	18,0	20,3	16,3
N	19513	9363	10150	4093	1634	2459

Anmerkung: Aufgrund von Rundungen in den Nachkommastellen ergeben die Spalten aufsummiert nicht notwendigerweise exakt 100 Prozent.

(Quellen: Mikrozensus Deutschland, Mikrozensus Österreich, Schweizerische Arbeitskräfteerhebung, Dänischer Labour Force Survey. Jeweils Jahre 2004 bis 2007 [immer 2. Quartal] gepoolt. Eigene Berechnungen)

Tabelle 17: Anteil von Lehrabsolventen in unbefristeter Beschäftigung in Deutschland, Österreich, der Schweiz und Dänemark, getrennt nach Untersuchungsjahr (Angaben in %)

	2004	2005	2006	2007
Deutschland	57,4	54,0	55,0	58,0
Österreich	68,9	76,4	78,5	80,1
Schweiz	65,7	65,5	63,8	69,8
Dänemark	62,4	63,5	70,9	73,2
N	12419	5717	5251	5780
Chi2	75,97***	177,21***	191,61***	196,32***
Cramér's V	0,078	0,176	0,191	0,184

$^{+}p < 0{,}10$, $^{*}p < 0{,}05$, $^{**}p < 0{,}01$, $^{***}p < 0{,}001$

(Quellen: Mikrozensus Deutschland, Mikrozensus Österreich, Schweizerische Arbeitskräfteerhebung, Dänischer Labour Force Survey. Jeweils 2. Quartal. Eigene Berechnungen)

Aufschlussreich ist ferner, dass sich die Anteile von Lehrabsolventen in unbefristeter Beschäftigung mit zunehmender Zeit nach Ausbildungsabschluss in allen vier Ländern steigern, während die Anteile der Lehrabsolventen in befristeter Beschäftigung abnehmen (Tabelle 18). Dieser Befund kann als Hinweis darauf gedeutet werden, dass sich mit steigender Arbeitsmarkterfahrung auch die Wahrscheinlichkeit auf eine Festanstellung vergrößert. Empirisch nur schwer möglich ist es mit den verwendeten Daten, die Kopplung zwischen dualem System und Ausbildungsbetrieb festzustellen. Konzeptionell wurde diese Kopplung unter 3.3 daran festgemacht, zu welchen Anteilen Auszubildende in einem Land nach ihrem Abschluss weiter in ihrem Ausbildungsbetrieb arbeiten. Da der Verbleib im Ausbildungsbetrieb nicht direkt gemessen werden kann, wird hier auf ein Hilfskonstrukt zurückgegriffen: Es wird analysiert, zu welchen Anteilen sich Lehrabsolventen bereits ein Jahr nach Ausbildungsabschluss in einer unbefristeten Beschäftigung befinden. Hier liegt die Annahme zu Grunde, dass gerade Neueinstellungen vor allem erst einmal befristet erfolgen – insbesondere aufgrund von anfänglichen Probezeiten – und Ausbildungsbetriebswechsel so indirekt erfasst werden können. In Dänemark (ca. 65 Prozent) und Österreich (ca. 63 Prozent) sind die Anteile bezüglich dieses Indikators etwas höher als in der Schweiz (ca. 57 Prozent) und vor allem als in Deutschland (ca. 48 Prozent). Auch wenn die für Deutschland ermittelte Zahl gut mit der Übernahmequote von etwa über 50 Prozent aus anderen repräsentativen Erhebungen wie etwa dem IAB-Betriebspanel übereinstimmt (BIBB 2009: 185), sollte der Ländervergleich zumindest in Bezug auf diesen Indikator mit großer Vorsicht beurteilt werden. Hier sind Anschlussuntersuchungen mit Daten, die eine einwandfreie Identifikation des Ausbildungsbetriebs erlauben, dringend angeraten.

Neben Befristungen sind auch geleistete Arbeitszeiten von Beschäftigen ein Indikator für die Kopplung der dualen Berufsausbildung an das Beschäftigungssystem. Tabelle 19 differenziert zwischen folgenden Beschäftigungszuständen, die Lehrabsolventen einnehmen können: das Normalarbeitsverhältnis umfasst Personen in unbefristeter Vollzeitbeschäftigung, andere Personen arbeiten zwar Vollzeit, aber in einem befristeten Anstellungsverhältnis, wieder andere Beschäftigte leisten ›nur‹ Teilzeitarbeit oder sind geringfügig beschäftigt. Der Anteil der Lehrabsolventen in einem Normalarbeitsverhältnis (unbefristete Vollzeitbeschäftigung) ist in Österreich mit ca. 71 Prozent besonders hoch. Mit einigem Abstand folgen Dänemark (ca. 61 Prozent) und die Schweiz (58 Prozent) – in Deutschland steht sogar weniger als die Hälfte der Lehrabsolventen (49 Prozent) in einem Normalarbeitsverhältnis. Der Grad der Kopplung zwischen dualem Ausbildungssystem und Beschäftigungssystem ist in Deutschland deutlich niedriger als in den Vergleichsländern und in Österreich am höchsten. Die Anteile der beschäftigten Lehrabsolventen in einem Normalarbeitsverhältnis unterscheiden sich zudem signifikant zwischen den Untersuchungsländern für jedes Erhebungsjahr (Tabelle 20). Vor allem in Österreich und in Dänemark steigen die Anteile der Lehrabsolventen in einem Normalarbeitsverhältnis von 2004 bis 2007 erkennbar an. Die individuellen Chancen auf ein Normalarbeitsverhältnis scheinen sich innerhalb der ersten fünf Jahre nach Ausbildungsabschluss in allen vier Untersuchungsländern sukzessive zu erhöhen (Tabelle 21). Sehr deutlich ist dies in Österreich. In Deutschland sind die Anteile von Lehrabsolventen durchgängig am niedrigsten.

Tabelle 18: Anteile von Lehrabsolventen in unbefristeter Beschäftigung in Deutschland, Österreich, der Schweiz und Dänemark nach Dauer seit Abschluss (Angaben in %)

	Jahre seit Abschluss:	Max. 1	2–3	4–5	Gesamt
Deutschland	Unbefristet	47,6	55,8	62,2	55,9
	Befristet	26,9	19,3	13,4	19,2
	Nicht besch.	25,6	24,9	24,5	24,9
Österreich	Unbefristet	62,7	81,2	81,8	77,1
	Befristet	18,2	7,0	6,5	9,7
	Nicht besch.	18,1	11,8	11,6	13,2
Schweiz	Unbefristet	56,8	67,7	69,9	65,9
	Befristet	19,3	9,1	7,7	11,0
	Nicht besch.	23,9	23,2	22,4	23,1
Dänemark	Unbefristet	65,4	71,6	75,1	70,9
	Befristet	14,9	11,2	7,7	11,2
	Nicht besch.	19,8	17,2	17,2	18,0

(Quellen: Mikrozensus Deutschland, Mikrozensus Österreich, Schweizerische Arbeitskräfteerhebung, Dänischer Labour Force Survey. Jeweils Jahre 2004 bis 2007 [immer 2. Quartal] gepoolt. Eigene Berechnungen)

Tabelle 19: Verteilung von Lehrabsolventen nach Arbeitszeit und Befristungsstatus in Deutschland, Österreich, der Schweiz und Dänemark (Angaben in %)

	Deutschland	Österreich	Schweiz	Dänemark
Vollzeit unbefristet	48,7	71,4	58,0	60,6
Vollzeit befristet	16,1	9,1	10,0	8,1
Teilzeit	7,0	5,3	6,3	10,0
Geringfügig	3,3	1,0	2,6	3,2
Nicht beschäftigt	24,9	13,3	23,1	18,1
N	19525	4083	4295	1265

Aufgrund von Rundungen in den Nachkommastellen ergeben die Spalten aufsummiert nicht notwendigerweise exakt 100 Prozent.

(Quellen: Mikrozensus Deutschland, Mikrozensus Österreich, Schweizerische Arbeitskräfteerhebung, Dänischer Labour Force Survey. Jeweils Jahre 2004 bis 2007 [immer 2. Quartal] gepoolt. Eigene Berechnungen)

Tabelle 20: Anteile von Lehrabsolventen in einem Normalarbeitsverhältnis in Deutschland, Österreich, der Schweiz und Dänemark, getrennt nach Untersuchungsjahr (Angaben in %)

	2004	2005	2006	2007
Deutschland	51,0	46,9	47,6	50,5
Österreich	64,8	70,8	72,9	74,7
Schweiz	58,9	57,9	56,5	61,9
Dänemark	50,9	55,3	58,9	61,6
N	12425	5714	5252	5778
Chi2	90,88***	188,03***	202,84***	198,49***
Cramér's V	0,086	0,181	0,197	0,185

$^{+}p < 0{,}10$, $^{*}p < 0{,}05$, $^{**}p < 0{,}01$, $^{***}p < 0{,}001$

(Quellen: Mikrozensus Deutschland, Mikrozensus Österreich, Schweizerische Arbeitskräfteerhebung, Dänischer Labour Force Survey. Jeweils 2. Quartal. Eigene Berechnungen)

Tabelle 21: Verteilung von Lehrabsolventen nach Arbeitszeit und Befristungsstatus in Deutschland, Österreich, der Schweiz und Dänemark, nach Dauer seit beruflichem Abschluss (Angaben in %)

	Jahre seit Abschluss:	Max. 1	2–3	4–5	Gesamt
Deutschland	Vollzeit unb.	41,9	49,0	53,3	48,7
	Vollzeit befr.	23,4	16,0	11,0	16,1
	Teilzeit	6,7	6,8	7,4	7,0
	Geringfügig	2,5	3,2	3,9	3,3
	Nicht besch.	25,6	24,9	24,4	24,9
Österreich	Vollzeit unb.	59,5	74,9	75,1	71,4
	Vollzeit befr.	18,2	6,6	5,9	9,1
	Teilzeit	3,9	5,3	6,2	5,3
	Geringfügig	0,3	1,3	1,1	1,0
	Nicht besch.	18,1	11,8	11,7	13,3
Schweiz	Vollzeit unb.	50,7	59,8	61,0	58,0
	Vollzeit befr.	18,2	7,9	6,9	10,0
	Teilzeit	5,6	6,1	7,1	6,3
	Geringfügig	1,6	3,1	2,7	2,6
	Nicht besch.	23,9	23,2	22,4	23,1
Dänemark	Vollzeit unb.	56,7	59,7	65,1	60,6
	Vollzeit befr.	10,4	8,5	5,6	8,1
	Teilzeit	11,4	10,4	8,4	10,0
	Geringfügig	1,7	4,0	3,7	3,2
	Nicht besch.	19,8	17,4	17,2	18,1

(Quellen: Mikrozensus Deutschland, Mikrozensus Österreich, Schweizerische Arbeitskräfteerhebung, Dänischer Labour Force Survey. Jeweils Jahre 2004 bis 2007 [immer 2. Quartal] gepoolt. Eigene Berechnungen)

Es stellt sich abschließend die Frage, ob sich die Chancen auf ein Normalarbeitsverhältnis zwischen weiblichen und männlichen Absolventen einer dualen Berufsausbildung in der frühen Arbeitsmarktphase grundlegend unterscheiden (Tabelle 22). Ein Geschlechterunterschied tritt vor allem in Dänemark deutlich zu Tage. Weibliche Lehrabsolventen sind dort bei weitem nicht so häufig in einem Normalarbeitsverhältnis zu finden wie männliche Lehrabsolventen. Nicht nur sind Frauen dort häufiger befristet – auch der Teilzeitanteil (15 bis 34 Stunden pro Woche) ist mit 20 Prozent doppelt so hoch wie in den Vergleichsländern. Eine tiefergehende Untersuchung ergibt, dass weibliche Lehrabsolventen in Dänemark besonders häufig Weiterbildung und Beschäftigung kombinieren (Tabelle 23) und ihre Arbeitszeit reduzieren. Inwiefern sich der Geschlechterunterschied durch andere Faktoren wie zum Beispiel das gewählte Ausbildungsberufsfeld auflöst, wird im späteren multivariaten Teil (8.2) untersucht. Insgesamt liegt der Anteil von Lehrabsolventen, die bei einem Betrieb beschäftigt sind und gleichzeitig einer formalen Weiterbildung nachgehen in Dänemark mit 15 Prozent am höchsten. In der Schweiz liegt der entsprechende Anteil bei rund 12 Prozent, in Deutschland bei 10 Prozent und in Österreich mit 7 Prozent am niedrigsten. Der hier gemachte Befund offensichtlich unterschiedlicher Gelegenheitsstrukturen mit Blick auf Weiterbildung kann an dieser Stelle nicht weiterverfolgt werden. Es bietet sich jedoch an, das Thema der Durchlässigkeit zwischen dualer Berufsausbildung und anderen Bildungssektoren – insbesondere zum Hochschulsektor – in einer weiteren Studie näher unter die Lupe zu nehmen.[74]

Tabelle 22: Verteilung von Lehrabsolventen nach Arbeitszeit und Befristungsstatus in Deutschland, Österreich, der Schweiz und Dänemark, getrennt nach Geschlecht (Angaben in %)

	Deutschland		Österreich		Schweiz		Dänemark	
	w	m	w	m	w	m	w	m
Vollzeit unbefristet	47,6	49,6	64,2	76,3	57,7	58,3	41,8	70,8
Vollzeit befristet	13,1	18,8	8,7	9,3	10,2	9,8	11,3	6,3
Teilzeit beschäftigt	11,2	3,3	10,3	1,9	9,2	4,1	20,1	4,4
Geringfügig beschäftigt	4,1	2,5	2,2	0,2	2,9	2,4	4,2	1,5
Nicht beschäftigt	23,9	25,8	14,6	12,3	20,0	25,5	22,6	17,0
N	9369	10156	1633	2450	1915	2381	601	664

(Quellen: Mikrozensus Deutschland, Mikrozensus Österreich, Schweizerische Arbeitskräfteerhebung, Dänischer Labour Force Survey. Jeweils Jahre 2004 bis 2007 [immer 2. Quartal] gepoolt. Eigene Berechnungen)

74 Für einen detaillierten Vergleich der Durchlässigkeit zwischen dualem Ausbildungssystem und Hochschulsektor in Deutschland, Österreich und der Schweiz siehe Nikolai und Ebner (2012).

Tabelle 23: Anteile von beschäftigten Lehrabsolventen in einer formalen Weiterbildungsmaßnahme in Deutschland, Österreich, der Schweiz und Dänemark (Angaben in %)

	Deutschland			Österreich		
	g	w	m	g	w	m
Formale Ausbildung	9,8	10,2	9,5	7,2	6,4	7,7
N	14425	7110	7315	3558	1393	2165
	Schweiz			**Dänemark**		
	g	w	m	g	W	m
Formale Ausbildung	12,1	10,0	13,8	15,0	20,8	10,9
N	3103	1396	1707	1021	468	553

(Quellen: Mikrozensus Deutschland, Mikrozensus Österreich, Schweizerische Arbeitskräfteerhebung, Dänischer Labour Force Survey. Jeweils Jahre 2004 bis 2007 [immer 2. Quartal] gepoolt. Eigene Berechnungen)

5.2.3 Berufliche Kopplung – Wechsel des Ausbildungsberufsfelds

Ein zentrales Merkmal des dualen Ausbildungssystems ist seine enge Kopplung an Berufe. So gibt es in allen vier Untersuchungsländern eine Vielzahl anerkannter Ausbildungsberufe, die Jugendliche erlernen können. Inwiefern junge Menschen diese Berufe auch noch in den ersten fünf Jahren nach Verlassen des Ausbildungssystems ausüben beziehungsweise ihr originäres Ausbildungsberufsfeld verlassen haben, wird nun untersucht. Die Untersuchungspopulation sind wiederum Personen bis einschließlich 29 Jahre mit dualem Ausbildungsabschluss. Diesmal werden jedoch nur diejenigen analysiert, die auch bei einem Betrieb beschäftigt sind. Ausgeschlossen sind des Weiteren Personen aus der ISCO-Berufshauptgruppe 1 (Führungskräfte), da hier nicht festgestellt werden kann, ob diese in dem erlernten Ausbildungsberufsfeld verortet ist.

Tabelle 24 stellt die Anteile der Beschäftigten mit dualem Berufsabschluss dar, die nicht mehr in ihrem Ausbildungsberufsfeld arbeiten. Die Anteile bewegen sich zwischen 15 und 19 Prozent und sind damit über die Länder hinweg sehr ähnlich. Die berufliche Kopplung zwischen dualem Ausbildungssystem und Beschäftigungssystem liegt somit in den vier Untersuchungsländern auf vergleichbarem Niveau. Auch Geschlechterunterschiede sind bei diesem Indikator nur sehr schwach ausgeprägt. Signifikante Länderunterschiede in den Erhebungsjahren finden sich lediglich im Jahr 2004 und 2005, wobei Cramérs V auch dort nur eine vergleichsweise geringe Ausprägung hat (Tabelle 25).

Mit zunehmender Zeit nach dem Ausbildungsabschluss (gemessen in Jahren) erhöht sich in allen vier Ländern der Anteil der Personen, die nicht mehr in ihrem originären Ausbildungsberufsfeld beschäftigt sind (Tabelle 26). Es tritt also schon in den ersten fünf Jahren nach Ausbildungsabschluss eine zunehmende berufliche Entkopplung zwischen dualem Ausbildungssystem und Beschäftigungssystem in allen vier Ländern ein.

Tabelle 24: Anteil beschäftigter Lehrabsolventen mit Berufsfeldwechsel in Deutschland, Österreich, der Schweiz und Dänemark (Angaben in %)

	Deutschland			Österreich		
	g	w	m	g	w	m
Berufsfeld-wechsel	16,7	16,1	17,2	16,9	16,6	17,4
N	9979	4935	5044	3503	1375	2128
	Schweiz			**Dänemark**		
	g	w	m	g	w	m
Berufsfeld-wechsel	14,9	13,6	15,9	18,7	19,0	18,5
N	3064	1385	1679	993	460	533

(Quellen: Mikrozensus Deutschland, Mikrozensus Österreich, Schweizerische Arbeitskräfteerhebung, Dänischer Labour Force Survey. Jeweils Jahre 2004 bis 2007 [immer 2. Quartal] gepoolt. Eigene Berechnungen)

Tabelle 25: Anteil beschäftigter Lehrabsolventen mit Berufsfeldwechsel in Deutschland, Österreich, der Schweiz und Dänemark, getrennt nach Untersuchungsjahr (Angaben in %)

	2004	2005	2006	2007
Deutschland	22,2	16,2	16,8	15,7
Österreich	17,3	16,2	17,0	17,4
Schweiz	12,1	13,6	13,4	13,5
Dänemark	18,1	22,7	19,2	16,3
N	5066	4092	3908	4473
Chi2	47,39***	10,16*	6,065	4,47
Cramér's V	0,097	0,050	0,040	0,032

$^{+}p < 0{,}10$, $^{*}p < 0{,}05$, $^{**}p < 0{,}01$, $^{***}p < 0{,}001$

(Quellen: Mikrozensus Deutschland, Mikrozensus Österreich, Schweizerische Arbeitskräfteerhebung, Dänischer Labour Force Survey. Jeweils 2. Quartal. Eigene Berechnungen)

Tabelle 26: Anteile beschäftigter Lehrabsolventen in Deutschland, Österreich, der Schweiz und Dänemark mit Berufsfeldwechsel nach Dauer seit beruflichem Abschluss (Angaben in %)

Jahre seit Abschluss:	Max. 1	2–3	4–5	gesamt
Deutschland	13,2	17,3	18,6	16,7
Österreich	12,9	15,9	20,1	16,9
Schweiz	12,4	15,1	16,3	14,9
Dänemark	13,6	21,2	20,5	18,7

(Quellen: Mikrozensus Deutschland, Mikrozensus Österreich, Schweizerische Arbeitskräfteerhebung, Dänischer Labour Force Survey. Jeweils Jahre 2004 bis 2007 [immer 2. Quartal] gepoolt. Eigene Berechnungen)

5.2.4 Kopplung an Fachtätigkeiten

Die Versorgung der Wirtschaft mit Fachkräften ist seit jeher erklärtes Ziel der dualen Berufsausbildung. Im Folgenden wird untersucht, zu welchem Grad die dualen Ausbildungssysteme in Deutschland, Österreich der Schweiz und Dänemark an Fachtätigkeiten gekoppelt sind. Als Entkopplungszeichen wird hierbei gewertet, wenn eine Vielzahl junger Menschen mit einem Lehrabschluss in Berufen arbeitet, die überwiegend von Personen ohne beruflichen Abschluss ausgeübt werden. Das Ausüben eines Berufes, dem sonst üblicherweise Personen ohne Abschluss nachgehen (im Folgenden unterwertige Beschäftigung), dürfte auch aus individueller Sicht meist nicht zufriedenstellend sein, wenn man bedenkt, dass eine duale Ausbildung eine mindestens zwei Jahre lange Investitionszeit umfasst. Für die Analysen stellen alle Beschäftigten im Alter bis 29 Jahre, die einen dualen Berufsabschluss vor maximal fünf Jahren erworben haben, die Untersuchungspopulation dar.

Am geringsten ist die Kopplung des dualen Ausbildungssystems an Fachtätigkeiten im Vier-Länder-Vergleich in Dänemark, wo mehr als ein Drittel (38 Prozent) der Lehrabsolventen einer unterwertigen Beschäftigung nachgeht (Tabelle 27). In Deutschland beträgt dieser Anteil etwa 11 Prozent, in der Schweiz 7 Prozent und in Österreich rund 5 Prozent. Geschlechterdifferenzen sind deutlich in der Schweiz und Dänemark festzustellen. In beiden Ländern sind Frauen etwa doppelt so häufig unterwertig beschäftigt wie Männer. Damit ergibt sich vor allem in Dänemark ein sehr hoher Anteil unterwertig beschäftigter Frauen von mehr als 50 Prozent.

Tabelle 27: Anteil beschäftigter Lehrabsolventen in unterwertiger Beschäftigung in Deutschland, Österreich, der Schweiz und Dänemark (Angaben in %)

	Deutschland			Österreich		
	g	w	m	g	w	m
Unterwertig beschäftigt	10,6	10,9	10,4	4,6	4,3	4,9
N	10645	5192	5453	3558	1393	2165
	Schweiz			Dänemark		
	g	w	m	g	w	m
Unterwertig beschäftigt	7,0	9,6	4,8	37,8	54,9	25,7
N	3279	1491	1788	1017	467	550

(Quellen: Mikrozensus Deutschland, Mikrozensus Österreich, Schweizerische Arbeitskräfteerhebung, Dänischer Labour Force Survey. Jeweils Jahre 2004 bis 2007 [immer 2. Quartal] gepoolt. Eigene Berechnungen)

In allen vier Erhebungsjahren sind die Unterschiede mit Blick auf unterwertige Beschäftigung zwischen den Vergleichsländern höchst signifikant (Tabelle 28). Österreich weist durchwegs den geringsten Anteil unterwertiger Beschäftigung und Dänemark den höchsten Anteil auf. Ein klarer Einfluss der konjunkturellen Entwicklung auf die Anteile von Lehrabsolventen in unterwertiger Beschäftigung ist nicht zu beobachten.

Tabelle 29 zeigt, wie sich die Anteile der beschäftigten Lehrabsolventen mit zunehmender Zeit nach dem Ausbildungsabschluss im Ländervergleich entwickeln. In Deutschland und der Schweiz kommt es hier kaum zu Veränderungen. In Österreich nimmt die Zahl der Lehrabsolventen in unterwertiger Beschäftigung zu – allerdings von einem niedrigen Ausgangsniveau startend. In Dänemark geht der Trend dagegen eher in eine andere Richtung. Nur dort nimmt das Risiko unterwertiger Beschäftigung mit zunehmender Entfernung vom Berufsabschluss – ausgehend von einem sehr hohen Niveau – letztendlich ab. Es scheint dort deutlich mehr Zeit benötigt zu werden, um einer Fachtätigkeit nachzugehen. Dies stimmt auch mit den ausgehenden Überlegungen überein, dass die berufliche Spezialisierung in Dänemark geringer ist und über die Zeit stärker berufsspezifisches Kapital angesammelt werden muss. Dennoch ist auch nach fünf Jahren potenzieller Arbeitsmarkterfahrung in Dänemark bei weitem noch nicht das Niveau der deutschsprachigen Länder erreicht.

Tabelle 28: Anteil von Lehrabsolventen in unterwertiger Beschäftigung in Deutschland, Österreich, der Schweiz und Dänemark, getrennt nach Untersuchungsjahr (Angaben in %)

	2004	2005	2006	2007
Deutschland	14,9	9,4	11,2	10,6
Österreich	4,1	5,6	4,5	4,6
Schweiz	7,9	9,7	6,9	7,0
Dänemark	38,7	40,9	41,0	37,9
N	5462	4301	4081	4655
Chi2	241,27***	231,39***	228,03***	330,43***
Cramér's V	0,210	0,232	0,236	0,266

+ $p < 0,10$, * $p < 0,05$, ** $p < 0,01$, *** $p < 0,001$

(Quellen: Mikrozensus Deutschland, Mikrozensus Österreich, Schweizerische Arbeitskräfteerhebung, Dänischer Labour Force Survey. Jeweils 2. Quartal. Eigene Berechnungen)

Tabelle 29: Anteile von Lehrabsolventen in unterwertiger Beschäftigung in Deutschland, Österreich, der Schweiz und Dänemark nach Dauer seit beruflichem Abschluss (Angaben in %)

Jahre seit Abschluss:	Max. 1	2–3	4–5	gesamt
Deutschland	9,3	11,3	10,9	10,6
Österreich	2,6	3,5	6,8	4,6
Schweiz	7,1	6,9	7,1	7,0
Dänemark	38,1	41,5	33,7	37,8

(Quellen: Mikrozensus Deutschland, Mikrozensus Österreich, Schweizerische Arbeitskräfteerhebung, Dänischer Labour Force Survey. Jeweils Jahre 2004 bis 2007 [immer 2. Quartal] gepoolt. Eigene Berechnungen.)

5.3 Zusammenfassung

Ziel des fünften Kapitels war es, erste deskriptive Auswertungen durchzuführen, um einen Eindruck davon zu bekommen, wie eng das duale Ausbildungssystem und der Arbeitsmarkt in Deutschland, Österreich, der Schweiz und Dänemark miteinander verzahnt sind. Die Kopplung zwischen Ausbildungssystem und Arbeitsmarkt wurde dabei auf unterschiedliche Arten ermittelt. Als erstes wurde die *Kopplung zwischen dualem Ausbildungssystem und Beschäftigungssystem* untersucht. Es konnte gezeigt werden, dass Lehrabsolventen in der frühen Arbeitsmarktphase (maximal fünf Jahre nach Abschluss) in Dänemark und insbesondere in Österreich zu vergleichsweise hohen Anteilen bei einem Betrieb beschäftigt waren, während die Beschäftigtenanteile in der Schweiz und Deutschland etwas geringer ausfielen. Österreich stach auch insofern aus der Ländergruppe mit dualem Ausbildungssystem hervor, als dort besonders viele Lehrabsolventen einer unbefristeten Vollzeitbeschäftigung nachgingen. Eine sehr hohe Standardisierung bei gleichzeitig mittlerem Niveau an beruflicher Spezialisierung erscheint bei diesem ersten Indikator die günstigsten Bedingungen für Erwerbseinstiege zu schaffen. Besonders niedrig waren die Anteile von Lehrabsolventen in unbefristeter Vollzeitbeschäftigung in Deutschland. Dies deutet darauf hin, dass beruflich hoch spezialisierte Absolventen einer dualen Berufsausbildung dort oftmals Schwierigkeiten haben, überhaupt einen Job zu finden oder erst einmal erneute ›Testphasen‹ in Betrieben durchlaufen müssen, was sich in verminderter Arbeitszeit und Befristungen äußert. Ein Mehr an Spezialisierung ist also nicht immer auch mit besseren Zugangsmöglichkeiten zu Betrieben verbunden. Die zumindest im Vergleich zu Deutschland, Österreich und der Schweiz geringe Standardisierung der dänischen Berufsausbildung scheint dagegen wenig hinderlich beim Zugang zum Beschäftigungssystem zu sein. Die *berufliche Kopplung des dualen Ausbildungssystems* wurde untersucht, indem die Anteile von Lehrabsolventen, die ihr Ausbildungsberufsfeld verlassen hatten, zwischen den vier Untersuchungsländern verglichen wurden. In den ersten deskriptiven Befunden konnten dabei kaum Länderunterschiede ausgemacht werden. Ein sehr auffälliger Länderunterschied offenbarte sich dagegen mit Blick auf die *Kopplung des dualen Ausbildungssystems an Fachtätigkeiten.* Vor allem in Dänemark befand sich ein sehr großer Anteil von Lehrabsolventen nicht in einer Fachtätigkeit beziehungsweise in ›unterwertiger‹ Beschäftigung; Frauen dabei noch wesentlich häufiger als Männer. Innerhalb der deutschsprachigen Ländergruppe arbeitete der größte Anteil der Absolventen einer dualen Berufsausbildung in Deutschland ›unter Wert‹ und die wenigsten in Österreich.

Auch wenn die ersten deskriptiven Auswertungen spannende Befunde liefern, kann nicht ausgeschlossen werden, dass andere Faktoren jenseits des dualen Ausbildungssystems die beobachteten Länderunterschiede hervorgerufen haben. Zu denken ist etwa an die allgemeine wirtschaftliche Lage oder den Grad der Arbeitsmarktregulierung. Es wird daher im Folgenden ein genauerer Blick auf die sozioökonomischen und institutionellen Rahmenbedingungen der vier Untersuchungsländer geworfen.

6. Theoretische Annahmen zum Einfluss institutioneller und sozioökonomischer Rahmenbedingungen

Im internationalen Vergleich zeichnet sich das duale Ausbildungssystem durch seine enge Kopplung an den Arbeitsmarkt aus, was sich in einer guten individuellen Passung bei Ausbildungsabsolventen widerspiegelt. Innerhalb des Ländersegments mit dualem Berufsbildungssystem konnten dennoch Unterschiede festgestellt werden. Solche Unterschiede können auf zwei verschiedene Faktorenbündel zurückgeführt werden: Erstens können sie auf ausbildungssystemischen Ursachen beruhen, das heißt die individuellen Unterschiede in der Arbeitsmarktplatzierung sind Folge zum Beispiel einer unterschiedlichen Standardisierung oder beruflichen Spezifität der Ausbildung (vgl. Kapitel 4). Zweitens können die Länderunterschiede aber auch auf (ausbildungs-)systemexogene Faktoren wie sozioökonomische oder institutionelle Einflüsse zurückführbar sein. Solche Einflussfaktoren stehen in diesem Kapitel aus einer theoretischen Perspektive im Mittelpunkt. Insbesondere werden die wirtschaftlichen Rahmenbedingungen (6.1), Einflüsse von Arbeitsmarktinstitutionen, Wohlfahrtsstaatspolitiken und Bildungskontexten (6.2), diskutiert. Eine Zusammenfassung der theoretischen Überlegungen steht am Ende des Kapitels (6.3).

6.1 Wirtschaftliche Rahmenbedingungen

Der Übergang von der Ausbildung in den Arbeitsmarkt wird nicht nur durch individuelle Charakteristika, sondern auch durch die gesellschaftlichen Gelegenheitsstrukturen bestimmt. Verschiedenste Faktoren auf der Makroebene beeinflussen die individuelle Arbeitsmarktplatzierung (Swedberg 1994: 255). Unter den wirtschaftlichen Rahmenbedingungen sind hier zum Ersten die wirtschaftliche Lage und die Demografie zu nennen (6.1.1). Mit sich verschlechternder wirtschaftlicher Lage verringert sich nachfrageseitig die Zahl der offenen Stellen. Mit steigendem Anteil Jugendlicher an der Bevölkerung erhöht sich angebotsseitig auch die Konkurrenz um die verfügbaren Positionen. Wirtschaftliche Lage und Demografie können somit auch die Kopplung zwischen dualem Ausbildungssystem und Arbeitsmarkt beeinflussen. Zweitens beeinflusst auch die Wirtschaftsstruktur die individuellen Chancen auf dem Arbeitsmarkt (Carroll und Mayer 1986). Unter der Wirtschaftsstruktur werden hier sowohl die sektorale Struktur (primärer, sekundärer, tertiärer Sektor), wie auch die Branchen- und Betriebsstruktur subsumiert (6.1.2).

6.1.1 Wirtschaftliche Lage und Demografie

Sowohl die wirtschaftliche Lage eines Landes wie auch die demografische Entwicklung können den Erwerbseinstieg junger Menschen mit dualem Ausbildungsabschluss beeinflussen. Eine Verschlechterung der wirtschaftlichen Lage geht mit sinkender Nachfrage nach Arbeitskräften einher. Als Indikator für die wirtschaftliche Lage wird häufig das Bruttoinlandsprodukt (BIP) herangezogen. Das Bruttoinlandsprodukt (engl.: Gross Domestic Product) entspricht dem Gesamtwert aller produzierten Waren und Dienstleistungen in einem Land, abzüglich des Wertes der Waren und Dienstleistungen, die bei deren Produktion eingesetzt wurden (Eurostat Definition). Die wirtschaftliche Entwicklung eines Landes beziehungsweise dessen Wirtschaftswachstum wird üblicherweise durch die Veränderung des BIP verglichen mit dem Vorjahr abgebildet. Der Verlauf der Erwerbslosenquote in einem Land steht in einem engen Zusammenhang mit dem Konjunkturzyklus. Die Erwerbslosenquote stellt ein Risikomaß dar. Sie bildet ab, welcher Anteil des Arbeitskräfteangebots beziehungsweise der Erwerbspersonen (Erwerbslose + Erwerbstätige) von Erwerbslosigkeit betroffen ist. Als einfache Formel ausgedrückt:

$$\text{Erwerbslosenquote} = \frac{\text{Anzahl Erwerbslose}}{(\text{Anzahl Erwerbslose} + \text{Anzahl Erwerbstätige})}$$

Die Erwerbslosenquoten von Berufseinsteigern kovariieren mit den Gesamterwerbslosenquoten (Gangl 2002; Granato und Dorau 2006: 171; Bellmann und Hartung 2010). Ebenso erhöht sich in einem Land mit steigender Erwerbslosenquote die Wahrscheinlichkeit auf einen beruflichen Mismatch (Wolbers 2003). Hohe Erwerbslosigkeit scheint also dazu zu führen, dass junge Menschen Jobs annehmen, die nicht so gut auf sie passen. Unterschiede in den Erwerbslosenquoten zwischen den vier Untersuchungsländern können damit als entscheidender Einflussfaktor auch für den Arbeitsmarkteinstieg von Ausbildungsabsolventen betrachtet werden.

Neben der wirtschaftlichen Lage spielt auch die demografische Entwicklung für Arbeitsmarkteinstiegsprozesse eine Rolle. Die Bevölkerungsentwicklung wird durch drei Faktoren beeinflusst (Bundesinstitut für Bevölkerungsforschung 2004): Fertilität, Mortalität und Migration (mit stärkerem Arbeitsmarktfokus, siehe z.B. Allmendinger und Ebner 2006). Für den Übergang von der Schule in das Erwerbsleben wird vor allem die Größe der Jugendkohorte als wesentlich angesehen. Die Annahme ist, dass mit steigendem Anteil junger Menschen an der Erwerbsbevölkerung auch die Konkurrenz um die verfügbaren Arbeitsplätze größer wird. Die relative Größe der Jugendkohorte sinkt zum Beispiel nach größeren Verrentungswellen (Austauschmobilität) oder steigt an, wenn bei bestimmten Jugendkohorten die Geburtenrate besonders hoch war. Empirische Studien liefern teils uneinheitliche Befunde. So werden für Europa bis dato keine (Gangl 2002) oder eher geringe Auswirkungen der Größe der Jugendkohorte auf Erwerbslosigkeitsrisiken und den beruflichen Status gefunden (Hillmert 2001; Biagi und Lucifora 2008). Gleichermaßen weisen Studien für die USA auf deutliche Auswirkungen der Kohortengröße auf Einkommen hin (Berger 1989; Macunovich 1999).

6.1.2 Wirtschaftssektoren, Branchen- und Betriebsstruktur

Die zunehmende Bedeutung von Dienstleistungstätigkeiten kann als einer der zentralen Megatrends auf dem Arbeitsmarkt beschrieben werden. Erstmalig wurden die gesellschaftlichen Entwicklungsstufen von der Agrargesellschaft über die Industriegesellschaft bis schließlich zur Dienstleistungsgesellschaft von Jean Fourastié (1954) über einen langen Zeitraum empirisch-systematisch analysiert.[75] Zu Beginn des vorindustriellen 18. Jahrhunderts war Agrarproduktion in Europa dominierend. Die *Produktivität* konnte im Agrarsektor (primärer Sektor) jedoch durch Innovationen bald deutlich gesteigert werden, wie Jean Fourastié (1969: 27) plastisch darstellt:

75 Die grundsätzliche Einteilung von Erwerbstätigkeit in drei Sektoren geht allerdings nicht auf Fourastié, sondern auf Colin Clark (1940) zurück.

»Zum Mähen eines Ars[76] Weizen wurden gebraucht:

1800 1 Stunde mit einer Sichel

1850 15 Minuten mit einer Sense

1900 2 Minuten mit einem Mähbinder

1920 40 Sekunden mit einem Mähbinder und einem Traktor

1945 35 Sekunden mit einem Mähdrescher, der gleichzeitig den früher gesonderten Arbeitsgang des Dreschens übernimmt«

Durch die »Bauernbefreiung« (Henning 1996), das heißt die Auflösung des Feudalismus und fortlaufende Steigerung der Produktivität wurden im primären Sektor schließlich mehr und mehr Arbeitskräfte freigesetzt. Immer mehr Menschen gingen einer Beschäftigung im Waren produzierenden Gewerbe (sekundärer Sektor) nach. Mit der Industrialisierung gewannen schließlich Großbetriebe und Fabriken an Boden, die mit ihren standardisierten und automatisierten Verfahren den Handwerksbetrieben in vielerlei Hinsicht überlegen waren (Mau und Verwiebe 2009: 30). Der Produktivitätsfortschritt und die verstärkte Rationalisierung im sekundären Sektor durch Maschinen, Technisierung und Arbeitsteilung führten jedoch auch dort zur Freisetzung von Arbeitskräften. In der Bevölkerung stieg zudem die Nachfrage nach Dienstleistungen, so dass der tertiäre Sektor von immer mehr Beschäftigten besetzt wurde (Bosch und Wagner 2003). Rationalisierungsprozessen sind im Dienstleistungssektor größere Schranken gesetzt, denn Dienstleistungen wie Lehre, Reparatur oder Pflege sind nur schwer von Maschinen zu leisten (Fourastié 1954). Das tayloristische Arbeitsorganisationskonzept, wie es in großen Teilen der industriellen Massenproduktion Verwendung findet, hat im Dienstleistungssektor ebenso weniger Durchschlagskraft. Denn Dienstleistungen lassen sich bei weitem nicht so leicht in Einzelelemente zerlegen. Die Ära des Fordismus wandelte sich zum Postfordismus (Baethge und Baethge-Kinsky 2006).

Die Berücksichtigung von nur drei Sektoren ist in der heutigen Arbeitsmarktforschung kaum mehr aktuell. Da der Dienstleistungssektor mittlerweile rund drei Viertel der Beschäftigten in den OECD-Ländern beheimatet, bietet sich eine weitere Ausdifferenzierung in *Wirtschaftszweige* beziehungsweise Branchen an. Folgt man der NACE-Klassifikation (Rev.

76 Bei Ar handelt es sich um eine Maßeinheit zur Beschreibung der Größe von Flächen. Ein Ar entspricht dabei 100 m^2.

1.1.) der Europäischen Kommission (2002), lassen sich grob 17 Branchen unterscheiden:

A. Land- und Forstwirtschaft, B. Fischerei und Fischzucht, C. Bergbau, D. Herstellung von Waren, E. Energie- und Wasserversorgung, F. Bau, G. Handel; Instandhaltung und Reparatur von Kraftfahrzeugen und Gebrauchsgütern, H. Beherbergung und Gaststätten, I. Verkehr und Nachrichtenübermittlung, J. Kreditinstitute und Versicherungen (ohne Sozialversicherung), K. Grundstücks- und Wohnungswesen, Vermietung beweglicher Sachen, Erbringung von unternehmensbezogenen Dienstleistungen, L. Öffentliche Verwaltung, Verteidigung, Sozialversicherung, M. Erziehung und Unterricht, N. Gesundheits-, Veterinär- und Sozialwesen, O. Erbringung von sonstigen öffentlichen und persönlichen Dienstleistungen, P. Private Haushalte, Q. Exterritoriale Organisationen und Körperschaften.

Da Kollektiv-Tarifverträge auf Branchenebene neben Löhnen auch Aussagen zu Arbeitsbedingungen, Arbeitszeit, zum Schutz von Belegschaften gegen Entlassungen oder zum Anrecht auf Weiterbildung enthalten (Dell'Aringa und Pagani 2007), sollten Branchen umso mehr in multivariaten Analysen zur Kopplung zwischen dualem Ausbildungssystem und Beschäftigungssystem mitberücksichtigt werden.

Ein struktureller Faktor, der die Positionierung von Ausbildungsabsolventen auf dem Arbeitsmarkt mitbestimmt, ist die Betriebsstruktur. Vor allem in Abhängigkeit der *Betriebsgröße* stellen sich Gelegenheitsstrukturen unterschiedlich dar. Je größer ein Betrieb und je ausgeprägter Hierarchien sind, desto eher bieten sich auch Möglichkeiten von Jobwechsel und Aufstieg. Die Karriereentwicklung auf dem betriebsinternen Arbeitsmarkt selbst wird etwa im *Tournament-Modell* (Rosenbaum 1979) behandelt. Der betriebliche Karriereprozess wird grundsätzlich als eine Reihe von aufeinanderfolgenden »Turnieren« angesehen, wobei es bei jedem Selektionszeitpunkt immer »Gewinner« und »Verlierer« gibt. Jeder Wettkampf hat Folgen für die weiteren Wettkämpfe, so dass es auch zu Pfadabhängigkeiten kommt (Rosenbaum 1979: 222f.): Die Gewinner haben die Möglichkeit, um die höheren Ränge zu kämpfen, Verlierer dürfen nur um die niedrigen Ränge konkurrieren oder werden vom weiteren Wettbewerb komplett ausgeschlossen. In diesem Vergleich vierer Länder wird die Zahl der Groß-, Mittel- und Kleinbetriebe explizit mit untersucht. Auch empirische Befunde zum Arbeitsmarkteinstieg von Auszubildenden weisen auf die Bedeutsamkeit der Betriebsgröße hin. Die Übernahme von Auszubildenden ist in Deutschland in kleinen Betrieben tendenziell seltener als in großen

Betrieben (Autorengruppe Bildungsberichterstattung 2008: 180). Auch treten berufliche Mismatches auf gesamteuropäischer Ebene in großen Betrieben seltener auf als in kleinen Betrieben (Wolbers 2003).

6.2 Arbeitsmarktinstitutionen, Wohlfahrtsstaat und Bildungskontexte

Die Verteilung von Arbeit auf Individuen wird nicht nur durch den Markt und die wirtschaftlichen Rahmenbedingungen bestimmt. Es existieren ferner von politischer Seite verschiedenste Spielregeln, die auch die Chancenstruktur junger Auszubildender in einem Land beeinflussen können. Arbeitsmarktinstitutionen (6.2.1) wie Kündigungsschutz oder Flächentarifverträge spielen dabei eine herausragende Rolle (Swedberg 1994: 274). Wohlfahrtsstaatliche Politiken (6.2.2) haben entweder den Schutz von Individuen im Sinn (zum Beispiel finanzielle Absicherung bei Arbeitslosigkeit) oder zielen auf die (Re-)Integration bestimmter Gruppen in den Arbeitsmarkt (aktivierende Arbeitsmarktpolitik). Eine fortwährende ›Bedrohung‹ für das duale Ausbildungssystem stellt ferner die Tertiarisierung von Bildung dar: junge Ausbildungsabsolventen könnten im Zuge einer voranschreitenden Akademisierung und durch Personen mit formalen Weiterbildungszertifikaten, wie Meister oder Techniker, aus dem Beschäftigungssystem gedrängt oder auf unterwertige Beschäftigung verwiesen werden (6.2.3).

6.2.1 Arbeitsmarktinstitutionen

Peter Hall und David Soskice (Hall und Soskice 2001a) unterscheiden grob zwei Typen von Marktökonomien,[77] in denen Arbeitsmarktinstitutionen unterschiedlich stark ausgebaut sind: Liberale Marktökonomien und koordinierte Marktökonomien.[78] In *liberalen Marktökonomien* wie England oder

---

77 In einer früheren Publikation spricht David Soskice (1999) von Produktionsregimes und nicht von Marktökonomien.

78 In ähnlicher Weise unterscheiden Thomas DiPrete et al. (1997) *individualist mobility regimes* (z.B. USA) von *collectivist mobility regimes* (z.B. Deutschland). Während in collectivist mobility regimes Arbeitsmarktinstitutionen und wohlfahrtsstaatliche Regelungen einen starken Einfluss auf die individuelle Arbeitsmarktplatzierung haben, kommt es in

den USA bestimmen fast ausschließlich Angebot und Nachfrage den Gleichgewichtszustand auf Märkten. Arbeitsmarktinstitutionen sind kaum vorhanden oder haben nur einen geringen Einfluss. In *koordinierten Marktökonomien* existieren einflussreiche Arbeitgeberverbände, in denen Unternehmen als Mitglieder stark miteinander vernetzt sind. Löhne werden in den meisten Branchen zwischen Kapital (Arbeitgeberverbände) und Arbeit (Gewerkschaften) im Rahmen von Tarifverhandlungen bestimmt und in Kollektiv-Tarifverträgen festgeschrieben (Mau und Verwiebe 2009: 78f.). Mit steigender Macht der Gewerkschaften (Organisationsgrad, Mobilisierungspotential für Streiks) erhöht sich auch die Chance für Arbeitnehmer, hohe Tariflöhne auszuhandeln. Der Gleichgewichtszustand auf den Märkten ist Resultat strategischer langfristiger Koordinierung – es steht der Versuch, einen *gemeinsamen* Mehrwert zu schaffen.[79] Ein weiteres Merkmal koordinierter Marktökonomie ist ein vergleichsweise hoher Beschäftigungsschutz (Hall und Soskice 2001a: 10). Folgt man David Soskice (1994) führen Institutionen wie tarifvertragliche Regulierung, Mindestlöhne oder Beschäftigungsschutz zu einem weitreichenden Vertrauensverhältnis (*trust relations*) zwischen Arbeitgebern und Arbeitnehmern, das in liberalen Marktökonomien in dieser Form nicht zu finden ist. Das weitreichende Institutionenset in koordinierten Marktökonomien stützt auch betriebliche Ausbildungen, die als komplementär[80] zu diesen landesspezifischen Institutionen angesehen werden (Hall und Soskice 2001a: 17). Arbeitgeberverbände rufen gemeinschaftlich branchen- und berufsspezifische Ausbildungsprogramme ins Leben. In liberalen Marktökonomien müssten Firmen vielmehr befürchten, dass Personen, die intensiv ausgebildet wurden, abgeworben werden (*poaching*) (Lynch 1994).[81]

---

individualist mobility regimes insbesondere auf individuelle Merkmale für die Arbeitsmarktplatzierung und Mobilität an.

79 Einkommensunterschiede sind in koordinierten Marktökonomien auch weniger groß als in liberalen Marktökonomien, wo sich Löhne über den Marktmechanismus bilden (DiPrete und McManus 1996).

80 Das Konzept der institutionellen Komplementarität (Hall und Soskice 2001b; Hall und Gingerich 2004) schließt an die Vorstellung komplementärer Güter in der Ökonomie an. Zwei Güter, zum Beispiel Zahnbürste und Zahnpasta, werden als komplementär beschrieben, wenn sie gemeinsam nachgefragt werden. Sie ergänzen sich gegenseitig, sind also komplementär. Anders bei Substitutionsgütern, die gegeneinander austauschbar sind (z.B. Butter und Margarine).

81 Auch für junge Menschen ist es attraktiv, sich an der zum Teil hoch berufsspezifischen dualen Ausbildung zu beteiligen, anstelle sich einer allgemeineren und breiter einsetzbaren Hochschulbildung zu unterziehen (Estevez-Abe et al. 2001: 150). Erstens werden

Wie beeinflussen Arbeitsmarktinstitutionen nun aber den Übergang von der Ausbildung in den Arbeitsmarkt? Nach der *Insider-Outsider-Theorie* des Arbeitsmarktes (Lindbeck und Snower 2002) entstehen für Firmen *labour turnover costs*, wenn Beschäftigte entlassen werden (zum Beispiel Zahlung von Abfindungen, Kosten durch Gerichtsverfahren) und wenn neue Beschäftigte gesucht, ausgewählt und angelernt werden müssen (Lindbeck und Snower 2002: 7). Arbeitsmarktinstitutionen wie ein hoher Beschäftigungsschutz, Flächentarifverträge und Mindestlöhne erhöhen für Unternehmen solche labour turnover costs. Der Theorie zufolge ist die Spaltung zwischen den Arbeitsmarkt-Insidern (Beschäftigte) und den Arbeitsmarkt-Outsidern (Erwerbslose, Berufseinsteiger) dann besonders groß, wenn Arbeitsmarkt-Institutionen stark ausgebaut sind. Insider sind aufgrund hoher labour turnover costs gegen Konkurrenz von außen besser geschützt.

Empirische Studien zum Einfluss von Arbeitsmarktinstitutionen auf den Übergang von der Ausbildung in den Arbeitsmarkt fokussieren insbesondere auf die Aspekte Kündigungsschutz, Mindest- und Tariflöhne. Kündigungsschutz verhindert zwar einerseits Arbeitslosigkeit, da es für Arbeitgeber schwieriger ist, Arbeitnehmer zu entlassen. Auf der anderen Seite bleiben durch hohen Kündigungsschutz Stellen länger ›blockiert‹, so dass weniger (junge) Leute eingestellt werden. Folglich steigt in einem Land auch mit der Höhe des Kündigungsschutzes tendenziell die Jugendarbeitslosigkeit an (Breen 2005). Diese negative Wirkung von Kündigungsschutz auf den Erwerbseinstieg findet sich jedoch nicht in Ländern mit dualem Ausbildungssystem (Ryan 2001; Plünnecke und Werner 2004; Breen 2005). Ein hoher Kündigungsschutz kann zudem positive Auswirkungen auf die Passung zwischen Arbeitnehmer und Arbeitgeber, gemessen am Auftreten beruflicher Mismatches haben, wie ein Ländervergleich zwischen Deutschland und den USA (Gangl 2004b) sowie zwischen Deutschland und England verdeutlicht (Longhi und Brynin 2010). Ist es schwer Arbeitnehmern zu kündigen, erfolgt auch die Auswahl der Bewerber besonders sorgfältig. Der Einfluss von Mindestlöhnen auf Beschäftigung wurde bereits vielfach empirisch untersucht (Ragacs 2003; Brenke 2006; Schulten et al. 2006; Metcalf 2007). So scheint insbesondere die Höhe des Mindest-

---

Löhne von Arbeitnehmern tarifvertraglich festgelegt und sind damit vor Marktschwankungen geschützt. Zweitens reduziert ein hoher Beschäftigungsschutz für Arbeitnehmer die Gefahr, den Betrieb wechseln zu müssen. Und drittens sind Zahlungen von Arbeitslosengeld im Falle einer betrieblichen Kündigung relativ hoch.

lohns entscheidend, ob ein Mindestlohn negative Beschäftigungseffekte zur Folge hat. Darüber hinaus kann ein Mindestlohn auch selektiv für bestimmte Bevölkerungsgruppen wie Niedrigqualifizierte negative Beschäftigungseffekte auslösen (Freeman 1996; Pedace und Rohn 2011).

6.2.2 Wohlfahrtsstaatliche Politiken

Die Kernidee des Wohlfahrtsstaats basiert nach Thomas H. Marshall (1950) auf dem Bürgerrechtsprinzip (*social citizenship*), welches postuliert, dass Individuen einen ökonomischen Mindeststandard nicht unterschreiten und am kulturellen und politischen Leben partizipieren sollen.[82] Um die ökonomische Teilhabe von Individuen am gesellschaftlichen Leben zu garantieren, stehen dem Wohlfahrtsstaat grundsätzlich drei Mittel zur Verfügung (Flora und Heidenheimer 1981: 25): Erstens die direkte Zahlung von Geldleistungen in Phasen des Lebenszyklus, die durch Nichterwerbstätigkeit gekennzeichnet sind (Kindheit, Elternschaft, Bildung, hohes Alter), in Situationen von Beschäftigungsunfähigkeit (Krankheit, Verletzung, Invalidität) und Arbeitslosigkeit. Zweitens die indirekte Ausweitung von Leistungen durch Steuererleichterungen, was als funktionales Äquivalent zu direkten Zahlungen gelten kann. Drittens die Bereitstellung von öffentlichen Dienstleistungen wie Medizin, Beratungsdiensten oder Kinderbetreuung. Der Wohlfahrtsstaat als gesellschaftliches Machtzentrum verwaltet also kollektive Güter und verteilt diese um. Die Sozialpolitik zielt auf individuelle Bedürftigkeiten und wird nicht marktförmig, sondern politisch vollzogen (Leibfried und Tennstedt 1985).

Solche Systeme sozialer Sicherung sind heute in allen modernen Gesellschaften anzutreffen. Allerdings unterscheidet sich das Ausmaß der Absi-

82 Der Entstehung und Konsolidierung von Wohlfahrtsstaaten sind zwei grundlegende Phasen vorangegangen. Die Phase der Staatenbildung (*state formation*) beinhaltet die politische, ökonomische und kulturelle Vereinigung auf der Ebene der Eliten, die Schaffung von Organisationen der Steuerbürokratie, die Absicherung von Territorien durch Armeen und die Aufrechterhaltung der inneren Ordnung durch die Polizei. Die Phase des Aufbaus von Nationen (*nation building*) umfasst schließlich den Aufbau von Kontakten zwischen Eliten und dem Rest der Bevölkerung etwa durch religiöse und sprachliche Standardisierung, die Einberufung der Bevölkerung in die Armee, den Aufbau von Schulen und den Einsatz von Massenmedien. Sukzessive wurden bürgerliche Rechte durch unabhängige Gerichte eingeführt, politische Teilhaberechte etwa durch das allgemeine Wahlrecht ausgebaut und schließlich soziale Rechte auf ein Mindestmaß an ökonomischer Sicherheit eingeführt (Mau und Verwiebe 2009: 44).

cherung zwischen Ländern teils erheblich. Das von Gøsta Esping-Andersen (1990) eingeführte Maß der *Dekommodifizierung* beschreibt, zu welchem Grad Personen in einer Gesellschaft ihren Lebensunterhalt unabhängig von der Teilnahme am Markt bestreiten können. Die Dekommodifizierung ist umso höher, je größer die staatliche Absicherung in den Bereichen Rente, Krankheit und Arbeitslosigkeit ausfällt (Esping-Andersen 1990: 49). Esping-Andersen identifiziert für Westeuropa »drei Welten« des Wohlfahrtskapitalismus (Esping-Andersen 1990). Erstens die Gruppe der liberalen Wohlfahrtsstaaten (zum Beispiel USA, Vereinigtes Königreich). In diesen Ländern ist die Dekommodifizierung besonders niedrig. Staatliche Transferleistungen sind gering und Anspruchsberechtigungen entstehen nur bei Nachweis von Bedürftigkeit.[83] Zweitens die Ländergruppe der konservativen Wohlfahrtsstaaten (zum Beispiel Deutschland, Österreich). Der Grad der Dekommodifizierung liegt dort auf mittlerem Niveau. Staatliche Transferleistungen werden traditionell in Bismarck'scher Versicherungstradition abhängig von Dauer und Entlohnung der Erwerbstätigkeit gewährt.[84] Drittens die Gruppe der sozialdemokratischen Wohlfahrtsstaaten (zum Beispiel Schweden, Dänemark, Niederlande). Dekommodifizierung ist in diesen Ländern stark ausgeprägt. Während das Bismarck'sche Modell vor allem soziale Sicherheit für Arbeitnehmer vorsieht, gilt in den sozialdemokratischen Wohlfahrtsstaaten das Beveridge-Prinzip universeller Bürgerrechte (vgl. auch Bonoli 1997). Der Wohlfahrtsstaat soll eine Gleichheit höchster Standards und nicht nur Minimalstandards schaffen. Für den Empfang staatlicher Leistungen kommt es hier weniger auf Bedürftigkeit oder Arbeitsleistung an, vielmehr wird ein Einheitssatz für alle gezahlt.[85] Frauen werden in diesem Regime durch den starken Ausbau von Kinderbetreuungseinrichtungen am ehesten in die Lage versetzt, Arbeit statt Haushalt zu wählen. Das Ideal des sozialdemokratischen Wohlfahrtsstatstypus ist nicht die Maximierung der Abhängigkeit von der Familie, sondern

83 In liberalen Wohlfahrtsstaaten haben Arbeitgeber damit vergleichsweise große Macht und die Arbeitskraft eher ›Warencharakter‹. Individuen, die sich nicht am Markt durchsetzen können, werden häufig in die Abhängigkeit der Familie gedrängt oder leben von sehr geringen staatlichen Unterstützungsleistungen.

84 Damit werden Statusunterschiede tendenziell konserviert (vgl. auch Offe 1972). Kinderbetreuung und ähnliche Familiendienstleistungen sind auffällig unterentwickelt. Dies fördert eine klare familiäre Arbeitsteilung (Allmendinger und Hinz 1997: 259).

85 Der umverteilende Effekt ist beträchtlich. Für den durchschnittlichen Arbeiter bedeutet dies im Vergleich zu anderen Wohlfahrtsregimes einen relativ hohen Lebensstandard, was auch Klassenkonflikten die Grundlage entzieht (Lipset 1983).

die individuelle Unabhängigkeit. In diesem Sinne stellt das Modell eine eigenartige Fusion von Liberalismus und Sozialismus dar. Die von Esping-Andersen Anfang der 1990er Jahre erstellte Typologie konnte in wesentlichen Zügen auch für die nähere Vergangenheit bestätigt werden (Bambra 2004a). Der Grad der Dekommodifizierung in einem Land erwies sich als über die Zeit relativ stabil. Neben den drei beschriebenen Typen von Wohlfahrtsstaat wurden in der Vergangenheit von anderen Autoren weitere Wohlfahrtsregimes wie etwa das *southern model* (Ferrera 1996) oder die post-kommunistische Ländergruppe (Castles und Obinger 2008) ausgemacht.[86]

Diskussionen über die Höhe wohlfahrtsstaatlicher Absicherung fokussieren insbesondere zwei Aspekte (Blank 1994): Zum einen geht es um den Schutz von Individuen vor finanziellem Absturz aufgrund von kollektiven Risiken wie Arbeitslosigkeit (siehe auch Schmid 2008) – auf der anderen Seite steht das Schreckgespenst eines Verlustes an ökonomischer Effizienz, die durch verminderte Arbeitsanreize zu Stande käme. Allgemein gesprochen stärkt eine hohe staatliche Absicherung im Falle von Arbeitslosigkeit, Krankheit oder Berufsunfähigkeit die Position des Arbeitnehmers gegenüber dem Arbeitgeber. Empirische Studien liefern Hinweise darauf, dass ein höheres Maß an Dekommodifizierung die individuelle Dauer der Erwerbslosigkeit erhöht (Gangl 2004a; 2004b). Aus diesem Blickwinkel kann die Arbeitslosenversicherung auch als eine Art Suchsubvention (*search subsidy*) verstanden werden (Burdett 1979). Diese längere Jobsuche hat zwei Effekte. Erstens verringert sich mit zunehmender Dauer der Erwerbslosigkeit die Wahrscheinlichkeit einer Wiederbeschäftigung (*scarring effect*[87]) (vgl. auch OECD 1998: 106; Falk et al. 2000). Der zweite, seltener beachtete positive Nebeneffekt, liegt allerdings darin, dass mehr Zeit für die Suche nach einem *passenden* Job aufgewendet werden kann – es muss also nicht

86 Italien, Spanien, Portugal und Griechenland wurden als *southern model* identifiziert, das sich durch ein hoch fragmentiertes System der Einkommenssicherung, Universalismus im Bereich des Gesundheitswesens und eine gewisse Klientelpolitik auszeichnet (Ferrera 1996). Neuerdings wendet sich die Wohlfahrtsstaatsforschung verstärkt den post-sozialistischen Ländern zu, nicht zuletzt ausgelöst durch die Erweiterung der EU um diese Mitgliedstaaten. Die post-kommunistische Ländergruppe grenzt sich von anderen Länderfamilien (*families of nations*) durch eine geringe Beteiligung des Staates (niedrige Ausgaben, niedrige Transfers, geringe Subventionen und niedrige direkte Steuern), große wirtschaftliche und soziale Probleme (hohe Arbeitslosigkeit, hohe Inflation) und hohe wirtschaftliche Wachstumsraten ab (Castles und Obinger 2008).

87 Durch Arbeitslosigkeit verursachte Narben- beziehungsweise *scarring*-Effekte führen auch zum Auftreten von Lohneinbußen (Ludwig-Mayerhofer 1992; Franz et al. 1997).

jeder Job angenommen werden, um ›über die Runden‹ zu kommen. Das Vorkommen von beruflichen Mismatches verringert sich (Gangl 2004b,a) und die Produktivität von Arbeitnehmern sollte sich theoretisch erhöhen (Acemoglu und Shimer 1999).

Neben der bereits beschriebenen passiven Arbeitsmarktpolitik, das heißt einer Absicherung von Individuen im Falle von Arbeitslosigkeit, unterscheiden sich Länder auch im Ausmaß der aktiven Arbeitsmarktpolitk. Ziel aktiver Arbeitsmarktpolitik ist es, Arbeitslosigkeit bei Individuen überhaupt zu vermeiden (Bogedan 2009). Dies wird durch unterschiedlichste arbeitsmarktpolitische Instrumente zu erreichen versucht. So gibt es etwa Weiterbildungsmaßnahmen, Eingliederungszuschüsse, Unterstützungsmaßnahmen für Existenzgründer oder Arbeitsbeschaffungsmaßnahmen (Bundesagentur für Arbeit 2009). Erwerbslosigkeit beziehungsweise Arbeitslosigkeit sollte daher in Ländern mit ausgeprägter aktiver Arbeitsmarktpolitik vergleichsweise niedrig sein.

Dem Gender-Aspekt wird in einer späteren Studie von Esping-Andersen (1999) sowie auch von Walter Korpi (2000) vermehrt Aufmerksamkeit geschenkt. Sie führten ein Maß für die *Defamilisierung* ein. Hierdurch soll abgebildet werden, wie sehr ein Staat die Institution Familie beziehungsweise verschiedene Familienmodelle stützt. Andere Autoren definieren Defamilisierung stärker aus der Perspektive der finanziellen Unabhängigkeit von Frauen beziehungsweise deren Unabhängigkeit von Familie (z.B. Bambra 2004b). Als Kennziffern für Defamilisierung werden etwa der Lohnunterschied zwischen Männern und Frauen auf dem Arbeitsmarkt, die Verfügbarkeit von Kinderbetreuungseinrichtungen oder der Bildungsstand von Männern und Frauen benannt. Mit Blick auf den Arbeitsmarkteinstieg ist anzunehmen, dass Frauen mit Kindern vor allem in solchen Ländern verstärkt erwerbstätig sind, in denen der Grad der Defamilisierung hoch ist.

6.2.3 Tertiarisierung der Bildung

Der Zusammenhang zwischen Bildungssystem und Arbeitsmarkt wurde in der Vergangenheit bereits im Rahmen soziologischer Großtheorien, insbesondere dem Funktionalismus und der Konflikttheorie, behandelt. Folgt man der funktionalistischen Sichtweise von Kingsley Davis und Wilbert E. Moore (1944), weisen berufliche Positionen unterschiedliche Wertigkeiten (Einkommen, Prestige etc.) und damit Belohnungen (*rewards*) auf. Für jede berufliche Position wird dabei eine spezielle Begabung und entsprechende Ausbildung (*technical skills*) unterschiedlichen Inhalts und unterschiedlicher Dauer erforderlich (Davis und Moore 1944: 243). Bei einer Veränderung der Bedingungen im Beschäftigungssystem, etwa durch technologischen Wandel, würde sich das Bildungssystem nach dieser Sichtweise hieran graduell anpassen und entsprechend die benötigten Arbeitskräfte ›zuliefern‹. Die in verschiedenen Ländern beobachtete Bildungsexpansion beziehungsweise Akademisierung ließe sich demnach mit einem Anstieg der Tätigkeitsanforderungen im Beschäftigungssystem erklären (vgl. Kerr et al. 1960; Clark 1962). Andere Sichtweisen, etwa die von David Baker (2009), sehen umgekehrt die Transformation der Arbeitswelt als Resultat sich verändernder Strukturen und Prozesse im Bildungssystem: Mit der Bildungsexpansion entstünden Arbeitskräfte neuer Qualität, mit neuen Ideen und Fähigkeiten, die dann auf dem Arbeitsmarkt eingesetzt werden. Damit ändere sich auch das Wesen der Arbeit selbst. Konflikttheorien unterscheiden sich von den meisten funktionalistischen Theorien darin, dass sie den Faktor Macht[88] ins Spiel bringen. Karl Marx und Max Weber stellen heraus, dass unterschiedliche Statusgruppen den Zugang zu sozialen Positionen kontrollieren.[89] Die Grundannahme, dass freier Wettbewerb um soziale Positionen herrsche und diese Positionen nach Talent und meritokratischen Gesichtspunkten besetzt würden, erfährt dadurch deutliche Kritik (Mayntz 1961; Collins 1971). Eine Entscheidung zwischen beiden Perspektiven, der funktionalistischen und der konflikttheoretischen, kann an dieser Stelle nicht getroffen werden. Beide Sichtweisen scheinen jedoch einen wahren Kern zu haben und neben der funktionalen Abhängigkeit zwischen Bildungssystem und Beschäftigungssystem spielt auch der Faktor Macht bei der Besetzung beruflicher Positionen eine Rolle.

In Westeuropa zeigt sich seit Ende des Zweiten Weltkriegs eine Zunahme bei den Akademikerquoten (Roberts et al. 1994; Müller et al. 1997). Schon seit Beginn des 19. Jahrhunderts lassen sich zyklisch auftretende Diskurse zum Thema Mangel und Überangebot von Akademikern in Deutschland verfolgen (Titze 1990). In der Zwischenkriegszeit wurde da-

---

88 Nach Max Weber (2005: 38) bedeutet Macht »[…]jede Chance, innerhalb einer sozialen Beziehung den eigenen Willen auch gegen Widerstreben durchzusetzen, gleichviel worauf diese Chance beruht.« Macht kann also auf unterschiedliche Quellen gestützt sein. Wissen, körperliche Überlegenheit, Geld oder Einfluss sind einige davon.

89 Statusgruppen können grundsätzlich Macht haben, ohne aktiv etwas zu tun. Denn Macht kann als »strukturelle Gewalt« (Galtung 1975) institutionalisiert sein.

bei die »Überfüllung der akademischen Karrieren [...] zu einem *Dauerthema* der öffentlichen Diskussion« (Titze 1990: 263). Die empirische Arbeitsmarktforschung hat in der Vergangenheit drei einander ausschließende Hypothesen formuliert, die den Zusammenhang zwischen Bildungsexpansion und Arbeitsmarktpositionierung vorhersagen (vgl. Handl 1986; 1996): Der *Proletarisierungsthese* (Schlaffke 1972) zufolge wäre zu erwarten, dass für die steigende Zahl von Hochschulabsolventen nicht genügend statushohe Arbeitsplätze zur Verfügung stehen. Die starre Arbeitsmarktsegmentation[90] (Lutz und Sengenberger 1974) sollte dann zu hoher Arbeitslosigkeit bei Akademikern führen beziehungsweise diese sollten nur Einfacharbeitsplätze besetzen, für die kaum Zugangsbarrieren bestehen (vgl. auch Fürstenberg 1978). In diese Stoßrichtung passen auch Anekdoten von promovierten Geisteswissenschaftlern, die als Taxifahrer ihren Lebensunterhalt bestreiten (Schlegelmilch 1987) oder die Angst vor einem gefährlichen Proletariat Gebildeter, wie sie in Deutschland schon von Bismarck geschürt wurde (Allmendinger et al. 2009: 60f.). Für die Absolventen einer dualen Berufsausbildung wäre ein hoher Anteil von Akademikern aus dieser Perspektive kein Problem. Auch nach der *Verdrängungsthese* (Lutz 1979) ändert sich die Struktur der Arbeitsplätze nicht und es stehen ungenügend statushohe berufliche Positionen zur Verfügung. Diesmal tritt aber nicht erhöhte Akademikerarbeitslosigkeit auf, sondern die formal höher qualifizierten Akademiker verdrängen formal niedriger Qualifizierte.[91]

90 Burkart Lutz und Werner Sengenberger (Lutz und Sengenberger 1974) unterscheiden drei Typen von Teilarbeitsmärkten: Der unstrukturierte Arbeitsmarkt (1) ist für ›jedermann‹ offen und funktioniert noch am ehesten nach dem klassischen Wettbewerbsmodell: Löhne sind relativ flexibel, Arbeitnehmer nicht gewerkschaftlich organisiert und Beschäftigungsbedingungen sind kaum reguliert. Der berufsfachliche Arbeitsmarkt (2) ist ein strukturierter Arbeitsmarkt, auf dem standardisierte berufs- oder branchenspezifische Qualifikationen und Zertifikate nachgefragt werden. Es herrscht dort institutionelle Schließung vor. Der betriebsinterne Arbeitsmarkt (3) unterliegt dem Hoheitsbereich eines bestimmten Arbeitgebers. Arbeitskräfte werden mit zunehmender Dauer der Betriebszugehörigkeit aufgrund ihrer betrieblichen Erfahrung schwerer ersetzbar. Eine solche Schließung des internen Arbeitsmarkts manifestiert sich in Stammbelegschaften, die gegen Konkurrenz geschützt sind und ungeschützten Randbelegschaften (Sengenberger 1987: 221). Dies wird ähnlich in der Theorie der Dualen Arbeitsmärkte beschrieben (Doeringer und Piore 1971).

91 Diese Vorhersage würde auch das Job-Competition-Modell treffen (Thurow 1975; 1979). Folgt man diesem Modell, sind sowohl das Angebot an Arbeitskräften (*labour queue*) wie auch die Arbeitsplätze (*job queue*) jeweils hierarchisch, also in Rangreihen angeordnet. Die Arbeitskräfte werden dann sukzessive auf die nach Attraktivität geordneten Arbeitsplätze verteilt.

Für Personen mit dualem Berufsabschluss würde dies dann die Verdrängung auf Ungelerntentätigkeiten und in Arbeitslosigkeit bedeuten. Auch bei den höher Qualifizierten, die ja jetzt eine größere Gruppe stellen, käme es jedoch im Durchschnitt zu Einkommens- und Statusverlusten. Ronald Dore (1976) warnte in den 1970er Jahren gar vor einer Inflation von Bildungszertifikaten, die als »Seuche« über die Menschheit käme. Die *Absorptionsthese* (Teichler et al. 1976) geht dagegen klassisch funktionalistisch davon aus, dass sich Arbeitsplätze an die sich wandelnde Ausbildungsstruktur anpassen. Damit käme es zu einer relativen Konstanz der Arbeitsmarktergebnisse für die verschiedenen Bildungsgruppen über die Zeit. Daron Acemoglu (1998) vertritt ebenso die These einer Absorption von Akademikern, beschreibt diesen Prozess aber eher sprunghaft: Steigt die Zahl der Hochqualifizierten an, führt dies kurzfristig dazu, dass deren Renditen sinken. Mittelfristig lösen Hochqualifizierte aber einen bildungsinduzierten technologischen Wandel aus (*skill-biased technological change*), der wiederum die Nachfrage nach Hochqualifizierten erhöht und deren anfänglichen Renditerückgang überkompensiert. Nach Meinung einiger Autoren ist dieser bildungsinduzierte technologische Wandel jedoch als besonders problematisch für un- oder angelernte Arbeitskräfte einzustufen, die vermehrt aus dem Beschäftigungssystem gedrängt werden (Berman et al. 1998; Gangl 2002; Solga 2002). In der eben angeführten Forschung wird leider viel zu oft vernachlässigt, dass sich der Tertiärbereich nicht nur aus Akademikern zusammensetzt. Gerade in Ländern mit einem dualen Ausbildungssystem besteht im Anschluss an eine Lehrausbildung die Möglichkeit, sich auch außerhalb der Hochschule formal weiterzubilden. Die Analyse des Tertiärbereichs im nachfolgenden Kapitel 7 wird daher ebenso Quantitäten im Tertiärbereich B – dieser umfasst etwa Meister, Techniker oder Fachschulabsolventen – für die vier Untersuchungsländer darstellen.

6.3 Der theoretische Analyserahmen im Überblick

Ziel von Kapitel 6 war es, verschiedene Einflussfaktoren jenseits des dualen Ausbildungssystems zu identifizieren, die auf die Kopplung zwischen dualem Ausbildungssystem und Beschäftigungssystem in einem Land einwirken können.

Als erster großer Block wurden hierbei die wirtschaftlichen Rahmenbedingungen (6.1) eines Landes als Einflussfaktor herausgearbeitet. Mit der wirtschaftlichen Lage, meist gemessen über das Bruttoinlandsprodukt, verändert sich die Nachfrage nach Arbeitskräften. So kann etwa ein deutlicher Zusammenhang zwischen dem Konjunkturzyklus und den Erwerbslosenquoten in einem Land festgestellt werden. Die demografische Entwicklung, insbesondere die relative Größe der Jugendkohorte, bestimmt dagegen angebotsseitig mit über den Grad des Wettbewerbs beim Arbeitsmarkteinstieg: Sind die Absolventen einer dualen Berufsausbildung Teil einer geburtenstarken Kohorte, so erhöht sich die Konkurrenz um die verfügbaren offenen Stellen. Chancen und Risiken von Ausbildungsabsolventen in der frühen Arbeitsmarktphase hängen darüber hinaus auch von der Wirtschaftsstruktur ab. Hierunter zählt zum ersten die sektorale Struktur. Vor allem durch Jean Fourastié (1954) wurde die Unterteilung in einen primären (Land- und Forstwirtschaft), sekundären (Warenproduktion und -verarbeitung) und tertiären Wirtschaftssektor (Dienstleistungsarbeit) prominent. Eine feinere Untergliederung der Wirtschaftsstruktur kann über Wirtschaftszweige beziehungsweise Branchen vorgenommen werden. Die betriebliche Struktur in einem Land bestimmt ebenfalls über die Möglichkeiten der individuellen Positionierung auf dem Arbeitsmarkt. Von besonderer Relevanz ist hier die Betriebsgröße. In größeren Betrieben können aufgrund der Vielzahl von Stellen leichter adäquate Aufgaben gefunden werden und es bieten sich mehr Möglichkeiten der Mobilität als in kleinen Unternehmen (Rosenbaum 1979).

Der zweite große Block beinhaltete die Themen Arbeitsmarkinstitutionen, Wohlfahrtsstaat und Bildungskontexte (6.2). Der Stellenwert von Arbeitsmarktinstitutionen kann über Länder hinweg deutlich variieren. Peter Hall und David Soskice (2001a) nehmen eine grobe Einteilung von Ländern in liberale Marktökonomien und koordinierte Marktökonomien vor. Während in liberalen Marktökonomien fast ausschließlich Angebot und Nachfrage den Gleichgewichtszustand auf Märkten bestimmen, ist der Gleichgewichtszustand in koordinierten Marktökonomien zu einem großen Teil durch Arbeitsmarktinstitutionen bestimmt. Zu solchen Arbeitsmarktinstitutionen zählen Kündigungsschutz, Mindestlöhne oder Kollektivtarifverträge, die durch Gewerkschaften und Arbeitgeberverbände gemeinschaftlich ausgehandelt werden. Arbeitsmarktinstitutionen können auch Auswirkungen auf den Übergang von der Ausbildung in den Arbeitsmarkt haben. Folgt man der *Insider-Outsider Theorie* (Lindbeck und

Snower 2002) erhöhen sich durch Arbeitsmarktinstitutionen für Betriebe die *labour turnover costs*, also Kosten für Einstellungen und Entlassungen. Stellen bleiben dann länger blockiert und der Arbeitsmarkteinstieg wird erschwert beziehungsweise es tritt vermehrt Erwerbslosigkeit auf. Allerdings zeigen Studien, dass der Arbeitsmarkteinstieg von Personen mit dualem Berufsabschluss weniger stark negativ durch Arbeitsmarktinstitutionen beeinflusst wird als dies bei anderen Qualifikationsgruppen der Fall ist (Breen 2005). Zudem haben hoher Kündigungsschutz und Tariflöhne auch positive Effekte auf die Passung zwischen Arbeitnehmern und Arbeitgebern in einem Land. Aber nicht nur Arbeitsmarktinstitutionen variieren im internationalen Vergleich. Ebenso zeigen sich deutliche Länderunterschiede in Hinblick auf die wohlfahrtsstaatlichen Politiken. Wohlfahrtsstaatliche Politiken zielen anders als Arbeitsmarktinstitutionen nicht auf den Schutz von Personen innerhalb des Beschäftigungssystems, sondern haben vielmehr die Bevölkerung außerhalb als Zielgruppe. Gøsta Esping-Andersen (1990) unterscheidet Wohlfahrtsstaaten nach deren Ausmaß an Dekommodifizierung, eine Größe, die beschreibt, zu welchem Grad Individuen ihren Lebensunterhalt unabhängig von der Teilnahme am Markt bestreiten können. In Bezug auf den Übergang vom Bildungssystem in den Arbeitsmarkt steht häufig die Befürchtung, dass eine zu hohe finanzielle Absicherung durch den Staat geringere Arbeitsanreize setzen würde. Studien weisen auf eine tendenziell längere Dauer der Erwerbslosigkeit in stärker dekommodifizierten Ländern hin. Da aber nicht sofort jeder Job angenommen werden muss, um ›über die Runden‹ zu kommen, treten dafür berufliche Mismatches seltener auf. Neben der Dekommodifizierung und der passiven Arbeitsmarktpolitik, das heißt der finanziellen Absicherung im Falle von auftretender Arbeitslosigkeit, haben Länder Maßnahmen der aktiven Arbeitsmarktpolitik etabliert. Solche Maßnahmen haben zum Ziel Arbeitslosigkeit, zum Beispiel durch Weiterbildungsmaßnahmen oder Zuschüsse für Existenzgründer, vorzubeugen. Die Aufteilung von Arbeit zwischen den Geschlechtern wird in einem Land ebenfalls durch verschiedenste Institutionen beeinflusst. Die Defamilisierung, hier verstanden als Grad der Unabhängigkeit von Frauen und Männern von der Institution Familie, beeinflusst, in welchem Ausmaß bei der Geburt von Kindern Wahlfreiheit zwischen Arbeit und Familie besteht. Defamilisierung zeigt sich etwa in der Verfügbarkeit von Kinderbetreuungseinrichtungen oder der finanziellen Kompensation bei der Geburt von Kindern. Ebenfalls auf der Makroebene ist das Bildungssystem angesiedelt, das als wichtiger Strukturgeber für

Übergangsprozesse von der Ausbildung in den Arbeitsmarkt betrachtet werden kann. Vor allem die Tertiarisierung des Bildungssystems kann Einfluss auf individuelle Arbeitsmarkteinstiege von Personen mit dualem Ausbildungsabschluss nehmen. Die folgende Abbildung 3 stellt den theoretischen Modellrahmen für diese Dissertation noch einmal überblicksartig dar.

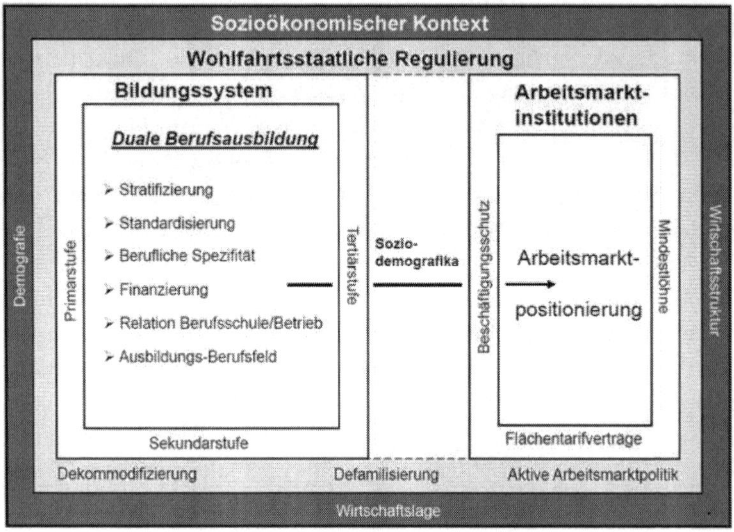

Abbildung 3: Der theoretische Modellrahmen zur Analyse der Übergänge vom Bildungssystem in den Arbeitsmarkt für Länder mit dualem Ausbildungssystem

(Eigene Darstellung)

7. Sozioökonomische und institutionelle Rahmenbedingungen in den Untersuchungsländern

Ziel des vorliegenden Kapitels ist es, sozioökonomische und institutionelle Rahmenbedingungen, aufbauend auf dem Theoriekapitel 6, für Deutschland, Österreich, die Schweiz und Dänemark herauszustellen. Solche Kontextbedingungen können theoriegemäß auch die Kopplung zwischen dualem Ausbildungssystem und Arbeitsmarkt beeinflussen. Nach einer allgemeinen Einführung in Aspekte wie internationale Verflechtung, Geografie und Demografie (7.1) werden in Kapitel 7.2 wirtschaftliche Rahmenbedingungen, Arbeitsmarktinstitutionen und wohlfahrtsstaatliche Politiken behandelt. Das Kapitel schließt mit einer kurzen Zusammenfassung der Befunde (7.3).

7.1 Internationale Verflechtungen und demografische Kennziffern

Deutschland, Österreich, die Schweiz und Dänemark weisen Gemeinsamkeiten und Unterschiede in verschiedensten Bereichen auf. Die internationale Einbettung der vier Länder in internationale Organisationen, deren staatliche Verfasstheit, regionale Gliederung und Sprachen werden zuerst behandelt (7.1.1). Kapitel 7.1.2 geht dann auf demografische Kennziffern ein, unter anderem auf den für Arbeitsmarkteinstiege relevanten Anteil junger Menschen an der Bevölkerung, der eine Maßzahl für den Grad der Konkurrenz zwischen jungen Menschen um Arbeitsplätze ist.

7.1.1 Internationale Einbettung, regionale Gliederung und Sprachen

Alle vier Untersuchungsländer sind Teil der 1961 gegründeten OECD (Organisation for Economic Co-operation and Development) (OECD

2011c). Während Deutschland, Österreich und Dänemark ebenso Mitglieder der Europäischen Union (EU) sind, ist die Schweiz bis dato nicht der EU beigetreten. Lediglich Deutschland und Österreich gehören darüber hinaus der Euro-Zone an. Dänemark ist dagegen in den Nordischen Rat eingebunden, dem auch Finnland, Island, Norwegen, Schweden und die drei selbstverwalteten Gebiete Grönland, die Faröer Inseln und die Aland Inseln, angehören (Lauterbach und Huck 2000: 8). Der Nordische Rat berät die Regierungen der Mitgliedsländer und tagt eine Woche im Jahr.

Deutschland, Österreich und die Schweiz sind föderalistisch verfasste Bundesstaaten (Ebner und Nikolai 2010), das heißt den Gliedstaaten (Bundesländer beziehungsweise Kantone) wird innerhalb des Bundesstaates in bestimmten Politikbereichen Souveränität übertragen. In Deutschland ist die Amtssprache Deutsch. Seit dem Beitritt der Deutschen Demokratischen Republik zur Bundesrepublik Deutschland am 3. Oktober 1990 umfasst Deutschland 16 Bundesländer. Berlin ist nach Artikel 22 des Grundgesetzes Hauptstadt der Bundesrepublik Deutschland. Die Schweiz hat vier offizielle Amtssprachen, die jedoch innerhalb des Landes zu sehr unterschiedlichen Anteilen gesprochen werden (Wettstein und Lauterbach 2007: 9). Deutsch ist für rund zwei Drittel der Bevölkerung Muttersprache, bei etwa 20 Prozent ist es Französisch, knapp 10 Prozent sprechen vor allem Italienisch und eine sehr kleine Minderheit von unter einem Prozent – insbesondere im Kanton Graubünden – Rätoromanisch. Die Schweiz ist seit dem Jahr 1979 inklusive des neu gegründeten Kantons Jura in 26 Kantone untergliedert. Der Sitz der Schweizer Bundesregierung ist Bern. In Österreich ist nach Artikel 8 des Bundes-Verfassungsgesetzes Deutsch die Amtssprache und die Bundeshauptstadt ist Wien (Artikel 5). Insgesamt umfasst Österreich neun Bundesländer. Das Königreich Dänemark ist kein Bundesstaat wie Deutschland, Österreich und die Schweiz, sondern ein Zentralstaat, bei dem die politische Souveränität vor allem auf nationaler Ebene liegt (Juul Lentz 2009). Den Gemeinden wird in der dänischen Verfassung jedoch eine Selbstverwaltung unter staatlicher Aufsicht eingeräumt (Folketing 1999). Zu Dänemark gehören auch die Faröer Inseln und Grönland (Ministry of Foreign Affairs of Denmark 2009a: 3), die jedoch weitgehend politische Autonomie genießen und im Gegensatz zu Dänemark auch nicht Teil der Europäischen Union sind (Ministry of Foreign Affairs of Denmark 2008; 2009b).[92] Die Amtssprache in Dänemark ist Dä-

92 Die Faröer Inseln befinden sich im Nordatlantik, bestehen aus 18 Inseln und decken insgesamt eine Fläche von 1399 Quadratkilometern ab (Ministry of Foreign Affairs of

nisch, die Hauptstadt Kopenhagen (Ministry of Foreign Affairs of Denmark 2009a: 6). Im Jahr 2007 fand in Dänemark eine Gebietsreform statt. Die 271 Gemeinden wurden in 98 größere Gemeinden überführt und die 13 Bezirke schließlich durch fünf Regionen ersetzt (Ministry of Foreign Affairs of Denmark 2009a: 10).

7.1.2 Fläche, Bevölkerung und Jugendanteil

Deutschland ist das im Vier-Länder-Vergleich größte und bevölkerungsreichste Land. Zum Jahresende 2009 umfasste die Bevölkerung auf dem gesamten deutschen Staatsgebiet mit einer Fläche von 357.000 Quadratkilometern rund 81,8 Millionen Personen, wobei in Westdeutschland 65,4 Millionen und in Ostdeutschland 16,4 Millionen Menschen lebten (Statistisches Bundesamt 2011: 16). Die Fläche Österreichs beläuft sich auf 84.000 Quadratkilometer und es lebten dort zu Beginn des Jahres 2009 rund 8,4 Millionen Personen (Statistik Austria 2011: 32). In der Schweiz lebten im Jahr 2009 nach Angaben des Bundesamts für Statistik (2010: 2) im Mittel 7,8 Millionen Personen auf einer Fläche von etwa 41.000 Quadratkilometern. Die Bevölkerung Dänemarks umfasste schließlich 2009 rund 5,5 Millionen Personen (Stand 2009). Das dänische Kernland ohne Grönland und die Faröer Inseln hat eine Fläche von 43.000 Quadratkilometern (Ministry of Foreign Affairs of Denmark 2009a: 2).[93] Der Anteil junger Menschen von 15 bis 29 Jahren an der Bevölkerung im erwerbsfähigen Alter (15 bis 64 Jahre) wird für das Jahr 2007 mit Hilfe des deutschen und österreichischen Mikrozensus, der Schweizerischen Arbeitskräfteerhebung sowie des dänischen Teildatensatzes des European Labour Force Survey berechnet. Die Anteile betragen in Deutschland 27,1 Prozent, in Österreich 27,7 Prozent, in der Schweiz 26,7 Prozent und in Dänemark 26,1

Denmark 2009b). Grönland ist Teil des nordamerikanischen Kontinents und ist mit einer Fläche von ungefähr 2,2 Millionen Quadratkilometern die größte Insel der Welt (Ministry of Foreign Affairs of Denmark 2008). Grönland und die Faröer Inseln haben jeweils zwei der 179 Sitze in der dänischen Volkskammer.

93 Damit unterscheidet sich auch die Bevölkerungsdichte zwischen den vier Untersuchungsländern. In Deutschland leben etwa 230 Personen pro Quadratkilometer, der Westen (249.000 Quadratkilometer) ist mit etwa 260 Personen pro Quadratkilometer erkennbar dichter besiedelt als der Osten (109.000 Quadratkilometer) mit rund 150 Personen pro Quadratkilometer. In Österreich ergibt sich eine Bevölkerungsdichte von rund 100 Personen pro Quadratkilometer, in der Schweiz von 190 Personen je Quadratkilometer und in Dänemark von 130 Personen pro Quadratkilometer.

Prozent. Damit ist die Konkurrenzsituation junger Menschen untereinander in den vier Vergleichsländern als ähnlich hoch einzustufen. Prognosen für Dänemark deuten jedoch auf eine Verschiebung der Altersstruktur mit relativen Zugewinnen bei den über 65-Jährigen und unter 20-Jährigen für die Zukunft (Bomsdorf und Dicke 2010). Der Anteil der Ausländer unter den 15- bis 29-Jährigen liegt in der Schweiz im Jahr 2007 mit rund 24 Prozent höher als in Österreich (13 Prozent), Deutschland (11 Prozent) und Dänemark (6 Prozent). Der vergleichsweise hohe Ausländeranteil in der Schweiz in der jungen Altersgruppe ist unter anderem auch auf die in der Schweiz hohe Zahl ausländischer Studierender zurückzuführen.

7.2 Wirtschaftliche Rahmenbedingungen, Arbeitsmarktinstitutionen und Wohlfahrtsstaat

Der Arbeitsmarkteinstieg nach Abschluss der beruflichen Ausbildung wird durch verschiedene Rahmenbedingungen beeinflusst. Als ein wesentlicher Kontextfaktor kann die Wirtschaftslage benannt werden, die über das Bruttoinlandsprodukt (BIP) operationalisiert wird (7.2.1). Ist die Wirtschaftslage schlecht, so ist auch die Lage auf dem Arbeitsmarkt angespannt und Erwerbslosigkeit tritt vermehrt auf. Darüber hinaus unterscheiden sich Branchen- und Betriebsstrukturen zwischen den vier Untersuchungsländern (7.2.2). Auch sind Arbeitsmärkte unterschiedlich flexibel, was sich unter anderem an der Höhe des Kündigungsschutzes zeigt (7.2.3). Anschließend wird dargestellt, wie stark Individuen in Deutschland, Österreich, der Schweiz und Dänemark im Falle von Arbeitslosigkeit abgesichert sind und wie sehr Arbeitsmarktpolitik aktivierend ausgerichtet ist (7.2.4). Kapitel 7.2.5 verschafft schließlich einen Überblick zum Grad der Tertiarisierung im Bildungsbereich (Meister, Techniker, Akademiker).

7.2.1 Konjunkturelle Entwicklung und Erwerbslosigkeit

In der gesamten Europäischen Union (EU27) wurden im Jahr 2009 Waren und Dienstleistungen im Wert von 11.787 Milliarden Euro produziert.[94]

94 Damit liegt das BIP in der EU sogar etwas höher als in den USA mit 10.123 Milliarden Euro.

Deutschland trägt mit 2.397 Milliarden Euro hierzu einen erheblichen Teil bei. Die drei Vergleichsländer, die sich durch deutlich geringere Einwohnerzahlen auszeichnen, weisen auch ein entsprechend geringeres BIP auf: In Österreich belief sich das BIP im Jahr 2009 auf 274 Milliarden Euro, in der Schweiz auf 355 Milliarden Euro und in Dänemark auf 222 Milliarden Euro. Eine häufig genutzte Möglichkeit, den Wohlstand eines Landes abzubilden, besteht darin, das BIP an der Einwohnerzahl des jeweiligen Landes zu standardisieren. Abbildung 4 zeigt das BIP pro Kopf in Euro zu Marktpreisen und in Kaufkraftstandards. Die Abbildung in Kaufkraftstandards hat den Vorteil, dass auch Unterschiede im Preisniveau zwischen den Ländern berücksichtigt werden (Mau und Verwiebe 2009: 130). Es wird deutlich, dass alle vier Untersuchungsländer über dem EU27-Durchschnitt (23.600) liegen. Die Schweiz hat mit 34.000 den höchsten Wert, gefolgt von Österreich (29.300), Dänemark (28.400) und Deutschland (27.400). Luxemburg stellt mit 63.900 einen ›Ausreißer‹ in der EU dar.[95]

Die wirtschaftliche Entwicklung eines Landes beziehungsweise dessen Wirtschaftswachstum wird üblicherweise durch die Veränderung des BIP im Vergleich zum Vorjahr abgebildet. Abbildung 5 zeigt das Wirtschaftswachstum für die vier Untersuchungsländer seit 1996. Der Konjunkturverlauf ist dabei in allen vier Ländern sehr ähnlich. Nach dem Boom im Jahr 2000 setzte ein Abschwung (Rezession) ein und das Wirtschaftswachstum war bis zum Jahr 2003 vergleichsweise gering. Es folgte eine weitere Phase des Aufschwungs. Im Jahr 2006 zeigte sich in allen vier Ländern ein hohes Wirtschaftswachstum auf fast identischem Niveau. Die Wirtschaftskrise setzte im Jahr 2008 ein, was sich zuerst in Dänemark, dann aber auch in den anderen Ländern in negativem Wirtschaftswachstum äußerte.

95 Zurückzuführen ist dieser hohe Wert unter anderem auf den starken Finanzsektor, insbesondere aber die hohe Zahl der in Luxemburg Beschäftigten, die außerhalb des Landes wohnen und damit nicht in die Berechnung des BIP pro Kopf eingehen.

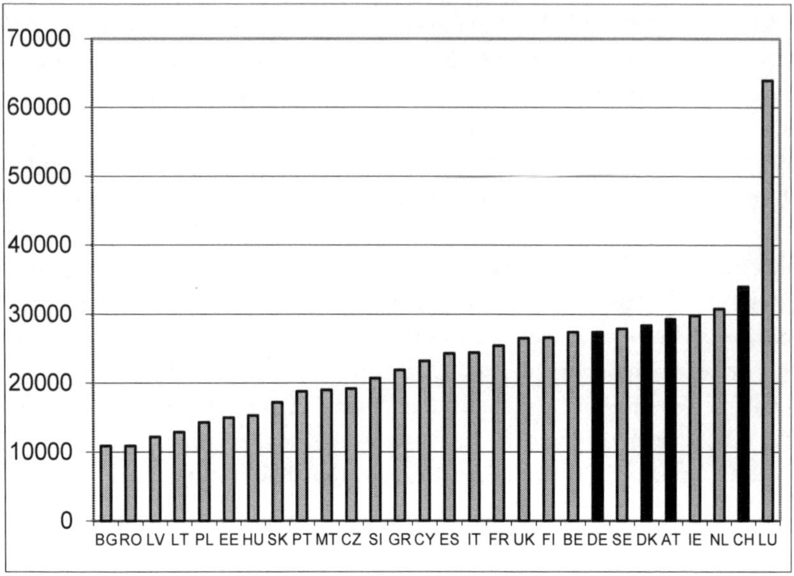

Abbildung 4: Bruttoinlandsprodukt pro Kopf in Kaufkraftstandards in den EU27-Ländern und der Schweiz (2009)

(Quelle: Eurostat-Online, 22.09.2011, http://epp.eurostat.ec.europa.eu/. Eigene Abbildung)

Abbildung 6 zeigt die Erwerbslosenquoten in Deutschland, Österreich, der Schweiz und Dänemark von 1996 bis 2009. Deutlich wird einerseits eine Veränderung über die Zeit, die mit der wirtschaftlichen Entwicklung kovariiert: Eine Verbesserung der konjunkturellen Lage geht in allen vier Ländern mit einer sinkenden Erwerbslosenquote einher, der starke Einbruch des BIP durch die Wirtschaftskrise manifestiert sich in einem Anstieg der Erwerbslosigkeit. Trotz ähnlicher Entwicklungen unterscheiden sich aber die Niveaus der Erwerbslosenquote zwischen den vier Untersuchungsländern. So liegt die Erwerbslosenquote in Deutschland durchgängig über den Quoten der anderen drei Länder. Im Jahr 2007 betrug sie in Deutschland 8,7 Prozent, in Österreich 4,5 Prozent, in der Schweiz 3,7 Prozent und in Dänemark 3,8 Prozent. Für junge Menschen sollte der Zugang zum Beschäftigungssystem damit vor allem auf dem vergleichsweise angespannten deutschen Arbeitsmarkt erschwert sein.[96] Eine erhebliche Diskrepanz in

96 Um international vergleichend darzustellen, wie gut Übergänge von der Schule in den Arbeitsmarkt gelingen, werden als Kennzahlen häufig Jugenderwerbslosenquoten ausgewiesen. Diese Quoten unterscheiden sich von den ›normalen‹ Erwerbslosenquoten

der Arbeitsmarktlage Deutschlands zeigt sich ferner zwischen West- und Ostdeutschland. Nimmt man eine getrennte Analyse der Erwerbslosenquote für diese beiden Teile Deutschlands vor, so erhält man für das Jahr 2007 in Westdeutschland eine Erwerbslosenquote von 7,4 Prozent und in den neuen Bundesländern von 15,0 Prozent.

7.2.2 Wirtschafts-, Branchen- und Betriebsstrukturen

Der Wandel von der Industrie- zur Dienstleistungsökonomie, wie er von Jean Fourastié (1969) beschrieben wurde, lässt sich mit Statistiken der OECD von 1960 bis 2007 für die europäischen OECD-Länder[97] eindrucksvoll nachzeichnen (Abbildung 7).

dadurch, dass nicht die 15- bis 64-Jährigen betrachtet werden, sondern lediglich die als Jugend definierten 15- bis 24-Jährigen. Im Jahr 2008 lag die Jugenderwerbslosenquote in Deutschland bei 10,5 Prozent, in Österreich bei 8 Prozent, in Dänemark bei 7,6 Prozent und in der Schweiz bei 7 Prozent. Damit waren die Erwerbslosenquoten in den vier Untersuchungsländern niedriger als im Durchschnitt der EU-15-Staaten mit 15,4 Prozent. Grundsätzlich ist bei der Interpretation von Jugendarbeitslosenquoten aber höchste Vorsicht geboten. Da Jugendliche, die im Rahmen des dualen Systems ausgebildet werden, in internationalen Statistiken als erwerbstätig zählen, gehen sie in die Zahl der Erwerbspersonen im Nenner des Bruchs ein. Je größer der Anteil Jugendlicher im dualen System in einem Land ist, desto stärker sinkt die Jugenderwerbslosenquote. Wertet man eine quantitativ hohe Integration in das duale Ausbildungssystem bereits als Erfolg und die duale Ausbildung bereits als ›richtige‹ Erwerbstätigkeit, mag dies kein Problem sein. Ein valides Urteil über den erfolgreichen Einstieg in das Erwerbssystem nach der Ausbildung erlaubt die Jugenderwerbslosenquote aber nicht. Ein großes Problem für valide internationale Vergleiche von Jugenderwerbslosenquoten stellen zudem Maßnahmesysteme dar, die Jugendliche der Erwerbslosigkeit entziehen, aber oft als reine ›Warteschleife‹ fungieren.

97 In die Berechnung eingegangen sind alle 17 europäischen Länder, von denen bereits seit 1960 Daten zu Beschäftigten getrennt nach Wirtschafssektoren vorliegen: Belgien, Dänemark, Deutschland, Finnland, Frankreich, Griechenland, Irland, Island, Italien, Niederlande, Norwegen, Österreich, Portugal, Schweden, Schweiz, Spanien und Vereinigtes Königreich.

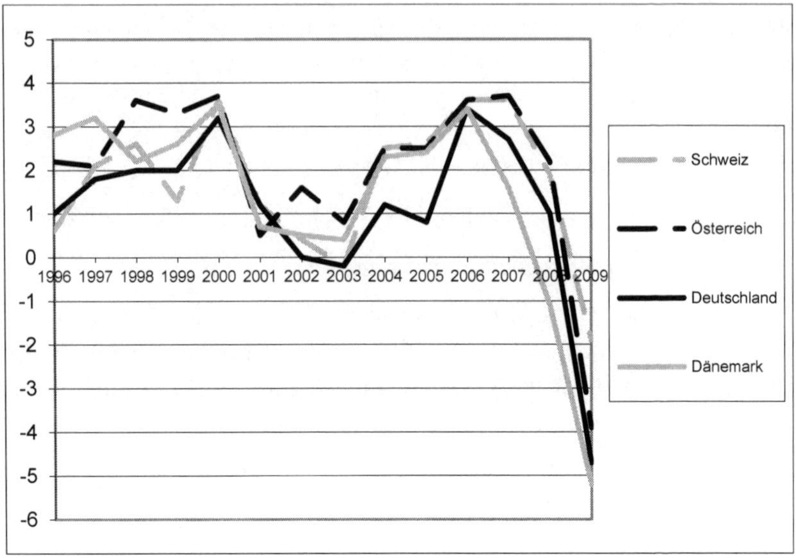

Abbildung 5: Wirtschaftswachstum in Deutschland, Österreich, der Schweiz und Dänemark – Prozentuale Zuwächse im Vergleich zum Vorjahr

(Quelle: Eurostat-Online, 25.09.2011, http://epp.eurostat.ec.europa.eu/. Eigene Abbildung)

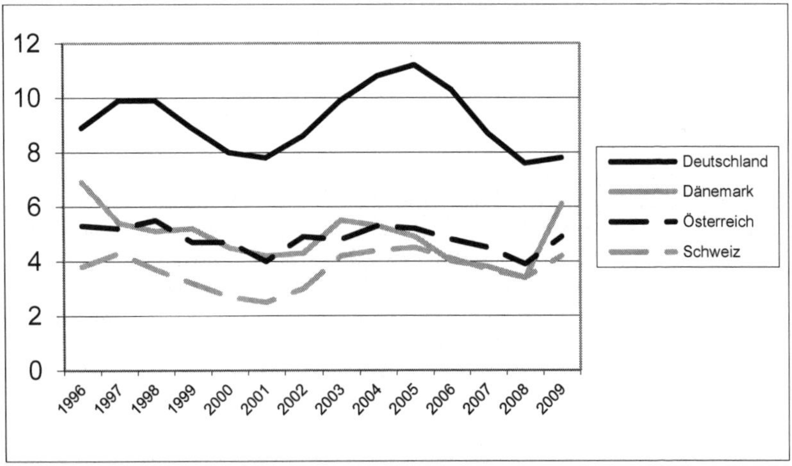

Abbildung 6: Entwicklung der Erwerbslosenquoten in Deutschland, Österreich, der Schweiz und Dänemark von 1996 bis 2009

(Quelle: Eurostat-Online, 25.09.2011, http://epp.eurostat.ec.europa.eu/. Eigene Abbildung)

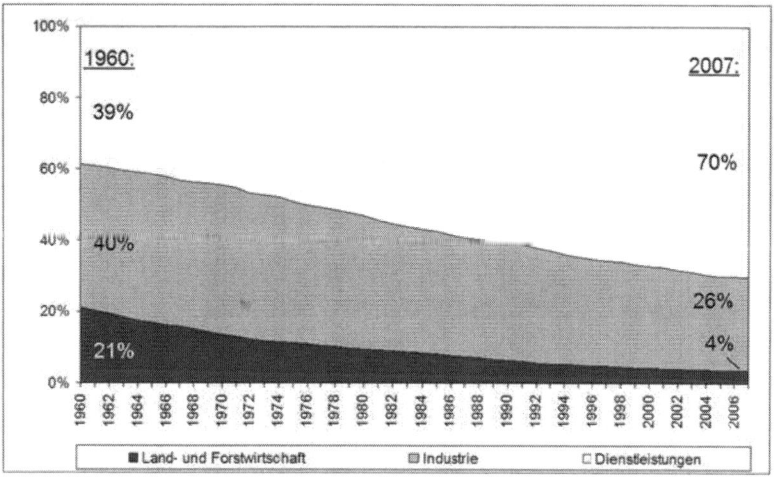

Abbildung 7: Beschäftigte nach Wirtschaftssektoren 1960 bis 2007 in Europa

(Quelle: OECD.Stat-Online, 05.11.2011, http://stats.oecd.org/index.aspx?r=365869. Eigene Darstellung)

Im Jahr 1960 arbeiteten noch circa 21 Prozent der Erwerbstätigen im primären Sektor, 40 Prozent im sekundären Sektor und 39 Prozent im tertiären Sektor. Fast 50 Jahre später (2007) stellt sich die Lage wie folgt dar: Gerade einmal vier Prozent der Erwerbstätigen betreiben Land- und Forstwirtschaft, der sekundäre Sektor ist auf 26 Prozent geschrumpft und 70 Prozent arbeiten im Dienstleistungsbereich. Dieser sektorale Wandel vollzog sich auch in den vier hier untersuchten Ländern (Abbildung 8). Der Dienstleistungssektor vereinte im Jahr 2007 in Dänemark 75 Prozent der Erwerbstätigen auf sich und in der Schweiz 74 Prozent. Etwas geringer ist er in Österreich und Deutschland ausgeprägt (jeweils 68 Prozent). Der Industriesektor ist in Deutschland mit 30 Prozent vergleichsweise beschäftigungsreich, gefolgt von Österreich (26 Prozent), Dänemark (23 Prozent) und der Schweiz (22 Prozent). Der Agrarsektor ist in Österreich (6 Prozent) noch am stärksten besetzt, während er in der Schweiz (4 Prozent), Dänemark (3 Prozent) und in Deutschland (2 Prozent) merklich geringer ausgeprägt ist. Der Wandel hin zur Dienstleistungsgesellschaft ist in der Europäischen Union lediglich in Rumänien nicht vollzogen. Dort sind nur rund 40 Prozent der Beschäftigten dem tertiären Sektor zuzurechnen und ein vergleichsweise großer Teil arbeitet im primären Sektor. Luxemburg stellt einen weiteren Ausreißer am anderen Ende des Spektrums dar: es ist das einzige Land, in dem mehr als 80 Prozent der Erwerbstätigen im Dienstleistungsbereich arbeiten.

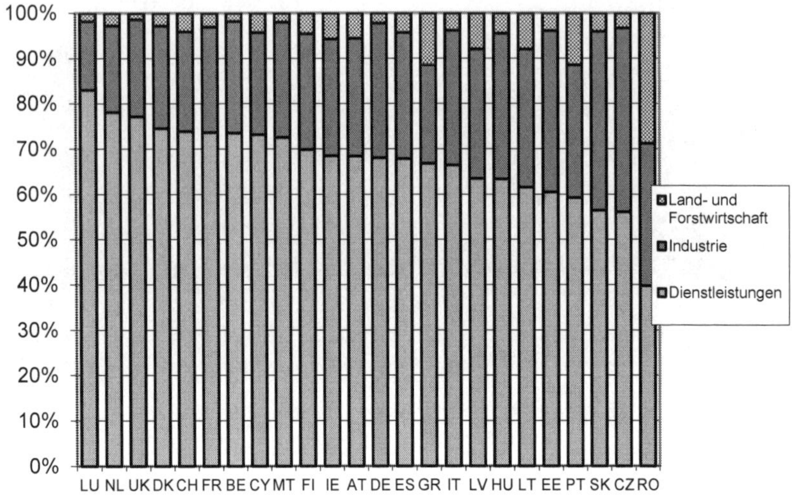

Abbildung 8: Beschäftigte in der Europäischen Union und der Schweiz nach Wirtschaftssektoren (2007; Angaben in %)

(Quelle: Eurostat-Online, 10.11.2011, http://epp.eurostat.ec.europa.eu/. Eigene Abbildung)

Um die Wirtschaftsstruktur der vier Untersuchungsländer genauer zu untersuchen, bietet sich eine feinere Untergliederung nach Wirtschaftszweigen beziehungsweise Branchen an (Tabelle 30). Das verarbeitende und produzierende Gewerbe hat in allen vier Ländern einen hohen Stellenwert – insbesondere in Deutschland, wo mehr als jeder fünfte Beschäftigte diesem Wirtschaftszweig zuzurechnen ist. Im Dienstleistungsbereich sind insbesondere Handel und Reparatur, unternehmensbezogene Dienste sowie der Wirtschaftszweig Gesundheit und Sozialwesen in den Untersuchungsländern von großer quantitativer Bedeutsamkeit. Trotz Ähnlichkeiten zwischen den Ländern werden aber auch landesspezifische Schwerpunkte sichtbar. So ist das Gastgewerbe in Österreich relativ stark ausgebaut, die Finanzbranche in der Schweiz und das Gesundheits- und Sozialwesen ist ein besonders starker Beschäftigungszweig in Dänemark.

Tabelle 30: Erwerbstätigkeit nach Wirtschaftszweigen (2007; Angaben in %)

	Deutschland	Österreich	Schweiz	Dänemark
Primärer Sektor	2,1	5,1	3,6	2,8
Sekundärer Sektor	30,0	27,6	22,8	23,3
Bergbau	0,3	0,2	0,1	0,1
Verarbeitendes Gewerbe/Produktion	22,2	18,3	15,3	15,6
Elektrizität, Gas- und Wasserversorgung	0,9	0,8	0,6	0,6
Baugewerbe	6,6	8,3	6,8	7,0
Tertiärer Sektor	67,9	67,3	73,6	73,9
Handel und Reparatur	13,9	16,1	13,5	14,9
Gastgewerbe (Hotels und Restaurants)	3,7	6,4	3,8	2,9
Transport, Lagerung und Nachrichtenübermittlung	5,7	6,1	5,4	6,3
Finanzen und Versicherungsgewerbe	3,5	3,4	5,9	3,1
Unternehmensbezogene Dienste, Immobilien	10,2	9,0	12,2	9,7
Öffentliche Verwaltung	7,6	6,9	5,1	5,9
Bildungswesen	5,9	5,3	8,1	7,7
Gesundheit und Sozialwesen	11,4	8,7	12,7	18,1
Persönliche und gemeinnützige Dienste	5,3	5,0	5,7	5,2
Private Haushalte mit Personal	0,5	0,2	1,0	0,1
Extraterritoriale Organisationen	0,1	0,2	0,3	0,0
Gesamt	100	100	100	100

(Quelle: Eurostat-Online, 15.11.2011, http://epp.eurostat.ec.europa.eu/. Eigene Berechnung der Anteilswerte)

Abschließend soll ein Blick auf die Betriebsstrukturen der Länder geworfen werden. Das besondere Augenmerk liegt hierbei auf dem Faktor Betriebsgröße. Denn innerbetriebliche Mobilität ist vor allem in Betrieben mit mehreren Mitarbeitern möglich (vgl. auch 6.1.2). Tabelle 31 zeigt die Verteilung von Beschäftigten auf Betriebe unterschiedlicher Größe im Vier-

Länder-Vergleich.[98] In Deutschland arbeitet rund die Hälfte der Erwerbstätigen in Betrieben mit einer Größe von 50 und mehr Beschäftigten, in Dänemark sind es etwa 46 Prozent, in der Schweiz 43 Prozent und in Österreich lediglich 35 Prozent. In Österreich arbeiten mit 36 Prozent dagegen vergleichsweise viele Erwerbstätige in kleinen Betrieben mit bis zu 10 Beschäftigten. Dies ist auch in der Schweiz der Fall (33 Prozent). Geringer ist der Anteil der Erwerbstätigen in kleinen Betrieben in Deutschland (28 Prozent) und insbesondere in Dänemark (22 Prozent).

Tabelle 31: Beschäftigte nach Betriebsgröße in Deutschland, Österreich, der Schweiz und Dänemark (2007; Angaben in %)

Betriebsgröße	Deutschland	Österreich	Schweiz	Dänemark
1–10 Beschäftigte	27,5	36,0	32,8	21,5
11–19 Beschäftigte	10,6	13,8	8,9	14,2
20–49 Beschäftigte	12,5	15,5	15,9	18,0
50+ Beschäftigte	49,5	34,7	42,5	46,2

Aufgrund von Rundungen in den Nachkommastellen ergeben die Spalten aufsummiert nicht notwendigerweise exakt 100 Prozent.

(Quellen: Mikrozensus Deutschland, Mikrozensus Österreich, Schweizerische Arbeitskräfteerhebung, Dänischer Labour Force Survey. Eigene Berechnungen)

7.2.3 Arbeitsmarktinstitutionen

Die Verteilung von Arbeit auf Individuen wird auch durch Arbeitsmarkt-Institutionen beeinflusst.[99] Als erstes soll hier nun der Kündigungsschutz beziehungsweise Beschäftigungsschutz im Vier-Länder-Vergleich untersucht werden. Der OECD-Indikator zur Messung von Beschäftigungsschutz besteht aus drei Subindikatoren, die verschiedene Aspekte des Beschäftigungsschutzes abbilden (Venn 2009: 6): Erstens die Kündigung von Beschäftigten mit regulärem Arbeitsvertrag. Hierunter fällt der verfahrenstechnische Aufwand, der bei einer Kündigung eintritt, Kündigungs-

98 Eine weitere Unterteilung der Kategorie »50 und mehr Beschäftigte« ist mit den Daten der EU nicht möglich. Es wird die Gefahr gesehen, dass sehr große Unternehmen sonst deanonymisiert werden könnten.

99 Institutionen stellen nach Douglass North informelle Beschränkungen (Normen, Bräuche) und von Menschen konstruierte formale Regeln dar, die nicht nur soziale Ordnung herstellen und Unsicherheit reduzieren, sondern auch Gelegenheitsstrukturen für individuelles Handeln bereitstellen (North 1990; 1991).

fristen sowie mögliche Abfindungszahlungen. Zweitens Kosten, die für Betriebe bei Massenentlassungen zusätzlich zu den individuellen Kündigungskosten anfallen. Und drittens die Regulierung von befristeten Verträgen, das heißt inwieweit der Einsatz von befristeter Beschäftigung beziehungsweise Zeitarbeit eingeschränkt ist und ob befristet Beschäftigte den gleichen Lohn wie Festangestellte erhalten. Abbildung 9 zeigt die Höhe des Beschäftigungsschutzes auf einer Skala von 0 bis 6 für die Länder der OECD im Jahr 2008. Besonders gering ist der Beschäftigungsschutz in den liberalen Ländern, allen voran USA, Kanada, das Vereinigte Königreich und Neuseeland. Auch in den hier untersuchten Ländern Schweiz und Dänemark ist der Beschäftigungsschutz vergleichsweise gering. Merklich höher fällt er in Österreich und Deutschland aus, auch wenn das Niveau bei Weitem nicht an Länder wie Griechenland, Frankreich oder Spanien heranreicht. Betrachtet man die drei Komponenten des Beschäftigungsschutzes näher – individueller Kündigungsschutz, kollektiver Kündigungsschutz und Absicherung im Falle von Befristung – so werden weitere Unterschiede zwischen Deutschland, Österreich, der Schweiz und Dänemark ersichtlich (Abbildung 10). Besonders gering ist der individuelle Kündigungsschutz in der Schweiz und in Dänemark, in Österreich merklich höher und am ausgeprägtesten in Deutschland. In Deutschland ist es zum Beispiel notwendig, Beschäftigte vor der eigentlichen Kündigung auf Fehlverhalten hinzuweisen, den Betriebsrat zu informieren, soziale Gesichtspunkte wie Alter oder Alimente zu beachten und aktiv zu prüfen, ob Beschäftigte in der Firma anderweitig unterkommen können. Solche Maßnahmen sind zum Beispiel in der Schweiz nicht rechtlich vorgeschrieben (OECD 2011b). Es ist dort zudem relativ einfach für Betriebe, eine Person nur befristet einzustellen. Berechnungen mit Hilfe des deutschen und österreichischen Mikrozensus, der Schweizerischen Arbeitskräfteerhebung und des dänischen Labour Force Survey kommen für das Jahr 2007 zu folgenden Anteilen befristet Beschäftigter unter den Erwerbspersonen: Deutschland 8,4 Prozent; Österreich 4,6 Prozent; Schweiz 6,1 Prozent und Dänemark 6,5 Prozent. Massenentlassungen sind hingegen in allen vier Ländern deutlich erschwert: Betriebsräte und Arbeitsämter müssen informiert werden, Sozialpläne werden erstellt und auch Abfindungszahlungen werden fällig. In allen vier Untersuchungsländern werden Tariflöhne auf Branchenebene festgelegt (Visser 2009).[100] Mindestlöhne gibt es in

100 Diese und die folgenden Angaben sind der Datenbank *Institutional Characteristics of Trade Unions, Wage Setting, State Intervention and Social Pacts* (ICTWSS) von Jelle Visser (2009)

Deutschland, der Schweiz und Dänemark nur vereinzelt in bestimmten Branchen. In Österreich wurde dagegen im Jahr 2007 von Gewerkschaften (Österreichischer Gewerkschaftsbund) und Arbeitgebervertretern (Wirtschaftskammer Österreich) für alle Branchen ein Mindestlohn von 1000 Euro für Vollzeitbeschäftigte beschlossen, der 2008 in Kraft trat (IAB 2011).

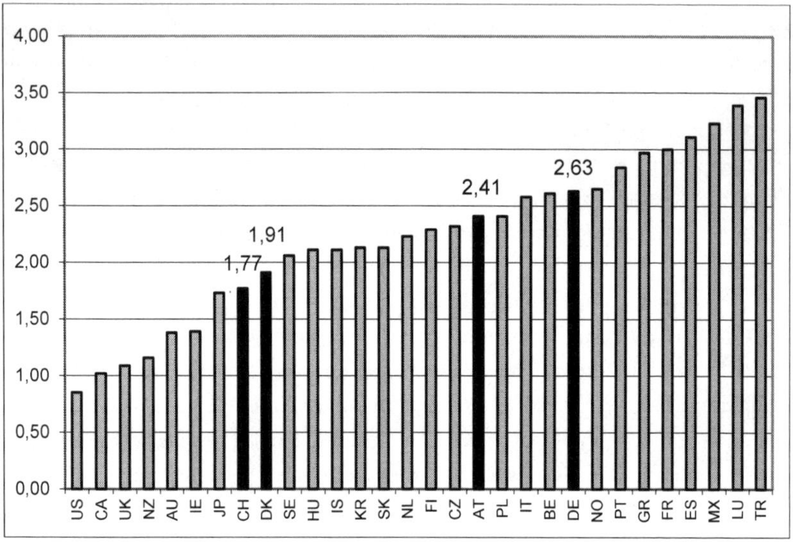

Abbildung 9: Beschäftigungsschutz in den Ländern der OECD (2008)

(Quellen: Eigene Darstellung in Anlehnung an Venn [2009] und OECD indicators on employment protection, 1.1.2011, http://www.oecd.org/document/11/0,3746,en_2649_37457_42695243_1_1_1_37457,00.html)

In allen vier Ländern gibt es einen großen Gewerkschaftsfonds, aus dem streikende Gewerkschaftsmitglieder für jeden Streiktag zu 75 Prozent entschädigt werden. Die Gewerkschaftsdichte – gemessen an der Quote der Gewerkschaftsmitglieder an den Beschäftigten – betrug in Österreich für das Jahr 2006 31,7 Prozent, in Deutschland 20,7 Prozent, in der Schweiz 19 Prozent und in Dänemark 69,4 Prozent (Visser 2009).[101]

entnommen, in der für 34 Länder über einen Zeitraum von 1960 bis 2007 genaue Angaben zu Arbeitsmarktinstitutionen und Akteuren enthalten sind. Die zentralen Variablen sind WCoord (Kollektiv-Tarifverträge), WC_rights (Rolle des Betriebsrats), UD (Gewerkschaften) und Unfund (Gewerkschaftsfonds).

101 In Dänemark sind deutlich größere Anreize für Beschäftigte gesetzt, einer Gewerkschaft beizutreten. So ist der Betriebsrat in Dänemark zum Beispiel nur für Gewerkschaftsmit-

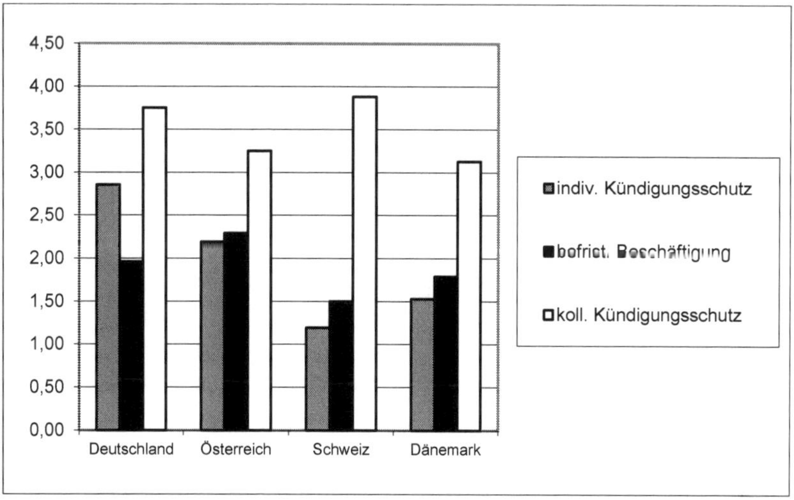

Abbildung 10: Komponenten des Beschäftigungsschutzes in Deutschland, Österreich, der Schweiz und Dänemark (2008)

Mit steigendem Wert zu befristeter Beschäftigung wird es schwieriger für Unternehmen in einem Land, Personen befristet einzustellen.

(Quellen: Venn [2009] und OECD indicators on employment protection, 01.11.2011, http://www.oecd.org/document/11/0,3746,en_2649_37457_42695243_1_1_1_37457,00.html. Eigene Darstellung)

Auf der Mikroebene kann ein Eindruck zu Flexibilisierung auf den Arbeitsmärkten gegeben werden, indem die durchschnittliche Betriebszugehörigkeitsdauer errechnet wird. Eigene Berechnungen für junge Beschäftigte bis 29 Jahre über den Beobachtungszeitraum 2004 bis 2007 (Wehr- und Zivildienstleistende ausgeschlossen), ergeben für Österreich mit rund 37 Monaten die durchschnittlich höchste Betriebszugehörigkeitsdauer. Es folgen die Schweiz (34 Monate), Deutschland (30 Monate) und Dänemark

glieder zuständig, während sein Einfluss in Deutschland, Österreich und der Schweiz alle Beschäftigten umfasst. Ein Betriebsrat ist in Deutschland, Österreich und Dänemark ab einer Firmengröße von 50 Beschäftigten zwingend vorgeschrieben, was in der Schweiz nicht der Fall ist (Visser 2009). Der Betriebsrat berät in Hinblick auf Gehaltseinstufung, Weiterbildung, Arbeitsevaluation sowie Prozeduren bei Einstellungen und Entlassungen. In Deutschland hat der Betriebsrat auch Mitbestimmungsrechte, was die Firmenpolitik, zum Beispiel Firmenfusion, Investitionen oder Ernennungen für Gremien betrifft.

mit nur rund 25 Monaten. Die Betriebsbindung ist in Dänemark also vergleichsweise gering.[102]

7.2.4 Passive Arbeitsmarktpolitik, aktive Arbeitsmarktpolitik und Defamilisierung

Die wohlfahrtsstaatlichen Arrangements unterscheiden sich auch innerhalb der Europäischen Union erheblich, so dass sich nur schwer von einem europäischen Sozialmodell sprechen lässt (Alber 2006). Lyle Scruggs and James Allan (2006) replizieren und bewerten den Dekommodifizierungs-Index von Gøsta Esping-Andersen (1990) neu. Sie erstellen einen *benefit generosity index*, der einige Schwächen und Fehlzuordnungen des Dekommodifizierungs-Index von Esping-Andersen ausgleichen soll. Unabhängig davon, welches der beiden Maße – Dekommodifizierung oder *benefit generosity* – verwendet wird, zeichnen sich die vier Untersuchungsländer gleichsam durch relativ hohe Werte aus (Scruggs und Allan 2006). Im Folgenden interessiert insbesondere, wie sehr Individuen im Falle von Arbeitslosigkeit abgesichert sind und welche Ansprüche Auszubildende nach dem Berufsabschluss geltend machen können, wenn sie nicht von ihrem Betrieb übernommen werden und auch keine andere Arbeit finden. Dies soll in etwa einen Eindruck davon vermitteln, wie deutlich finanzielle Anreize von staatlicher Seite gesetzt werden, im Falle von Arbeitslosigkeit möglichst schnell eine Arbeit aufzunehmen. Das Sozialsystem Deutschlands unterschied vor dem Jahr 2005 drei Formen der sozialen Absicherung (OECD 2004b). Erstens das Arbeitslosengeld, das im Falle von Arbeitslosigkeit ausgezahlt wurde, wenn Personen zuvor zumindest zwölf Monate lang gearbeitet und in die Arbeitslosenversicherung eingezahlt hatten. Die Höhe des Arbeitslosengeldes belief sich für Personen ohne Kinder auf 60 Prozent des vormals erzielten Nettoeinkommens, für Personen mit mindestens einem Kind auf 67 Prozent. Die Dauer des Leistungsbezugs reichte – in Abhängigkeit von Alter und der vormaligen Dauer der versicherungspflichtigen Beschäftigung – von sechs bis zu 32 Monaten. Nach Ablauf der Leistungsbezugsdauer des Arbeitslosengeldes setzte dann für finanziell Bedürftige zweitens die Zahlung von Arbeitslosenhilfe auf

---

102 Betrachtet man in dieser Altersgruppe lediglich Personen mit einem dualen Berufsabschluss, ergeben sich geordnet von der höchsten bis zur niedrigsten folgende durchschnittliche Betriebszugehörigkeitsdauern: Österreich: 46 Monate; Deutschland: 41 Monate; Schweiz: 40 Monate; Dänemark: 35 Monate.

unbeschränkte Zeit ein. Die Höhe der Leistungen belief sich nun auf 53 Prozent des zuletzt erzielten Nettoeinkommens bei Personen ohne Kinder und auf 57 Prozent bei Personen mit mindestens einem Kind. Drittens wurde in Deutschland Sozialhilfe für jene bedürftigen Personen gezahlt, die entweder keinen Anspruch auf Arbeitslosengeld oder Arbeitslosenhilfe hatten oder von ihrem erzielten Einkommen nicht leben konnten. Im Jahr 2005 kam es im Bereich der Arbeitsmarktpolitik und der sozialen Sicherung dann zu einer deutlichen Umsteuerung (Oschmiansky 2007): Erstens wurde die Bezugsdauer des im Sozialgesetzbuch III geregelten Arbeitslosengeldes (Arbeitslosengeld I) auf nunmehr maximal 18 Monate gekürzt – und im Jahr 2008 für die Gruppe der mindestens 58-Jährigen wieder auf maximal 24 Monate angehoben (OECD 2008a). Zweitens erfolgte die Zusammenlegung von Arbeitslosenhilfe und Sozialhilfe für die Gruppe der erwerbsfähigen Hilfebedürftigen.[103] Diese neue Grundsicherung für Arbeitssuchende (»Hartz IV« beziehungsweise Arbeitslosengeld II) ist im Sozialgesetzbuch II geregelt, beläuft sich auf einen allgemein festgesetzten Einheitssatz und ist steuerfinanziert. Mit dem verstärkten Einsetzen von Bedürftigkeitsprüfungen und Steuerfinanzierung war man auch einen Schritt in Richtung eines liberalen Wohlfahrtsstaats gegangen (Konle-Seidl 2008). Zudem steht nun die Aktivierung von Arbeitslosen im Vordergrund und es herrschen verschärfte Kriterien für die Zumutbarkeit von Arbeit (Oschmiansky 2004). Die Sozialhilfe existiert heute ausschließlich für die Personengruppe der nicht erwerbsfähigen Bevölkerung. Nach abgeschlossener Berufsausbildung besteht in Deutschland grundsätzlich Anspruch auf Arbeitslosengeld I, also 60 Prozent des letzten Nettogehalts bei Kinderlosigkeit. Das Arbeitslosengeld I wird nach einer mindestens zwei Jahre langen dualen Berufsausbildung für ein Jahr ausgezahlt. Je nach Ausbildungsberuf und des während der Lehre erzielten Gehalts kann es sein, dass Arbeitslosengeld I nicht ausreicht, um den Lebensunterhalt zu bestreiten, so dass oftmals der Bezug von Arbeitslosengeld II anfällt. Österreich unterscheidet heute wie Deutschland vor dem Jahr 2005 drei Formen der sozialen Absicherung (Kammer für Arbeiter und Angestellte 2005): Erstens das Arbeitslosengeld, das gezahlt wird, wenn eine vorangegangene Mindestbeschäftigungsdauer von 52 Wochen bestand. Jugendliche (unter 25

103 Weitere Maßnahmen, die aus den Hartz-Reformen hervorgingen, waren etwa die Reformierung der Bundesagentur für Arbeit (ehemals Bundesanstalt für Arbeit), Ich-AGs, Personalserviceagenturen oder die Arbeitsgelegenheiten (»Ein-Euro-Jobs«) (Jann und Schmid 2004).

Jahren) können dagegen bereits ab einer versicherungspflichtigen Beschäftigungsdauer von 26 Wochen Arbeitslosengeld beziehen. Das Arbeitslosengeld weist eine Höhe von 55 Prozent des vorangegangenen Nettoeinkommens auf. Bei Unterschreiten eines Mindestsatzes kann das Arbeitslosengeld durch einen Ergänzungsbeitrag aufgestockt werden (Kammer für Arbeiter und Angestellte 2005: 15f.). Die Bezugsdauer des Arbeitslosengeldes ist in Österreich von der Dauer der früheren Beschäftigung und vom Alter abhängig und beträgt mindestens 20 und höchstens 52 Wochen. Nach Ende des Bezugs von Arbeitslosengeld wird die sogenannte »Notstandshilfe« ähnlich der früheren deutschen Arbeitslosenhilfe für einen unbegrenzten Zeitraum ausgezahlt. Die Höhe der Notstandshilfe liegt bei maximal 95 Prozent des Arbeitslosengeldes (Kammer für Arbeiter und Angestellte 2005: 26f.). Die österreichische Sozialhilfe wurde bis zum 1.9.2010 in den einzelnen Bundesländern unterschiedlich geregelt. Seitdem gibt es stattdessen die bundesweit einheitlich geregelte »Bedarfsorientierte Mindestsicherung« (Arbeitsmarktservice Österreich 2011). Die Dauer des Arbeitslosengeldbezuges direkt nach dem Abschluss einer dualen Berufsausbildung beträgt im Falle zweijähriger Ausbildungen 20 Wochen und bei mindestens 3-jährigen Ausbildungen 30 Wochen. Arbeitslosengeld beziehungsweise »Arbeitslosenentschädigung« wird in der Schweiz ab einer vorausgegangenen Beschäftigungsdauer von mindestens zwölf Monaten gezahlt (Eidgenössisches Volkswirtschaftsdepartement 2007: 10). Das Arbeitslosengeld hat eine Höhe von 80 Prozent des vorigen Bruttoverdienstes und bei Überschreiten eines festgelegten Bruttoverdienstes von 3.797 Franken beträgt es 70 Prozent (Eidgenössisches Volkswirtschaftsdepartement 2007: 13). Die Arbeitslosenentschädigung wird jedoch um die Hälfte reduziert, wenn Beitragsbefreiung vorlag – dies ist bei der dualen Ausbildung der Fall (Eidgenössisches Volkswirtschaftsdepartement 2007: 14). Die Bezugsdauer liegt bei 260 Tagen für Beitragsbefreite (zum Beispiel Ausbildung, Unfall, Mutterschaft, Aufenthalt im Ausland) bis hin zu maximal zwei Jahren in Abhängigkeit der Dauer der vorangegangenen Beschäftigung und dem Alter (Eidgenössisches Volkswirtschaftsdepartement 2007: 14). Die bedürftigkeitsorientierte und je nach Kanton unterschiedlich geregelte Arbeitslosenhilfe und Sozialhilfe folgt als Grundsicherung, wenn die Arbeitslosenentschädigung abgelaufen ist (Knupfer et al. 2007). In Dänemark werden Arbeitslosengeld und Sozialhilfe, aber keine Arbeitslosenhilfe gezahlt (OECD 2007a). Einzahlungen in die Arbeitslosenversicherung geschehen in Dänemark auf freiwilliger Basis. Sie sind aber Voraussetzung dafür, dass Arbeitslosengeld bezogen werden kann. Anspruchsberechtigt sind grundsätzlich Personen, die in den vergangenen drei Jahren zumindest 52 Wochen in Vollzeit gearbeitet haben (OECD 2007a: 2). Die Höhe der Leistung beläuft sich auf 90 Prozent des vorangegangenen Gehalts nach Abzug von 8 Prozent Sozialversicherungsbeitrag, wobei es einen Höchstbetrag, ebenso wie einen Mindestbetrag gibt. Die Zahlung erfolgt über einen Zeitraum von vier Jahren. Die bedürftigkeitsorientierte Sozialhilfe beläuft sich für Personen ohne Kinder auf etwa 60 Prozent des maximalen Satzes der Arbeitslosenversicherung (OECD 2007a: 5). Der Sozialhilfesatz für unter 25-Jährige ist dabei deutlich geringer (OECD 2007a: 6). Bei Personen, die gerade ihre Ausbildung abgeschlossen haben und noch vor Ausbildungsabschluss eine Arbeitslosenversicherung abgeschlossen haben, beträgt die Höhe des Arbeitslosengeldes 82 Prozent des maximalen Arbeitslosengeldsatzes (OECD 2007a: 3). Tabelle 32 stellt die von der OECD berechnete soziale Absicherung bei Arbeitslosigkeit als Anteil des letzten Nettoeinkommens für Durchschnittsverdiener und Geringverdiener für Deutschland, Österreich, Schweiz und Dänemark vergleichend dar (2008). Geringverdiener (unverheiratet und ohne Kinder) bekommen sowohl unmittelbar nach Jobverlust wie auch nach fünf Jahren der Arbeitslosigkeit in Dänemark und der Schweiz vergleichsweise hohe Anteile des vergangenen Nettoeinkommens ersetzt – deutlich mehr als in Deutschland und Österreich. Damit erscheint die finanzielle Notwendigkeit der Arbeitsaufnahme für Geringverdiener insbesondere in Deutschland und Österreich groß. Bei Durchschnittsverdienern zeigen sich vor allem in der Schweiz direkt nach Jobverlust relativ hohe Ersatzraten, während diese nach fünf Jahren Arbeitslosigkeit in allen Ländern abgesunken und in Dänemark am höchsten sind.

Neben der eben beschriebenen passiven Arbeitsmarktpolitik unterscheiden sich die Untersuchungsländer auch im Ausmaß aktiver Arbeitsmarktpolitik, also bezüglich der Maßnahmen, die Arbeitslosigkeit vorbeugen sollen. Tabelle 33 vergleicht Ausgaben in Bezug auf die aktive Arbeitsmarktpolitik in Deutschland, Österreich, der Schweiz und Dänemark für das Jahr 2007. Insgesamt sind die Ausgaben für aktive Arbeitsmarktpolitik gemessen als Prozentsatz des Bruttoinlandsprodukts in Dänemark am höchsten, gefolgt von Deutschland, Österreich und der Schweiz.

Tabelle 32: Soziale Absicherung bei Arbeitslosigkeit als prozentualer Anteil des letzten Nettoeinkommens in Deutschland, Österreich, der Schweiz und Dänemark (2008)

Absicherung (Alleinstehende o. Kinder)	Deutschland	Österreich	Schweiz	Dänemark	OECD
Unmittelb. nach Jobverlust – Geringverdienst	59	55	82	83	66
Unmittelb. nach Jobverlust – Durchschnittsverd.	60	55	72	61	56
Nach 5 Jahren arbeitslos – Geringverdienst	48	51	69	79	44
Nach 5 Jahren arbeitslos – Durchschnittsverd.	36	51	47	58	32

(Quelle: OECD [2010a]. Eigene Darstellung)

Tabelle 33: Öffentliche Ausgaben für Maßnahmen der aktiven Arbeitsmarktpolitik in Deutschland, Österreich, der Schweiz und Dänemark (2007)

	Deutschland	Österreich	Schweiz	Dänemark	OECD[2]
Ausgaben Insgesamt[1]	0,77	0,68	0,60	1,31	0,56
dar. Ausgaben f. Verwaltung	0,27	0,16	0,12	0,28	0,15
Maßnahmen	0,50	0,51	0,48	1,02	0,39

[1] Die öffentlichen Ausgaben werden als Prozentsatz des BIP des entsprechenden Landes dargestellt. [2] Die Zahlen für die OECD stellen den ungewichteten Durchschnitt dar.

(Quelle: [OECD 2009b: 276ff.] Eigene Darstellung)

Ausgaben für die Arbeitsverwaltung und Arbeitsvermittlung bewegen sich in Dänemark und Deutschland auf ähnlichem Niveau und erkennbar über den entsprechenden Ausgaben in Österreich und der Schweiz. Betrachtet man allein die Ausgaben für Maßnahmen der aktiven Arbeitsmarktpolitik inklusive Weiterbildungsmaßnahmen, Beschäftigungszuschüssen, Arbeitsbeschaffungsmaßnahmen, Förderung von Selbständigkeit und von Benachteiligten, liegen Deutschland, Österreich und die Schweiz in etwa gleich auf und Dänemark deutlich darüber. Der dänische Wohlfahrtsstaat mit großzügiger Absicherung im Falle von Arbeitslosigkeit, extensiver Aktivierungspolitik und Arbeitsmarktflexibilität wird gemeinhin als *flexicurity model* beschrieben (Hendeliowitz 2008: 9).

Tabelle 34: Indikatoren zur Erfassung von Defamilisierung in Deutschland, Österreich, der Schweiz und Dänemark

	Deutschland	Österreich	Schweiz	Dänemark
Gender-Wage-Gap in Prozent (2007) [1]	23%	22%	19%	9%
Anteil unter 3-Jährige in Betreuung (2009)	19%	10%	27%	73%
Studienabsolv. 30–34 Jahre – Relation Frauen/Männer (2009)	0,98	1,05	0,80	1,29
Ehegattensplitting / gemeinsame Veranlagung	Ja	Nein	Ja	Nein
Frauen sollen für Erwerbsarbeit Familie einschränken (2004)	50%	47%	64%	20%
Männer sollen bei Jobvergabe bevorzugt werden (2004)	22%	22%	25%	8%

[1] *Zur Berechnung des Gender-Wage-Gap wird das Medianeinkommen der Frauen von dem der Männer subtrahiert und das Ergebnis ins Verhältnis zum Medianeinkommen der Männer gesetzt.*

(Quellen: Gender-Wage-Gap: OECD [2009b: 274]. Betreuung unter 3-Jähriger und Studienabsolventen: Eurostat-Online, 01.11.2011, http://epp.eurostat.ec.europa.eu/). Informationen zu Ehegattensplitting: OECD [2011a]. Einstellungsfragen: European Social Survey 2004, eigene Berechnungen, gewichtet [Designgewicht])

Abschließend soll der Grad der Defamilisierung, das heißt der Grad, zu dem Frauen von der Familie unabhängig und ökonomisch eigenständig sind, zwischen den vier Ländern verglichen werden. Hierfür werden fünf Indikatoren herangezogen (Tabelle 34). Der Gender-Wage-Gap (1) stellt dar, in welchem Verhältnis das Einkommen von Frauen im Vergleich zu dem von Männern steht. Erzielen Frauen im Vergleich zu Männern ein relativ geringes Einkommen am Arbeitsmarkt ist die Wahl von Erwerbsarbeit gegenüber Familienarbeit damit weniger attraktiv. Ist Kinderbetreuung für unter 3-Jährige (2) wenig ausgebaut, wird die Wahlmöglichkeit zwischen Erwerbsarbeit und Familienarbeit eingeschränkt. Erzielen Frauen höhere Bildungsabschlüsse (3) als Männer, so erhöhen sich auch deren Chancen, auf dem Arbeitsmarkt Fuß zu fassen. Das Steuersystem kann durch die gemeinsame Veranlagung von Ehepartnern (4) (Ehegattensplitting) den Anreiz reduzieren, dass beide Partner in hohem zeitlichen Umfang ihre Arbeitskraft am Arbeitsmarkt anbieten. Schließlich sollten auch kulturelle Einflüsse (5), genauer Einstellungen und Rollenvorstellungen auf die Erwerbsbeteiligung von Frauen wirken. Im European Social Survey aus dem Jahr 2004 sollten folgende zwei Items auf einer fünf-stufigen Skala von »1 = strongly agree« bis »5 = strongly disagree« beantwortet worden. Erstens: »A woman should be prepared to cut down on her paid work for the sake of her family.« Zweitens: »When jobs are scarce, men should have more right to a job than women.« Tabelle 32 vergleicht diese Indikatoren für Deutschland, Österreich, die Schweiz und Dänemark. Es wird deutlich, dass sich Dänemark bezüglich aller verwendeten Indikatoren mehr als eindeutig von den deutschsprachigen Ländern unterscheidet. Defamilisierung ist in Dänemark vergleichsweise hoch.

7.2.5 Tertiarisierungsgrad des Bildungssystems

In diesem Teilabschnitt wird ein Blick auf die Tertiärstufe der Untersuchungsländer geworfen. Die Tertiärstufe lässt sich nach der *International Standard Classification of Education (ISCED)* (Schroedter et al. 2006) in die nicht-hochschulische Tertiärstufe B und die hochschulische Tertiärstufe A untergliedern. Die Tertiärstufe B bietet eine formale Weiterbildung an, die speziell für die Gruppe der Ausbildungsabsolventen im Sekundarbereich II vorgesehen ist und üblicherweise deutlich kürzer ist als hochschulische Ausbildungen (Kirsch et al. 2003). Die Tertiärstufe A ist in Deutschland, Österreich, der Schweiz und Dänemark »binär« ausgestaltet (Arum et al. 2007: 12; Nikolai und Ebner 2012), das heißt es bestehen neben den eher forschungsorientierten Universitäten stärker anwendungsorientierte Fachhochschulen. Tabelle 35 weist für Deutschland, Österreich, die Schweiz und Dänemark aus, zu welchen Anteilen 25- bis 34-Jährige einen Abschluss im Tertiärbereich erworben haben. Betrachtet man zuerst den Tertiärbereich insgesamt, ist der Anteil in Dänemark mit rund 38 Prozent am höchsten, gefolgt von der Schweiz (31 Prozent), Deutschland (23,2 Prozent) und Österreich (17,8 Prozent). Es fällt auf, dass der Tertiärbereich B insbesondere in der Schweiz ein stark nachgefragter Bildungsgang ist. Dort sind die Höheren Fachschulen angesiedelt, die nicht nur einen guten Ruf haben, sondern gleichzeitig den Zugang zum Hochschulstudium öffnen (Barabasch et al. 2009a; Hoeckel et al. 2009). Zweitens sticht ins Auge, dass der Hochschulbereich (Tertiärstufe A) in Dänemark mit rund 30 Prozent Absolventen im Vier-Länder-Vergleich die quantitativ höchste Bedeutung hat. Hier besteht die Möglichkeit, dass Absolventen einer dualen Berufsausbildung durch Akademiker von guten Jobpositionen verdrängt werden.

In Österreich wäre ein solcher Verdrängungseffekt dagegen vergleichsweise gering.

Tabelle 35: Anteil von Absolventen im Tertiärbereich unter den 25- bis 34-Jährigen in Deutschland, Österreich, der Schweiz und Dänemark (Angaben in %)

	Deutschland	Österreich	Schweiz	Dänemark
Tertiärstufe insgesamt	23,2	17,8	31,1	38,3
Tertiärstufe A	16,1	11,8	14,9	29,9
Tertiärstufe B	7,1	6,0	16,2	8,4
N	86001	21609	18141	8688

(Quellen: Mikrozensus Deutschland, Mikrozensus Österreich, Schweizerische Arbeitskräfteerhebung, Dänischer Labour Force Survey. Jahre 2004 bis 2007 [immer 2. Quartal] gepoolt. Eigene Berechnungen)

7.3 Kurzzusammenfassung

Nachdem in Kapitel 6 theoretische Annahmen darüber getroffen wurden, wie sich sozioökonomische und institutionelle Rahmenbedingungen auf die frühe Arbeitsmarktphase von Ausbildungsabsolventen auswirken können, wurden diese Makroindikatoren in diesem Kapitel 7 nun für die vier Untersuchungsländer vergleichend untersucht. Im Folgenden werden einige Aspekte hervorgehoben, die gerade für den Arbeitsmarkteinstieg von Lehrabsolventen wesentlich sein können. Dazu zählt etwa der Anteil der Population junger Menschen an der Bevölkerung im erwerbsfähigen Alter. Je größer dieser Anteil ausfällt, desto größer erscheint auch angebotsseitig die Konkurrenz um Arbeit. Allerdings konnte bezogen auf diesen Indikator kein wesentlicher Unterschied zwischen den Ländern ausgemacht werden. Größere Unterschiede zwischen den Ländern zeigten sich dagegen hinsichtlich auftretender Erwerbslosigkeit. Zwar nahm die konjunkturelle Entwicklung in der näheren Vergangenheit in allen vier Ländern einen sehr ähnlichen Verlauf und das Wirtschaftswachstum lag 2006 auf fast identischem Niveau. Dennoch zeigen sich mit Blick auf die absoluten Niveaus von Erwerbslosigkeit Unterschiede im untersuchten Ländercluster. Die allgemeine Erwerbslosenquote liegt in Deutschland – insbesondere in den neuen Bundesländern – wesentlich höher als in den drei Vergleichsländern. Der Arbeitsmarkt ist in Deutschland also etwas stärker angespannt. Auch die Wirtschaftsstruktur variiert zwischen den vier Untersuchungsländern.

Dies gilt sowohl für die sektorale Struktur (primärer, sekundärer, tertiärer Sektor) wie auch für die Branchen- und Betriebsstruktur. So arbeiten etwa in Österreich vergleichsweise viele Personen im Gastgewerbe, in der Schweiz in der Finanzbranche und in Dänemark in der Gesundheits- und Sozialbranche. Betriebe mit 50 und mehr Beschäftigten sind eher in Deutschland und Dänemark verbreitet, etwas seltener in der Schweiz und am geringsten in Österreich. Deutschland, Österreich, die Schweiz und Dänemark gehören der Ländergruppe der koordinierten Marktökonomien mit stark ausgebauten Arbeitsmarktinstitutionen an. Aber auch hier lässt sich eine gewisse Heterogenität zwischen den Ländern nachweisen. Der Beschäftigungsschutz stellt sich in der Schweiz und Dänemark als vergleichsweise niedrig heraus, während er in Österreich und Deutschland überdurchschnittlich hoch ist. Alle vier Länder haben wiederum gemeinsam, dass Tariflöhne auf Branchenebene festgelegt werden. Einen nationalen Mindestlohn gibt es allein in Österreich seit dem Jahr 2008. Die Gewerkschaftsdichte ist in Dänemark deutlich höher als in den deutschsprachigen Ländern. Mit Blick auf wohlfahrtsstaatliche Arrangements wurden für die vier Untersuchungsländer die Absicherung im Falle von Arbeitslosigkeit (passive Arbeitsmarktpolitik), die Aktivierung von Arbeitslosen (aktive Arbeitsmarktpolitik) sowie der Grad der Defamilisierung unter die Lupe genommen. Deutschland, Österreich, die Schweiz und Dänemark weisen allesamt ein relativ hohes Maß an Dekommodifizierung auf. Die finanzielle Absicherung bei Arbeitslosigkeit (passive Arbeitsmarktpolitik) ist in Dänemark und der Schweiz tendenziell etwas höher als in Deutschland und Österreich. Werden Auszubildende nach ihrem Abschluss nicht übernommen, haben sie in allen vier Untersuchungsländern Anspruch auf Arbeitslosengeld. Dänemark ist hierbei als am generösesten einzustufen. In Dänemark liegen überdies die Ausgaben für aktive Arbeitsmarktpolitik erkennbar am höchsten. Der geringe Beschäftigungsschutz bei gleichzeitiger Aktivierung und hoher Absicherung im Falle von Arbeitslosigkeit zeichnen das dänische *Flexicurity-Modell* aus. Dänemark hebt sich auch in einem anderen Aspekt von den deutschsprachigen Ländern ab: Der Grad der Defamilisierung, das heißt inwieweit Frauen finanziell und familiär unabhängig sind, ist dort besonders hoch.

Tabelle 36: Ein Vergleich sozioökonomischer und institutioneller Rahmenbedingungen zwischen Deutschland, Österreich, der Schweiz und Dänemark

	Deutschland	Österreich	Schweiz	Dänemark
Regionen, Demografie				
Internationale Einbindung	OECD, EU, Euro-Zone	OECD, EU, Euro-Zone	OECD	OECD, EU
Organisation	Bundesstaat	Bundesstaat	Bundesstaat	Zentralstaat
Amtssprache(n)	de	de	de, fr, it	da
Regionen	16	9	26	5 (seit 2007)
Bevölkerung	82 Mio.	9 Mio.	8 Mio.	6 Mio.
Fläche in km²	357.000	84.000	41.000	43.000
Bevölkerung 15–29 /15–64 J.	27%	28%	27%	26%
Wirtschaftslage und -struktur				
Erwerbslos. 2007	9%	5%	4%	4%
Dienstleist. 2007	68%	68%	74%	75%
Betriebe <10	28%	36%	33%	22%
Betriebe 50+	50%	35%	43%	46%
Arbeitsmarkt-institutionen				
Beschäftigungs-schutz	Eher hoch	Eher hoch	Eher niedrig	Eher niedrig
Schwierigkeit Befristung	Eher hoch	Eher hoch	Eher niedrig	Eher niedrig
Befristet (15–64 Jahre)	8%	5%	6%	7%
Tariflöhne	Branchen	Branchen	Branchen	Branchen
Mindestlohn	Nein	Ja (seit 2008)	Nein	Nein
Gewerkschafts-dichte	21 %	32 %	19 %	69 %
Wohlfahrtsstaat				
Dekommodi-fizierung	Mittel/hoch	Mittel/hoch	Mittel/hoch	Hoch
Absicherung Lehrabsolv.	Mittel	Mittel	Mittel	Mittel/hoch
Aktive AMP (2007)	0,50% d. BIP	0,51% d. BIP	0,48% d. BIP	1,02% d BIP
Defamilisierung	Niedrig	Niedrig	Niedrig	Hoch
Tertiarisierung				
Tertiär (25–34)	23%	18%	31%	38%
Tertiär A (25–34)	16%	12%	15%	30%
Tertiär B (25–34)	7%	6%	16%	8%

(Eigene Zusammenstellung und Darstellung)

Schließlich unterschied sich auch der Grad der Tertiarisierung des Bildungssystems in gewissem Maße zwischen den Ländern. Während in Dänemark vergleichsweise viele junge Menschen einen (Fach-)Hochschulabschluss erwerben, zeichnete sich die Schweiz dadurch aus, dass ein vergleichsweise hoher Prozentsatz eine formale Weiterbildung nach der dualen Ausbildung auf der nicht-hochschulischen Tertiärstufe B (v.a. Höhere Fachschulen) abgeschlossen hatte. Tabelle 36 fasst verschiedene Merkmale der vier Untersuchungsländer noch einmal überblicksartig zusammen.

8. Multivariate Analysen zur Kopplung zwischen dualem Ausbildungssystem und Arbeitsmarkt

Erste deskriptive Ergebnisse (Kapitel 5) zeigten, dass die Kopplung zwischen dualem Ausbildungssystem und Beschäftigungssystem in Deutschland im Vier-Länder-Vergleich am geringsten und in Österreich am höchsten ist. Mit Blick auf die Kopplung zwischen dualem Ausbildungssystem und Ausbildungsberufsfeld konnten kaum Länderunterschiede ausgemacht werden und in Dänemark befanden sich verhältnismäßig viele Lehrabsolventen in unterwertiger Beschäftigung. In diesem Kapitel wird getestet, inwiefern sich die beschriebenen Länderunterschiede auch im multivariaten Fall wiederfinden oder unter Kontrolle landesspezifischer Umweltbedingungen möglicherweise gar weitere Unterschiede erkennbar werden. Eine große Herausforderung besteht ferner darin, den Einfluss länderspezifischer sozioökonomischer und institutioneller Rahmenbedingungen (vgl. Kapitel 6 und 7) von Einflüssen des dualen Ausbildungssystems (vgl. Kapitel 4) selbst zu trennen. Zu Beginn dieses Kapitels werden Daten, Methoden und Untersuchungsvariablen beschrieben (8.1). Daran anschließend wird die länderspezifische Passung zwischen dualem Ausbildungssystem und Arbeitsmarkt aus einer quantitativ-empirischen multivariaten Perspektive heraus untersucht (8.2).

8.1 Daten, Methoden, Variablen

Der Methodenteil startet mit einer Beschreibung der für dieses Kapitel relevanten Datensätze, Untersuchungspopulation und Analysemethoden (8.1.1). Im Anschluss wird die Operationalisierung der in den statistischen Modellen verwendeten unabhängigen Variablen ausführlich beschrieben (8.1.2). Hierunter fallen soziodemografische Merkmale, zeitliche Variablen wie das Erhebungsjahr oder die Zahl der Jahre, die seit dem Ausbildungsabschluss vergangen sind, das erlernte Ausbildungsberufsfeld, betriebsbezogene Merkmale wie die Betriebsgröße, die individuelle Betriebszugehörigkeitsdauer oder die Branche, in welcher Lehrabsolventen tätig sind.

8.1.1 Datensätze, Untersuchungspopulation, statistische Analysemethoden

Datensätze und Untersuchungspopulation

Als Analysedatensätze wird für Deutschland und Österreich jeweils der nationale Mikrozensus, für die Schweiz die *Schweizerische Arbeitskräfteerhebung* (SAKE) sowie für Dänemark der dänische Teildatensatz des European Labour Force Survey herangezogen. Die Untersuchungspopulation stellen junge Menschen bis 29 Jahre dar, die vor maximal fünf Jahren ihren dualen Berufsabschluss erworben haben. Diese Einschränkung soll sicherstellen, dass auch die frühe Arbeitsmarktphase von Ausbildungsabsolventen abgebildet wird. Ferner werden all diejenigen Personen von der Analyse ausgeschlossen, die ihren Ausbildungsabschluss im Ausland erworben haben, Wehr- oder Zivildienst leisten oder in Gemeinschaftsunterkünften (zum Beispiel Krankenhäuser, Gefängnisse) leben. Eine detaillierte Beschreibung der Datensätze sowie die genaue Bestimmung der Untersuchungspopulation finden sich bereits zu Beginn des deskriptiven Analyseteils (5.1.1).

Untersuchungszeitraum

Viele für die Analysen relevante Variablen wie zum Beispiel das Ausbildungsberufsfeld oder das Jahr des beruflichen Abschlusses werden in allen vier Länder-Datensätzen erst ab dem Jahr 2004 erhoben, so dass dieses Jahr den ersten Eckpfeiler für den Untersuchungszeitraum markiert. Zum aktuellen Zeitpunkt stehen für alle vier Untersuchungsländer Datensätze bis zum Jahr 2008 zur Verfügung. Aufgrund der im Jahr 2008 eingetretenen Wirtschaftskrise und ihren kaum absehbaren Folgen für den Erwerbseinstieg junger Menschen und landesspezifischen Gegenmaßnahmen, wie etwa Kurzarbeit, erstreckt sich der Analysezeitraum jedoch nur bis zum Jahr 2007. Auch die Einführung eines gesetzlichen Mindestlohns in Österreich im Jahr 2008 spricht für eine Rechtszensierung des Untersuchungszeitraums ab 2007. Die Kopplung zwischen dualem Ausbildungssystem und Arbeitsmarkt wird für Deutschland, Österreich, die Schweiz und Dänemark also von 2004 bis 2007 analysiert.

Statistische Analysemethoden

Die in den folgenden Analysen im Mittelpunkt stehenden abhängigen Variablen sind durchgehend kategorial, genauer handelt es sich um binäre Zustände, die Auszubildende nach ihrem Lehrabschluss einnehmen können (zum Beispiel in Vollzeit beschäftigt vs. nicht in Vollzeit beschäftigt). Als statistische Analysemethoden werden hierfür meistens binäre logistische Regressionen herangezogen (Auspurg und Hinz 2011). Bei der binären logistischen Regression handelt es sich um eine nichtlineare Schätzung für eine dichotome abhängige Variable mit den Ausprägungen 1 (Ereignis trifft ein) beziehungsweise 0 (Ereignis trifft nicht ein). Es werden für bestimmte Gruppen relative Chancenverhältnisse, so genannte Odds Ratios ermittelt, den Zustand mit der Ausprägung 1 (zum Beispiel in Vollzeit beschäftigt) versus den Zustand 0 (zum Beispiel nicht in Vollzeit beschäftigt) einzunehmen (zum Beispiel Männer haben eine 1,5-mal so hohe Chance im Vergleich zu Frauen nach der Ausbildung in Vollzeit beschäftigt zu sein). Allerdings ist es problematisch, Odds Ratios zwischen verschiedenen Modellen mit unterschiedlicher Variablenzahl oder zwischen verschiedenen Stichproben – auch unter Einbezug der gleichen Variablen – miteinander zu vergleichen: Denn Regressionskoeffizienten sind mit unbeobachteter Heterogenität konfundiert und unbeobachtete Heterogenität kann über verglichene Stichproben, Gruppen oder Zeitpunkte variieren (Mood 2010). Dies stellt für die hier durchgeführten Analysen ein Problem dar, denn es sollen Koeffizienten zwischen Stichproben aus vier unterschiedlichen Ländern miteinander verglichen werden. Grundsätzlich bestehen zwei Lösungsmöglichkeiten. Die erste wäre die Schätzung durchschnittlicher Marginaleffekte (average marginal effects) (Auspurg und Hinz 2011). Hier werden nun gruppenspezifische Mittelwerte für den Eintritt eines Ereignisses geschätzt (zum Beispiel Männer haben im Vergleich zu Frauen eine 35,6 Prozent geringere Wahrscheinlichkeit eine unterwertige Beschäftigung einzunehmen). Regressionskoeffizienten sind hier nicht mehr mit unbeobachteter Heterogenität konfundiert (Auspurg und Hinz 2011: 63). Eine weitere Möglichkeit – die in dieser Arbeit ergriffen wird –, ist die Schätzung von *linear probability models* (Mood 2010). Dabei werden lineare Regressionen mit einer binären abhängigen Variable geschätzt, was zu unverzerrten und konsistenten Effekt-Schätzern führt (Mood 2010: 78). Um Heteroskedastizität entgegenzuwirken, die zu ineffizienten Schätzungen und ungültigen Standardfehlern führt, werden für alle Modelle ferner robuste Standardfehler geschätzt (STATA Kommando »robust«). Die Regressionen wurden testweise sowohl mit Gewichtung (STATA Kommando »aweight«] wie auch ohne Gewichtungsfaktoren berechnet. Ausgewiesen werden die ungewichteten Modelle. Es treten keine bedeutenden Unterschiede zwischen gewichteten und ungewichteten Modellen in den Koeffizienten auf. Die Modelle werden außerdem auf Multikollinearität getestet, indem der *Variance Inflation Factor* (VIF) untersucht wird (STATA Kommando »estat vif« im Anschluss an die Berechnung des Modells). Da in dieser Arbeit von Interesse ist, ob sich die Arbeitsmarktplatzierung von Lehrabsolventen auch unter Kontrolle verschiedener Faktoren wie Geschlecht, Arbeitsmarktlage oder gewähltem Ausbildungsberufsfeld unterscheidet, wird untersucht, ob sich die Modellkonstanten der einzelnen Länder nach Kontrolle immer noch signifikant voneinander unterscheiden. Der Vergleich zweier Koeffizienten zwischen verschiedenen Modellen kann mit Hilfe folgender Formel durchgeführt werden (Kühnel 1996):

$$\frac{(b1-b2)}{\sqrt{SE(b1)^2 + SE\,(b2)^2}}$$

Je nach resultierendem Test-Wert kann dann eine Aussage über das Signifikanzniveau beziehungsweise die Irrtumswahrscheinlichkeit gemacht werden. Eine Irrtumswahrscheinlichkeit von weniger als 10 Prozent ergibt sich ab einem Wert von 1,64, eine Irrtumswahrscheinlichkeit von weniger als 5 Prozent bei einem Wert ab 1,96 und eine Irrtumswahrscheinlichkeit kleiner 1 Prozent ab 2,56. Für jedes Land werden jeweils die Jahre 2004 bis 2007 gepoolt.

8.1.2 Operationalisierung der unabhängigen Variablen

Im internationalen Vergleich zeichnet sich das duale Ausbildungssystem durch seine enge Kopplung an den Arbeitsmarkt aus, was sich in einer guten individuellen Arbeitsmarkt-Passung bei Ausbildungsabsolventen widerspiegelt. Innerhalb des Ländersegments mit dualem Berufsbildungssystem konnten dennoch Unterschiede festgestellt werden. Solche Unterschiede können auf zwei verschiedene Faktorenbündel zurückgeführt werden: Erstens können sie auf ausbildungssystemischen Ursachen beruhen, das heißt die individuellen Unterschiede in der Arbeitsmarktplatzierung sind Folge zum Beispiel einer unterschiedlichen Standardisierung oder beruflichen Spezifität der Ausbildung. Zweitens können die Länderunterschiede aber auch auf systemexogene Faktoren wie sozioökonomische oder institutionelle Kontexte zurückführbar sein. Zu denken ist hier etwa an Länderdifferenzen wie die allgemeine Angebots-/Nachfragerelation auf dem Arbeitsmarkt, verschiedene Branchen- oder Betriebsstrukturen. Darüber hinaus werden in den folgenden statistischen Modellen verschiedene soziodemografische Merkmale mit kontrolliert. Die Signaltheorie[104] postuliert, dass sich Betriebe bei der Auswahl potenzieller Bewerber für Ausbildungs- oder Arbeitsstellen vor allem solcher Indikatoren bedienen, die relativ leicht beobachtbar sind und als zuverlässig eingeschätzt werden (Spence 1973; 1974; Stiglitz 1975). Hierunter fallen etwa Geschlecht, Alter oder Nationalität.[105]

Soziodemografische Merkmale und Region

Die Variable Geschlecht ist ein bedeutender Prädiktor für Arbeitsmarkterträge. Je nach Untersuchung sind entweder Männer (Wolbers 2003; Seibert 2007: 3; Pollmann-Schult und Mayer 2010) oder Frauen (Solga und Konietzka 2000) häufiger unterwertig beschäftigt. Ein studienübergreifender Befund ist dagegen, dass Männer im Durchschnitt mehr verdienen als Frauen (Achatz et al. 2005; Ammermüller und Weber 2005; Fitzenberger und Kunze 2005; Hinz und Gartner 2005; Kunze 2005; Beicht 2006; Gartner und Hinz 2009; OECD 2009b). Frauen sind zudem in Führungspositionen der Wirtschaft, des öffentlichen Dienstes und der

104 Michael A. Spence fasst unter den Terminus »Signal« individuell beeinflussbare beobachtbare Personeneigenschaften wie Berufserfahrung (Spence 1974: 9). Als »Index« bezeichnet er beobachtbare unbeeinflussbare Personeneigenschaften wie Geschlecht. Sowohl anhand von Signalen wie auch von Indizes treffen Unternehmen Wahrscheinlichkeitsannahmen über die Performanz von Bewerbern.

105 Auf der Mikroebene spielen jenseits von klassischen soziodemografischen Merkmalen auch Persönlichkeitsmerkmale, Wertorientierungen und Beziehungen beziehungsweise Sozialkapital für die Platzierung auf dem Arbeitsmarkt eine Rolle. Mit der Zahl der Beziehungen zu anderen Menschen steigen auch die potenziellen Informationen über Jobangebote (Granovetter 1973; 1995). Netzwerke, Persönlichkeit und Wertorientierungen lassen sich mit den hier verwendeten Mikrodaten nicht abbilden.

Wissenschaft stark unterrepräsentiert (Kleinert et al. 2007). Das Auftreten von Arbeitslosigkeit nach der dualen Ausbildung ist bei Männern und Frauen in Deutschland etwa gleich hoch (Granato und Dorau 2006). Für die Variable Geschlecht wird in dieser Studie männlich als Referenzkategorie festgelegt (männlich = 0; weiblich = 1). Auch für die Variable Nationalität wurden in verschiedenen Studien Effekte identifiziert. Ausländer sind auf den Arbeitsmärkten der OECD und EU im Durchschnitt deutlich schlechter gestellt als Inländer (Liebig und Widmaier 2009). Auch beim Zugang zur beruflichen Ausbildung zeigt sich eine Benachteiligung von Ausländern (Hupka und Stalder 2004), die in Deutschland – wenn auch abgeschwächt – beim Arbeitsmarkteinstieg nach der Ausbildung weiter fortbesteht (Seibert und Solga 2005; Damelang und Haas 2006). Als Referenzkategorie werden Inländer herangezogen (Inländer = 0; Ausländer = 1). In Hinblick auf den Familienstand werden außerdem unverheiratete Personen als Referenzgruppe festgelegt (unverheiratet = 0; verheiratet = 1). Die Variable Kinder ist in den Labour Force Survey-Daten der nordischen Länder nicht erhoben worden. Tendenziell haben Kinder eher für Frauen negative Beschäftigungschancen zur Folge (Giesecke und Verwiebe 2010). Der Kindereffekt wird über die Variable Familienstand bis zu einem gewissen Grad aufgefangen, da Kinder verstärkt bei verheirateten Personen auftreten. Zudem stellen Männer die Referenzkategorie in den Modellen dar, so dass die Konstante die Beschäftigungschancen von Männern widerspiegelt, deren Arbeitsmarkterträge von Kindern weniger beeinflusst werden als dies bei Frauen der Fall ist. Das Alter der Untersuchungspopulation liegt zwischen 15 und 29 Jahren. Als Referenzkategorie werden Jugendliche, das heißt Personen unter 25 Jahre herangezogen (unter 25 Jahre = 0; 25 bis 29 Jahre = 1). Speziell für Deutschland werden ferner Personen in West- und Ostdeutschland differenziert. Dies geschieht vor allem aus zwei Gründen. Erstens ist der Arbeitsmarkt in Ostdeutschland erheblich angespannter als in Westdeutschland (vgl. auch 7.2.1). Zweitens bestehen in Ostdeutschland vermehrt staatlich geförderte außerbetriebliche Ausbildungsgänge (Eberhard und Ulrich 2010; BIBB 2011: 124), die im Datensatz kaum identifiziert werden können. Um Verzerrungen aufgrund von Wirtschaftslage und geförderter Berufsausbildung zu vermeiden, wird Westdeutschland als Referenzkategorie gesetzt (Westdeutschland = 0; Ostdeutschland =1).[106]

---

106 Testhalber wurde für die Schweiz auch ein Regionen-Dummy gebildet, der die Deutschschweiz (0) von der restlichen Schweiz (1) unterscheidet. Es traten jedoch keine bis nur

Vergangene Zeit seit dualem Berufsabschluss

Für die Untersuchung ist ebenfalls von Interesse, wie sich die Beschäftigungschancen von Individuen in Abhängigkeit der vergangenen Zeit seit Ausbildungsabschluss verändern. Diese Variable wurde gebildet, indem das Jahr des Abschlusses der dualen Berufsausbildung von dem Erhebungsjahr abgezogen wird. Wurde die Erhebung also zum Beispiel im Jahr 2007 durchgeführt und hat die Person ihren dualen Berufsabschluss im Jahr 2004 erworben, ergibt sich eine Zeit von drei Jahren seit Abschluss. Insgesamt werden junge Menschen mit dualem Berufsabschluss in der frühen Arbeitsmarktphase beobachtet, das heißt all jene, bei denen maximal fünf Jahre seit Abschluss vergangen sind. Die Variable zu vergangener Zeit seit Berufsabschluss wird außerdem in drei Kategorien unterteilt: maximal 1 Jahr nach Ausbildungsabschluss, 2 bis 3 Jahre nach Ausbildungsabschluss und 4 bis 5 Jahre nach Ausbildungsabschluss. Die Referenzkategorie (0) ist maximal ein Jahr nach Ausbildungsabschluss, so dass die Konstante die sehr frühe Arbeitsmarktphase abbildet.

Periodeneffekte

Die Modelle der einzelnen Länder werden über den Zeitraum von 2004 bis 2007 berechnet (gepoolt). Wie bereits zuvor (7.2.1) beschrieben, variierte das Wirtschaftswachstum innerhalb dieses Zeitraums erheblich. Es werden daher die Jahres-Dummies 2004, 2005, 2006 und 2007 gebildet. Der Dummy 2006 wird als Referenzkategorie gesetzt und folglich nicht mit in das Modell aufgenommen. Die Konstante ist also für das Jahr 2006 zu interpretieren. Das Jahr 2006 wurde bewusst ausgewählt, weil das Wirtschaftswachstum in diesem Jahr in allen vier Ländern auf fast identischem Niveau lag, so dass keine durch Konjunktur verzerrten Ergebnisse auftreten. Als weitere Variable, die den Einfluss von Periodeneffekten schätzt, wird die Erwerbslosenquote im Jahr des Ausbildungsabschlusses in das Modell aufgenommen. Tabelle 37 zeigt die entsprechenden Erwerbslosenquoten. Dies hat zwei Funktionen. Erstens wird dadurch berücksichtigt, dass sich Schwierigkeiten beim Erwerbseinstieg – hier abgebildet durch die Arbeitsmarktlage – negativ auf die weitere Arbeitsmarktkarriere auswirken können (Blossfeld 1987; Klotz et al. 2000; Konietzka und Seibert 2001;

---

sehr geringe Regioneneffekte für die Schweiz auf, so dass diese Variable nicht in die abgebildeten Modelle integriert ist.

Scherer 2004). Zweitens wird durch das Hinzuspielen von Erwerbslosenquoten das landesspezifische Niveau der Erwerbslosigkeit kontrolliert. Die Erwerbslosenquoten werden für jedes Land auf drei Prozent zentriert, so dass theoretisch die Bedingung der »Vollbeschäftigung«[107] nach William Beveridge simuliert wird. Die Konstante spiegelt also für alle vier Länder die Situation von Lehrabsolventen bei einer Erwerbslosenquote von drei Prozent wider.

Tabelle 37: Zuspielen von Erwerbslosenquoten zu den Abgangskohorten

Abgangskohorte	Deutschland	Österreich	Schweiz	Dänemark
2007	8,6	4,4	3,7	3,6
2006	10,2	4,7	4,1	3,9
2005	11,3	5,3	4,5	4,8
2004	9,8	4,8	4,4	5,2
2003	9,3	4,0	4,2	5,4
2002	8,4	4,0	3,0	4,3
2001	7,6	3,3	2,5	4,2
2000	7,5	3,5	2,7	4,2
1999	8,2	3,8	3,2	4,8
1998	9,1	4,5	3,7	4,7

(Quelle: Eurostat Online, 01.11.2011, http://epp.eurostat.ec.europa.eu/portal/page/portal/eurostat/home/. Die Erwerbslosenquoten beziehen sich jeweils auf das 2. Quartal eines Jahres.)

Ausbildungsberufsfeld

Die individuellen Chancen auf dem Arbeitsmarkt variieren in Abhängigkeit des gewählten Ausbildungsberufsfeldes (Witte und Kalleberg 1995; Konietzka 2002; Ammermüller und Weber 2005; Autorengruppe Bildungsberichterstattung 2008: 183; Haak und Rasner 2009; Pollmann-Schult und Mayer 2010). Dies soll auch in dieser Untersuchung mit berücksichtigt werden. In den meisten international vergleichenden Datensätzen kann das Ausbildungsberufsfeld über die ISCED97 Klassifizierung zu *Fields of Education* (OECD 2004a: 84f.; Chapter 5) bestimmt werden. Eurostat lehnt sich an diese Klassifizierung stark an und entwickelte eben-

107 In seinem Klassiker »Full Employment in a Free Society« beschreibt William Beveridge, dass es immer auch ein gewisses Maß an Sucharbeitslosigkeit oder friktioneller Arbeitslosigkeit gebe, so dass Vollbeschäftigung nicht bei einer Arbeitslosenquote von 0 Prozent anzusetzen sei.

falls ein Schema zur Zuordnung von Ausbildungen, die *Fields of Education and Training* (Andersson und Olsson 1999). Diese Klassifikation ist in allen vier Länderdatensätzen enthalten. Die Eurostat-Typologisierung umfasst auf 1-Steller-Ebene neben (0) Allgemeinbildung acht breite Ausbildungsberufsfelder: (1) Bildungs- und Erziehungswesen, (2) Kunst- und Geisteswissenschaften, (3) Sozialwissenschaften, Wirtschaft und Recht, (4) Naturwissenschaften, Mathematik und EDV, (5) Ingenieurwesen, verarbeitendes- und Baugewerbe, (6) Landwirtschaft und Tierheilkunde, (7) Gesundheit und Sozialwesen und (8) Dienstleistungen. Obgleich die Eurostat-Typologisierung auf 3-Steller Ebene entwickelt wurde, wird in internationalen Studien meist die 1- oder 2- Steller-Ebene benutzt. Tabelle A 5 im Anhang listet Ausbildungsfelder bis auf 3-Steller-Ebene auf. Aufgrund kleiner Fallzahlen wurden einzelne Ausbildungsberufsfelder zusammengefasst. Folgende sechs Ausbildungsberufsfelder werden unterschieden:[108] Landwirtschaft und Veterinärwesen (Eurostat-Field 6); Handwerk, Industrie, Bau (inkl. IT) (Eurostat-Fields 4 und 5); Medien, Design, Kunsthandwerk (Eurostat-Field 2); Wirtschaft, Recht, Verkauf (Eurostat-Field 3); Gesundheit, Sozialwesen, Erziehung (Eurostat-Fields 1 und 7); Persönliche Dienstleistungen (Eurostat-Field 8). Als Referenzkategorie wird das ›klassische‹ Ausbildungsberufsfeld Handwerk, Industrie, Bau gesetzt.

Betriebliche und Beschäftigungsmerkmale

Die Betriebsgröße sollte als Faktor in Untersuchungen zu Arbeitsmarkterträgen mitberücksichtigt werden, da bei einer größeren Zahl von Beschäftigten üblicherweise auch mehrere Hierarchieebenen und Jobwechselmöglichkeiten vorzufinden sind. Die Untersuchungspersonen werden in allen vier Datensätzen direkt nach der Zahl der Beschäftigten befragt, die bei ihnen im Betrieb arbeiten. Die Variable Betriebsgröße wird in folgende Kategorien eingeteilt: 1 bis 10 Beschäftigte, 11 bis 20 Beschäftigte, 21 bis 49 Beschäftigte sowie 50 und mehr Beschäftigte. Eine weitere Differenzierung der Betriebsgröße oberhalb von 50 Mitarbeitern wird in den Daten-

108 Die im Folgenden vorgenommenen Zusammenfassungen der Eurostat-Fields 4 und 5 sowie der Eurostat-Fields 1 und 7 erfolgten aufgrund inhaltlicher Nähe und geringer Fallzahlen innerhalb der Ausbildungsfelder. Die Syntax für die Zuordnung der ländertypischen Ausbildungsberufe zu den breiteren Ausbildungsberufsfeldern kann beim Autor nachgefragt werden.

sätzen aus Gründen der Anonymisierung von Betrieben nicht ermöglicht. Als Referenzkategorie wird eine Betriebsgröße von bis 10 Beschäftigten gesetzt. Für Beschäftigte kann zudem eine Angabe über die Betriebszugehörigkeitsdauer in Monaten gemacht werden. Es ist anzunehmen, dass mit steigender Betriebsbindung firmenspezifisches Humankapital angehäuft wird und dieses auch für die betriebliche Karriere von Relevanz ist. Da angenommen wird, dass sich der Einfluss der Betriebszugehörigkeitsdauer auf die abhängige Variable (zum Beispiel unbefristete Beschäftigung) mit der Zeit abschwächt, wird zudem ein quadratischer Term der Betriebszugehörigkeit in Monaten mit aufgenommen. Als Merkmale der individuellen Beschäftigung werden in einigen Modellen, wenn sinnvoll, die Arbeitszeit sowie Befristungen mitgeschätzt. Als Referenzkategorie wird für die im Betrieb geleistete Arbeitszeit Vollzeitbeschäftigung, also 35 Stunden pro Woche und mehr, gesetzt (Vollzeit = 0; geringfügige und Teilzeitbeschäftigung = 1). In Bezug auf Befristungen stellt unbefristete Beschäftigung die Referenzkategorie dar (unbefristet = 0; befristet = 1).

Wirtschaftszweig

Für den Arbeitsmarktstatus eines Individuums spielt auch der Wirtschaftszweig eine Rolle, in dem eine Person tätig ist (Liebeskind 2004). Über den Wirtschaftszweig können zudem Effekte wie Tarifbindung oder der gewerkschaftliche Organisationsgrad indirekt mitgeschätzt werden. In den vier hier verwendeten Datensätzen wird als Standard zur Bestimmung des Wirtschaftszweigs seit 2002 die NACE-Klassifikation (Rev. 1.1.) herangezogen (Europäische Kommission 2002).[109] Darin werden folgende 17 Branchen unterschieden:

A. Land- und Forstwirtschaft, B. Fischerei und Fischzucht, C. Bergbau, D. Herstellung von Waren, E. Energie- und Wasserversorgung, F. Bau, G. Handel, Instandhaltung und Reparatur von Kraftfahrzeugen und Gebrauchsgütern, H. Beherbergung und Gaststätten, I. Verkehr und Nachrichtenübermittlung, J. Kreditinstitute und Versicherungen (ohne Sozialversicherung), K. Grundstücks- und Wohnungswesen, Vermietung beweg-

109 In der Schweiz trägt die entsprechende Klassifikation der Wirtschaftszweige den Titel NOGA (Bundesamt für Statistik 2002). Seit 2008 gilt in allen Ländern der EU eine leicht veränderte Version zur Klassifikation der Wirtschaftszweige mit dem Title NACE Rev. 2 (Eurostat 2008).

licher Sachen, Erbringung von unternehmensbezogenen Dienstleistungen, L. Öffentliche Verwaltung, Verteidigung, Sozialversicherung, M. Erziehung und Unterricht, N. Gesundheits-, Veterinär- und Sozialwesen, O. Erbringung von sonstigen öffentlichen und persönlichen Dienstleistungen, P. Private Haushalte, Q. Exterritoriale Organisationen und Körperschaften.

Da einige Wirtschaftszweige nur sehr dünn besetzt sind – hierzu zählen insbesondere B. Fischerei, C. Bergbau, E. Energieversorgung, M. Erziehung, P. Private Haushalte, Q. Exterritoriale Organisationen – werden diese mit anderen inhaltlich nahen Branchen zusammengelegt. Folgende elf Wirtschaftszweige werden schließlich unterschieden:

1. Land- und Forstwirtschaft, Fischerei (A. + B.); 2. Verarbeitendes Gewerbe, Produktion, Bergbau, Energieversorgung (C. + D. + E.); 3. Bauwesen (F.), 4. Handel, Reparatur (G.), 5. Hotels, Gastronomie (H.), 6. Transport, Kommunikation, Lagerung (I.), 7. Banken und Versicherungen (J.), 8. unternehmensbezogene Dienste, Vermietung, Hausverkauf (K.), 9. Öffentliche Verwaltung, Verteidigung, exterritoriale Organisationen (L. + Q.), 10. Erziehung, Gesundheit, Sozialwesen (M. + N.), 11. Öffentliche und persönliche Dienstleistungen, private Haushalte (O. + P.).

Als Referenzwirtschaftszweig (0) wird die traditionelle Branche Verarbeitendes Gewerbe, Produktion, Bergbau, Energieversorgung (C. + D. + E.) gesetzt.

8.2 Einflussfaktoren auf die Kopplung zwischen dualem Ausbildungssystem und Arbeitsmarkt

Im Folgenden werden verschiedene Typen von Passung zwischen dualem Ausbildungssystem und Arbeitsmarkt aus einer multivariaten Perspektive heraus untersucht. Wie bereits im deskriptiven Kapitel steht zu Beginn die Analyse der Kopplung zwischen dualem Ausbildungssystem und Beschäftigungssystem (8.2.1). Daran anschließend werden die berufliche Kopplung des dualen Ausbildungssystems (8.2.2) sowie seine Kopplung an Fachtätigkeiten eingehend untersucht (8.2.3).

8.2.1 Kopplung zwischen dualem System und Beschäftigungssystem

Erste deskriptive Befunde zeigten, dass sich der Grad der Kopplung zwischen dualem Ausbildungssystem und Beschäftigungssystem zwischen den Ländern Deutschland, Österreich, Schweiz und Dänemark unterscheidet (Kapitel 5). Besonders eng sind beide Systeme miteinander verzahnt, wenn Absolventen einer dualen Berufsausbildung zu hohen Teilen unbefristet angestellt sind (hohe betriebliche Anbindung) und auch mit voller Arbeitszeit am Erwerbsleben teilhaben. Vor allem in Österreich treten solche Normalarbeitsverhältnisse in den ersten fünf Jahren, nachdem junge Menschen ihren dualen Berufsabschluss erlangen, vergleichsweise häufig auf. Beobachtete Länderunterschiede können dabei viele verschiedene Ursachen haben. Zum einen können sie auf Systemmerkmale der landesspezifischen dualen Berufsausbildung zurückführbar sein, wie etwa die Standardisierung der dualen Ausbildung, deren berufliche Spezialisierung oder die Zusammensetzung der Lehrabsolventen nach verschiedenen soziodemografischen Merkmalen. Darüber hinaus können jedoch auch andere, (ausbildungs-)systemexogene Faktoren wie die wirtschaftliche Lage oder Branchenstruktur eines Landes den Grad der Kopplung zwischen dualem Ausbildungssystem und Beschäftigungssystem beeinflussen.

In diesem multivariaten Analysekapitel soll nun der Grad der Kopplung zwischen dualem Ausbildungssystem und Beschäftigungssystem näher untersucht werden. In Tabelle 38 sind die Ergebnisse von vier Modellen ausgewiesen, die jeweils für die Länder Deutschland, Österreich, Schweiz und Dänemark über den Zeitraum von 2004 bis 2007 (gepoolt) gerechnet wurden. Die abhängige Variable ist »Beschäftigung in einem Normalarbeitsverhältnis« (1 = Normalarbeitsverhältnis; 0 = kein Normalarbeitsverhältnis). Es gehen verschiedene Variablenbündel als unabhängige Variablen ein: Soziodemografika; die Zeit, die seit dem Abschluss der Lehrausbildung vergangen ist (in Jahren); Periodeneffekte wie das Erhebungsjahr und die Erwerbslosenquote im Jahr des Ausbildungsabschlusses sowie das Ausbildungsberufsfeld, in welchem der duale Abschluss erlangt wurde. Die Konstante spiegelt dabei den Anteil der Absolventen einer dualen Berufsausbildung in einem Normalarbeitsverhältnis unter Berücksichtigung all dieser Faktoren wider. Genauer handelt es sich bei der Konstante um den Wert all jener unabhängigen Variablen mit der Ausprägung 0, also den Referenzkategorien. Für alle vier Länder werden die gleichen Referenzkategorien herangezogen, so dass die Konstanten zwischen den Ländern vergleichbar sind. Als Referenzgruppe werden für jedes Land unter 25-jährige

Männer gesetzt, die nicht verheiratet und Inländer sind und deren Abschluss nicht länger als ein Jahr her ist, so dass die sehr frühe Arbeitsmarktphase abgebildet wird. Die Dummy-Variable zu derzeitigem Bildungsbesuch kontrolliert ferner unterschiedliche Gelegenheitsstrukturen mit Blick auf Weiterbildung. Das Referenzausbildungsfeld ist Industrie und Handwerk, also das ›klassische‹ duale Ausbildungsfeld. Die Chancen auf ein Normalarbeitsverhältnis für andere Bevölkerungsgruppen wie Frauen oder für andere Ausbildungsbereiche wie Land- und Forstwirtschaft oder den Dienstleistungsbereich können dann leicht über die jeweiligen b-Koeffizienten abgelesen werden. Als Referenzjahr wird das Jahr 2006 herangezogen, in welchem das Wirtschaftswachstum in allen vier Ländern auf fast identischem Niveau lag, so dass Ländererergebnisse nicht durch den Konjunkturzyklus verfälscht sind. Um zumindest auch die unterschiedlichen Angebots- und Nachfragerelationen auf den Arbeitsmärkten der vier Untersuchungsländer mit zu berücksichtigen, wird für jedes Land die Erwerbslosenquote kontrolliert, die im Jahr des individuellen Ausbildungsabschlusses vorherrschte. Diese Quote wurde für jedes Land auf drei Prozent zentriert, so dass theoretisch die Bedingung der Vollbeschäftigung nach William Beveridge simuliert wird beziehungsweise sich in der Konstante widerspiegelt.

Der Vorsprung Österreichs bleibt bei Berücksichtigung all dieser Faktoren bestehen, die Konstante hat dort einen Wert von 81,2 Prozent. Es folgen Dänemark mit 73,9 Prozent und schließlich mit einigem Abstand Deutschland (59,3 Prozent) und die Schweiz (58,2 Prozent). Ob die beobachteten Länderunterschiede auch signifikant sind, berechne ich mit Hilfe der Formel in 8.1.1 Die Ergebnisse befinden sich in Tabelle 39. Der Vorsprung Österreichs vor Dänemark ist nicht signifikant. Österreich und Dänemark weisen jedoch beide signifikant höhere Anteile von Lehrabsolventen in einem Normalarbeitsverhältnis auf als Deutschland und die Schweiz, die sich wiederum nicht signifikant voneinander unterscheiden. Dies kann als Hinweis dahingehend gedeutet werden, dass zu hohe Spezialisierung oder ›Überspezialisierung‹ in der Ausbildung den Zugang zu unbefristeter Vollzeitbeschäftigung beeinträchtigen kann. Die breiter angelegte duale Ausbildung in Österreich und Dänemark geht mit höheren Beschäftigtenanteilen in einem Normalarbeitsverhältnis einher.

Tabelle 38: Lehrabsolventen in einem Normalarbeitsverhältnis in Deutschland, Österreich, der Schweiz und Dänemark, Linear Probability Models

	Deutschland	Österreich	Schweiz	Dänemark
Konstante	0,593*** (0,046)	0,812*** (0,041)	0,582*** (0,035)	0,739*** (0,054)
Soziodemogr.				
Weiblich	-0,039*** (0,010)	-0,060** (0,019)	-0,024 (0,018)	-0,209*** (0,033)
Verheiratet	-0,103*** (0,014)	-0,140*** (0,031)	-0,141*** (0,027)	-0,103* (0,045)
Alter 25–29	-0,006 (0,009)	-0,085** (0,031)	0,007 (0,020)	0,024 (0,029)
Ausländer	-0,040+ (0,021)	0,010 (0,033)	0,038* (0,016)	-0,159 (0,147)
In Bildung	-0,451*** (0,009)	-0,523*** (0,023)	-0,370*** (0,023)	-0,448*** (0,031)
Ostdeutschl.	-0,161*** (0,010)	-	-	-
Zeit s. Abschl.				
Bis 1 Jahr (R.)	-	-	-	-
2 bis 3 Jahre	0,080*** (0,011)	0,074*** (0,020)	0,111*** (0,022)	0,015 (0,032)
4 bis 5 Jahre	0,118*** (0,016)	0,069* (0,027)	0,149*** (0,029)	0,069* (0,035)
Periode				
Jahr 2004	0,017 (0,013)	-0,037+ (0,021)	0,054* (0,023)	-0,089* (0,038)
Jahr 2005	-0,009 (0,013)	-0,025 (0,020)	0,018 (0,022)	-0,050 (0,039)
Jahr 2006 (R.)	-	-	-	-
Jahr 2007	0,030* (0,012)	0,024 (0,019)	0,052* (0,022)	0,024 (0,036)
ELQ Abschl.	-0,010+ (0,006)	-0,025 (0,019)	0,036* (0,015)	0,008 (0,023)
Ausbildungsfeld				
Ind./H. (R.)	-	-	-	-
Landw.	-0,059+ (0,030)	-0,092* (0,040)	-0,050 (0,051)	-0,053 (0,057)
Design	-0,075** (0,025)	-0,051 (0,045)	-0,128* (0,050)	0,053 (0,096)
Wirtschaft	0,043*** (0,011)	-0,039+ (0,021)	-0,007 (0,019)	0,071* (0,034)
Gesundheit	0,003 (0,015)	-0,091+ (0,048)	-0,082** (0,031)	-0,226*** (0,049)
Pers. Dienste	-0,021 (0,014)	-0,140*** (0,024)	-0,175*** (0,031)	-0,072 (0,050)
N	13969	4078	3817	1264
R^2	0,131	0,156	0,094	0,242

$^{+}p < 0,10$, $^{*}p < 0,05$, $^{**}p < 0,01$, $^{***}p < 0,001$; *Koeffizienten: b-Koeffizienten; Standardfehler in Klammern*

Tabelle 39: Lehrabsolventen in einem Normalarbeitsverhältnis in Deutschland, Österreich, der Schweiz und Dänemark, Test der Konstanten auf Signifikanz

Land	a1	a2	S.F. a1	S.F. a2	Testwert	p<0,05
AT vs. DK	0,812	0,739	0,041	0,054	1,08	nein
AT vs. DE	0,812	0,593	0,041	0,046	3,55	ja
AT vs. CH	0,812	0,582	0,041	0,035	4,27	ja
DK vs. DE	0,739	0,593	0,054	0,046	2,06	ja
DK vs. CH	0,739	0,582	0,054	0,035	2,44	ja
DE vs. CH	0,593	0,582	0,046	0,035	0,19	nein

Unterschiede bestehen zwischen den Ländern aber auch was die Chancen bestimmter sozialer Gruppen auf unbefristete Vollzeitbeschäftigung nach einem Lehrabschluss anbelangt. Frauen haben vor allem in Dänemark deutlich geringere Chancen auf ein Normalarbeitsverhältnis als Männer – im deskriptiven Teil war dies bereits sichtbar. Dieser Befund wird in späteren Modellen wieder aufgegriffen und zu erklären versucht. Verheiratet zu sein bedeutet in Deutschland, Österreich, der Schweiz und Dänemark geringere Chancen auf ein Normalarbeitsverhältnis. Der teilweise Rückzug aus unbefristeter Vollzeitbeschäftigung kann hier wahrscheinlich durch die Geburt von Kindern erklärt werden. Hierfür spricht auch, dass sich vor allem verheiratete Frauen aus dem Beschäftigungssystem zurückziehen, wie ein signifikanter Interaktionsterm aus weiblich x verheiratet für Deutschland, Österreich und die Schweiz andeutet.[110] Der Interaktionsterm ist jedoch nicht für Dänemark signifikant, was auf einen ›gleichberechtigten‹ Rückzug vom Beschäftigungssystem und eine andere Form der Arbeitsteilung zwischen den Geschlechtern hinweist. Der signifikant negative Geschlechtereffekt bleibt in Dänemark auch nach Aufnahme des Interaktionsterms mit unverändert hoher Effektstärke signifikant (Tabelle A 7 im Anhang). Personen mit dualem Abschluss im Alter von 25 bis 29 Jahren haben im Vergleich zu unter 25-Jährigen in Österreich etwas geringere Chancen auf ein Normalarbeitsverhältnis. Ausländer sind in der Schweiz geringfügig häufiger in einem Normalarbeitsverhältnis anzutreffen als Inländer. Personen mit dualem Ausbildungsabschluss, die ins Bildungssystem zurückgekehrt sind, finden sich in allen vier Untersuchungsländern seltener in einem Normalarbeitsverhältnis. Für Deutschland wurde aufgrund der

110 Das Hinzuziehen des Interaktionsterms hat keine merklichen Auswirkungen auf die Konstantenwerte.

sehr unterschiedlichen wirtschaftlichen Lage und Ausbildungsförderungspolitik eine regionale Trennung zwischen Ost- und Westdeutschland vorgenommen. In Ostdeutschland haben Lehrabsolventen dabei signifikant geringere Chancen auf unbefristete Vollzeitbeschäftigung als dies in Westdeutschland der Fall ist.

Die Anteile unbefristet Vollzeit beschäftigter Lehrabsolventen erhöhen sich in allen vier Untersuchungsländern mit den Jahren, die seit dem Berufsabschluss vergangen sind, signifikant. Besonders stark sind die Effekte dabei in den beiden Ländern mit den anfangs geringsten Anteilen unbefristet Vollzeitbeschäftigter: der Schweiz und Deutschland. Aber auch 4 bis 5 Jahre nach beruflichem Abschluss werden dort die Anteile Österreichs und Dänemarks nicht erreicht. Die Prävalenz von Normalarbeitsverhältnissen variiert auch im multivariaten Modell leicht nach Erhebungsjahr, ein länderübergreifender Trend ist dabei jedoch nicht zu beobachten. Die Erwerbslosenquote, die bei Erwerbseinstieg vorherrschte, zeitigt nur einen geringen Einfluss auf das Vorkommen von Normalarbeitsverhältnissen.

Die individuellen Chancen auf ein Normalarbeitsverhältnis unterscheiden sich zudem nach dem gewählten Ausbildungsberufsfeld. In Deutschland sind Absolventen aus dem Bereich »Design und Medien« signifikant seltener unbefristet und in Vollzeit angestellt als dies beim klassischen Ausbildungsfeld »Industrie und Handwerk« der Fall ist. Im Ausbildungsbereich »Wirtschaft« liegen die Beschäftigtenanteile dagegen signifikant höher. In Österreich befinden sich Absolventen des Berufsfeldes »Land- und Forstwirtschaft« sowie insbesondere der »persönlichen Dienstleistungen« seltener in unbefristeter Vollzeitbeschäftigung als Absolventen aus »Handwerk und Industrie«. In der Schweiz gilt dies für Personen mit dualem Ausbildungsabschluss in den Berufsfeldern »Design, Medien«, »Gesundheit« und den »persönlichen Dienstleistungen«. In Dänemark unterscheiden sich zwei Ausbildungsberufsfelder signifikant von der Referenzkategorie »Industrie und Handwerk«: Absolventen aus dem Bereich »Wirtschaft« sind etwas häufiger in einem Normalarbeitsverhältnis anzutreffen, während Absolventen aus dem Bereich »Gesundheit« deutlich seltener unbefristet und Vollzeit beschäftigt sind.

Diese Modelle verschaffen einen ersten Eindruck zu Gemeinsamkeiten, aber auch Unterschieden in der Kopplung zwischen dualem Ausbildungssystem und Beschäftigungssystem sowie den Einfluss verschiedenster Variablen. Die Analysen sollen nun jedoch vertieft werden. Dies geschieht auf zweierlei Art. Erstens werden im Folgenden ausschließlich bei einem Betrieb Beschäftigte analysiert. Die folgenden Ergebnisse sind damit nur noch eingeschränkt mit der vorangegangenen Analyse aller Lehrabsolventen zu vergleichen. Ein Vorteil aber ist, dass damit weitere Variablen in die Modelle aufgenommen werden können, die ausschließlich auf Beschäftigte bezogen sind. So etwa die Dauer der Zugehörigkeit zu einem bestimmten Betrieb oder die Zugehörigkeit zu bestimmten Wirtschaftszweigen. Solche Faktoren variieren auch im Vier-Länder-Vergleich und können die individuelle Arbeitsmarktpositionierung beeinflussen. Zweitens wird das Normalarbeitsverhältnis nun in seine beiden Komponenten Arbeitszeit (Vollzeit vs. nicht Vollzeit) und Arbeitsvertrag (befristet vs. nicht befristet) zerlegt und für beides getrennt Modelle geschätzt – denn schließlich ist davon auszugehen, dass unterschiedliche Einflussfaktoren auf unbefristete Beschäftigung und Vollzeitarbeit wirken können.

Als erste Komponente des Normalarbeitsverhältnisses wird nun eine Schätzung für die abhängige Variable »Arbeitszeit« vorgenommen (1 = Vollzeitarbeit; 0 = geringfügig, Teilzeit).

Als unabhängige Variablen werden Soziodemografika, die Zeit, die seit dem beruflichen Abschluss vergangen ist, Periodeneffekte, betriebliche Variablen wie Betriebsgröße und Betriebszugehörigkeitsdauer, das ursprüngliche Ausbildungsberufsfeld sowie der Wirtschaftszweig in dem Lehrabsolventen beschäftigt sind, aufgenommen. Gerechnet wird jeweils ein ›Leermodell‹ ohne Ausbildungsberufsfelder und Wirtschaftszweige sowie ein vollständiges Modell, das beides enthält.

Tabelle 40 stellt das vollständige Modell dar, das verkürzte Modell befindet sich zur Information im Anhang (Tabelle A 8). Als Referenzgruppe werden unverheiratete männliche Inländer im Alter von 15 bis 24 Jahren herangezogen, die ihren dualen Ausbildungsabschluss vor maximal einem Jahr erworben haben, sich also noch in der sehr frühen Arbeitsmarktphase befinden. Hinsichtlich der Betriebsgröße wird der Kleinbetrieb bis maximal 10 Beschäftigte als Referenz herangezogen. Da nun ausschließlich Beschäftigte untersucht werden, kann ebenso die Betriebszugehörigkeitsdauer als Einflussvariable geschätzt werden. Das Modell simuliert die Situation von Lehrabsolventen ganz am Anfang einer Betriebskarriere (Betriebszugehörigkeitsdauer ist auf 0 gesetzt). Durch Einbezug der Betriebszugehörigkeitsdauer kann auch unterschiedliche Flexibilität auf den Arbeitsmärkten und Häufigkeit von Betriebswechseln indirekt kontrolliert werden. In Kapitel 7.2.3 wurde beschrieben, dass die Betriebszugehörigkeitsdauer in

Dänemark vergleichsweise niedrig ausfällt. Es wird außerdem ein quadratischer Term der Betriebszugehörigkeitsdauer geschätzt, um Sättigungstendenzen, die beim Zugang in Vollzeitbeschäftigung eintreten können, abzubilden. Es gehen ebenso Befristungen in die Schätzung ein, so dass unbefristet Beschäftigte zur Referenzgruppe hinzukommen. Damit wird auch kontrolliert, dass die Befristungsprävalenz zwischen den Ländern variiert (vgl. 7.2.3). Das vollständige Modell setzt zudem als Referenz-Ausbildungsfeld und Referenz-Wirtschaftszweig den klassischen sekundären Sektor.

Weder im vollständigen Modell inklusive Wirtschaftszweige und Ausbildungsberufsfeldern (Tabelle 40) noch im verkürzten Modell (Tabelle A 8) sind hinsichtlich der Anteile von Lehrabsolventen in einer Vollzeiterwerbstätigkeit enorme Länderunterschiede erkennbar. Das vollständige Modell weist für die Schweiz 96,2 Prozent in Vollzeit beschäftigte Lehrabsolventen aus, für Österreich 93,9 Prozent, für Dänemark 89,7 Prozent und für Deutschland 86,7 Prozent. Lediglich zwischen der Schweiz und Deutschland kann ein – allerdings sehr knapp – signifikanter Unterschied festgestellt werden (Tabelle 41).

Im verkürzten Modell ohne Einbeziehung von Ausbildungsberufsfeldern und Wirtschaftszweigen betragen die Anteile von Lehrabsolventen in Vollzeiterwerbstätigkeit in Österreich 91,9 Prozent, in der Schweiz 91,1 Prozent, in Dänemark 89,8 Prozent und in Deutschland 83,8 Prozent. In diesem Modell ist kein signifikanter Länderunterschied nachweisbar (Tabelle A 9).

Tabelle 40: Beschäftigte Lehrabsolventen: Determinanten einer Vollzeiterwerbstätigkeit in Deutschland, Österreich, der Schweiz und Dänemark, Linear Probability Models

	Deutschland	**Österreich**	**Schweiz**	**Dänemark**
Konstante	0,867*** (0,039)	0,939*** (0,026)	0,962*** (0,029)	0,897*** (0,057)
Soziodemogr.				
Weiblich	-0,088*** (0,009)	0,097*** (0,012)	-0,028* (0,014)	-0,096** (0,030)
Verheiratet	-0,073*** (0,014)	-0,123*** (0,027)	-0,126*** (0,024)	-0,037 (0,042)
Alter 25–29	-0,045*** (0,009)	-0,027 (0,023)	0,020 (0,015)	0,012 (0,026)
Ausländer	-0,013 (0,018)	0,017 (0,022)	0,030** (0,011)	-0,034 (0,122)
In Bildung	-0,242*** (0,016)	-0,031 (0,020)	-0,317*** (0,028)	-0,151** (0,046)
Ostdeutschl.	-0,033*** (0,010)	-	-	-
Zeit s. Abschl.				
Bis 1 Jahr (R.)	-	-	-	-
2 bis 3 Jahre	-0,010 (0,009)	-0,015 (0,012)	-0,003 (0,015)	-0,034 (0,030)
4 bis 5 Jahre	-0,031* (0,013)	-0,012 (0,016)	0,003 (0,021)	-0,012 (0,031)
Periode				
Jahr 2004	0,011 (0,013)	0,022^{+} (0,012)	0,009 (0,017)	-0,038 (0,035)
Jahr 2005	0,003 (0,010)	0,001 (0,012)	-0,008 (0,016)	0,015 (0,034)
Jahr 2006 (R.)	-	-	-	-
Jahr 2007	0,010 (0,010)	-0,002 (0,012)	-0,004 (0,016)	0,009 (0,030)
ELQ Abschl.	-0,002 (0,005)	0,011 (0,011)	0,016 (0,011)	-0,001 (0,021)
Ausbildungsfeld				
Ind./H. (R.)	-	-	-	-
Landw.	-0,001 (0,035)	-0,017 (0,026)	0,005 (0,055)	-0,029 (0,069)
Design	-0,027 (0,027)	0,012 (0,029)	-0,062 (0,042)	0,115*** (0,034)
Wirtschaft	-0,020^{+} (0,011)	-0,006 (0,014)	-0,056*** (0,015)	0,000 (0,032)
Gesundheit	0,003 (0,022)	-0,074 (0,046)	-0,115*** (0,034)	-0,169* (0,069)
Pers. Dienste	0,034* (0,014)	-0,035 (0,024)	-0,008 (0,026)	-0,036 (0,057)
Betrieb				
1–10 Mit. (R.)	-	-	-	-
11–19 Mit.	0,054*** (0,013)	0,013 (0,013)	-0,004 (0,018)	-0,048 (0,035)
20–49 Mit.	0,053*** (0,013)	0,009 (0,013)	0,001 (0,016)	-0,005 (0,034)
50+ Mit.	0,076*** (0,011)	0,019^{+} (0,011)	0,013 (0,015)	0,032 (0,031)
Monate	0,005*** (0,000)	0,002*** (0,001)	0,001** (0,001)	0,003** (0,001)
Monate^2	-0,000*** (0,000)	-0,000** (0,000)	-0,000 (0,000)	-0,000* (0,000)
Befristung	0,025* (0,010)	0,018 (0,016)	-0,038 (0,024)	0,080^{+} (0,047)

Tabelle 40: Fortsetzung

Branche				
Prod. (R.)	-	-	-	-
Landw.	0,039 (0,033)	0,034 (0,026)	-0,013 (0,068)	0,038 (0,079)
Bau	0,028** (0,011)	-0,017+ (0,009)	0,017 (0,014)	0,076* (0,030)
Handel	-0,098*** (0,012)	-0,032** (0,012)	-0,029+ (0,016)	0,019 (0,037)
Hotel	-0,117*** (0,022)	0,032 (0,026)	-0,124** (0,039)	-0,073 (0,085)
Transport	-0,061*** (0,018)	-0,023 (0,021)	0,014 (0,022)	0,052 (0,050)
Finanzen	0,057*** (0,015)	0,042 (0,031)	0,051* (0,020)	0,138** (0,053)
Untern. D.	-0,050*** (0,015)	-0,044+ (0,025)	-0,065** (0,022)	0,009 (0,055)
Verwaltung	0,014 (0,013)	-0,038 (0,029)	0,042+ (0,025)	0,052 (0,052)
Gesundheit	-0,123*** (0,021)	-0,054 (0,034)	-0,064* (0,031)	-0,258***(0,065)
Pers. D.	-0,080*** (0,021)	-0,036 (0,031)	-0,119** (0,040)	-0,082 (0,081)
N	8590	3522	2925	1002
R^2	0,151	0,094	0,174	0,252

$^+ p < 0,10$, $^* p < 0,05$, $^{**} p < 0,01$, $^{***} p < 0,001$; *Koeffizienten: b-Koeffizienten; Standardfehler in Klammern*

Tabelle 41: Beschäftigte Lehrabsolventen in Vollzeiterwerbstätigkeit in Deutschland, Österreich, der Schweiz und Dänemark, Test der Konstanten auf Signifikanz

Land	a1	a2	S.F. a1	S.F. a2	Testwert	p<0,05
CH vs. AT	0,962	0,939	0,029	0,026	0,59	nein
CH vs. DK	0,962	0,897	0,029	0,057	1,02	nein
CH vs. DE	0,962	0,867	0,029	0,039	1,96	ja
AT vs. DK	0,939	0,897	0,026	0,057	0,67	nein
AT vs. DE	0,939	0,867	0,026	0,039	1,54	nein
DK vs. DE	0,897	0,867	0,057	0,039	0,43	nein

Darüber hinaus zeigen sich landesspezifische Einflüsse auf Vollzeitbeschäftigung hinsichtlich soziodemografischer Merkmale. Im Folgenden wird vor allem auf das vollständige Modell in Tabelle 40 eingegangen. Frauen gehen im Vergleich zu Männern in Deutschland, Österreich, der Schweiz und Dänemark signifikant seltener einer Vollzeitbeschäftigung nach als Männer. Der Effekt in Dänemark ist nun nicht mehr größer als in den Vergleichsländern, was zeigt, dass Geschlechterunterschiede in Dänemark vor allem über die gewählte Berufsausbildung und Wirtschaftszweige erklärt werden können. Ohne Einbezug dieser Faktoren haben weibliche Lehrabsolventen einen Vollzeitanteil, der mehr als 20 Prozentpunkte unter dem der männlichen Absolventen liegt (Tabelle A 8). Heirat geht in Deutschland, Österreich und der Schweiz mit einer Reduktion der Arbeitszeit einher, nicht jedoch in Dänemark. Der Interaktionsterm aus »weiblich« und »verheiratet« ist in dieser Ländergruppe signifikant (nicht ausgewiesen), was erneut auf eine frauentypische Reduktion von Arbeitszeit in diesen Ländern bei Heirat hindeutet. Die Altersgruppe der 25- bis 29-Jährigen hat im Vergleich zu den unter 25-Jährigen in Deutschland eine signifikant geringere Chance auf Vollzeitarbeit. Ausländer sind in der Schweiz zu signifikant höheren Anteilen in Vollzeiterwerbstätigkeit zu finden als Inländer. Der Besuch einer formalen Bildungseinrichtung geht in Deutschland, der Schweiz und in Dänemark mit einer niedrigeren Arbeitszeit einher. Innerhalb Deutschlands zeigt sich wiederum für Ostdeutschland ein negativer Effekt, der allerdings nicht sehr groß ist. Mit zunehmender zeitlicher Entfernung vom beruflichen Abschluss verringern sich in Deutschland die Anteile der Vollzeitbeschäftigten leicht. Das gewählte Ausbildungsberufsfeld hat in Deutschland, der Schweiz und Dänemark einen Einfluss auf Arbeitszeit, nicht jedoch in Österreich. Lehrabsolventen aus dem Bereich der »persönlichen Dienstleistungen« weisen in Deutschland etwas höhere Vollzeitanteile auf als Absolventen aus dem Bereich »Industrie und Handwerk«. In der Schweiz arbeiten Absolventen aus »Wirtschaft« und »Gesundheit« weniger häufig in Vollzeit und in Dänemark ist ein niedrigerer Vollzeitanteil bei Absolventen aus dem Berufsbereich »Gesundheit« zu erkennen, während der Anteil bei »Design und Medien« höher liegt als bei Absolventen aus dem klassischen Handwerks- und Industriebereich. Arbeitszeit variiert vor allem in Deutschland mit der Betriebsgröße. Mit der Zahl der Beschäftigten steigen auch die Anteile von Lehrabsolventen, die in Vollzeit beschäftigt sind. Die Dauer der Betriebszugehörigkeit in Monaten hat in allen vier Ländern einen signifikanten Einfluss. Vor allem in Deutschland wirkt sich Betriebszugehörigkeitsdauer sehr deutlich auf die Vollzeitarbeit aus. In Deutschland, Österreich und Dänemark schwächt sich dieser Einfluss der Betriebszugehörigkeitsdauer jedoch mit der Zeit auch wieder deutlich ab, wie die signifikanten quadratischen Terme zeigen. Untersucht wurde ferner, ob das Auftreten von Befristung Arbeitszeit beeinflusst. Dies würde gleichermaßen aufzeigen, ob beide Komponenten des Normalarbeitsverhältnisses – Vollzeitarbeit und unbefristeter Arbeitsvertrag – vor allem kombiniert auftreten. Dies ist jedoch lediglich in Deutschland und tendenziell in Dänemark der Fall, wenn auch in einer anderen Richtung als genommen: Lehrabsolventen mit einem befristeten Arbeitsvertrag sind häufiger in Vollzeitarbeit anzutreffen als solche ohne befristeten Arbeitsvertrag. Dies deutet in diesen beiden Ländern eher auf einen Trade-Off zwischen Arbeitszeit und Arbeitsvertrag bei Lehrabsolventen in der frühen Arbeitsmarktphase hin. Von Wirtschaftszweigen gehen keine einheitlichen Effekte über die Länder hinweg aus. Dies ist auch nicht verwunderlich, da jeweils nationale Regelungen zu Branchen getroffen werden.

Als zweites steht der Arbeitsvertrag von Lehrabsolventen im Zentrum der Untersuchung. Es werden für die vier Untersuchungsländer Modelle mit der abhängigen Variable »unbefristeter Arbeitsvertrag« geschätzt (1 = unbefristeter Arbeitsvertrag; 0 = befristeter Arbeitsvertrag). Es wird wiederum ein Modell mit und ein Modell ohne Einbezug von Ausbildungsberufsfeldern und Wirtschaftszweigen geschätzt. Im vollständigen Modell inklusive Ausbildungsberufsfeldern und Wirtschaftszweigen stellen sich die Anteile unbefristet Beschäftigter, wie sie in den Konstanten abgebildet werden, folgendermaßen dar (Tabelle 42): In Dänemark beträgt der Anteil festangestellter Lehrabsolventen 81,6 Prozent, in der Schweiz 81,0 Prozent und in Österreich 80,9 Prozent – diese drei Länder liegen also fast gleich auf. Sehr viel niedriger liegt dagegen der Anteil unbefristet beschäftigter Lehrabsolventen in Deutschland mit lediglich 54,5 Prozent. Deutschland unterscheidet sich damit auch signifikant von den anderen drei Ländern, die sich selbst nicht signifikant voneinander unterscheiden (Tabelle 43). Auch ohne Einbezug von Ausbildungsberufsfeldern und Wirtschaftszweigen in das Modell stellt sich die Situation so dar, dass in Deutschland wesentlich geringere Anteile unbefristet beschäftigter Lehrabsolventen zu finden sind als in den drei Vergleichsländern (Tabelle A 10, Tabelle A 11). Ein Blick auf die Ländermodelle hilft dabei, diesen vergleichsweise geringen deutschen Wert besser einordnen zu können. In Deutschland ist der Effekt der Betriebszugehörigkeitsdauer weitaus stärker als in den übrigen Ländern. Der standardisierte ß-Wert (nicht in der Tabelle) liegt in Deutschland bei mehr als 0,65. Die Befristungsrisiken sinken in Deutschland also deutlich mit der Betriebszugehörigkeitsdauer. Auch die quadrierten Variablen zur Betriebszugehörigkeitsdauer sind in allen vier Ländern signifikant, was eine Sättigung beziehungsweise ein ›Abschwächen‹ des Trends zunehmender unbefristeter Beschäftigung mit den Betriebsjahren indiziert.

Tabelle 42: Determinanten eines unbefristeten Arbeitsverhältnisses in Deutschland, Österreich, der Schweiz und Dänemark, Linear Probability Models

	Deutschland	Österreich	Schweiz	Dänemark
Konstante	0,545*** (0,054)	0,809*** (0,033)	0,810*** (0,028)	0,816*** (0,053)
Soziodemogr.				
Weiblich	0,002 (0,011)	-0,012 (0,014)	0,022^{+} (0,012)	-0,081** (0,028)
Verheiratet	0,001 (0,013)	0,026^{+} (0,015)	0,010 (0,013)	-0,039 (0,038)
Alter 25–29	0,046*** (0,010)	0,011 (0,021)	0,024* (0,011)	0,060* (0,023)
Ausländer	-0,013 (0,022)	0,023 (0,020)	0,024* (0,010)	0,047 (0,038)
In Bildung	-0,241*** (0,016)	-0,576*** (0,028)	-0,019 (0,018)	-0,341*** (0,042)
Ostdeutschl.	-0,043*** (0,011)	-	-	-
Zeit s. Abschl.				
Bis 1 Jahr (R.)	-	-	-	-
2 bis 3 Jahre	0,066*** (0,013)	0,088*** (0,015)	0,075*** (0,016)	0,048^{+} (0,028)
4 bis 5 Jahre	0,087*** (0,018)	0,068*** (0,020)	0,087*** (0,019)	0,009 (0,030)
Periode				
Jahr 2004	0,066*** (0,015)	-0,049** (0,015)	0,017 (0,015)	-0,042 (0,031)
Jahr 2005	0,003 (0,018)	-0,005 (0,014)	0,003 (0,015)	-0,051 (0,032)
Jahr 2006 (R.)	-	-	-	-
Jahr 2007	0,009 (0,012)	0,022 (0,014)	0,019 (0,014)	-0,015 (0,028)
ELQ Abschl.	-0,002 (0,007)	-0,018 (0,014)	0,005 (0,009)	0,011 (0,020)
Ausbildungsfeld				
Ind./H. (R.)	-	-	-	-
Landw.	0,065 (0,046)	-0,050 (0,036)	0,085** (0,032)	0,063 (0,059)
Design	-0,026 (0,031)	-0,026 (0,033)	0,006 (0,040)	-0,018 (0,073)
Wirtschaft	0,035* (0,014)	0,012 (0,016)	0,017 (0,014)	0,040 (0,030)
Gesundheit	0,115*** (0,022)	0,000 (0,036)	0,113*** (0,030)	0,103 (0,068)
Pers. Dienste	0,028 (0,018)	0,016 (0,021)	-0,037 (0,027)	-0,003 (0,049)
Betrieb				
1–10 Mit. (R.)	-	-	-	-
11–19 Mit.	-0,059*** (0,014)	-0,011 (0,014)	-0,017 (0,015)	-0,034 (0,035)
20–49 Mit.	-0,062*** (0,014)	0,009 (0,014)	-0,026^{+} (0,015)	-0,005 (0,029)
50+ Mit.	-0,116*** (0,011)	0,009 (0,012)	-0,036** (0,012)	0,015 (0,027)
Monate	0,011*** (0,000)	0,005*** (0,001)	0,003*** (0,000)	0,006*** (0,001)
Monate^2	-0,000*** (0,000)	-0,000*** (0,000)	-0,000*** (0,000)	-0,000*** (0,000)
Teilzeit	0,036* (0,014)	0,023 (0,021)	-0,031 (0,019)	0,067^{+} (0,039)

Tabelle 42: Fortsetzung

Branche				
Prod. (R.)	-	-	-	-
Landw.	-0,008 (0,043)	-0,035 (0,050)	-0,042 (0,042)	-0,077 (0,072)
Bau	0,070*** (0,017)	0,012 (0,013)	-0,016 (0,018)	0,015 (0,031)
Handel	-0,021 (0,014)	-0,000 (0,013)	0,007 (0,014)	-0,014 (0,033)
Hotel	0,002 (0,024)	-0,101*** (0,027)	-0,107** (0,037)	0,036 (0,071)
Transport	-0,015 (0,022)	-0,014 (0,023)	-0,068* (0,031)	0,029 (0,040)
Finanzen	0,020 (0,021)	0,011 (0,038)	0,011 (0,018)	0,025 (0,063)
Untern. D.	0,004 (0,018)	0,007 (0,027)	-0,025 (0,019)	-0,020 (0,050)
Verwaltung	-0,097*** (0,021)	-0,190*** (0,045)	-0,112** (0,041)	-0,116+ (0,065)
Gesundheit	-0,185*** (0,021)	-0,056+ (0,034)	-0,144*** (0,031)	-0,271*** (0,061)
Pers. D.	-0,057* (0,024)	-0,004 (0,029)	0,000 (0,028)	-0,172* (0,076)
N	8590	3522	2925	1002
R^2	0,196	0,321	0,093	0,270

*+ $p < 0{,}10$, * $p < 0{,}05$, ** $p < 0{,}01$, *** $p < 0{,}001$; Koeffizienten: b-Koeffizienten; Standardfehler in Klammern*

Abbildung 11 stellt den Einfluss der Betriebszugehörigkeitsdauer auf unbefristete Beschäftigung grafisch dar (aufbauend auf dem Modell ohne Ausbildungsberufsfelder und Wirtschaftszweige). Es ist gut zu erkennen, wie Lehrabsolventen in Deutschland mit zunehmender Betriebszugehörigkeitsdauer immer seltener befristet sind und sich der deutsche Wert gegen Ende eines 3-Jahreszeitraums an die Werte der anderen drei Länder angenähert hat. Dieser Befund für Deutschland stellt die Annahme in Frage, dass Personen, die eine duale Berufsausbildung abgeschlossen haben sofort ohne große Testphase beschäftigt werden können. Vielmehr scheint es nötig zu sein, Lehrabsolventen weiterhin betriebsspezifisches und berufliches Humankapital zu vermitteln. Dies könnte auch auf eine Überspezialisierung der deutschen dualen Ausbildung hindeuten.

Der Grad der Kopplung zwischen dualem Ausbildungssystem und Beschäftigungssystem, gemessen an unbefristeter Beschäftigung als abhängige Variable, wird darüber hinaus durch weitere Faktoren beeinflusst. In Dänemark sind weibliche Lehrabsolventen signifikant seltener als männliche Absolventen in unbefristeter Beschäftigung anzutreffen. Auch wenn der Geschlechterunterschied in Dänemark nicht riesig ist, erstaunt es doch, dass gerade in diesem Land ein signifikanter Unterschied auftritt, kann Dänemark doch zum Beispiel mit Blick auf Lohnunterschiede zwischen den Geschlechtern oder Arbeitsmarktpartizipation sonst als eher egalitär gelten (vgl. auch 7.2.4). Dringend angeraten ist hier eine Vertiefungsstudie.

Tabelle 43: Beschäftigte Lehrabsolventen mit unbefristetem Arbeitsvertrag in Deutschland, Österreich, der Schweiz und Dänemark, Test der Konstanten auf Signifikanz

Land	a1	a2	S.F. a1	S.F. a2	Testwert	p<0,05
DK vs. CH	0,861	0,81	0,053	0,028	0,85	nein
DK vs. AT	0,861	0,809	0,053	0,033	0,83	nein
DK vs. DE	0,861	0,545	0,053	0,054	4,18	ja
CH vs. AT	0,81	0,809	0,028	0,033	0,02	nein
CH vs. DE	0,81	0,545	0,028	0,054	4,36	ja
AT vs. DE	0,809	0,545	0,033	0,054	4,17	ja

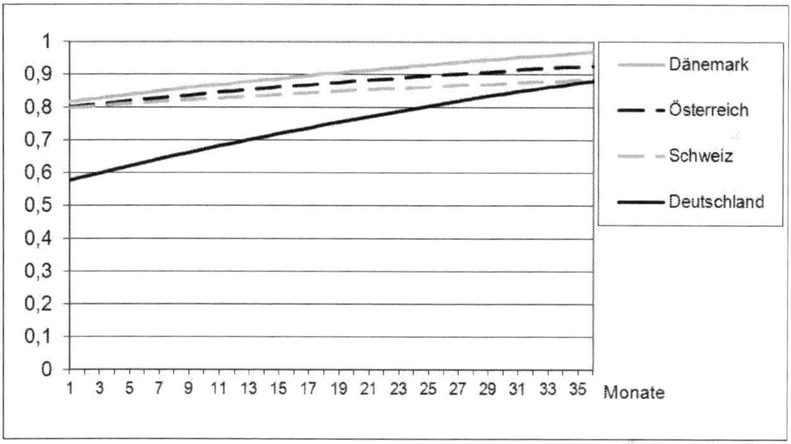

Abbildung 11: Betriebszugehörigkeitsdauer (in Monaten) und unbefristete Beschäftigung in Deutschland, Österreich, der Schweiz und Dänemark

(Eigene Darstellung)

Alter hat in Deutschland, der Schweiz und Dänemark einen signifikant positiven Einfluss auf unbefristete Beschäftigung, dies also auch unabhängig von der Betriebszugehörigkeitsdauer oder der Zeit, die seit dem Abschluss vergangen ist. Ausländer haben in der Schweiz leicht höhere Chancen auf eine unbefristete Tätigkeit als Inländer. Besuchen beschäftigte Lehrabsolventen eine formale Bildungseinrichtung so wirkt dies in Deutschland, Österreich und Dänemark negativ auf unbefristete Beschäftigung. Mit Blick auf Deutschland ist festzustellen, dass der Anteil unbefristet beschäftigter Lehrabsolventen in Ostdeutschland geringfügig niedriger liegt als in Westdeutschland. Unbefristete Beschäftigung erhöht sich in Deutschland,

Österreich und der Schweiz zudem mit den Jahren, die seit Abschluss vergangen sind. In Dänemark ist dies nicht zu erkennen. Vor allem in Deutschland, im Ansatz aber auch in der Schweiz ist unbefristete Beschäftigung in größeren Betrieben seltener. In Österreich und Dänemark zeitigt Betriebsgröße dagegen keine signifikanten Effekte. Auch das gewählte Ausbildungsberufsfeld beeinflusst, ob Personen eine unbefristete Beschäftigung ausüben. In Deutschland arbeiten Personen aus dem Berufsfeld »Wirtschaft« und »Gesundheit« etwas häufiger in unbefristeter Beschäftigung als Absolventen aus »Handwerk und Industrie«. Auch in der Schweiz hat ein Lehrabschluss im Bereich »Gesundheit« positive Effekte auf unbefristete Beschäftigung, ebenso eine Ausbildung im Berufsfeld »Landwirtschaft«. In Dänemark und Österreich hat das Ausbildungsberufsfeld keinen Einfluss auf unbefristete Beschäftigung. Mit Blick auf Wirtschaftszweige kann für Deutschland festgestellt werden, dass die Verwaltungs- sowie die Gesundheitsbranche einen negativen Einfluss auf unbefristete Beschäftigung hat, während die Baubranche hier positiv im Vergleich zur Referenzbranche Produktion wirkt. In Österreich sind Lehrabsolventen, die in der Hotelbranche und in der Verwaltung arbeiten dagegen vergleichsweise selten unbefristet beschäftigt. Negative signifikante Effekte auf unbefristete Beschäftigung zeigen sich in der Schweiz gleich in vier Wirtschaftszweigen: der Hotelbranche, der Transportbranche, im Bereich Verwaltung und im Bereich Gesundheit. In Dänemark arbeiten Lehrabsolventen im Gesundheitsbereich und der Branche der persönlichen Dienstleistungen seltener in einem unbefristeten Arbeitsverhältnis als dies in der klassischen Produktionsbranche der Fall ist.

8.2.2 Berufliche Kopplung an das Beschäftigungssystem

Die enge Kopplung des dualen Ausbildungssystems an Berufe ist eines seiner zentralen Merkmale. Im deskriptiven empirischen Teil dieser Arbeit (Kapitel 5) konnten hierbei – gemessen an Lehrabsolventen, die ihr Ausbildungsberufsfeld verlassen hatten – kaum Länderunterschiede ausgemacht werden. Es stellt sich die Frage, ob dies auch noch in multivariater Betrachtung der Fall ist, also wenn für landestypische Merkmale wie die Zusammensetzung der Auszubildenden, Befristungspraktiken oder Betriebszugehörigkeitsdauern kontrolliert wird.

Im Folgenden werden für jedes Untersuchungsland Modelle mit der abhängigen Variable »Verlassen des ursprünglichen Ausbildungsberufsfeldes« geschätzt (1 = Verlassen des Ausbildungsberufsfelds; 0 = Verbleib im Ausbildungsberufsfeld). Die Modelle werden dabei ohne Variablen zum Wirtschaftszweig ausgewiesen, da innerhalb einiger Wirtschaftszweige kaum Varianz bezogen auf die abhängige Variable vorherrscht.[111] Von besonderem Interesse ist im Folgenden, welche Ausbildungsberufsfelder eher häufiger und welche eher seltener verlassen werden. Die ersten Ländermodelle setzen wie gewohnt das klassische Ausbildungsberufsfeld »Industrie und Handwerk« als Referenzkategorie. Als Referenzgruppe werden wie zuvor unverheiratete Männer unter 25 Jahren herangezogen, die Inländer sind und ihren dualen Berufsabschluss vor maximal einem Jahr erworben haben. Als Referenzbetriebsgröße werden bis zu 10 Beschäftigte herangezogen. Das Referenzjahr ist wiederum 2006. Die Werte der Konstanten, also die errechneten Anteile von Lehrabsolventen, die ihr originäres Ausbildungsberufsfeld verlassen haben, stellen sich im Vier-Länder-Vergleich sehr ähnlich dar (Tabelle 44): In Österreich liegt der Wert bei 12,9 Prozent, in Dänemark bei 11,7 Prozent, in der Schweiz bei 10,4 Prozent und in Deutschland bei 8 Prozent. Tabelle 45 zeigt, dass sich die Länder nicht signifikant voneinander unterscheiden. Es fällt jedoch auf, dass die gewählten Ausbildungsberufsfelder sehr unterschiedliche Wahrscheinlichkeiten für einen Ausbildungsberufsfeldwechsel aufweisen. Betrachtet man das nach dem Berufsfeld »Industrie, Handwerk« am stärksten besetzte Ausbildungsberufsfeld »Wirtschaft«, so weist Dänemark hier deutlich erhöhte Berufsfeldwechsel auf. Die Modelle wurden daraufhin noch einmal mit diesem Ausbildungsberufsfeld als Referenzkategorie gerechnet, um zu sehen, inwieweit hier ein signifikanter Länderunterschied zwischen Dänemark und den übrigen drei Ländern auszumachen ist (Tabelle A 12).

111 So hat etwa innerhalb des Wirtschaftszweigs Landwirtschaft in der Schweiz niemand einen Wechsel des Ausbildungsberufsfelds vorgenommen.

Tabelle 44: Determinanten eines Wechsels des Ausbildungsberufsfelds in Deutschland, Österreich, der Schweiz und Dänemark, Linear Probability Models

	Deutschland	Österreich	Schweiz	Dänemark
Konstante	0,080⁺ (0,043)	0,129*** (0,038)	0,104*** (0,031)	0,117* (0,056)
Soziodemogr.				
Weiblich	-0,010 (0,011)	-0,037⁺ (0,020)	-0,023 (0,017)	-0,098** (0,036)
Verheiratet	-0,011 (0,014)	0,049⁺ (0,030)	0,014 (0,021)	-0,019 (0,041)
Alter 25–29	0,006 (0,010)	0,036 (0,034)	0,042* (0,017)	-0,000 (0,029)
Ausländer	0,002 (0,020)	-0,019 (0,029)	-0,002 (0,012)	-0,100 (0,126)
In Bildung	0,124*** (0,016)	0,017 (0,028)	0,016 (0,022)	0,025 (0,041)
Ostdeutschl.	0,010 (0,011)	-	-	-
Zeit s. Abschl.				
Bis 1 Jahr (R.)	-	-	-	-
2 bis 3 Jahre	0,072*** (0,010)	0,052** (0,016)	0,034* (0,017)	0,074* (0,030)
4 bis 5 Jahre	0,120*** (0,015)	0,115*** (0,023)	0,026 (0,024)	0,099** (0,034)
Periode				
Jahr 2004	0,068*** (0,015)	0,015 (0,019)	-0,008 (0,018)	-0,027 (0,039)
Jahr 2005	-0,002 (0,011)	-0,010 (0,017)	0,001 (0,018)	0,010 (0,042)
Jahr 2006 (R.)	-	-	-	-
Jahr 2007	-0,014 (0,010)	-0,006 (0,017)	0,004 (0,018)	-0,021 (0,036)
ELQ Abschl.	0,006 (0,005)	0,023 (0,016)	-0,002 (0,013)	-0,012 (0,021)
Ausbildungsfeld				
Ind./H. (R.)	-	-	-	-
Landw.	0,110** (0,039)	0,408*** (0,050)	0,268*** (0,059)	0,273*** (0,071)
Design	0,312*** (0,037)	0,679*** (0,049)	0,469*** (0,065)	0,481*** (0,136)
Wirtschaft	0,007 (0,012)	0,034⁺ (0,020)	-0,023 (0,017)	0,117** (0,036)
Gesundheit	-0,039* (0,016)	0,299*** (0,056)	-0,011 (0,027)	0,079 (0,059)
Pers. Dienste	0,055*** (0,016)	0,066** (0,025)	0,036 (0,029)	0,140* (0,056)
Betrieb				
1–10 Mit. (R.)	-	-	-	-
11–19 Mit.	0,011 (0,013)	-0,029⁺ (0,017)	-0,023 (0,018)	-0,011 (0,040)
20–49 Mit.	0,010 (0,013)	-0,051** (0,017)	0,057** (0,019)	-0,008 (0,037)
50+ Mit.	0,030** (0,010)	0,018 (0,016)	0,030* (0,014)	-0,014 (0,033)
Monate	-0,004*** (0,000)	-0,004*** (0,001)	-0,001** (0,000)	-0,002* (0,001)
Monate²	0,000*** (0,000)	0,000** (0,000)	-0,000 (0,000)	0,000 (0,000)
Teilzeit	0,111*** (0,014)	0,112*** (0,031)	0,040⁺ (0,024)	0,152*** (0,043)
Befristung	0,077*** (0,011)	0,043⁺ (0,025)	0,087** (0,029)	0,122** (0,045)
N	8483	3480	2877	974
R^2	0,113	0,174	0,095	0,109

*⁺ $p < 0,10$, * $p < 0,05$, ** $p < 0,01$, *** $p < 0,001$; Koeffizienten: b-Koeffizienten; Standardfehler in Klammern*

Tabelle 45: Beschäftigte Lehrabsolventen, die ihr Ausbildungsberufsfeld Industrie/Handwerk verlassen haben in Deutschland, Österreich, der Schweiz und Dänemark, Test der Konstanten auf Signifikanz

Land	a1	a2	S.F. a1	S.F. a2	Testwert	p<0,05
AT vs. DK	0,129	0,117	0,038	0,056	0,18	nein
AT vs. CH	0,129	0,104	0,038	0,031	0,51	nein
AT vs. DE	0,129	0,08	0,038	0,043	0,85	nein
DK vs. CH	0,117	0,104	0,056	0,031	0,20	nein
DK vs. DE	0,117	0,08	0,056	0,043	0,52	nein
CH vs. DE	0,104	0,08	0,031	0,043	0,45	nein

Der Konstantenwert liegt nun für Dänemark bei 23,5 Prozent, gefolgt von Österreich mit 16,3 Prozent, Deutschland mit 8,7 Prozent und der Schweiz mit 8,1 Prozent. Dänemark zeichnet sich im Bereich des Ausbildungsberufsfeldes »Wirtschaft« durch eine signifikant höhere Wechselwahrscheinlichkeit des Berufsfeldes aus, als dies in der Schweiz und zumindest bei einer Irrtumswahrscheinlichkeit von p<0,1 in Deutschland der Fall ist (Tabelle 46). Die Annahme einer loseren Kopplung zwischen Ausbildungsberufsfeld und später ausgeübtem Beruf kann für das wenig standardisierte und breiter ausbildende dänische Ausbildungssystem also zumindest in Bezug auf das am zweitstärksten besetzte Ausbildungsberufsfeld festgestellt werden. In allen vier Ländern ist zudem die Wechselwahrscheinlichkeit für die Bereiche »Landwirtschaft« und »Design, Medien« deutlich höher als in den Bereichen »Industrie und Handwerk« sowie »Wirtschaft«. Vor allem in Dänemark verlassen Lehrabsolventen zudem das Ausbildungsberufsfeld »persönliche Dienstleistungen«.

Tabelle 46: Beschäftigte Lehrabsolventen, die ihr Ausbildungsberufsfeld Wirtschaft verlassen haben in Deutschland, Österreich, der Schweiz und Dänemark, Test der Konstanten auf Signifikanz

Land	a1	a2	S.F. a1	S.F. a2	Testwert	p<0,05
DK vs. AT	0,235	0,163	0,065	0,041	0,94	nein
DK vs. DE	0,235	0,087	0,065	0,044	1,89	(p<0,10)
DK vs. CH	0,235	0,081	0,065	0,033	2,11	ja
AT vs. DE	0,163	0,087	0,041	0,044	1,26	nein
AT vs. CH	0,163	0,081	0,041	0,033	1,56	nein
DE vs. CH	0,087	0,081	0,044	0,033	0,11	nein

Ob das Ausbildungsberufsfeld verlassen wird oder nicht, ist auch von soziodemografischen Charakteristika abhängig. Weibliche Lehrabsolventen verlassen in Dänemark seltener ihr erlerntes Ausbildungsberufsfeld als männliche Lehrabsolventen. Ältere (25 bis 29 Jahre) verlassen im Vergleich zu Jugendlichen unter 25 Jahren in der Schweiz häufiger ihr ursprüngliches Ausbildungsberufsfeld. In Deutschland befinden sich Personen, die ins Bildungssystem zurückgekehrt sind – als einzigem der vier Untersuchungsländer – häufiger nicht mehr in ihrem erlernten Berufsfeld. Dies kann als Hinweis darauf gedeutet werden, dass hoch berufsspezifisch ausgebildete Personen, die das Ausbildungsberufsfeld wechseln, wenig mit ihren alten beruflichen Kompetenzen auf dem Arbeitsmarkt anfangen können und daher Weiterbildung betreiben müssen. Mit zunehmender Zeit, die seit dem Lehrabschluss vergangen ist, erhöht sich die Wahrscheinlichkeit das ursprüngliche Ausbildungsberufsfeld zu verlassen in Deutschland, Österreich und Dänemark signifikant, nicht jedoch in der Schweiz. Die Modelle kontrollieren zudem Betriebszugehörigkeitsdauern und damit indirekt unterschiedliche Betriebswechselhäufigkeiten. Im Allgemeinen wird das Verlassen des Ausbildungsberufsfeldes mit zunehmender Verweildauer in einem Betrieb unwahrscheinlicher, wie die signifikanten Effekte für diese Variable belegen. Dies gilt insbesondere für Deutschland und Österreich, weniger für Dänemark und die Schweiz. Die Betriebsgröße hat vor allem in Deutschland und der Schweiz einen positiven Einfluss auf das Verlassen des Ausbildungsberufsfeldes. In Österreich haben Lehrabsolventen insbesondere in Betrieben mit 20 bis 49 Beschäftigten seltener das originäre Ausbildungsberufsfeld verlassen. Ausbildungsabsolventen, die in Teilzeit oder geringfügiger Beschäftigung arbeiten, ebenso wie solche, die befristet beschäftigt sind, also vom Normalarbeitsverhältnis abweichen, haben in allen vier Ländern zu höheren Anteilen ihr erlerntes Ausbildungsberufsfeld verlassen.

8.2.3 Kopplung der dualen Berufsausbildung an Fachtätigkeiten

Es wird nun untersucht, in welchem Ausmaß die dualen Ausbildungssysteme der Länder Deutschland, Österreich, Schweiz und Dänemark an Fachtätigkeiten gekoppelt sind beziehungsweise ob in einem Land stärker als in anderen Entkopplung auftritt. Der deskriptive Teil zeigte, dass die Kopplung an Fachtätigkeiten vor allem in Dänemark vergleichsweise schwach ausgeprägt ist. Besonders deutlich war dies bei weiblichen Lehrabsolventen zu erkennen – aber auch männliche Lehrabsolventen waren zu höheren Anteilen in Niedrigqualifiziertenberufen zu finden als in den drei Vergleichsländern. Es soll nun untersucht werden, ob dieser Unterschied zwischen Dänemark auf der einen und der deutschsprachigen Ländergruppe auf der anderen Seite auch unter Kontrolle sozioökonomischer Rahmenbedingungen und ausbildungssystemspezifischer Faktoren bestehen bleibt. Zuerst wird ein Modell ohne Einbezug von Ausbildungsberufsfeldern geschätzt, das für folgende Variablenbündel kontrolliert: Soziodemografika, die Zeit, die seit Ausbildungsabschluss vergangen ist, Periodeneffekte und betriebliche Merkmale (Tabelle 47). Der höchste Anteil Lehrabsolventen in unterwertiger Beschäftigung findet sich abgelesen an der Konstante mit 23,2 Prozent in Dänemark, gefolgt von Deutschland (14,3 Prozent), Österreich (7,4 Prozent) und der Schweiz (6,8 Prozent). Damit bleiben auch die Ergebnisse aus der Deskription ungefähr erhalten und die Annahme verfestigt sich, dass ein wenig standardisiertes und vergleichsweise breit ausbildendes duales Ausbildungssystem mit einer geringeren Kopplung an Fachtätigkeiten einhergeht. Eine sehr hohe berufliche Spezialisierung, wie sie in Deutschland zu finden ist, verschafft Jugendlichen dagegen keine weiteren Vorteile beim Zugang zu Fachtätigkeiten – tendenziell scheint dies sogar eher hinderlich.

Dänemark unterscheidet sich signifikant von Österreich und der Schweiz, nicht jedoch von Deutschland (Tabelle 48). Deutschland unterscheidet sich knapp nicht signifikant von Österreich und der Schweiz. Mit Blick auf den Einfluss von Soziodemografika sticht insbesondere für Dänemark der sehr hohe Geschlechtereffekt ins Auge: Der Anteil in unterwertiger Beschäftigung liegt für weibliche Lehrabsolventen um mehr als 20 Prozentpunkte über dem Wert männlicher Absolventen. Es soll schließlich der Frage nachgegangen werden, welchen Einfluss das gewählte Ausbildungsberufsfeld auf unterwertige Beschäftigung hat und ob die Geschlechterungleichheiten möglicherweise durch geschlechtstypische Wahl von Ausbildungsberufsfeldern erklärt werden können.

Tabelle 47: Determinanten unterwertiger Beschäftigung in Deutschland, Österreich, der Schweiz und Dänemark, Linear Probability Models

	Deutschland	Österreich	Schweiz	Dänemark
Konstante	0,143*** (0,037)	0,074** (0,023)	0,068** (0,024)	0,232*** (0,069)
Soziodemogr.				
Weiblich	-0,000 (0,007)	0,001 (0,007)	0,023* (0,010)	0,213*** (0,033)
Verheiratet	-0,013 (0,011)	0,006 (0,017)	0,063** (0,020)	-0,090+ (0,050)
Alter 25–29	-0,036*** (0,008)	-0,017 (0,015)	-0,025* (0,012)	-0,043 (0,034)
Ausländer	-0,004 (0,017)	-0,005 (0,017)	0,016+ (0,010)	0,189 (0,183)
In Bildung	-0,013 (0,012)	-0,042*** (0,012)	-0,039** (0,015)	-0,044 (0,042)
Ostdeutschl.	0,028** (0,010)	-	-	-
Zeit s. Abschl.				
Bis 1 Jahr (R.)	-	-	-	-
2 bis 3 Jahre	0,037*** (0,009)	-0,009 (0,010)	0,002 (0,014)	0,007 (0,038)
4 bis 5 Jahre	0,060*** (0,013)	0,022 (0,015)	-0,011 (0,019)	-0,010 (0,040)
Periode				
Jahr 2004	0,039** (0,013)	-0,008 (0,011)	0,003 (0,014)	-0,003 (0,047)
Jahr 2005	-0,017+ (0,009)	0,003 (0,011)	0,025+ (0,014)	0,041 (0,049)
Jahr 2006 (R.)	-	-	-	-
Jahr 2007	-0,006 (0,009)	0,001 (0,010)	0,012 (0,013)	0,009 (0,043)
ELQ Abschl.	-0,002 (0,005)	-0,012 (0,009)	-0,022* (0,010)	0,009 (0,027)
Betrieb				
1–10 Mit. (R.)	-	-	-	-
11–19 Mit.	0,030* (0,012)	0,002 (0,008)	0,024 (0,015)	0,087+ (0,046)
20–49 Mit.	0,033** (0,012)	0,007 (0,009)	0,040** (0,015)	0,040 (0,043)
50+ Mit.	0,025** (0,008)	0,061*** (0,010)	0,026* (0,011)	0,039 (0,037)
Monate	-0,004*** (0,000)	-0,001*** (0,000)	-0,001*** (0,000)	-0,001 (0,001)
Monate²	0,000*** (0,000)	0,000 (0,000)	0,000* (0,000)	-0,000 (0,000)
Teilzeit	0,136*** (0,013)	-0,006 (0,015)	0,034+ (0,020)	0,336*** (0,040)
Befristung	0,033*** (0,010)	0,026+ (0,015)	0,086*** (0,025)	0,020 (0,046)
N	8712	3484	2971	974
R^2	0,076	0,044	0,037	0,171

*+ $p < 0,10$, * $p < 0,05$, ** $p < 0,01$, *** $p < 0,001$; Koeffizienten: b-Koeffizienten; Standardfehler in Klammern*

Tabelle 48: Lehrabsolventen in unterwertiger Beschäftigung in Deutschland, Österreich, der Schweiz und Dänemark, Test der Konstanten auf Signifikanz

Land	a1	a2	S.F. a1	S.F. a2	Testwert	p<0,05
DK vs. DE	0,232	0,143	0,069	0,037	1,14	Nein
DK vs. AT	0,232	0,074	0,069	0,023	2,17	Ja
DK vs. CH	0,232	0,068	0,069	0,024	2,25	Ja
DE vs. AT	0,143	0,074	0,037	0,023	1,58	Nein
DE vs. CH	0,143	0,068	0,037	0,024	1,70	(p<0,1)
AT vs. CH	0,074	0,068	0,023	0,024	0,18	nein

Tabelle 49 stellt das um Ausbildungsberufsfelder ergänzte Modell dar.[112] Zuerst zu den Konstantenwerten. Bei Absolventen des Referenzausbildungsberufsfeldes »Industrie und Handwerk« liegt der Anteil in unterwertiger Beschäftigung in Dänemark bei 11,7 Prozent, in Deutschland bei 10,1 Prozent, in Österreich bei 7,4 Prozent und in der Schweiz bei 6,1 Prozent. Die berichteten Länderunterschiede sind nicht signifikant (Tabelle 50). Es fällt zudem auf, dass der sehr starke Geschlechterunterschied für Dänemark nicht mehr signifikant ist. Die im vorigen Modell aufgetretenen Unterschiede zwischen weiblichen und männlichen Lehrabsolventen sind also insbesondere auf die Wahl des Ausbildungsberufsfeldes zurückzuführen. Die Geschlechterbenachteiligung in der Schweiz kann dagegen nicht durch die Wahl des Ausbildungsberufsfeldes erklärt werden. Es ist nicht auszuschließen, dass dieser Befund auf die grundsätzlich sehr starke Ausrichtung der Schweiz in Richtung eines *male-breadwinner*-Modells zurückzuführen ist. Wie zuvor wird außerdem für die vier Untersuchungsländer ein Modell gerechnet, das das am zweitstärksten frequentierte Ausbildungsberufsfeld »Wirtschaft« als Referenzkategorie setzt (Tabelle A 13). Die Anteile von Lehrabsolventen in unterwertiger Beschäftigung stellen sich nun folgendermaßen dar: In Dänemark gehen mit 39,6 Prozent bei weitem die meisten der Lehrabsolventen einer unterwertigen Beschäftigung nach, gefolgt von Deutschland mit 13,3 Prozent, Österreich mit 7,2 Prozent und der Schweiz mit unter 1 Prozent.

112 Auch in den Modellen zu unterwertiger Beschäftigung wird auf das Einbeziehen von Wirtschaftszweigen aufgrund geringer Zellbesetzungen und wenig Varianz zwischen unterwertiger Beschäftigung und Fachtätigkeiten innerhalb von Wirtschaftszweigen verzichtet.

Tabelle 49: Determinanten unterwertiger Beschäftigung einschließlich Ausbildungsfeldern in Deutschland, Österreich, der Schweiz und Dänemark, Linear Probability Models

	Deutschland	Österreich	Schweiz	Dänemark
Konstante	0,101** (0,037)	0,074** (0,023)	0,061* (0,024)	0,117^{+} (0,065)
Soziodemogr.				
Weiblich	-0,009 (0,009)	0,002 (0,012)	0,023* (0,012)	-0,003 (0,043)
Verheiratet	-0,006 (0,011)	0,006 (0,017)	0,063** (0,021)	-0,098* (0,047)
Alter 25–29	-0,029*** (0,008)	-0,017 (0,015)	-0,037** (0,012)	-0,076* (0,032)
Ausländer	-0,011 (0,016)	-0,005 (0,017)	0,017^{+} (0,010)	0,174 (0,180)
In Bildung	-0,019 (0,012)	-0,042*** (0,012)	-0,027* (0,014)	-0,050 (0,042)
Ostdeutschl.	0,011 (0,010)	-	-	-
Zeit s. Abschl.				
Bis 1 Jahr (R.)	-	-	-	-
2 bis 3 Jahre	0,036*** (0,009)	-0,009 (0,010)	-0,008 (0,013)	0,038 (0,035)
4 bis 5 Jahre	0,058*** (0,013)	0,022 (0,015)	-0,017 (0,018)	0,036 (0,038)
Periode				
Jahr 2004	0,038** (0,013)	-0,008 (0,011)	0,009 (0,014)	0,020 (0,044)
Jahr 2005	-0,015 (0,009)	0,003 (0,011)	0,025^{+} (0,014)	0,045 (0,045)
Jahr 2006 (R.)	-	-	-	-
Jahr 2007	-0,005 (0,009)	0,001 (0,011)	0,018 (0,013)	0,008 (0,040)
ELQ Abschl.	-0,001 (0,005)	-0,012 (0,010)	-0,020* (0,009)	0,015 (0,025)
Ausbildungsfeld				
Ind./H. (R.)	-	-	-	-
Landw.	0,016 (0,029)	0,022 (0,025)	0,023 (0,030)	0,102 (0,063)
Design	0,007 (0,023)	-0,021 (0,021)	-0,055** (0,019)	0,160 (0,124)
Wirtschaft	0,032*** (0,009)	-0,002 (0,013)	-0,054*** (0,011)	0,279*** (0,043)
Gesundheit	-0,050*** (0,011)	-0,003 (0,022)	0,044* (0,022)	0,637*** (0,059)
Pers. Dienste	0,230*** (0,016)	-0,001 (0,014)	0,297*** (0,034)	0,379*** (0,062)
Betrieb				
1–10 Mit. (R.)	-	-	-	-
11–19 Mit.	0,030** (0,012)	0,001 (0,008)	0,027^{+} (0,014)	0,091* (0,045)
20–49 Mit.	0,027* (0,011)	0,007 (0,009)	0,048** (0,015)	0,030 (0,041)
50+ Mit.	0,027** (0,009)	0,061*** (0,010)	0,037*** (0,011)	0,031 (0,037)
Monate	-0,004*** (0,000)	-0,001*** (0,000)	-0,002*** (0,000)	-0,001 (0,001)
Monate^2	0,000*** (0,000)	0,000 (0,000)	0,000** (0,000)	-0,000 (0,000)
Teilzeit	0,141*** (0,013)	-0,005 (0,015)	0,026 (0,019)	0,234*** (0,041)
Befristung	0,034*** (0,010)	0,025 (0,016)	0,064** (0,023)	0,002 (0,045)
N	8483	3480	2877	974
R^2	0,129	0,044	0,154	0,275

$^{+}p < 0,10$, $^{*}p < 0,05$, $^{**}p < 0,01$, $^{***}p < 0,001$; Koeffizienten: b-Koeffizienten; Standardfehler in Klammern

Tabelle 50: Lehrabsolventen in unterwertiger Beschäftigung in Deutschland, Österreich, der Schweiz und Dänemark, Test der Konstanten auf Signifikanz, Referenzausbildungsfeld: Industrie/Handwerk

Land	a1	a2	S.F. a1	S.F. a2	Testwert	p<0,05
DK vs. DE	0,117	0,101	0,065	0,037	0,21	nein
DK vs. AT	0,117	0,074	0,065	0,023	0,62	nein
DK vs. CH	0,117	0,061	0,065	0,024	0,81	nein
DE vs. AT	0,101	0,074	0,037	0,023	0,62	nein
DE vs. CH	0,101	0,061	0,037	0,024	0,91	nein
AT vs. CH	0,074	0,061	0,023	0,024	0,39	nein

Tabelle 51: Lehrabsolventen in unterwertiger Beschäftigung in Deutschland, Österreich, der Schweiz und Dänemark, Test der Konstanten auf Signifikanz, Referenzausbildungsfeld: Wirtschaft

Land	a1	a2	S.F. a1	S.F. a2	Testwert	p<0,05
DK vs. DE	0,396	0,133	0,075	0,038	3,13	ja
DK vs. AT	0,396	0,072	0,075	0,025	4,10	ja
DK vs. CH	0,396	0,007	0,075	0,025	4,92	ja
DE vs. AT	0,133	0,072	0,038	0,025	1,34	nein
DE vs. CH	0,133	0,007	0,038	0,025	2,77	ja
AT vs. CH	0,072	0,007	0,025	0,025	1,84	(p<0,10)

Dänemark unterscheidet sich dabei signifikant von der deutschsprachigen Ländergruppe (Tabelle 51). Deutsche Lehrabsolventen sind zudem signifikant häufiger unterwertig beschäftigt als Schweizer Lehrabsolventen. Diese Befunde stellen die Bedeutsamkeit des Ausbildungsberufsfeldes für individuelle Arbeitsmarktpositionierung deutlich heraus.

Verschiedenste Einflussfaktoren wirken auf unterwertige Beschäftigung. Mit Blick auf soziodemografische Merkmale lässt sich feststellen, dass Frauen in der Schweiz geringfügig seltener unterwertig beschäftigt sind als Männer. Während Verheiratete in der Schweiz ein höheres Risiko unterwertiger Beschäftigung tragen, sinkt das Risiko auf unterwertige Beschäftigung dieser Gruppe in Dänemark. Ein höheres Alter geht in Deutschland, der Schweiz und Dänemark mit einer Reduktion unterwertiger Arbeit für Lehrabsolventen einher. Als einzigem Land nimmt das Auftreten unterwertiger Beschäftigung mit zunehmender Dauer nach dem beruflichen Abschluss in Deutschland signifikant zu. Dies könnte ein Anzeichen dafür sein, dass hoch beruflich spezialisierte Lehrabsolventen in Deutschland mit zunehmendem Abstand vom Lehrabschluss in unterwertige Beschäftigung ausweichen. Auch betriebliche Merkmale üben einen Einfluss auf unterwertige Beschäftigung aus. Tendenziell tritt unterwertige Beschäftigung in allen vier Ländern häufiger in größeren Betrieben auf. Je länger Lehrabsolventen bei einem Betrieb arbeiten, desto geringer ist zudem in allen vier Ländern das Risiko auf unterwertige Beschäftigung. In Deutschland und Dänemark sind Personen, die nicht in Vollzeit arbeiten zudem häufiger in unterwertiger Beschäftigung anzutreffen. Befristet beschäftigte Lehrabsolventen arbeiten in Deutschland und der Schweiz häufiger unter Wert.

Abschließend soll untersucht werden, inwieweit das Verlassen des originären Ausbildungsberufsfelds auf unterwertige Beschäftigung wirkt. Es ist davon auszugehen, dass mit steigender beruflicher Spezialisierung der Ausbildung auch in geringerem Maße berufliche Kompetenzen in ein anderes Berufsfeld übertragen werden können. Folglich sollte insbesondere im hoch spezialisiert ausbildenden Deutschland ein Berufsfeldwechsel mit dem Risiko unterwertiger Beschäftigung einhergehen. Die Variable »Verlassen des Ausbildungsberufsfelds« wird daher als zusätzliche *unabhängige Variable* in das Modell aufgenommen (Tabelle A 14). Es zeigt sich, dass das Verlassen des originären Ausbildungsberufsfeldes in Deutschland mit einem Anstieg unterwertiger Beschäftigung um 33,3 Prozentpunkte einhergeht. In den anderen drei Ländern ist dieser Anstieg deutlich geringer. In Dänemark erhöht sich unterwertige Beschäftigung beim Verlassen des Ausbildungsberufsfelds um 21,7 Prozent, in Österreich um 12,0 Prozent und in der Schweiz um 9,8 Prozent. Deutschland unterscheidet sich signifikant von den übrigen drei Ländern (Tabelle 52). Eher unerwartet liegt jedoch auch der dänische Wert über dem Wert Österreichs und der Schweiz, die sich nicht signifikant voneinander unterscheiden.

Tabelle 52: Der Einfluss eines Wechsels des Ausbildungsberufsfelds auf unterwertige Beschäftigung in Deutschland, Österreich, der Schweiz und Dänemark, Vergleich der Koeffizienten

Land	a1	a2	S.F. a1	S.F. a2	Testwert	p<0,05
DE vs. DK	0,333	0,217	0,013	0,04	2,76	ja
DE vs. AT	0,333	0,12	0,013	0,016	10,33	ja
DE vs. CH	0,333	0,098	0,013	0,022	9,20	ja
DK vs. AT	0,217	0,12	0,04	0,016	2,25	ja
DK vs. CH	0,217	0,098	0,04	0,022	2,61	ja
AT vs. CH	0,12	0,098	0,016	0,022	0,81	nein

9. Zusammenfassung, Diskussion und Ausblick

In dieser Arbeit wurde das erste Mal im Detail die Kopplung zwischen dualem Ausbildungssystem und Arbeitsmarkt im internationalen Vergleich untersucht. Das duale Ausbildungssystem deutscher Prägung mit seinen beiden Lernorten Betrieb und Berufsschule kann in idealtypischer Betrachtung einerseits vom englischen betrieblichen ›Anlernmodell‹ (*training on-the-job*) und zweitens vom rein schul-basierten französischen Ausbildungsmodell unterschieden werden. Im Gegensatz zu einem einfachen *training on-the-job*-Modell erlernen junge Menschen in der dualen Ausbildung einen Beruf über den Zeitraum von mehreren Jahren, was einen gewissen Qualitätsstandard sichert. Häufig wird hier im deutschen Zusammenhang von »diversifizierter Qualitätsproduktion« gesprochen (Streeck 1991). Die Dualität der Lernorte hat für Auszubildende zudem zwei weitere große Vorteile: Erstens besteht bereits während der Ausbildung ein enger Betriebsbezug und im Anschluss an die Ausbildung kann ein direkter Übergang in den Ausbildungsbetrieb als Beschäftigter erfolgen (›Übernahme des Lehrlings‹) und damit Sucharbeitslosigkeit vorgebeugt werden – dieser Vorteil besteht bei einer rein schulischen Ausbildungseinrichtung nicht. Zweitens erwerben Auszubildende im dualen System zwei unterschiedliche Formen von Wissen: Eher theoretisch-abstraktes Wissen (vor allem in der Berufsschule) wie auch praktische Berufserfahrung im Betrieb. Dies versetzt junge Menschen, die einen dualen Abschluss erlangt haben in die Lage, bereits beim Erwerbseinstieg bis zu einem gewissen Grad mit erfahreneren Kollegen ›mithalten‹ zu können. Das Ausbildungssystem ist außerdem hoch selektiv (oder »stratifiziert«). Vor Beginn der dualen Berufsausbildung müssen junge Menschen zuerst mit einem Betrieb einen Ausbildungsvertrag abschließen, der sich bereit erklärt, eine Ausbildung über mehrere Jahre durchzuführen. Kommt es während dieser Ausbildungsphase zu keiner Vertragslösung und schließt der Lehrling die Ausbildung erfolgreich ab, sind auch die Chancen auf einen fließenden Übergang in den Betrieb gut. Ein weiteres Wesensmerkmal des dualen Ausbildungssystems ist das Berufsprinzip. Die Inhalte von Ausbildungsberufen werden regelmäßig von Seiten der Wirtschaft überarbeitet und in standardisierten Ausbildungsordnungen festgehalten, was zu einer hohen Passung zwischen dualer Berufsausbildung und Arbeitsmarkt führt.

Dieses eben beschriebene duale Ausbildungsmodell ist in Europa heute vor allem in Deutschland, Österreich, der Schweiz und Dänemark verbreitet. Ergebnisse international vergleichender empirischer Studien stützen die Annahme, dass die Kopplung zwischen dem Bildungssystem und dem Arbeitsmarkt gerade in Ländern mit dualem Ausbildungssystem hoch ist. Dies äußert sich etwa in niedrigen Jugendarbeitslosenquoten oder einer geringen Zahl von beruflichen Mismatches bei jungen Menschen mit Ausbildungsabschluss. Bis dato ungeklärt war jedoch die Frage, ob es *innerhalb* des Länderclusters mit dualem Ausbildungssystem zu Unterschieden in der Kopplung zwischen Berufsbildungssystem und Arbeitsmarkt kommt. Eine erste große Herausforderung bestand darin, eine Konzeption zu entwickeln, um die Passung zwischen dualem Ausbildungssystem und Arbeitsmarkt im Vier-Länder-Vergleich zu messen. Die Überlegung war dabei, die frühe Arbeitsmarktphase (bis fünf Jahre nach Abschluss) von Absolventen einer dualen Berufsausbildung näher unter die Lupe zu nehmen. Befindet sich etwa ein großer Anteil der Lehrabsolventen in einem Land am Arbeitsmarkt in Mismatch-Positionen, deutet dies darauf hin, dass das duale Ausbildungssystem und der Arbeitsmarkt stark voneinander entkoppelt sind. Sind Arbeitsmarkt-Mismatches dagegen eher selten, ist die Passung zwischen dualem Ausbildungssystem und Arbeitsmarkt als gut einzustufen. Der Forschungsfrage gemäß wurden Matches und Mismatches dabei bewusst aus (ausbildung-)systemischer Perspektive heraus festgelegt. Insgesamt wurden idealtypisch vier Konstrukte von Passung zwischen dualem Ausbildungssystem und Arbeitsmarkt entwickelt: (1) Kopplung zwischen dualem Ausbildungssystem und Beschäftigungssystem ist dann gegeben, wenn Lehrabsolventen zu einem hohen Prozentsatz den Sprung ins Beschäftigungssystem schaffen. Dieser erste Typus bezieht sich auf die Stabilität des Systems an sich. Arbeiteten Auszubildende nach ihrem Abschluss nicht in großen Zahlen bei einem Betrieb, würde sich der Erhalt des Ausbildungssystems weder aus der Warte Auszubildender noch der Wirtschaft lohnen. Entkopplung zwischen dualem Ausbildungssystem und Beschäftigungssystem kann sich auf unterschiedliche Weise äußern: Ziehen sich Lehrabsolventen komplett vom Arbeitsmarkt zurück (Arbeitsmarktinaktivität), herrscht Entkopplung vom Arbeitsmarkt vor. Sind Ausbildungsabsolventen nicht erwerbstätig, aber suchen nach Arbeit (Erwerbslosigkeit), kann dies als Entkopplung des dualen Ausbildungssystems vom Erwerbssystem bezeichnet werden. Wie eng das duale Ausbildungssystem und das Beschäftigungssystem aneinander gekoppelt sind, kann unter Rückgriff auf das Konstrukt des »Normalarbeitsverhältnisses« (Mückenberger 1985), verstanden als unbefristete Vollzeitbeschäftigung bei einem Betrieb, definiert werden. Sind Lehrabsolventen in der frühen Arbeitsmarktphase unbefristet beschäftigt (hohe Anbindung an Betriebe) und gehen einer Vollzeitbeschäftigung nach (hohe Teilhabe am Erwerbssystem), ist der Grad der Kopplung zwischen dualem Ausbildungssystem und Beschäftigungssystem als sehr eng einzustufen. Das zweite Konstrukt, um die Passung zwischen Ausbildungssystem und Arbeitsmarkt zu messen, bezieht sich auf ein Kernelement des dualen Ausbildungssystems: den Beruf. (2) Die Kopplung zwischen dualem Ausbildungssystem und Berufen ist dann als eher lose einzustufen, wenn ein hoher Prozentsatz von Auszubildenden nicht mehr im erlernten Beruf arbeitet oder gar das originäre Ausbildungsberufsfeld verlässt. Verbleibt ein hoher Prozentsatz im ursprünglichen Ausbildungsberuf(-sfeld) ist berufliche Kopplung eng. Der dritte Typus bezieht sich auf das dezidierte Ziel der dualen Berufsausbildung, Fachkräfte auszubilden. (3) Die Kopplung des dualen Ausbildungssystems an Fachtätigkeiten ist eng, wenn ein großer Teil der Lehrabsolventen einer Fachtätigkeit nachgeht, und lose, wenn ein hoher Prozentsatz der Ausbildungsabsolventen in Niedrigqualifizierten-Berufen arbeitet. Der vierte hier identifizierte Typus bezieht sich auf die Konzeption des »Normallebenslaufs« und den reibungslosen Übergang vom Ausbildungssystem (»Vorbereitungsphase«) in den Arbeitsmarkt und kontinuierlichen Verbleib bei einem Betrieb (»Aktivitätsphase«) bis zur Rente (»Ruhephase«) (Kohli 1985). (4) Die Kopplung zwischen dualem Ausbildungssystem und Ausbildungsbetrieb ist dann besonders hoch, wenn junge Menschen nach Ende der Ausbildungszeit zu großen Anteilen von ihrem Ausbildungsbetrieb übernommen werden und dort verbleiben. Sie ist hingegen als lose einzuschätzen, wenn ein hoher Prozentsatz der Auszubildenden in einem Land nicht übernommen wird oder den Ausbildungsbetrieb bereits nach kurzer Zeit wieder verlässt.

Eine leitende Annahme dieser Arbeit ist, dass Merkmale der landesspezifischen dualen Ausbildungssysteme auch die individuelle Arbeitsmarktphase ihrer Absolventen beeinflussen können. Es folgte daher eine ausführliche Studie der dualen Ausbildungssysteme der Länder Deutschland,

Österreich, Schweiz und Dänemark. Unter anderem wurde dabei auch versucht, gängige Klassifizierungen aus der Forschung zu Übergängen vom Bildungssystem in den Arbeitsmarkt auf das duale Ausbildungssystem zu übertragen: die »berufliche Spezifität« (Müller und Shavit 1998), »Standardisierung« und »Stratifizierung« (Allmendinger 1989). Es konnte erstens festgestellt werden, dass die Selektivität beziehungsweise Stratifizierung der dualen Berufsausbildung in allen vier Ländern auf ähnlich hohem Niveau lag. Allerdings zeigte sich, dass die duale Berufsausbildung in Dänemark weniger stark standardisiert ist und auch beruflich breiter ausbildet als dies in den deutschsprachigen Vergleichsländern der Fall ist. Innerhalb der deutschen Ländergruppe war die berufliche Spezialisierung in Deutschland als besonders hoch einzustufen und in Österreich als am niedrigsten.

Ob es überhaupt zu Unterschieden in der Passung zwischen dualem Ausbildungssystem und Arbeitsmarkt zwischen den vier Untersuchungsländern kommt, wurde in einem ersten deskriptiv ausgerichteten Ergebniskapitel untersucht. Die Kopplung zwischen dualem Ausbildungssystem und Beschäftigungssystem erwies sich in Dänemark und allen voran Österreich als vergleichsweise eng, gemessen am Anteil von Lehrabsolventen in Beschäftigung per se wie auch in Normalarbeitsverhältnissen. Am geringsten fiel der Anteil von dualen Ausbildungsabsolventen in unbefristeter Vollzeitbeschäftigung im Vier-Länder-Vergleich in Deutschland aus. Die berufliche Kopplung des dualen Ausbildungssystems wurde daran gemessen, zu welchen Anteilen Lehrabsolventen in der frühen Arbeitsmarktphase ihr originäres Ausbildungsberufsfeld verlassen hatten. Es waren kaum Länderunterschiede erkennbar. Kopplung zwischen dualem Ausbildungssystem und Fachtätigkeiten, gemessen anhand von Lehrabsolventen in Fachtätigkeiten respektive in Niedrigqualifizierten-Berufen, war insbesondere in Dänemark sehr gering. Empirisch kaum möglich war es dagegen, die Kopplung zwischen dualem System und Ausbildungsbetrieb festzustellen, da die verwendeten Datensätze keine Identifikation des Ausbildungsbetriebs erlauben. Viele solcher hierfür geeignete Datensätze enthalten dagegen wiederum keine der zentralen Variablen, um die anderen Formen von Kopplung abzubilden.[113]

113 Für Deutschland erlauben etwa die prozessproduzierten Daten der Bundesagentur für Arbeit die Identifikation des Ausbildungsbetriebs (Oberschachtsiek et al. 2009). Auch in der Schweiz (Gast et al. 2004), Dänemark und Österreich gibt es amtlich prozessproduzierte Daten mit unterschiedlichen Zugangshürden für Wissenschaftler.

Auch wenn sich in den ersten deskriptiven Befunden einige markante Länderunterschiede zeigen, kann nicht ausgeschlossen werden, dass andere Faktoren jenseits des dualen Ausbildungssystems die beobachteten Länderunterschiede hervorgerufen haben. Nach einer ausführlichen theoretischen Diskussion zum Einfluss institutioneller und sozioökonomischer Rahmenbedingungen auf den Erwerbseinstieg junger Menschen, folgte die umfassende Analyse solcher Makrostrukturen für Deutschland, Österreich, die Schweiz und Dänemark.

Es waren diverse Länderunterschiede erkennbar. So liegt die allgemeine Erwerbslosenquote in Deutschland – insbesondere in den neuen Bundesländern – merklich höher als in den drei Nachbarländern, was den Zugang zu unbefristeter Vollzeitarbeit für Absolventen einer dualen Ausbildung erschweren kann. Auch unterscheidet sich die Wirtschaftsstruktur (Sektoren, Branchen, betriebliche Merkmale) zwischen den Ländern. Betriebe mit mehr als 50 Beschäftigten sind zum Beispiel eher in Deutschland und Dänemark verbreitet als in der Schweiz oder in Österreich. Je nach Betriebsgröße ergeben sich unterschiedliche Gelegenheitsstrukturen für berufliche Mobilität. Kündigungsschutz ist in Deutschland und Österreich verglichen mit der Schweiz und Dänemark relativ hoch, der dänische und Schweizer Arbeitsmarkt erscheinen damit wesentlich flexibler. Zahlungen von Arbeitslosengeld an Ausbildungsabsolventen sind zudem in Dänemark am generösesten. Der vergleichsweise geringe Kündigungsschutz, die auf Aktivierung ausgerichtete Arbeitsmarktpolitik und die hohe finanzielle Absicherung im Falle von Arbeitslosigkeit kennzeichnen das dänische *Flexicurity-Modell.*

Im multivariaten Analyseteil sollte abschließend untersucht werden, inwiefern die in der Deskription gefundenen Länderunterschiede auch bei Berücksichtigung verschiedener landesspezifischer Makrobedingungen fortbestehen oder möglicherweise gar neue Unterschiede auftreten. Zuerst wurde wiederum der Grad der Kopplung zwischen dualem Ausbildungssystem und Beschäftigungssystem untersucht. Wie im deskriptiven Teil standen in Dänemark, aber insbesondere in Österreich wesentlich mehr Lehrabsolventen in einem Normalarbeitsverhältnis als in Deutschland und der Schweiz. Es folgten Analysen gezielt nur für solche Ausbildungsabsolventen, die auch bei einem Betrieb beschäftigt waren. Dies hatte den Vorzug, dass neben soziodemografischen Merkmalen oder Periodeneffekten nun auch weitere Variablen wie der Wirtschaftszweig, die Betriebsgröße oder die Dauer der Betriebszugehörigkeit in das Modell aufgenommen werden konnten. Es erfolgte jeweils eine Analyse für Arbeitszeit (Vollzeit vs. geringfügig/Teilzeit) und für den Arbeitsvertrag (befristet vs. unbefristet) und damit für beide Komponenten des Normalarbeitsverhältnisses. Die Analysen zu unbefristeter Beschäftigung zeigten, dass in Deutschland zu Beginn der Betriebskarriere deutlich weniger Absolventen einer dualen Berufsausbildung unbefristet beschäftigt sind als in Österreich, der Schweiz und Dänemark. Dies stellt die bis dato getroffene Annahme in Frage, dass die sehr hohe Berufsspezifität in Deutschland dazu führt, dass sofort eine Beschäftigung ohne größere Testphase beziehungsweise ohne befristeten Vertrag begonnen werden könnte und deutet eher auf eine Überspezialisierung des deutschen dualen Ausbildungssystems. Die Untersuchung der beruflichen Kopplung des dualen Ausbildungssystems ließ aus multivariater Perspektive – anders als im deskriptiven Ergebnisteil – Länderunterschiede erkennen. Vor allem war es vom gewählten Ausbildungsberufsfeld abhängig, ob Lehrabsolventen ihr Berufsfeld wechselten. So unterschied sich Dänemark zwar nicht im Bereich Handwerk und Industrie, aber im Bereich Wirtschaft von der deutschsprachigen Ländergruppe: Die berufliche Kopplung stellte sich in Dänemark signifikant geringer dar. Dies ist ein Hinweis darauf, dass eine weniger standardisierte und beruflich breiter ausbildende duale Berufsausbildung die Verknüpfung zwischen Ausbildungssystem und Berufen tendenziell lockert. Zum Schluss wurde die Kopplung des dualen Ausbildungssystems an Fachtätigkeiten unter die Lupe genommen. Auch in multivariater Betrachtung war die bereits zuvor für Dänemark deskriptiv beschriebene hohe Prävalenz von unterwertiger Beschäftigung zu erkennen. Die weniger spezialisierte und standardisierte Ausbildung in Dänemark scheint für den Zugang zu spezialisierten Fachtätigkeiten also erst einmal wenig förderlich. Allerdings hatte auch hier das gewählte Ausbildungsberufsfeld einen erheblichen Einfluss darauf, ob Lehrabsolventen unterwertig beschäftigt waren oder nicht. Getestet wurde außerdem, ob diejenigen Lehrabsolventen, die ihr Ausbildungsberufsfeld verlassen hatten, ein höheres Risiko trugen, unterwertig beschäftigt zu sein. Dies war in allen vier Ländern der Fall, zeigte sich jedoch besonders deutlich in Deutschland. Das hoch spezialisierte berufliche Wissen ist in Deutschland scheinbar kaum zwischen verschiedenen Berufsfeldern übertragbar.

Diskussion der Ergebnisse und praktische Implikationen

Ein wesentlicher Befund dieser Arbeit ist, dass sich duale Ausbildungssysteme entlang verschiedener Merkmale voneinander unterscheiden und auch in unterschiedlichem Maße an den Arbeitsmarkt gekoppelt sind. Nimmt man zuerst die systemische Ausgestaltung dualer Berufsausbildung näher unter die Lupe, lassen sich zwei Typen von dualem Ausbildungssystem voneinander unterscheiden. Erstens der *dänische Typus*, der wenig standardisiert ist und vergleichsweise breit ausbildet und zweitens ein *deutschsprachiger Typus*, der hoch standardisiert ist und beruflich spezialisierter ausbildet. Innerhalb der deutschsprachigen Ländergruppe variiert zudem der Grad der beruflichen Spezialisierung: Während das deutsche duale Ausbildungssystem besonders hoch spezialisiert ausbildet, ist der Grad der Spezialisierung in der Schweiz etwas geringer und in Österreich am geringsten.

Die empirischen Befunde geben Hinweise darauf, dass eine unterschiedliche Ausgestaltung der systemischen Komponenten dualer Berufsausbildung auch mit Unterschieden in Hinblick auf das Zusammenspiel zwischen Ausbildungssystem und Arbeitsmarkt einhergehen.

Dieses Zusammenspiel erscheint jedoch weniger geradlinig im Sinne eines je mehr desto besser. Eine hohe Standardisierung bei gleichzeitig mittlerem Niveau an beruflicher Spezialisierung (Österreich) geht mit einer besonders engen Kopplung zwischen dualem Ausbildungssystem und Beschäftigungssystem einher. Auch dänische Lehrabsolventen, die vergleichsweise breit ausgebildet werden, finden relativ leicht Zugang zu unbefristeter Vollzeitbeschäftigung – die zumindest im Vier-Länder-Vergleich geringe Standardisierung scheint hier wenig hinderlich zu sein. Vielmehr lassen die Befunde eher den Schluss zu, dass eine sehr hohe berufliche Spezialisierung, möglicherweise ›Überspezialisierung‹, zu Schwierigkeiten beim Zugang in Normalarbeitsverhältnisse führt. Dies zeigt sich allen voran an Deutschland, wo zu Beginn der Betriebskarriere häufig erneute ›Testphasen‹ durchlaufen werden müssen, was sich in Befristungen äußert. Die in Anlehnung an Walter Müller und Yossi Shavit (Müller und Shavit 1998) formulierte Hypothese eines »je mehr berufliche Spezialisierung, desto enger die Verbindung zwischen Bildungssystem und Beschäftigungssystem«, kann damit zumindest mit Blick auf das Ländersegment mit dualer Berufsausbildung nicht aufrecht erhalten bleiben.

In der Tendenz war zu erkennen, dass die berufliche Kopplung des dualen Ausbildungssystems in einem Land mit breiter angelegter Ausbildung (Dänemark) weniger eng ist, was sich in höheren Anteilen von Lehrabsolventen abzeichnete, die ihr ursprüngliches Ausbildungsberufsfeld verlassen hatten. Kritisch angemerkt werden sollte dabei jedoch, dass der Unterschied zwischen Dänemark auf der einen Seite und dem deutschsprachigen Ländersegment auf der anderen Seite sehr gering ausfiel. Auch wenn die Annahme, dass eine hohe berufliche Spezialisierung in der Ausbildung Lehrabsolventen an ein Berufsfeld ›bindet‹ durchaus plausibel erscheint, muss mit Blick auf die Ergebnisse doch die Frage gestellt werden, ob die Untersuchungseinheit »Berufsfeld« für Länder mit dualem Ausbildungssystem zu grob ist. Eine gezielte Untersuchung des Wechsels von Ausbildungs*berufen* anstelle von Berufsfeldern kann weiteres Licht ins Dunkel der Frage von beruflicher Flexibilität bringen. So ist anzunehmen, dass breiter ausgebildete dänische Lehrabsolventen deutlich leichter zwischen verschiedenen Tätigkeitsberufen wechseln können als dies in den anderen drei Ländern der Fall ist.

Mit Blick auf die Kopplung des dualen Ausbildungssystems an Fachtätigkeiten waren ebenfalls Länderunterschiede zu erkennen. Die Annahme, dass Absolventen einer beruflich wenig spezialisierten dualen Ausbildung (Dänemark) in der frühen Arbeitsmarktphase seltener Fachtätigkeiten nachgehen als Absolventen stärker spezialisierter Ausbildungen, wurde durch die empirischen Befunde gestützt. Inwieweit dies auch auf eine Verdrängung dualer Ausbildungsabsolventen durch einen hohen Akademikeranteil zurückzuführen ist, kann an dieser Stelle nicht bewertet werden. Die Frage, ob Verdrängung stattfindet oder nicht kann nur im Längsschnitt eindeutig modelliert werden. Interessant erschien zudem der Befund, dass eine besonders hohe berufliche Spezialisierung (Deutschland) keine weiteren Vorteile beim Zugang zu Fachtätigkeiten hatte. Eher kehrte sich die Situation so um, dass Lehrabsolventen in Deutschland – möglicherweise aufgrund von Überspezialisierung und mangelnder beruflicher Flexibilität – tendenziell etwas häufiger in unterwertiger Beschäftigung anzutreffen waren als in den Nachbarländern Österreich und Schweiz. Außerdem zeigte sich mit Blick auf Deutschland, dass Ausbildungsabsolventen, die ihr erlerntes Berufsfeld verlassen hatten, im Vier-Länder-Vergleich bei weitem am häufigsten unterwertig beschäftigt waren. Auch dies deutet auf eine Überspezialisierung hin: Es scheint, dass hoch spezialisiertes berufliches Wissen in Deutschland kaum in anderen Ausbildungsberufsfeldern einsetzbar ist, so dass im Falle eines Ausbildungsberufswechsels häufig nur Ungelerntentätigkeiten ausgeübt werden können.

Welche praktischen Implikationen folgen nun aus diesen Ergebnissen? Eine konkrete Empfehlung für den ein oder anderen Typus dualer Berufsbildung auszusprechen fällt schwer, da jeder Typus seine jeweiligen Vorzüge und Nachteile hat und die Verbindung zwischen Ausbildungssystem und Arbeitsmarkt entlang unterschiedlicher Dimensionen (Normalarbeitsverhältnis, Beruf, Fachtätigkeit) beurteilt werden sollte. Junge Auszubildende, die den dänischen Typus dualer Berufsausbildung durchlaufen, tragen in der frühen Arbeitsmarktphase ein höheres Risiko, in eine unterwertige Beschäftigung überzugehen als dies beim deutschsprachigen Typus der Fall ist. Dieses Ergebnis ist jedoch auch vor dem Hintergrund anderer institutioneller Rahmenbedingungen in Dänemark zu beurteilen. Hierunter fallen etwa eine vergleichsweise hohe Absicherung im Falle von Arbeitslosigkeit, Durchlässigkeit zwischen verschiedenen Bildungssegmenten und der Förderung von Weiterbildung. International vergleichende Studien zu formalen und non-formalen Weiterbildungsaktivitäten (OECD 2008b: 407f.; Allmendinger et al. 2010b) weisen traditionell auf eine weit überdurchschnittlich hohe Weiterbildungsbeteiligung in Dänemark hin (siehe auch Abbildung A 1), die aufsetzend auf einer breiten beruflichen Grundausbildung über das gesamte Leben hinweg berufliche Spezialisierungen erlaubt. Eine aktuelle Untersuchung, die auch informelle lebensbegleitende Lernaktivitäten innerhalb Europas vergleichend untersucht (ELLI – European Lifelong Learning Indicators), weist ebenfalls auf eine besonders ausgeprägte Lernkultur in Dänemark hin, das innerhalb Europas den ersten Rang belegt. Der Elli-Index umfasst die vier Dimensionen »Lernen Wissen zu erwerben«, »Lernen zu Handeln«, »Lernen zusammenzuleben« und »Lernen das Leben zu gestalten« (Hoskins et al. 2011: 39).[114]

Innerhalb des deutschsprachigen Ländersegments fällt auf, dass die individuellen ›Freiheitsgrade‹ vor allem für Lehrabsolventen in Deutschland vergleichsweise gering sind. Dies zeigt sich einerseits an einem besonders schweren Zugang zu Normalarbeitsverhältnissen, aber auch anhand einer im Vier-Länder-Vergleich besonders hohen ›Sanktionierung‹ – soweit sich dies mit Hilfe einer Querschnittsbetrachtung schlussfolgern lässt – durch unterwertige Beschäftigung im Falle eines Verlassens des ursprünglichen Ausbildungsberufsfelds. Österreich stach mehrfach aus dem deutschsprachigen Ländersegment hervor, und zwar sowohl was den reibungslosen Übergang junger Menschen in Beschäftigung per se, wie auch in Normal-

114 Deutschland und Österreich befinden sich tendenziell im Mittelfeld beziehungsweise am unteren Ende der Spitzengruppe. Die Schweiz war nicht Teil der Untersuchung.

arbeitsverhältnisse und Fachtätigkeiten anbelangt. Auch wird das Verlassen des Ausbildungsberufsfeldes in Österreich vergleichsweise wenig durch unterwertige Beschäftigung sanktioniert. Das österreichische duale Ausbildungsmodell vereint damit aus individueller Sicht in der frühen Arbeitsmarktphase noch am ehesten die Aspekte individueller (Wahl-)Freiheit und Sicherheit gegen Abstieg. Die besonders hohe Standardisierung der Ausbildung – alle Ausbildungsberufe, Berufsschulen und betriebliche Ausbildung sind Sache des Bundes – und die offensichtlich nicht zu große berufliche Spezialisierung verschaffen jungen Ausbildungsabsolventen Sicherheit beim Erwerbseinstieg und bis zu einem gewissen Grade Flexibilität. Gerade die in Österreich etablierte Möglichkeit der Doppellehre, also die Verbindung zweier (verwandter) Ausbildungen ohne großen Verlust an Spezialisierung kann auch für Deutschland und die Schweiz ein interessantes Modell sein. So sind auch aktuellere Ansätze wie die der Modularisierung zu begrüßen und sollten dringend weiter verfolgt werden (Euler und Severing 2006). Das österreichische Modularisierungs-Modell, das neben der Doppellehre mit der Novelle des Berufsausbildungsgesetzes von Januar 2006 eingeführt wurde (Archan 2006; BmWfj 2009: 23), unterteilt Modullehrberufe in ein Grundmodul von zwei Jahren und ein mindestens ein Jahr andauerndes Hauptmodul. Während das Grundmodul grundlegende Fertigkeiten des Modullehrberufs vermittelt, erfolgt im Hauptmodul die Fokussierung auf die jeweilige Fachrichtung. Optional gibt es ferner die Möglichkeit, sich anschließend in einem halb- bis einjährigen Spezialmodul weiteres Wissen über spezielle Dienstleistungen und Produkte anzueignen. Kraftfahrzeugtechnik ist ein Beispiel für einen solchen Modullehrberuf (Bundesgesetzblatt 2008). In der Schweiz besteht etwa bei der kaufmännischen Berufsausbildung und im Bereich der Informatik ein Ausbildungsmodell mit 2- bis 3-jähriger breit angelegter Grundbildung und berufsbezogener einjähriger Spezialisierung (Barabasch et al. 2009a). Die Debatte um Modularisierung wurde in Deutschland durch ein Gutachten von Euler und Severing (2006) und den durch das BMBF berufenen Innovationskreis Berufliche Bildung (IKBB)[115] angestoßen (BMBF 2007). Das Bundesinstitut für Berufsbildung (BIBB) begann daraufhin, für verschiedene Berufe Ausbildungsbausteine zu entwickeln (Frank und Grunwald 2008). Im Jahr 2010 lagen in Deutschland für 14 Ausbildungsberufe – unter anderem

115 Der Innovationskreis Berufliche Bildung wurde im Jahr 2006 eingesetzt und setzte sich aus Vertretern von Bund, Ländern, Wirtschaft, Gewerkschaften, Bundesagentur für Arbeit, Berufsschulen und Wissenschaft zusammen.

Kaufmann/-frau im Einzelhandel, Industriemechaniker/-in sowie Maler/-in und Lackierer/-in – bundeseinheitliche Ausbildungsbausteine vor (BMBF 2010: 3). Das Modularisierungskonzept befindet sich in Deutschland jedoch erst in der Testphase und wird noch nicht flächendeckend angewendet.

Weiterer Forschungsausblick

Diese Dissertation ist in gewisser Weise als *Grundlagenforschung* zu verstehen. Es konnten erste Zusammenhänge zwischen Typen von dualer Ausbildung und der entsprechenden Passung mit dem Arbeitsmarkt aufgedeckt werden. Gleichermaßen wurde das Forschungsfeld damit aber auch erst eröffnet und Vertiefungsstudien sind nötig.

Einige der hier entwickelten Konzeptionen können in weiteren Studien eingesetzt werden. Dies gilt insbesondere für die vier beschriebenen Typen zur Messung von Kopplung zwischen dualem Ausbildungssystem und Arbeitsmarkt. Es bietet sich an, diese Typen nicht nur in Analysen dualer Ausbildungssysteme über verschiedene Räume hinweg, sondern auch für Analysen über die Zeit einzusetzen. Gerade vor dem Hintergrund des Wandels von Arbeitsmarktstrukturen und Wissen über die Jahrzehnte, ist es eine dringliche Frage, ob und wenn ja, in welchen Dimensionen sich das duale Ausbildungssystem und der Arbeitsmarkt entkoppelt haben und ob sich dies zwischen Ländern mit dualem Ausbildungssystem unterscheidet. Die Dissertation begrenzte den Analysezeitraum zudem bewusst auf die Zeit vor der Wirtschaftskrise, denn es war kaum abzusehen, ob die Arbeitsmarktsituation junger Menschen in der Wirtschaftskrise durch die Krise oder durch das Ausbildungssystem bedingt war. Es bietet sich jedoch eine gezielt auf die Wirtschaftskrise gerichtete Untersuchung an, die die Frage beantwortet, welcher Typus von dualem Ausbildungssystem jungen Menschen in Krisenzeiten die besseren Arbeitsmarkteinstiegschancen bietet. Es könnte genauer die Hypothese getestet werden, dass der dänische Ausbildungstypus anfälliger für konjunkturelle Einbrüche ist als der deutschsprachige Typus, der ›geordnetere‹ Arbeitsmarkteinstiege bietet. Ein in dieser Arbeit schwer bis kaum zu untersuchender Aspekt war zudem die Kopplung zwischen dualem Ausbildungssystem und Ausbildungsbetrieb. Hier bietet es sich mit Hilfe geeigneter Daten an, Dänemark mit einem Land aus dem deutschsprachigen Cluster zu vergleichen. Es stellt sich die Frage, ob der für Dänemark in dieser Studie identifizierte höhere

Berufsschulanteil und andere Modi der Finanzierung zu einer Lockerung der Kopplung zwischen dualem Ausbildungssystem und Ausbildungsbetrieb führen. Eine grundsätzlich zu beantwortende Frage ist die der ›*Nachhaltigkeit*‹ von Ausbildungskompetenzen, also etwa, ob sich eine hohe Spezialisierung in der frühen Lebensphase später rächt, weil keine breiten beruflichen Kompetenzen erworben wurden, um beruflichen Wandel auf dem Arbeitsmarkt zu bewältigen. Auch hier bietet sich insbesondere ein Vergleich zwischen dem breit ausbildenden Dänemark und einem Land aus der deutschsprachigen Ländergruppe – als ›Extremfall‹ Deutschland – an.

Diese Dissertation argumentierte sehr deutlich aus einer systemischen Perspektive heraus, mit starkem Fokus auf das duale Ausbildungssystem. Die Frage nach dem individuellen Status (Einkommen, berufliche Klasse) auf dem Arbeitsmarkt wurde nahezu ausgeklammert. Eine dezidierte Untersuchung individueller Arbeitsmarkterträge in Abhängigkeit der Art der absolvierten Ausbildung (vollzeitschulische Ausbildung, duale Ausbildung, Tertiärbildung) kann tieferen Einblick in die Entstehung sozialer Ungleichheit in Ländern mit dualem Ausbildungssystem geben und Spannungsverhältnisse zwischen verschiedenen Formen von Ausbildung aufdecken. Eng damit verbunden ist auch die Frage der Durchlässigkeit zwischen verschiedenen Ausbildungsgängen. Vieles deutete darauf hin, dass Dänemark deutlich bessere Gelegenheitsstrukturen für berufliche Weiterbildung bietet als dies in den deutschsprachigen Ländern der Fall ist. Für letztere liegt zumindest bereits eine detaillierte Untersuchung der Schnittstelle zwischen dualem Ausbildungssystem und (Fach-)Hochschulsektor vor (Nikolai und Ebner 2012). Zwar wurde in dieser Dissertation auch auf den Aspekt Geschlecht eingegangen, dieser wurde jedoch nicht vertieft. Eine Anschlussstudie zu Geschlechterunterschieden in Ländern mit dualem Ausbildungssystem muss jedoch dringend einen breiteren Fokus auf Bildung, auch jenseits dualer Berufsausbildung einnehmen, da sich Geschlechterunterschiede schon während der Schulzeit abzeichnen.

Schlussbemerkung

Internationale Vergleiche zum Thema Ausbildung und Arbeitsmarkt sind traditionell darauf ausgerichtet, Länder mit möglichst unterschiedlichen Ausbildungssystemen miteinander zu vergleichen – dies wird vor allem bei vielen Zwei- oder Drei-Länder-Studien deutlich, die Deutschland mit den

USA, Großbritannien, Schweden, Norwegen, Italien oder Frankreich kontrastieren. Die vorliegende Arbeit zeigt, dass es sich auch lohnen kann, Länder mit sehr ähnlichen Ausbildungsarrangements näher unter die Lupe zu nehmen. So konnten innerhalb der hier untersuchten Ländergruppe erste markante Unterschiede hinsichtlich der Passung zwischen dualem Ausbildungssystem und Arbeitsmarkt aufgedeckt werden. Studien zu solchen *most similar systems* haben ferner nicht nur akademischen, sondern auch hohen praktisch-politischen Wert. Pfadabhängigkeiten erlauben es meist nicht, komplette (Ausbildungs-)Systemwechsel zu vollziehen. Eine Veränderung einzelner System*komponenten* erscheint dagegen leichter möglich. Mit dieser Arbeit wurden weitere Grundlagen für zukünftige Forschung im Bereich der dualen Berufsausbildung und Arbeitsmarktpassung geschaffen. Die empirischen Befunde halten ferner erste Anregungen für Politik und Wirtschaft bereit.

Abbildungen

Tabellen

Literatur

Abelshauser, Werner (2004), *Deutsche Wirtschaftsgeschichte seit 1945*. München.

Acemoglu, Daron (1998), »Why Do New Technologies Complement Skills? Directed Technical Change and Wage Inequality«, in: *The Quarterly Journal of Economics* 113(4). S. 1055–1089.

Acemoglu, Daron und Jorn-Steffen Pischke (1998), »Why Do Firms Train? Theory and Evidence«, in: *The Quarterly Journal of Economics* 113(1). S. 79–119.

Acemoglu, Daron und Robert Shimer (1999), »Efficient Unemployment Insurance«, in: *Journal of Political Economy* 107(5). S. 893–928.

Achatz, Juliane, Hermann Gartner und Timea Glück (2005), »Bonus oder Bias? Mechanismen geschlechtsspezifischer Entlohnung«, in: *Kölner Zeitschrift für Soziologie und Sozialpsychologie* 57(3). S. 466–493.

Afentakis, Anja und Wolf Bihler (2005), »Das Hochrechnungsverfahren beim unterjährigen Mikrozensus ab 2005«, in: *Wirtschaft und Statistik* 10. S. 1039–1048.

Aktionsrat Bildung (2011), *Bildungsreform 2000 – 2010 – 2020. Jahresgutachten 2011*. Wiesbaden.

Alasuutari, Pertti (2000), »Review Essay: Globalization and the Nation-State: An Appraisal of the Discussion«, in: *Acta Sociologica* 43(3). S. 259–269.

Albæk, Karsten (2004), *Om lærepladsspørgsmålet. Blåt Memo nr. 212. Institute of Economics. University of Copenhagen*

– (2009), »The Danish Apprenticeship System, 1931–2002: The Role of Subsidies and Institutions«, in: *Applied Economics Quarterly* 55(1). S. 39–60.

Alber, Jens (2006), »Das ›europäische Sozialmodell‹ und die USA«, in: *Leviathan* 34(2). S. 208–239.

Alheit, Peter und Bettina Dausien (2009), »Bildungsprozesse über die Lebensspanne: Zur Politik und Theorie lebenslangen Lernens«, in: *Handbuch Bildungsforschung*. 2., überarbeitete und erweiterte Ausgabe, hg. von Rudolf Tippelt und Bernhard Schmidt. S. 713–734. Wiesbaden.

Allmendinger, Jutta (1989), »Educational Systems and Labor Market Outcomes«, in: *European Sociological Review* 5(3). S. 231–250.

– (1999), »Bildungsarmut. Zur Verschränkung von Bildungs- und Sozialpolitik«, in: *Soziale Welt* 50(1). S. 35–50.

– (2010), *Verschenkte Potenziale? Lebensverläufe nicht erwerbstätiger Frauen*. Frankfurt/New York.

Allmendinger, Jutta und Thomas Hinz (1997), »Mobilität und Lebensverlauf: Deutschland, Großbritannien und Schweden im Vergleich«, in: *Die westeuropäischen Gesellschaften im Vergleich*, hg. von Stefan Hradil und Stefan Immerfall. S. 247–285. Opladen.

Allmendinger, Jutta und Stephan Leibfried (2003), »Education and the Welfare State. The Four Worlds of Competence Production«, in: *Journal of European Social Policy* 13(1). S. 63–81.

Allmendinger, Jutta und Christian Ebner (2006), »Arbeitsmarkt und demografischer Wandel. Die Zukunft der Beschäftigung in Deutschland«, in: *Zeitschrift für Arbeits- und Organisationspsychologie* 50(4). S. 227–239.

Allmendinger, Jutta, Christian Ebner und Martin Schludi (2006), »Die bildungspolitische Funktion der Arbeitsverwaltung im Spannungsfeld von betriebswirtschaftlicher Logik und gesamtgesellschaftlicher Verantwortung«, in: *Evidenzbasierte Bildungspolitik: Beiträge der Bildungsökonomie*, hg. von Manfred Weiß. S. 173–191. Berlin.

Allmendinger, Jutta, Christian Ebner und Rita Nikolai (2009), »Soziologische Bildungsforschung«, in: *Handbuch Bildungsforschung*. 2., überarbeitete und erweiterte Auflage, hg. von Rudolf Tippelt und Bernhard Schmidt. S. 47–70. Wiesbaden.

– (2010a), »Education in Europe and the Lisbon Benchmarks«, in: *United in Diversity? Comparing Social Models in Europe and America*, hg. von Jens Alber und Neil Gilbert. S. 308–327. Oxford.

– (2010b), »Bildung in Europa 2010 – Ziele erreicht oder verfehlt?«, in: *WSI Mitteilungen* 63(4). S. 171–178.

Alt, Robert (1958), *Kinderausbeutung und Fabrikschulen in der Frühzeit des industriellen Kapitalismus*. Berlin.

Alteneder, Wolfgang, Petra Gregoritsch, Günter Kernbeiß, Roland Löffler, Ursula Lehner und Michael Wagner-Pinter (2006), *Der Ersteinstieg am österreichischen Arbeitsmarkt. Befunde zu den Arbeitsmarkterfahrungen von Personen des Geburtsjahrganges 1980*. Wien.

Ammermüller, Andreas und Andrea Maria Weber (2005), *Educational Attainment and Returns to Education in Germany – An Analysis by Subject of Degree, Gender and Region. ZEW Discussion Paper 05-17*. Mannheim.

Andersen, Robert und Herman G. van de Werfhorst (2010), »Education and occupational status in 14 countries: the role of educational institutions and labour market coordination«, in: *British Journal of Sociology* 61(2). S. 336–355.

Anderson, Karen M. und Anke Hassel (Year) of Conference, *Pathways of change in CMEs. Training regimes in Germany and the Netherlands*. ECPR Joint Session. Portugal.

Anderson, Karen M. und Dennie O. Nijhuis (2012), »The Long Road to Collective Skill Formation in the Netherlands«, in: *The Political Economy of Collective Skill Formation*, hg. von Marius R. Busemeyer und Christine Trampusch. S. 101–125. Oxford.

Andersson, Ronnie und Anna-Karin Olsson (1999), *Fields of Education and Training. Manual.* Luxembourg.

Arbeitsmarktservice Österreich (2011), *Basisinformation zur Bedarfsorientierten Mindestsicherung. 27.12.2011, http://www.ams.at/_docs/bms_basisinfo.pdf*

Archan, Sabine (2006), *Modularisierung der Lehrausbildung. Status quo Analyse und Expertenbefragung. ibw- Schriftenreihe Nr. 130.* Wien.

Archan, Sabine und Thomas Mayr (2006), *Berufsbildung in Österreich. Kurzbeschreibung.* Luxemburg.

Argyris, Chris (1964), *Integrating the Individual and the Organization.* New York/ London/Sydney.

Arum, Richard, Adam Gamoran und Yossi Shavit (2007), »More Inclusion Than Diversion: Expansion, Differentiation, and Market Structure in Higher Education«, in: *Stratification in Higher Education,* hg. von Yossi Shavit, Richard Arum und Adam Gamoran. S. 1–35. Stanford, California.

Auspurg, Katrin und Thomas Hinz (2011), »Gruppenvergleiche bei Regressionen mit binären abhängigen Variablen – Probleme und Fehleinschätzungen am Beispiel von Bildungschancen im Kohortenverlauf«, in: *Zeitschrift für Soziologie* 40(1). S. 62–73.

Autorengruppe Bildungsberichterstattung (2008) (Hg.), *Bildung in Deutschland 2008. Ein indikatorengestützter Bericht mit einer Analyse zu Übergängen im Anschluss an den Sekundarbereich I.* Bielefeld.

Bacher, Johann (2001), »Macht Arbeitslosigkeit rechtsextrem?«, in: *Erwerbslosigkeit. Ursachen, Auswirkungen und Interventionen,* hg. von Jeanette Zempel, Johann Bacher und Klaus Moser. S. 171–186. Opladen.

Baethge, Martin (2001), »Beruf – Ende oder Transformation eines erfolgreichen Ausbildungskonzepts?«, in: *Aspekte des Berufs in der Moderne,* hg. von Thomas Kurtz. S. 39–68. Opladen.

– (2005), »Das berufliche Bildungswesen in Deutschland am Beginn des 21. Jahrhunderts«, in: *Das Bildungswesen in der Bundesrepublik Deutschland. Strukturen und Entwicklungen im Überblick.* 2. Auflage, hg. von Kai S. Cortina, Jürgen Baumert, Achim Leschinsky, Karl Ulrich Mayer und Luitgard Trommer. S. 525–580. Reinbek bei Hamburg.

– (2008), »Das berufliche Bildungswesen in Deutschland am Beginn des 21. Jahrhunderts«, in: *Das Bildungswesen in der Bundesrepublik Deutschland,* hg. von Kai S. Cortina, Jürgen Baumert, Achim Leschinsky, Karl Ulrich Mayer und Luitgard Trommer. S. 541–597. Reinbek.

Baethge, Martin und Volker Baethge-Kinsky (1998), »Jenseits von Beruf und Beruflichkeit? Neue Formen von Arbeitsorganisation und Beschäftigung und ihre Bedeutung für eine zentrale Kategorie gesellschaftlicher Integration«, in: *Mitteilungen aus der Arbeitsmarkt- und Berufsforschung* 3. S. 461–472.

– (2006), »Ökonomie, Technik, Organisation: Zur Entwicklung von Qualifikationsstruktur und Qualifikationsprofilen von Fachkräften«, in: *Handbuch der*

Berufsbildung. 2., überarbeitete und aktualisierte Auflage, hg. von Rolf Arnold und Antonius Lipsmeier. S. 153–173. Wiesbaden.

Baethge, Martin, Heike Solga und Markus Wieck (2007), *Berufsbildung im Umbruch. Signale eines überfälligen Aufbruchs.* Berlin.

Baethge, Martin, Frank Achtenhagen, Lena Arends, Edvin Babic, Volker Baethge-Kinsky und Susanne Weber (2006), *Berufsbildungs-Pisa. Machbarkeitsstudie.* München.

Baker, David P. (2009), »The educational transformation of work: towards a new synthesis«, in: *Journal of Education and Work* 22(3). S. 163–191.

Bambra, Clare (2004a), »Weathering the Storm: Convergence, Divergence, and the Robustness of the ›Worlds of Welfare‹«, in: *The Social Policy Journal* 3(3). S. 3–23.

– (2004b), »The worlds of welfare: illusory and gender blind?«, in: *Social Policy & Society* 3(3). S. 201–211.

Banks, Michael H. und Philip Ullah (1988), *Youth Unemployment in the 1980s: Its Psychological Effects.* London.

Barabasch, Antje, Ursula Scharnhorst und Sabine Kurz (2009a), »Schweiz«, in: *Steuerung der beruflichen Bildung im internationalen Vergleich*, hg. von Bertelsmann Stiftung. S. 241–288. Gütersloh.

Barabasch, Antje, Sabine Kurz und Peter Schlögl (2009b), »Österreich«, in: *Steuerung der beruflichen Bildung im internationalen Vergleich*, hg. von Bertelsmann Stiftung. S. 197–240. Gütersloh.

BBG (2002), *Bundesgesetz über die Berufsbildung. 1.12.2011, http://www.admin.ch/ch/d/sr/4/412.10.de.pdf*

BBT (2008), *Lehrstellenbarometer August 2008. Detaillierter Ergebnisbericht zur Umfrage bei Jugendlichen und Unternehmen.* Bern.

– (2009), *Fakten und Zahlen. Berufsbildung in der Schweiz 2009.* Bern.

Beck, Ulrich, Michael Brater und Hans-Jürgen Daheim (1980), *Soziologie der Arbeit und der Berufe. Grundlagen, Problemfelder, Forschungsergebnisse.* Reinbek.

Becker, Gary S. (1964), *Human capital.* New York.

– (1975), *Human Capital. A Theoretical and Empirical Analysis with Special Reference to Education.* 2nd edition. New York.

Beelmann, Gert, Thomas Kieselbach und Ute Traiser (2001), »Jugendarbeitslosigkeit und soziale Ausgrenzung: Ergebnisse einer qualitativen Analyse in Ost- und Westdeutschland«, in: *Erwerbslosigkeit: Ursachen, Auswirkungen und Interventionen*, hg. von Jeanette Zempel, Johann Bacher und Klaus Moser. S. 133–148. Opladen.

Beicht, Ursula (2006), »Ausbildungsvergütungen junger Frauen und Männer«, in: *Berufliche Bildung von Frauen*, hg. von Mona Granato und Ulrich Degen. S. 151–164. Bonn.

Beicht, Ursula und Günter Walden (2004), »Sind die Ausbildungsvergütungen zu hoch? Eine pauschale Antwort ist nicht möglich«, in: *Berufsbildung in Wissenschaft und Praxis* 3. S. 20–23.

Beicht, Ursula und Joachim Gerd Ulrich (2008), »Ergebnisse der BIBB-Übergangsstudie«, in: *Ausbildungschancen und Verbleib von Schulabsolventen*, hg. von Ursula Beicht, Michael Friedrich und Joachim Gerd Ulrich. S. 101–292. Bielefeld.

Bellmann, Lutz und Silke Hartung (2010), »Übernahmemöglichkeiten im Ausbildungsbetrieb. Eine Analyse mit dem IAB-Betriebspanel«, in: *Sozialer Fortschritt* 59(6–7). S. 160–167.

Berger, Mark C. (1989), »Demographic Cycles, Cohort Size, and Earning«, in: *Demography* 26(2). S. 311–321.

Berman, Eli, John Bound und Stephen Machin (1998), »Implications of Skill-biased Technological Change: International Evidence«, in: *Quarterly Journal of Economics* 113(4). S. 1245–1279.

Bertelsmann Stiftung (2009) (Hg.), *Steuerung der beruflichen Bildung im internationalen Vergleich*. Gütersloh.

Berufsbildungsgesetz (2005), 1.12.2011, *http://www.bmbf.de/pub/bbig_20050323.pdf*

Biagi, Federico und Claudio Lucifora (2008), »Demographic and education effects on unemployment in Europe«, in: *Labour Economics* 15(5). S. 1076–1101.

BIBB (2006), *Ausbildungsordnungen und wie sie entstehen*. Bonn.

– (2007), *Die anerkannten Ausbildungsberufe 2007*. Bielefeld.

– (2008), *Die anerkannten Ausbildungsberufe 2008*. Bielefeld.

– (2009), *Datenreport zum Berufsbildungsbericht 2009. Informationen und Analysen zur Entwicklung der beruflichen Bildung*. Bonn.

– (2011), *Datenreport zum Berufsbildungsbericht 2011. Informationen und Analysen zur Entwicklung der beruflichen Bildung*. Bonn.

Bispinck, Reinhard, Marlies Dorsch-Schweizer und Johannes Kirsch (2002), »Tarifliche Ausbildungsförderung begrenzt erfolgreich – eine empirische Wirkungsanalyse«, in: *WSI Mitteilungen* 4. S. 213–219.

Blank, Rebecca M. (1994), *Social Protection versus Economic Flexibility: Is there a Trade-off?* Chicago.

Blossfeld, Hans-Peter (1987), »Entry into the Labor Market and Occupational Careers in the Federal Republic. A Comparison with American Studies«, in: *International Journal of Sociology* 17(17). S. 86–115.

Blossfeld, Hans-Peter, Melinda Mills, Erik Klijzing und Karin Kurz (2005), *Globalization, Uncertainty and Youth in Society*. London.

BMBF (2007), *10 Leitlinien zur Modernisierung der beruflichen Bildung – Ergebnisse des Innovationskreises berufliche Bildung*. Bonn / Berlin.

– (2010), *Mit Schwung in die Ausbildung – durch Ausbildungsbausteine*. Bonn.

BMBF, BMWT, BMWA und BMUKK (2008) (Hg.), *Liste der gleichwertigen Berufsbildungsabschlüsse. Deutschland – Österreich*. Bonn/Berlin.

BMUKK (2010) (Hg.), *Bildungswege in Österreich 2009/10*. Wien.

BMWA (2003), *Berufsausbildungsgesetz. Berufsausbildung in Österreich*. Wien.

– (2008), *Lehrberufe in Österreich 2007 – Ausbildungen mit Zukunft*. Wien.

BmWfj (2009), *Die Lehre. Duale Berufsausbildung in Österreich. Moderne Ausbildung mit Zukunft*. Wien.

Bogedan, Claudia (2009), »40 Jahre aktive Arbeitsmarktpolitik in Deutschland - Beitrag zu einer Bilanz«, in: *WISO direkt* Juni 2009. S. 1–4.

Bolte, Karl Martin (1970a), *Deutsche Gesellschaft im Wandel.* Opladen.

– (1970b), »Entwicklungen und Probleme der Berufsstruktur«, in: *Deutsche Gesellschaft im Wandel. Band 2*, hg. von Karl Martin Bolte, Friedhelm Neidhart und Horst Holzer. S. 249–448. Opladen.

Bomsdorf, Eckart und Kristian Dicke (2010), »Modellrechnungen zur Bevölkerungsentwicklung in kleineren Ländern der EU bis 2050 - das Beispiel Dänemark«, in: *ifo Schnelldienst* 13. S. 28–35.

Bonoli, Giuliano (1997), »Classifiying Welfare States. A Two-Dimension Approach«, in: *Journal of Social Policy* 26(3). S. 351–372.

Bosch, Gerhard und Alexandra Wagner (2003), »Dienstleistungsgesellschaften in Europa und Ursachen für das Wachstum der Dienstleistungsgesellschaften«, in: *Kölner Zeitschrift für Soziologie und Sozialpsychologie* 55(3). S. 475–499.

Bourdieu, Pierre (1983), *Ökonomisches Kapital, kulturelles Kapital, soziales Kapital*, in: *Soziale Ungleichheiten – Soziale Welt, Sonderband 2*, hg. von Reinhard Kreckel. S. 183–198. Göttingen.

Boyer, Christoph (1990), »›Deutsche Handwerksordnung‹ oder ›zügellose Gewerbefreiheit‹. Das Handwerk zwischen Kriegswirtschaft und Wirtschaftswunder«, in: *Von Stalingrad zur Währungsreform. Zur Sozialgeschichte des Umbruchs in Deutschland*, hg. von Martin Broszat, Klaus-Dietmar Henke und Hans Wolter. S. 427–468. München.

Breen, Richard (2005), »Explaining Cross-national Variation in Youth Unemployment. Market and Institutional Factors«, in: *European Sociological Review* 21(2). S. 125–134.

Brenke, Karl (2006), »Wachsender Niedriglohnsektor in Deutschland – sind Mindestlöhne sinnvoll?«, in: *DIW-Wochenbericht* 73(15–16). S. 197–205.

– (2008), »Reform der Handwerksordnung – Erfolgreich, aber viel zu halbherzig«, in: *Vierteljahreshefte zur Wirtschaftsforschung* 77(1). S. 51–64.

Brinkmann, Christian (1984), »Die individuellen Folgen langfristiger Arbeitslosigkeit. Ergebnisse einer repräsentativen Längsschnittuntersuchung«, in: *Mitteilungen aus der Arbeitsmarkt- und Berufsforschung* 17(4). S. 454–473.

Brinkmann, Christian, Wolfgang Klauder, Lutz Reyher und Manfred Thon (1987), »Methodische und inhaltliche Aspekte der Stillen Reserve«, in: *Mitteilungen aus der Arbeitsmarkt- und Berufsforschung* 20(4). S. 387–409.

Brzinsky-Fay, Christian (2007), »Lost in Transition? Labour Market Entry Sequences of School Leavers in Europe«, in: *European Sociological Review* 23(4). S. 409–422.

Buch, Tanja, Carola Burkert, Stefan Hell und Annekatrin Niebuhr (2010), »Zeitarbeit als Erwerbseinstieg nach einer dualen Ausbildung.«, in: *Zeitschrift für Soziologie* 39(6). S. 447–469.

Buchholz, Sandra (2008), *Die Flexibilisierung des Erwerbsverlaufs. Eine Analyse von Einstiegs- und Ausstiegsprozessen in Ost- und Westdeutschland.* Wiesbaden.

Bundesagentur für Arbeit (2008) (Hg.), *Bildungswege in Deutschland – Education in Germany*. Bielefeld.

– (2009), *Arbeitsmarkt 2008*. Nürnberg.

– (2010) (Hg.), *Durchstarten – Weiter durch Bildung*. Nürnberg.

Bundesamt für Statistik (2002), *NOGA. Allgemeine Systematik der Wirtschaftszweige. Einführung*. Bern.

– (2004), *Die Schweizerische Arbeitskräfteerhebung (SAKE). Konzepte – Methodische Grundlagen – Praktische Ausführung*. Neuchâtel.

– (2010), *Die Bevölkerung der Schweiz 2009*. Neuchâtel.

Bundesgesetzblatt (2008), *Verordnung: Kraftfahrzeugtechnik-Ausbildungsordnung*. Wien.

Bundesinstitut für Bevölkerungsforschung (2004), *Bevölkerung. Fakten – Trends – Ursachen – Erwartungen. Die wichtigsten Fragen. Schriftenreihe des Bundesinstituts für Bevölkerungsforschung*. Sonderheft. 2. überarbeitete Auflage. Wiesbaden.

Bundesministerium der Justiz (1953), *Gesetz zur Ordnung des Handwerks (Handwerksordnung). 1.1.2011,http://bundesrecht.juris.de/bundesrecht/hwo/gesamt.pdf*

Bundesministerium für Bildung, Wissenschaft und Kultur, (2006), *Aktuelle Informationen zur Berufsschule. Listen, Daten, Rechtsgrundlagen*. Wien.

Burdett, Kenneth (1979), »Unemployment Insurance Payments as a Search Subsidy: A Theoretical Subsidy«, in: *Economic Inquiry* 17. S. 333–343.

Burkert, Carola und Holger Seibert (2007), »Labour market outcomes after vocational training in Germany. Equal opportunities for migrants and natives?«, in: *IAB Discussion Paper* 31. S. 1–43.

Busemeyer, Marius R. und Christine Trampusch (2012) (Hg.), *The Comparative Political Economy of Collective Skill Systems*. Oxford.

Carroll, Glenn R. und Karl Ulrich Mayer (1986), »Job-Shift Patterns in the Federal Republic of Germany: The Effects of Social Class, Industrial Sector, and Organizational Size«, in: *American Sociological Review* 51(3). S. 323–341.

Castells, Manuel (2003), *Das Informationszeitalter I. Der Aufstieg der Netzwerkgesellschaft*. Opladen.

Castles, Francis G. und Herbert Obinger (2008), »Worlds, Families, Regimes: Country Clusters in European and OECD Area Public Policy«, in: *West European Politics* 31(1–2). S. 321–344.

CEDEFOP (2009a), *Apprenticeship in Denmark 1999*. Thessaloniki.

– (2009b) (Hg.), *Continuity, consolidation and change. Towards a European era of vocational education and training*. Luxembourg.

Clark, Burton (1962), *Educating the Expert Society*. San Francisco.

Clark, Colin (1940), *The Conditions of Economic Progress*. London.

Coleman, James S. (1991), »Matching Processes in the Labor Market«, in: *Acta Sociologica* 34(1). S. 3–12.

Collins, Randall (1971), »Functional and Conflict Theories of Educational Stratification«, in: *American Sociological Review* 36(6). S. 1002–1019.

Commission of the European Communities (2000), *A Memorandum on Lifelong Learning*. Lissabon.

Dahrendorf, Ralf (1977), *Gesellschaft und Demokratie in Deutschland. 5. Auflage.* München.

Damelang, Andreas und Anette Haas (2006), *Arbeitsmarkteinstieg nach dualer Berufsausbildung – Migranten und Deutsche im Vergleich. IAB-Forschungsbericht Nr. 17.* Nürnberg.

Damgaard, Bodil und Jacob Torfing (2010), »Network governance of active employment policy: the Danish experience«, in: *Journal of European Social Policy* 20(3). S. 248–262.

Davis, Kingsley und Wilbert E. Moore (1944), »Some Principles of Stratification«, in: *American Sociological Review* 10(2). S. 242–249.

Deißinger, Thomas (1992), *Die englische Berufserziehung im Zeitalter der Industriellen Revolution. Ein Beitrag zur Vergleichenden Erziehungswissenschaft.* Würzburg.

– (1998), *Beruflichkeit als 'organisierendes Prinzip' der deutschen Berufsausbildung.* Markt Schwaben.

– (2004), *Apprenticeship systems in England and Germany: decline and survival*, in: *Towards a history of vocational education and training (VET) in Europe in a comparative perspective. Proceedings of the first international conference October 2002, Florence. Volume 1.*, hg. von CEDEFOP. S. 28–45. Thessaloniki.

Dell'Aringa, Carlo und Laura Pagani (2007), »Collective Bargaining and Wage Dispersion in Europe«, in: *British Journal of Industrial Relations* 45(1). S. 29–54.

Descy, Pascaline und Manfred Tessaring (2007), »Die Ausgrenzung aus dem Arbeitsmarkt bekämpfen: Ist berufliche Ausbildung erfolgreich?«, in: *Europäische Zeitschrift für Berufsbildung* 41. S. 76–98.

Dieckhoff, Martina (2008), »Skills and occupational attainment: a comparative study of Germany, Denmark and the UK«, in: *Work, Employment and Society* 22(1). S. 89–108.

Dietrich, Hans (2008), *Institutional Effects of Apprenticeship Training on Employment Success in Germany. 1.12.2011, http://www.educationeconomics.uzh.ch/conferences/Int Conference/Download/Dietrich.pdf;*

DiPrete, Thomas A. und Patricia A. McManus (1996), »Institutions, Technical Change, and Diverging Life Chances: Earnings Mobility in the United States and Germany«, in: *American Journal of Sociology* 102(1). S. 34–79.

DiPrete, Thomas A., Paul M. De Graaf, Ruud Luijkx, Michael Tahlin und Hans-Peter Blossfeld (1997), »Collectivist versus Individualist Mobility Regimes? Structural Change and Job Mobility«, in: *American Journal of Sociology* 103(2). S. 318–358.

Doeringer, Peter B. und Michael J. Piore (1971), *International Labor Markets and Manpower Analysis.* Lexington.

Dore, Ronald (1976), *The Diploma Disease: Education, Qualification and Development.* Berkeley.

Dorninger, Christian, Uwe Lauterbach und Reinhold Neubert (2007), »Österreich«, in: *Internationales Handbuch der Berufsbildung*, hg. von Uwe Lauterbach, Georg

Spöttl, Ute Clement, Uwe Faßhauer, Dietmar Frommberger, Philipp Grollmann, Botho von Kopp und Felix Rauner. S. 73. Bielefeld.

Dostal, Werner (2002), »Der Berufsbegriff in der Berufsforschung des IAB«, in: *Beiträge zur Arbeitsmarkt- und Berufsforschung* 250. S. 463–474.

Durkheim, Emile (1977), *Über die Teilung der sozialen Arbeit*. Frankfurt.

– (1992), *Über soziale Arbeitsteilung. Studien über die Organisation höherer Gesellschaften*. Frankfurt.

Eberhard, Verena und Joachim Gerd Ulrich (2010), *Ausbildungsreif und dennoch ein Fall für das Übergangssystem? Institutionelle Determinanten des Verbleibs von Ausbildungsstellenbewerbern in teilqualifizierenden Bildungsgängen*, in: *Neue Jugend, neue Ausbildung? Beiträge aus der Jugend- und Bildungsforschung*, hg. von Elisabeth M. Krekel und Tilly Lex. S. 97–112. Bielefeld.

Ebert, Roland (1984), *Zur Entstehung der Kategorie Facharbeiter als Problem der Erziehungswissenschaft*. Bielefeld.

Ebner, Christian (2009), »Neue Wege für die duale Berufsausbildung – ein Blick auf Österreich, die Schweiz und Dänemark«, in: *WZBrief Arbeit* 4. S. 1–7.

Ebner, Christian und Rita Nikolai (2010), »Duale oder schulische Berufsausbildung? Entwicklungen und Weichenstellungen in Deutschland, Österreich und der Schweiz«, in: *Schweizerische Zeitschrift für Politikwissenschaften* 16(4). S. 617–648.

EDK (2007a), *Leistungsauftrag 2008–2011*. Bern.

– (2007b) (Hg.), *Schweizer Beitrag für die Datenbank »Eurybase – The database on education systems in Europe«*. Bern

Eidgenössisches Volkswirtschaftsdepartement (2007), *Ein Leitfaden für Versicherte. Arbeitslosigkeit. 1.12.2011, http://www.treffpunkt-arbeit.ch/dateien/Broschuere/b_arbeitslos.pdf;*

Elias, Peter (1989), *Proposed Strategies for the Development of a Common Classification of Occupations for the European Community*. Warwick.

Engelhardt, Ulrich (1984), *Handwerker in der Industrialisierung. Lage, Kultur und Politik vom späten 18. bis ins frühe 20. Jahrhundert*. Stuttgart.

Ertl, Hubert (2004), »Tradition and reform: modernising the German dual system of vocational education«, in: *Balancing the skills equation. Key issues and challenges for policy and practice*, hg. von Geoff Hayward und Susan James. S. 117–148. Bristol.

Esping-Andersen, Gøsta (1990), *The Three Worlds of Welfare Capitalism*. Princeton.

– (1999), *Social Foundations of Post-Industrial Economies*. Oxford.

Estevez-Abe, Margarita, Torben Iversen und David Soskice (2001), »Social Protection and the Formation of Skills: A Reinterpretation of the Welfare State«, in: *Varieties of Capitalism: The Institutional Foundations of Comparative Advantage*, hg. von Peter A. Hall und David Soskice. S. 145–183. Oxford.

Euler, Dieter (1988), »Berufsbildung in England im Spannungsfeld ökonomischer und sozialer Entwicklungen«, in: *Kölner Zeitschrift für Wirtschaft und Pädagogik* 5(5). S. 117–137.

Euler, Dieter und Eckart Severing (2006), *Flexible Ausbildungswege in der Berufsbildung.* Nürnberg / St. Gallen.

Europäische Kommission (2002), *Verordnung (EG) Nr. 29/2002 der Kommission vom 19. Dezember 2001 zur Änderung der Verordnung (EWG) Nr. 3037/90 des Rates betreffend die statistische Systematik der Wirtschaftszweige in der Europäischen Gemeinschaft.* Brüssel.

– (2009), *Eurybase. The Information Database on Education Systems in Europe. The Education System in Denmark 2007/08.* 1.12.2011, http://eacea.ec.europa.eu/ressources/eurydice/eurybase/pdf/0_integral/DK_EN.pdf

Eurostat (2008), *NACE Rev. 2. Statistische Systematik der Wirtschaftszweige in der Europäischen Gemeinschaft.* Luxemburg.

Falk, Susanne, Reinhold Sackmann, Olaf Struck, Ansgar Weymann, Michael Windzio und Matthias Wingens (2000), *Gemeinsame Startbedingungen in Ost und West? Risiken beim Berufseinstieg und deren Folgen im weiteren Berufsverlauf. Sfb 186 Arbeitspapier Nr. 65*

Faulstich, Peter (2005), »Weiterbildung«, in: *Das Bildungswesen in der Bundesrepublik Deutschland. Strukturen und Entwicklungen im Überblick*, hg. von Kai S. Cortina, Jürgen Baumert, Achim Leschinsky, Karl Ulrich Mayer und Luitgard Trommer. S. 625–660. Reinbek bei Hamburg.

Feller, Gisela (2004), »Ausbildungen in Berufsfachschulen. Entwicklungen, Defizite und Chancen«, in: *Berufsbildung in Wissenschaft und Praxis Nr. 4.* S. 48–52.

Fend, Helmut (1976), *Sozialisierung und Erziehung. 8. Auflage.* Weinheim.

Ferrera, Maurizio (1996), »The 'Southern Model' of Welfare in Social Europe«, in: *Journal of European Social Policy* 6(1). S. 17–37.

Fitzenberger, Bernd und Astrid Kunze (2005), »Vocational Training and Gender: Wages and Occupational Mobility Among Young Workers«, in: *Oxford Review of Economic Policy* 21(3). S. 392–415.

Flora, Peter und Arnold Heidenheimer (1981), »The Historical Core and Changing Boundaries of the Welfare State«, in: *The Development of Welfare States in Europe and America*, hg. von Peter Flora und Arnold Heidenheimer. S. 17–34. New Brunswick.

Folketing (1999), *The Constitutional Act of Denmark.* Kopenhagen.

Fourastié, Jean (1954), *Die große Hoffnung des 20. Jahrhunderts.* Köln.

– (1969), *Die große Hoffnung des zwanzigsten Jahrhunderts. 2. Auflage.* Köln.

Frank, Irmgard und Jorg-Günther Grunwald (2008), »Ausbildungsbausteine – ein Beitrag zur Weiterentwicklung der dualen Berufsausbildung«, in: *Berufsbildung in Wissenschaft und Praxis* 4. S. 13–17.

Franz, Wolfgang (2003), *Arbeitsmarktökonomik. 5. Auflage.* Berlin/Heidelberg/New York.

Franz, Wolfgang und David Soskice (1995), »The German Apprenticeship System«, in: *Institutional Frameworks and Labor Market Performance*, hg. von Friedrich Buttler, Wolfgang Franz, Roland Schettkat und David Soskice. S. 185–206. London and New York.

Franz, Wolfgang, Joachim Inkmann, Winfried Pohlmeier und Volker Zimmermann (1997), *Young and Out in Germany: On the Youth's Chances of Labor Market Entrance in Germany. NBER Working Paper Nr. 6212*

Freeman, Richard B. (1996), »The Minimum Wage as a Redistributive Tool«, in: *The Economic Journal* 106(436). S. 639–649.

Frommberger, Dietmar (2003), *Kaufmännische Berufsbildung im europäischen Ländervergleich: zur didaktisch-curricularen Struktur und Funktion wirtschaftsberuflicher Aus- und Weiterbildung in Deutschland, England und den Niederlanden.* Baden-Baden.

– (2005), »Europäische Union. Berufsbildungspolitik (1). Aktuelle Situation und historische Entwicklung«, in: *Internationales Handbuch der Berufsbildung*, hg. von Uwe Lauterbach, Josef Spöttl, Uwe Faßhauer, Dietmar Frommberger, Philipp Grollmann, Botho von Kopp und Felix Rauner. S. 83. Bielefeld.

Frommberger, Dietmar und Holger Reinisch (2004), »Development of disparate structures of Dutch and German vocational education«, in: *Towards a history of vocational education and training (VET) in Europe in a comparative perspective. Proceedings of the first international conference October 2002, Florence. Volume 1*, hg. von CEDEFOP. S. 75–87. Thessaloniki.

Fuchs, Johann (2002), »Erwerbspersonenpotenzial und Stille Reserve – Konzeption und Berechnungsweise«, in: *BeitrAB* 250. S. 79–94.

Fürstenberg, Friedrich (1978), »Struktureller Qualifikationsüberhang und seine Folgen«, in: *Ausbildungsgrad und Beschäftigung*, hg. von Gerhard Brinkmann. S. 83–95. Berlin.

Gallie, Duncan, Michael White, Yuan Cheng und Mark Tomlinson (2004), *Restructuring the Employment Relationship.* Oxford.

Galtung, Johan (1975), *Strukturelle Gewalt. Beiträge zur Friedens- und Konfliktforschung.* Reinbek.

Gangl, Markus (2001), »European Patterns of Labour Market Entry. A Dichotomy of Occupationalized vs. Non-occupationalized Systems?«, in: *European Societies* 3(4). S. 471–494.

– (2002), »Changing labour markets and early career outcomes: labour market entry in Europe over the past decade«, in: *Work, Employment and Society* 16(1). S. 67–90.

– (2004a), »Welfare States and the Scar Effects of Unemployment: A Comparative Analysis of the United States and West Germany«, in: *American Journal of Sociology* 109(6). S. 1319–1364.

– (2004b), »Institutions and the Structure of Labour Market Matching in the United States and West Germany«, in: *European Sociological Review* 20(3). S. 171–187.

Gartner, Hermann und Thomas Hinz (2009), »Geschlechtsspezifische Lohnungleichheit in Betrieben, Berufen und Jobzellen (1993–2006)«, in: *Berliner Journal für Soziologie* 19(4). S. 557–575.

Gast, Jonathan, Michael Lechner und Heidi Steiger (2004), »Swiss Unemployment Insurance Micro Data«, in: *Schmollers Jahrbuch* 124(1). S. 175–181.

Gebel, Michael (2009), »Fixed-Term Contracts at Labour Market Entry in West Germany: Implications for Job Search and First Job Quality«, in: *European Sociological Review* 25(6). S. 661–675.

Gebel, Michael und Johannes Giesecke (2009), »Ökonomische Unsicherheit und Fertilität. Die Wirkung von Beschäftigungsunsicherheit und Arbeitslosigkeit auf die Familiengründung in Ost- und Westdeutschland«, in: *Zeitschrift für Soziologie* 38(5). S. 399–417.

Geißler, Karlheinz A. (1991), »Das Duale System der industriellen Berufsausbildung hat keine Zukunft«, in: *Leviathan* 19(1). S. 68–77.

Geißler, Rainer (2006), *Die Sozialstruktur Deutschlands. Zur gesellschaftlichen Entwicklung mit einer Bilanz zur Vereinigung.* Wiesbaden.

Gensicke, Thomas, Sibylle Picot und Sabine Geiss (2005), *Freiwilliges Engagement in Deutschland 1999–2004.* Wiesbaden.

Georg, Walter und Ulrike Sattel (2006), »Berufliche Bildung, Arbeitsmarkt und Beschäftigung«, in: *Handbuch der Berufsbildung.* 2., überarbeitete und aktualisierte Auflage, hg. von Rolf Arnold und Antonius Lipsmeier. S. 125–152. Wiesbaden.

Gerds, Peter (2007), »Slowenien«, in: *Internationales Handbuch der Berufsbildung*, hg. von Uwe Lauterbach, Georg Spöttl, Ute Clement, Uwe Faßhauer, Dietmar Frommberger, Philipp Grollmann, Botho von Kopp und Felix Rauner. Bielefeld.

Gesis (2011), *Missy. Mikrodateninformationssystem. Erhebung: Studienbeschreibung. 1.12.2011, http://www.gesis.org/missy/studie/erhebung/studienbeschreibung/*

Giesecke, Johannes (2006), *Arbeitsmarktflexibilisierung und soziale Ungleichheit. Sozioökonomische Konsequenzen befristeter Beschäftigungsverhältnisse in Deutschland und Großbritannien.* Wiesbaden.

– (2009), »Socio-economic Risks of Atypical Employment: Evidence from the German Labour Market«, in: *European Sociological Review* 25(6). S. 629–646.

Giesecke, Johannes und Martin Groß (2007), »Flexibilisierung durch Befristung«, in: *Atypische Beschäftigung – Flexibilisierung und soziale Risiken*, hg. von Berndt Keller und Hartmut Seifert. S. 83–105. Berlin.

Giesecke, Johannes und Roland Verwiebe (2010), »Erwerbschancen und Arbeitsmarktintegration im wiedervereinigten Deutschland«, in: *Leben in Ost- und Westdeutschland. Eine sozialwissenschaftliche Bilanz der deutschen Einheit 1990–2010*, hg. von Ilona Ostner und Peter Krause. S. 247–275. Frankfurt/New York.

Giesecke, Johannes und Jan Paul Heisig (2010), »Destandardisierung und Destabilisierung, aber für wen? Die Entwicklung der westdeutschen Arbeitsplatzmobilität seit 1984«, in: *Kölner Zeitschrift für Soziologie und Sozialpsychologie* 62(3). S. 403–435.

Giesecke, Johannes, Christian Ebner und Dirk Oberschachtsiek (2010), »Bildungsarmut und Arbeitsmarktexklusion«, in: *Bildungsverlierer. Neue Ungleichheiten*, hg. von Gudrun Quenzel und Klaus Hurrelmann. S. 421–438. Wiesbaden.

Gonon, Philipp (2004), *The dynamics of vocational training innovation in Switzerland*, in: *Towards a history of vocational education and training (VET) in Europe in a comparative perspective. Proceedings of the first international conference October 2002, Florence. Volume 1*, hg. von CEDEFOP. S. 88–99. Thessaloniki.

Graf, Lukas, Lorenz Lassnig und J.W. Powell (2012), »Austrian Corporatism and Institutional Change in the Relationship between Apprenticeship Training and School-Based VET«, in: *The Political Economy of Collective Skill Formation*, hg. von Marius R. Busemeyer und Christine Trampusch. S. 234–258. Oxford.

Granato, Mona und Ralf Dorau (2006), »Junge Frauen und Männer an der zweiten Schwelle – ein Vergleich dualer Ausbildungsabsolventen«, in: *Berufliche Bildung von Frauen*, hg. von Mona Granato und Ulrich Degen. S. 165–181. Bonn.

Granovetter, Mark (1973), »The Strength of Weak Ties«, in: *The American Journal of Sociology* 78(6). S. 1360–1380.

– (1995), *Getting a Job: A Study of Contacts and Careers.* Chicago.

Greinert, Wolf-Dietrich (1975), *Schule als Instrument sozialer Kontrolle und Objekt privater Interessen. Der Beitrag der Berufsschule zur politischen Erziehung der Unterschichten.* Hannover/Dortmund/Darmstadt/Berlin.

– (1984), *Das Berufsgrundbildungsjahr. Weiterentwicklung oder Ablösung des dualen Systems der Berufsausbildung?* Frankfurt.

– (1999), *Berufsqualifizierung und dritte Industrielle Revolution. Eine historisch vergleichende Studie zur Entwicklung der klassischen Ausbildungssysteme.* Baden-Baden.

– (2005), *Mass Vocational Education and Training in Europe. Cedefop Panorama series 118. 1.12.2011, http://www.refernet.org.cy/publications/Cedefop/Pdfs/Vocational/MassVoc_en.pdf*

– (2006), »Geschichte der Berufsausbildung in Deutschland«, in: *Handbuch der Berufsbildung.* 2., überarbeitete und aktualisierte Auflage, hg. von Rolf Arnold und Antonius Lipsmeier. S. 499–508. Wiesbaden.

Grollmann, Philipp, Susanne Gottlieb und Sabine Kurz (2003), *Berufsbildung in Dänemark: dual und kooperativ? ITB-Forschungsberichte 09.* Bremen.

Groß, Martin (1999), »Die Folgen prekärer Arbeitsverhältnisse für das Ausmaß sozialer Ungleichheit: Einkommensbenachteiligung befristeter Arbeitsverträge« in: *Sozialstrukturanalyse mit dem Mikrozensus*, hg. von Paul Lüttinger. S. 323–353. Mannheim.

Gruber, Elke (2008), »Berufsbildung in Österreich – Einblicke in einen bedeutenden Bildungssektor«, in: *Kompendium zu aktuellen Herausforderungen beruflicher Bildung in Deutschland, Polen und Österreich*, hg. von Harry Neß und Thomas Kimmig. S. 40–57. Frankfurt.

Gundlach, Erich, Desmond Rudman und Ludger Wößmann (2002), »Second thoughts on development accounting«, in: *Applied Economics* 34(11). S. 1359–1369.

Haak, Carroll und Anika Rasner (2009), »Search (f)or Work: Der Übergang vom Studium in den Beruf. Geisteswissenschaftler im interdisziplinären Bereich«, in: *Kölner Zeitschrift für Soziologie und Sozialpsychologie* 64(1). S. 1–24.

Hadjar, Andreas und Rolf Becker (2006), »Politisches Interesse und politische Partizipation«, in: *Die Bildungsexpansion. Erwartete und unerwartete Folgen*, hg. von Andreas Hadjar und Rolf Becker. S. 179–204. Wiesbaden.

Halbwachs, Maurice (1967), *Das kollektive Gedächtnis*. Stuttgart.

Hall, Peter und David Soskice (2001a), »An Introduction to Varieties of Capitalism», in: *Varieties of Capitalism. The Institutional Foundations of Comparative Advantage*, hg. von Peter Hall und David Soskice. S. 1–68. New York.

Hall, Peter A. und David Soskice (2001b), *Varieties of Capitalism: The Institutional Foundations of Comparative Advantage*. Oxford.

Hall, Peter A. und Daniel W. Gingerich (2004), *Varieties of Capitalism and Institutional Complementarities in the Political Economy: An Empirical Analysis. MPIfG Discussion Paper Nr. 5.*

Handl, Johann (1986), »Zur Veränderung der beruflichen Chancen von Berufsanfängern zwischen 1950 und 1982«, in: *Berufliche Verbleibsforschung in der Diskussion (Beiträge zur Arbeitsmarkt- und Berufsforschung 90.4)*, hg. von Heinrich Franke, Manfred Kaiser, Reinhard Nuthmann und Heinz Stegmann. S. 13–48. Nürnberg.

– (1996), »Hat sich die berufliche Wertigkeit der Bildungsabschlüsse in den achtziger Jahren verringert? Eine Analyse der abhängig erwerbstätigen, deutschen Berufsanfänger auf der Basis von Mikrozensusergebnissen«, in: *Kölner Zeitschrift für Soziologie und Sozialpsychologie* 48(2). S. 249–273.

Hanushek, Eric A. und Dennis D. Kimko (2000), »Schooling, Labor-Force Quality, and the Growth of Nations«, in: *American Economic Review* 90(5). S. 1184–1208.

Harney, Klaus (2006), »Geschichte der Berufsbildung«, in: *Einführung in die Geschichte der Erziehungswissenschaft und Erziehungswirklichkeit*, hg. von Klaus Harney und Heinz-Hermann Krüger. S. 231–267. Stuttgart.

Hartmann, Peter H. und Bernhard Schimpl-Neimanns (1992), »Sind Sozialstrukturanalysen mit Umfragedaten möglich? Analysen zur Repräsentativität einer Sozialforschungsumfrage«, in: *Kölner Zeitschrift für Soziologie und Sozialpsychologie* 44(2). S. 315–340.

Haslinger, Alois und Josef Kytir (2006), »Stichprobendesign, Stichprobenziehung und Hochrechnung des Mikrozensus ab 2004«, in: *Statistische Nachrichten* 6. S. 510–519.

Heidenreich, Martin (1998), »Die duale Berufsausbildung zwischen industrieller Prägung und wissensgesellschaftlichen Herausforderungen«, in: *Zeitschrift für Soziologie* 27(5). S. 321–340.

Held, David, Anthony McGrew, David Goldblatt und Jonathan Perraton (1999), *Global Transformations: Politics, Economics, and Culture*. Stanford.

Hendeliowitz, Jan (2008), *Danish Employment Policy. National Target Setting, Regional Performance Management and Local Delivery*. Roskilde.

Henning, Friedrich-Wilhelm (1996), *Handbuch der Wirtschafts- und Sozialgeschichte Deutschlands. Band 2: Deutsche Wirtschafts- und Sozialgeschichte im 19. Jahrhundert.* Paderborn/München/Wien/Zürich.

Hillmert, Steffen (Year) of Conference, *Cohorts and Competition.* Paper prepared for the Conference Market Expansion, Welfare State Retrenchment and their Impact on Social Stratification, organised by the ISA (RC28)

– (2002), »Labour Market Integration and Institutions: An Anglo-German Comparison«, in: *Work, Employment & Society* 16(4). S. 675–701.

Hinz, Thomas und Hermann Gartner (2005), »Geschlechtsspezifische Lohnunterschiede in Branchen, Berufen und Betrieben«, in: *Zeitschrift für Soziologie* 34(1). S. 22–39.

Hoeckel, Kathrin, Simon Field und W. Norton Grubb (2009), *Learning for Jobs. OECD Studie zur Berufsbildung: Schweiz.* Paris.

Hofmann, Claudia und Kurt Häfeli (2010), *Die Ausbildungssituation von Lernenden in einer Grundausbildung mit eidgenössischem Berufsattest (EBA) in den Branchen Schreinerei und Hauswirtschaft.* Zürich.

Hoppe, Melanie (2005), »Merkmale und Besonderheiten vollzeitschulischer Berufsausbildung in den Niederlanden, Österreich und Dänemark«, in: *Berufsbildung in Wissenschaft und Praxis* 4. S. 51–54.

Hoskins, Bryony, Fernando Cartwright und Ulrich Schoof (2011), *ELLI. European Lifelong Learning Indicators. Wo steht Deutschland beim lebenslangen Lernen?* Gütersloh.

Howell, David und Edward Wolff (1991), »Trends in the growth and distribution of skills in the U.S. workplace, 1960–1985«, in: *Industrial and Labor Relations Review* 44(3). S. 486–502.

Hradil, Stefan (2001), *Soziale Ungleichheit in Deutschland.* Opladen.

Hupka-Brunner, Sandra, Stefan Sacchi und Barbara E. Stalder (2010), »Social Origin and Access to Upper Secondary Education in Switzerland: A Comparison of Company-based Apprenticeship and Exclusively School-based Programmes«, in: *Swiss Journal of Sociology* 36(1). S. 11–31.

Hupka, Sandra und Barbara E. Stalder (2004), »Die Situation junger Migrantinnen und Migranten beim Übergang Sek I/Sek II«, in: *Achtung Gender. Ausbildungsverhalten von Mädchen und jungen Frauen: Trends und Tipps*, hg. von Schweizerische Konferenz der Gleichstellungsbeauftragten. S. 79–94. Liestal.

Hussmanns, Ralf (2007), *Measurement of employment, unemployment und underemployment - Current international standards and issues in their application. 1.12.2011, http://www.ilo.org/wcmsp5/groups/public/---dgreports/---stat/documents/publication/wcms_088394.pdf*

IAB (2011), *Chronik der Arbeitsmarktpolitik. Mindestlohnvereinbarung in Österreich. 1.12.2011, http://doku.iab.de/chronik/4x/2007_07_02_40_mindestlohnoesterreich.pdf*

Jahoda, Marie (1986), *Wieviel Arbeit braucht der Mensch? Arbeitslosigkeit im 20. Jahrhundert. 3. Auflage.* Weinheim.

Jann, Werner und Günther Schmid (2004), »Die Hartz-Reformen am Arbeitsmarkt: eine Zwischenbilanz«, in: *Eins zu eins? Eine Zwischenbilanz der Hartz-Reformen am Arbeitsmarkt*, hg. von Werner Jann und Günther Schmid. S. 7–18. Berlin.

John, Peter (1987), *Handwerk im Spannungsfeld zwischen Zunftordnung und Gewerbefreiheit*. Köln.

Jørgensen, Anja Lindkvist V. (2008), »Ein preisgekröntes System wird verändert - zum Besseren oder zum Schlechteren?«, in: *Europäische Zeitschrift für Berufsbildung* 2(44). S. 103–125.

Jovanovic, Boyan (1979), »Job Matching and the Theory of Turnover«, in: *The Journal of Political Economy* 87(5). S. 972–990.

Jovanovic, Boyan und Peter L. Rousseau (2005), *General purpose technologies*. NBER *Working Paper 11093*

Juul Lentz, Christian (2009), *The Parliamentary System of Denmark. Introduction to Danish Democracy*. Kopenhagen.

Kammer für Arbeiter und Angestellte (2005), *Leistungen bei Arbeitslosigkeit*. Wien.

Katzenstein, Peter J. (1984), *Corporatism and Change: Austria, Switzerland, and the Politics of Industry*. New York.

Kell, Adolf (2006), *Organisation, Recht und Finanzierung der Berufsbildung*, in: *Handbuch der Berufsbildung. 2., überarbeitete und aktualisierte Auflage*, hg. von Rolf Arnold und Antonius Lipsmeier. S. 453–484. Wiesbaden.

Keller, Berndt und Hartmut Seifert (2006), »Atypische Beschäftigungsverhältnisse: Flexibilität, soziale Sicherheit und Prekarität«, in: *WSI Mitteilungen* 5. S. 235–240.

Kern, Horst und Michael Schumann (1984), *Das Ende der Arbeitsteilung?* München.

Kerr, Clark, John T. Dunlop, Frederick H. Harbison und Charles A. Myers (1960), *Industrialism and Industrial Man*. Cambridge.

Kiker, B.F., Maria C. Santos und M. Mendes De Oliveira (1997), »Overeducation and Undereducation: Evidence for Portugal«, in: *Economics of Education Review* 16(2). S. 111–125.

Kirsch, Magda, Yves Beernaert und Nørgaard Søren (2003), *Tertiary Short Cycle Education in Europe. A Comparative Study*. Brüssel.

Klein, Thomas, Rainer Unger und Rainer Schulze (2006), »Bildungsexpansion und Lebenserwartung«, in: *Die Bildungsexpansion. Erwartete und unerwartete Folgen*, hg. von Andreas Hadjar und Rolf Becker. S. 311–331. Wiesbaden.

Kleinert, Corinna, Susanne Kohaut, Doris Brader und Julia Lewerenz (2007), *Frauen an der Spitze. Arbeitsbedingungen und Lebenslagen weiblicher Führungskräfte*. Frankfurt.

Klotz, Stefan, Winfried Pohlmeier und Joachim Inkmann (2000), »Langfristige Folgen eines missglückten Übergangs von der Lehre in den Beruf«, in: *Zwischen drinnen und draußen. Arbeitsmarktchancen und soziale Ausgrenzungen in Deutschland*, hg. von Felix Büchel, Martin Diewald, Peter Krause, Antje Mertens und Heike Solga. S. 53–62. Opladen.

Knupfer, Caroline, Natalie Pfister und Oliver Bieri (2007), *Sozialhilfe, Steuern und Einkommen in der Schweiz*. Bern und Luzern.

Kock, Klaus (2008), *Auf Umwegen in den Beruf. Destandardisierte und prekäre Beschäftigung von Jugendlichen an der zweiten Schwelle – eine Auswertung empirischer Befunde. Beiträge aus der Forschung, Band 162*. Dortmund.

Kohli, Martin (1985), »Die Institutionalisierung des Lebenslaufs. Historische Befunde und theoretische Argumente«, in: *Kölner Zeitschrift für Soziologie und Sozialpsychologie* 37(1). S. 1–29.

Konietzka, Dirk (1999), *Ausbildung und Beruf. Die Geburtsjahrgänge 1919–1961 auf dem Weg von der Schule in das Erwerbsleben*. Opladen/Wiesbaden.

– (2002), »Die soziale Differenzierung der Übergangsmuster in den Beruf. Die ›zweite Schwelle‹ im Vergleich der Berufseinstiegskohorten 1976–1995«, in: *Kölner Zeitschrift für Soziologie und Sozialpsychologie* 54(4). S. 645–673.

Konietzka, Dirk und Holger Seibert (2001), »Die Erosion eines Übergangsregimes? Arbeitslosigkeit nach der Berufsausbildung und ihre Folgen für den Berufseinstieg – ein Vergleich der Berufseinstiegskohorten 1976 – 1995«, in: *Die Erwerbsgesellschaft*, hg. von Peter A. Berger und Dirk Konietzka. S. 65–92. Opladen.

Konle-Seidl, Regina (2008), »Hilfereformen und Aktivierungsstrategien im internationalen Vergleich«, in: *IAB-Forschungsbericht* 7. S. 1–114.

– (2009), »Erfassung von Arbeitslosigkeit im internationalen Vergleich. Notwendige Anpassung oder unzulässige Tricks?«, in: *IAB-Kurzbericht* 4. S. 1–8.

Korpi, Tomas und Antje Mertens (2003), »Training Systems and Labor Mobility: A Comparison between Germany and Sweden«, in: *Scandinavian Journal of Economics* 105(4). S. 597–617.

Korpi, Walter (2000), »Faces of Inequality: Gender, Class, and Patterns of Inequalities in Different Types of Welfare States«, in: *Social Politics* 7(2). S. 127–191.

Krueger, Dirk und Krishna B. Kumar (2004), »Skill-Specific rather than General Education: A Reason for US-Europe Growth Differences?«, in: *Journal of Economic Growth* 9(2). S. 167–207.

Kühnel, Steffen-M. (1996), »Gruppenvergleiche in linearen und logistischen Regressionsmodellen«, in: *ZA-Information* 39. S. 130–160.

Kultusministerkonferenz (2009a), *Handreichung für die Erarbeitung von Rahmenlehrplänen der Kultusministerkonferenz für den berufsbezogenen Unterricht in der Berufsschule und ihre Abstimmung mit Ausbildungsordnungen des Bundes für anerkannte Ausbildungsberufe (Stand September 2007)*.

– (2009b), *Gemeinsames Ergebnisprotokoll betreffend das Verfahren bei der Abstimmung von Ausbildungsordnungen und Rahmenlehrplänen im Bereich der beruflichen Bildung zwischen der Bundesregierung und den Kultusministern (-senatoren) der Länder (vom 30.05.1972)*.

Kunze, Astrid (2005), »The Evolution of the Gender Wage Gap«, in: *Labour Economics* 12(1). S. 73–97.

Kupka, Peter (2006), »Arbeitsmarkt- und Berufsforschung«, in: *Handbuch der Berufsbildung.* 2., überarbeitete und aktualisierte Auflage, hg. von Rolf Arnold und Antonius Lipsmeier. S. 628–643. Wiesbaden.

Kurtz, Thomas (2001), »Das Thema Beruf in der Soziologie: Eine Einleitung«, in: *Aspekte des Berufs in der Moderne*, hg. von Thomas Kurtz. S. 7–20. Opladen.

Lachmann, Werner (1997), *Volkswirtschaftslehre 1: Grundlagen.* Berlin/ Heidelberg / New York.

Lampert, Thomas und Thomas Ziese (2005), *Armut, soziale Ungleichheit und Gesundheit. Expertise des Robert Koch-Instituts zum 2. Armuts- und Reichtumsbericht der Bundesregierung.* Berlin.

Länderfachkommission Dänemark (1999), »Dänemark«, in: *Berufliche Bildung der Zukunft. Band 1. Ergebnisse der Recherche Carl Bertelsmann-Preis 1999.*, hg. von Bertelsmann Stiftung. S. 61–86. Gütersloh.

Lauterbach, Uwe und Wolfgang Huck (2000), »Dänemark«, in: *Internationales Handbuch der Berufsbildung*, hg. von Uwe Lauterbach, Georg Spöttl, Ute Clement, Uwe Faßhauer, Dietmar Frommberger, Philipp Grollmann, Botho von Kopp und Felix Rauner. S. 79. Bielefeld.

Leibfried, Stephan und Florian Tennstedt (1985), »Die Spaltung des Sozialstaats und die Politik der Armut«, in: *Politik der Armut und die Spaltung des Sozialstaats*, hg. von Stephan Leibfried und Florian Tennstedt. S. 13–37. Frankfurt.

Lepsius, M. Rainer (1979), »Soziale Ungleichheit und Klassenstrukturen in der Bundesrepublik Deutschland«, in: *Klassen in der europäischen Sozialgeschichte*, hg. von Hans-Ulrich Wehler. S. 166–209. Göttingen.

Leschinsky, Achim und Kai S. Cortina (2005), »Zur sozialen Einbettung bildungspolitischer Trends in der Bundesrepublik«, in: *Das Bildungswesen in der Bundesrepublik Deutschland*, hg. von Kai S. Cortina, Jürgen Baumert, Achim Leschinsky, Karl Ulrich Mayer und Luitgard Trommer. S. 20–51. Reinbek.

Leuze, Kathrin (2010), *Smooth Path or Long and Winding Road? How Institutions Shape the Transition from Higher Education to Work.* Opladen & Farmington Hills.

Liebeskind, Uta (2004), »Arbeitsmarktsegregation und Einkommen«, in: *Kölner Zeitschrift für Soziologie und Sozialpsychologie* 56(4). S. 630–652.

Liebig, Thomas und Sarah Widmaier (2009), *Children of Immigrants in the Labour Markets of EU and OECD Countries: An Overview. OECD Social, Employment and Migration Working Papers 97. 1.12.2011, http://www.oecd.org/dataoecd/62/35/43903354.pdf*

Lindbeck, Assar und Dennis Snower (2002), *The Insider-Outsider Theory: A Survey. IZA Discussion Paper No. 534*

Lipset, Seymour M. (1983), *Political Man. The Social Bases of Politics.* Baltimore.

Longhi, Simonetta und Malcolm Brynin (2010), »Occupational change in Britain and Germany«, in: *Labour Economics* 17(4). S. 655–666.

Ludwig-Mayerhofer, Wolfgang (1992), »Arbeitslosigkeit an der ›zweiten Schwelle‹ – was sind die Folgen? Eine Analyse anhand des Sozio-ökonomischen Panels

(1984 bis 1988«, in: *Beiträge zur Arbeitsmarkt- und Berufsforschung* 153(2). S. 172–189.

Ludwig, Volker und Friedhelm Pfeiffer (2006), »Abschreibungsraten allgemeiner und beruflicher Ausbildungsinhalte – empirische Evidenz auf Basis subjektiver Einschätzungen«, in: *Jahrbücher für Nationalökonomie und Statistik* 226(3). S. 260–281.

Luhmann, Niklas (1984), *Soziale Systeme*. Frankfurt.

Lutz, Burkart (1979), »Die Interdependenz von Bildung und Beschäftigung und das Problem der Erklärung der Bildungsexpansion«, in: *Sozialer Wandel in Westeuropa*, hg. von Joachim Matthes. S. 634–670. Frankfurt/New York.

Lutz, Burkart und Werner Sengenberger (1974), *Arbeitsmarktstrukturen und öffentliche Arbeitsmarktpolitik*. Göttingen.

Lynch, Lisa M. (1994), »Payoffs to Alternative Training Strategies at Work«, in: *Working under Different Rules*, hg. von Richard B. Freeman. S. 63–95. New York.

Macunovich, Diane J. (1999), »The fortunes of one's birth: Relative cohort size and the youth labor market in the United States.«, in: *Journal of Population Economics* 12(2). S. 215–272.

Malcomson, James, James Maw und Barry McCormick (2003), »General training by firms, apprentice contracts, and public policy«, in: *European Economic Review* 47(2). S. 197–227.

Mankiw, Gregory N. (1999), *Grundzüge der Volkswirtschaftslehre*. Stuttgart.

Marsden, David (1990), »Institutions and Labour Mobility: Occupational and Internal Labour Markets in Britain, France, Italy and West Germany«, in: *Labour Relations and Economic Performance*, hg. von Renato Brunetta und Carlo Dell'Arringa. S. 414–438. London.

Marshall, Alfred (1961 [1920]), *Principles of Economics*. London Macmillan.

Marshall, Thomas H. (1950), *Citizenship and Social Class*. Cambridge.

Marx, Karl (1988), *Ökonomisch-philosophische Manuskripte vom Jahre 1844*. Leipzig.

Maturana, Humberto R. (1982), *Erkennen: Die Organisation und Verkörperung von Wirklichkeit*. Braunschweig.

Mau, Steffen und Roland Verwiebe (2009), *Die Sozialstruktur Europas*. Konstanz.

Maurice, Marc, Francois Sellier und Jean-Jacques Silvestre (1986), *The Social Foundations of Industrial Power: A Comparison of France and Germany*. Cambridge.

Mayer, Karl Ulrich (1990), »Lebensverläufe und sozialer Wandel: Anmerkungen zu einem Forschungsprogramm«, in: *Lebensverläufe und sozialer Wandel. Kölner Zeitschrift für Soziologie und Sozialpsychologie. Sonderheft 31*, hg. von Mayer Karl Ulrich. S. 415–434. Opladen.

– (2000), »Arbeit und Wissen: Die Zukunft von Bildung und Beruf«, in: *Geschichte und Zukunft der Arbeit*, hg. von Jürgen Kocka und Claus Offe. S. 383–409. Frankfurt.

Mayer, Karl Ulrich und Heike Solga (2008), »Skill Formation. Interdisciplinary and Cross-National Perspectives«, in: *Skill Formation. Interdisciplinary and Cross-*

National Perspectives, hg. von Karl Ulrich Mayer und Heike Solga. S. 1–18. Cambridge.

Mayntz, Renate (1961), *Kritische Bemerkungen zur funktionalistischen Schichtungstheorie*, in: *Soziale Schichtung und soziale Mobilität. Sonderheft 5 der Kölner Zeitschrift für Soziologie und Sozialpsychologie*, hg. von David Glass und René König. S. 10–28. Opladen.

McGinnity, Frances und Antje Mertens (2004), »Befristete Verträge und Berufseinstieg«, in: *Geboren 1964 und 1971. Neuere Untersuchungen zu Ausbildungs- und Berufschancen in Westdeutschland*, hg. von Steffen Hillmert und Karl Ulrich Mayer. S. 115–132. Wiesbaden.

Meifort, Barbara (1999), »Berufsbildung außerhalb des dualen Systems - vollzeitschulische Berufsbildung im Strukturwandel«, in: *Expertisen für ein Berliner Memorandum zur Modernisierung der beruflichen Bildung*, hg. von Berufliche Bildung und Frauen Senatsverwaltung für Arbeit. S. 141–166. Berlin.

Merkator, Nadine und Ulrich Teichler (2010), *Strukturwandel des tertiären Bildungssystems. Arbeitspapier 205. Hans Böckler Stiftung. 1.12.2011, http://www.boeckler.de/pdf/p_arbp_205.pdf*

Mertens, Dieter (1976), »Beziehung zwischen Qualifikation und Arbeitsmarkt«, in: *Jugendarbeitslosigkeit. Unlösbare Aufgabe für das Bildungs- und Beschäftigungssystem?*, hg. von Winfried Schlaffke. S. 68–117. Köln.

Metcalf, David (2007), *Why Has the British National Minimum Wage Had little or No Impact on Employment? CEP Discussion Paper 781*

Meyer, Thomas (2005), *An der zweiten Schwelle: Junge Menschen im Übergang zwischen Ausbildung und Arbeitsmarkt. Ergebnisübersicht des Jugendlängsschnitts TREE, Stand 2004*. Bern.

Ministry of Foreign Affairs of Denmark (2008), *Factsheet Denmark – Greenland*. Kopenhagen.

– (2009a), *Factsheet Denmark – An Overview*. Kopenhagen.

– (2009b), *Factsheet Denmark – The Faroes*. Kopenhagen.

Mood, Carina (2010), »Logistic Regression: Why we cannot do what we think we can do, and what we can do about it«, in: *European Sociological Review* 26(1). S. 67–82.

Mückenberger, Ulrich (1985), »Die Krise des Normalarbeitsverhältnisses: Hat das Arbeitsrecht noch eine Zukunft?«, in: *Zeitschrift für Sozialreform* 31(8). S. 415–434.

– (1998), »Nationale Arbeitsrechte und soziales Europa«, in: *Modell Deutschland Modell Europa. Probleme, Perspektiven*, hg. von Bruno Cattero. S. 33–54. Opladen.

Müller, Walter (2002), »Zur Zukunft der Berufsbildung: Das deutsche Modell im europäischen Vergleich«, in: *Sozialer Wandel und gesellschaftliche Dauerbeobachtung*, hg. von Wolfgang Glatzer, Roland Habich und Karl Ulrich Mayer. S. 49–68. Opladen.

Müller, Walter und Yossi Shavit (1998), »The Institutional Embeddedness of the Stratification Process. A Comparative Study of Qualifications and Occupations in Thirteen Countries«, in: *From School to Work. A Comparative Study of Educational Qualifications and Occupational Destinations*, hg. von Yossi Shavit und Walter Müller. S. 1–47. Oxford.

Müller, Walter, Susanne Steinmann und Reinhart Schneider (1997), »Bildung in Europa«, in: *Die westeuropäischen Gesellschaften im Vergleich*, hg. von Stefan Hradil und Stefan Immerfall. S. 177–246. Opladen.

Murnane, Richard J. und Frank Levy (1996), *Teaching the New Basic Skills. Principles for Educating Children to Thrive in a Changing Economy.* New York.

Nielsen, Søren P. (2000), *Die neue Struktur: Berufliche Bildung in Dänemark.* Kopenhagen

Nielsen, Søren P. und Dorothea Minderop (2000), »Berufsbildungsreform 2000 – Ständige Erneuerung als Prinzip«, in: *Berufliche Bildung der Zukunft. Band 2. Dokumentation zu Symposium und Festakt Carl Bertelsmann-Preis 1999*, hg. von Bertelsmann Stiftung. S. 103–112. Gütersloh.

Niemeyer, Beatrix (2007), »Zwischen Schule und Beruf – Dilemmata einer europäisch vergleichenden Übergangsforschung«, in: *Europäische Zeitschrift für Berufsbildung* 41. S. 132–154.

Nikolai, Rita und Christian Ebner (2012), »The Link between Vocational Training and Higher Education in Germany, Austria and Switzerland«, in: *The Comparative Political Economy of Collective Skill Systems*, hg. von Marius R. Busemeyer und Christine Trampusch. S. 234–258. Oxford.

North, Douglass C. (1990), *Institutions, Institutional Change and Economic Performance.* Cambridge.

– (1991), »Institutions«, in: *Journal of Economic Perspectives* 5(1). S. 97–112.

Oberschachtsiek, Dirk, Patrycja Scioch, Christian Seysen und Jörg Heining (2009), »Stichprobe der Integrierten Erwerbsbiographien«, in: *FDZ Datenreport* 3. S. 1–58.

OECD (1996), *The knowledge-based economy*. Paris.

– (1998), *OECD Employment Outlook. Chapter 3: Getting started, settling in: the transition from education to the labour market.* Paris.

– (2004a), *OECD Handbook for Internationally Comparative Education Statistics. Concepts, Standards, Definitions and Classifications.* Paris.

– (2004b), *Benefits and Wages – Germany 2004.* Paris.

– (2007a), *Benefits and Wages – Denmark.* Paris.

– (2007b), *PISA 2006. Science Competencies for Tomorrow's World. Volume 2: Data / Données.* Paris.

– (2008a), *Benefits and Wages – Germany 2008.* Paris.

– (2008b), *Education at a Glance 2008. OECD Indicators.* Paris.

– (2009a), *Bildung auf einen Blick 2009. OECD-Indikatoren.* Paris.

– (2009b), *OECD Employment Outlook 2009. Statistical Annex.* Paris.

– (2010a), *Wie generös ist Hartz IV im internationalen Vergleich? 1.12.2012 http://www.oecd.org/document/27/0,3746,de_34968570_34968795_39760219_1_1_1_1,00.html*

– (2010b), *Bildung auf einen Blick 2010. OECD-Indikatoren*. Paris.

– (2011a), *Taxing Wages 2010*. Paris.

– (2011b), *Detailed Description of Employment Protection in OECD and Selected Non-OECD Countries, 2008*. Paris.

– (2011c), *Better policies for better lives. The OECD at 50 and beyond*. Paris.

Offe, Claus (1972), »Advanced Capitalism and the Welfare State«, in: *Politics & Society* 2(4). S. 479–488.

Oschmiansky, Frank (2004), »Reform der Arbeitsvermittlung«, in: *Eins zu eins? Eine Zwischenbilanz der Hartz-Reformen am Arbeitsmarkt*, hg. von Werner Jann und Günther Schmid. S. 19–37. Berlin.

Oschmiansky, Heidi (2007), *Der Wandel der Erwerbsformen und der Beitrag der Hartz-Reformen: Berlin und die Bundesrepublik Deutschland im Vergleich. WZB Discussionpaper SP 1 2007-104. 1.12.2011 http://bibliothek.wzb.eu/pdf/2007/i07-104.pdf*

Pätzold, Günter (1983), *Quellen und Dokumente zur Geschichte des Berufsbildungsgesetzes 1875–1981*. Köln/Wien.

Paul, Karsten und Klaus Moser (2001), »Negatives psychisches Befinden als Wirkung und als Ursache von Arbeitslosigkeit: Ergebnisse einer Metaanalyse«, in: *Erwerbslosigkeit. Ursachen, Auswirkungen und Interventionen. Psychologie sozialer Ungleichheit, Band 12.*, hg. von Jeanette Zempel, Johann Bacher und Klaus Moser. S. 83–110. Opladen.

Pedace, Roberto und Stephanie Rohn (2011), »The Impact of Minimum Wages on Unemployment Duration: Estimating the Effects Using the Displaced Worker Survey«, in: *Industrial Relations: A Journal of Economy and Society* 50(1). S. 57–75.

Picht, Georg (1964), *Die deutsche Bildungskatastrophe*. Olten.

Ploghaus, Günter (1991), »Viktor Della-Vos, sein ›Russisches System‹ und sein internationaler Einfluß auf die Werkstatt-Pädagogik. Zum 100. Todestag von Viktor Della-Vos«, in: *Zeitschrift für Berufs- und Wirtschaftspädagogik* 87(1). S. 5–18.

Plünnecke, Axel und Dirk Werner (2004), »Das duale Ausbildungssystem. Die Bedeutung der Berufsausbildung für Jugendarbeitslosigkeit und Wachstum«, in: *IW-Positionen 9*. S. 1–72.

Polanyi, Michael (1985), *Implizites Wissen*. Frankfurt.

Pollmann-Schult, Matthias und Karl Ulrich Mayer (2010), »Vertikale und horizontale Fehlqualifikation von Lehrabsolventen im Kohortenvergleich«, in: *Sozialer Fortschritt* 59(6–7). S. 182–190.

Popitz, Heinrich (1995), *Der Aufbruch zur artifiziellen Gesellschaft*. Tübingen.

Powell, Justin J. W., Nadine Bernhard und Lukas Graf (i.E.), *The Emergent European Model in Skill Formation: Comparing Higher Education and Vocational Training in the Bologna and Copenhagen Processes. Sociology of Education*

Powell, Justin J. W., Laurence Coutrot, Lukas Graf, Nadine Bernhard, Annick Kieffer und Heike Solga (2009), *Comparing the Relationship between Vocational and Higher Education in Germany and France. WZB Discussionpaper SP I 2009-506*

Quintini, Glenda und Thomas Manfredi (2009), *Going Separate Ways? School-to-work Transitions in the United States and Europe. OECD Social, Employment and Migration Working Papers No. 90*. Paris.

Raffe, David (2008), »The concept of transition system«, in: *Journal of Education and Work* 21(4). S. 277–296.

Ragacs, Christian (2003), *Mindestlöhne und Beschäftigung: Ein Überblick über die neuere empirische Literatur. Working Papers Series 25 "Growth and Employment in Europe: Sustainability and Competitiveness". 1.12.2011 http://epub.wu.ac.at/1310/1/document.pdf*

Rauner, Felix und Wolfgang Wittig (2009), »Deutschland«, in: *Steuerung der beruflichen Bildung im internationalen Vergleich*, hg. von Bertelsmann Stiftung. S. 155–196. Gütersloh.

Riley, John G. (1976), »Information, Screening and Human Capital«, in: *The American Economic Review* 66(2). S. 254–260.

Rinneberg, Karl-Jürgen (1985), *Das betriebliche Ausbildungswesen in der Zeit der industriellen Umgestaltung Deutschlands*. Köln.

Roberts, Kenneth, Stan Clark und Claire Wallace (1994), »Flexibility and Individualisation: A Comparison of Transitions into Employment in England and Germany«, in: *Sociology* 28(1). S. 31–54.

Romeu Gordo, Laura (2006), »Effects of short- and long-term unemployment on health satisfaction: evidence from German data«, in: *Applied Economics* 38(20). S. 2335–2350.

Rosenbaum, James E. (1979), »Tournament Mobility: Career Patterns in a Corporation«, in: *Administrative Science Quarterly* 24(2). S. 220–241.

Rothe, Georg (2001) (Hg.), *Die Systeme beruflicher Qualifizierung Deutschlands, Österreichs und der Schweiz im Vergleich: Kompendium zur Aus- und Weiterbildung unter Einschluss der Problematik lebensbegleitenden Lernens*. Wien/Luzern/Villingen-Schwenningen.

Ryan, Paul (2001), »The School-to-Work Transition: A Cross-National Perspective «, in: *Journal of Economic Literature* 39(1). S. 34–92.

Ryser, Mirjam und Manuel von Erlach (2007), *Bildungsmosaik Schweiz. Bildungsindikatoren 2007*. Neuchâtel.

Saar, Ellu, Marge Unt und Irena Kogan (2008), »Transition from Educational System to Labour Market in the European Union. A Comparison between New and Old Members«, in: *International Journal of Comparative Sociology* 49(1). S. 31–59.

SBBK (2009), *Kantone und Berufsbildung*. Bern.

Schels, Brigitte (2007), *Jugendarbeitslosigkeit und psychisches Wohlbefinden. IAB-Forschungsbericht Nr. 13*. Nürnberg.

Scherer, Stefanie (2001), »Early Career Patterns: A Comparison of Great Britain and West Germany«, in: *European Sociological Review* 17(2). S. 119–144.

– (2004), »Stepping-Stones or Traps? The Consequences of Labour Market Entry Positions on Future Careers in West Germany, Great Britain and Italy«, in: *Work, Employment and Society* 18(2). S. 369–394.

Scherer, Stefanie und Irena Kogan (2004), »Erwerbseintritt in Europa«, in: *Bildung und Erziehung* 57(2). S. 133–154.

Schlaffke, Winfried (1972), *Akademisches Proletariat.* Osnabrück.

Schlegelmilch, Cordia (1987), *Taxifahrer Dr. Phil.* Opladen.

Schmid, Günther (2002), *Wege in eine neue Vollbeschäftigung. Übergangsarbeitsmärkte und aktivierende Arbeitsmarktpolitik.* Frankfurt/New York.

– (2008), »Die Balance der Verantwortung. Auf der Suche nach gerechter Teilung des Risikos Arbeitslosigkeit«, in: *WZB Mitteilungen* Heft 120. S. 11–15.

Schmidt, Simone (2000), *Erwerbstätigkeit im Mikrozensus. Konzept, Definition, Umsetzung. ZUMA-Arbeitsbericht 2000/01.* Mannheim.

Schmidt, Vivien A. (2002), *The Futures of European Capitalism.* Oxford.

Schmitz, Hendrik (2011), »Why are the unemployed in worse health? The causal effect of unemployment on health«, in: *Labour Economics* 18(1). S. 71–78.

Schneider, Friedrich (2004), *Arbeit im Schatten.* Wiesbaden.

Schroedter, Julia, Yvonne Lechert und Paul Lüttinger (2006), *Die Umsetzung der Bildungsskala ISCED-1997 für die Volkszählung 1970, die Mikrozensus-Zusatzerhebung 1971 und die Mikrozensen 1976–2004. ZUMA-Methodenbericht 2006/08. 1.12.2011,http://www.gesis.org/fileadmin/upload/forschung/publikationen/gesis_reihen/gesis_methodenberichte/2006/06_08_Schroedter.pdf*

Schulten, Thorsten, Reinhard Bispinck und Claus Schäfer (2006), *Mindestlöhne in Europa.* VSA.

Schultz, Theodore W. (1961), »Investment in Human Capital«, in: *The American Economic Review* 51(1). S. 1–17.

Scruggs, Lyle und James Allan (2006), »Welfare-state decommodification in 18 OECD countries: a replication and revision«, in: *Journal of European Social Policy* 16(1). S. 55–72.

Seibert, Holger (2007), *Berufswechsel in Deutschland. Wenn der Schuster nicht bei seinem Leisten bleibt. IAB-Kurzbericht Nr. 1*

Seibert, Holger und Heike Solga (2005), »Gleiche Chancen dank einer abgeschlossenen Ausbildung? Zum Signalwert von Ausbildungsabschlüssen bei ausländischen und deutschen jungen Erwachsenen«, in: *Zeitschrift für Soziologie* 34(5). S. 364–382.

Seibert, Holger und Corinna Kleinert (2009), »Duale Berufsausbildung. Ungelöste Probleme trotz Entspannung«, in: *IAB-Kurzbericht Nr. 10.* S. 1–7.

Sengenberger, Werner (1975), *Arbeitsmarktstruktur – Ansätze zu einem Modell des segmentierten Arbeitsmarkts.* Frankfurt.

– (1987), *Struktur und Funktionsweise von Arbeitsmärkten. Die Bundesrepublik Deutschland im internationalen Vergleich.* Frankfurt/New York.

Simmel, Georg (1903), »Soziologie der Konkurrenz«, in: *Neue Deutsche Rundschau* 14(10). S. 1009–1023.

– (2009 [1907]), *Philosophie des Geldes*. Köln.

Solga, Heike (2002), »›Ausbildungslosigkeit‹ als soziales Stigma in Bildungsgesellschaften. Ein soziologischer Erklärungsbeitrag für die wachsenden Arbeitsmarktprobleme von gering qualifizierten Personen«, in: *Kölner Zeitschrift für Soziologie und Sozialpsychologie* 54. S. 476–505.

Solga, Heike und Dirk Konietzka (2000), »Das Berufsprinzip des deutschen Arbeitsmarktes: Ein geschlechtsneutraler Allokationsmechanismus?«, in: *Schweizerische Zeitschrift für Soziologie* 26(1). S. 111–147.

Somaggio, Gabriele (2010), »Bestimmungsgründe der Arbeitslosigkeit nach der dualen Ausbildung«, in: *Sozialer Fortschritt* 59(6–7). S. 190–197.

Søndergaard, Steffen R., Finn Togo und Vibe Aarkrog (2008) (Hg.), *The Danish Vocational Education and Training System. Danish Ministry of Education. 1.12.2011, http://pub.uvm.dk/2008/VET2/*

Sørensen, Aage B. (1983), »Processes of Allocation to Open and Closed Positions in Social Structure«, in: *Zeitschrift für Soziologie* 12(3). S. 203–224.

Sorge, Arndt und Wolfgang Streeck (1988), »Industrial Relations and Technical Change: The Case for an Extended Perspective«, in: *New Technology and Industrial Relations*, hg. von Richard Hyman und Wolfgang Streeck. S. 19–47. Oxford.

Soskice, David (1994), »Reconciling Markets and Institutions: The German Apprenticeship System«, in: *Training and the Private Sector. International Comparisons*, hg. von Lisa M. Lynch. S. 25–60. Chicago.

– (1999), »Divergent Production Regimes: Coordinated and Uncoordinated Market Economies in the 1980s and 1990s« in: *Continuity and Change in Contemporary Capitalism*, hg. von Herbert Kitschelt, Peter Lange, Gary Marks und John D. Stephens. S. 101–134. Cambridge.

Spence, Michael A. (1973), »Job market signaling«, in: *Quarterly Journal of Economics* 87(3). S. 355–379.

– (1974), *Market signaling: Information transfer in hiring and related screening processes.* Cambridge.

Stadler, Bettina (2005), »Daten zum österreichischen Arbeitsmarkt«, in: *Österreichische Zeitschrift für Soziologie* 30(3). S. 89–100.

Statistics Denmark (2011), *Declarations of content: Labour Force Survey. 1.12.2011, http://www.dst.dk/HomeUK/Guide/documentation/Varedeklarationer/emnegruppe/emne.aspx?sysrid=857*

Statistik Austria (2008) (Hg.), *Standard-Dokumentation Metainformation (Definitionen, Erläuterungen, Methoden, Qualität) zu Mikrozenus ab 2004 Arbeitskräfte- und Wohnungserhebung.* Wien.

– (2009) (Hg.), *Arbeitskräfterhebung 2008. Ergebnisse des Mikrozensus.* Wien.

– (2011), *Bevölkerungsstand 1.1.2011*. Wien.

Statistisches Bundesamt (2004), *Methoden – Verfahren – Entwicklungen. Demographische Standards. 1.12.2011, http://www.gesis.org/fileadmin/upload/dienstleistung/tools_standards/demsta2004.pdf*

– (2011), *Bevölkerung und Erwerbstätigkeit: Bevölkerungsfortschreibung. Fachserie 1, Reihe 1.3*

Stiglbauer, Alfred (2006), »Wie ›dynamisch‹ ist der österreichische Arbeitsmarkt?«, in: *Wirtschaftspolitische Blätter* 2. S. 143–159.

Stiglitz, Joseph E. (1975), »The theory of ›screening", education, and the distribution of income«, in: *American Economic Review* 65(3). S. 283–300.

Stratmann, Karlwilhelm (1993), *Die gewerbliche Lehrlingserziehung in Deutschland. Modernisierungsgeschichte der betrieblichen Berufsbildung. Band 1: Berufserziehung in der ständischen Gesellschaft (1648–1806).* Frankfurt.

Streeck, Wolfgang (1991), »On the Social and Political Conditions of Diversified Quality Production«, in: *Beyond Keynesianism*, hg. von Egon Matzner und Wolfgang Streeck. S. 21–61. Aldershot.

– (1992), *Social Institutions and Economic Performance: Studies on Industrial Relations in Advanced European Capitalist Countries.* London.

Stuth, Stefan, Marina Hennig und Jutta Allmendinger (2009), *Die Bedeutung des Berufs für die Dauer von Erwerbsunterbrechungen. WZB Discussionpaper P 2009-001*

Swedberg, Richard (1994), »Markets as Social Structures«, in: *The Handbook of Economic Sociology*, hg. von Neil J. Smelser und Richard Swedberg. S. 255–282. Princeton.

Szydlik, Marc (1996), »Zur Übereinstimmung von Ausbildung und Arbeitsplatzanforderungen in der Bundesrepublik Deutschland«, in: *Mitteilungen aus der Arbeitsmarkt- und Berufsforschung* 29(2). S. 295–306.

Teichler, Ulrich, Dirk Hartung und Reinhard Nuthmann (1976), *Hochschulexpansion und der Bedarf der Gesellschaft.* Stuttgart.

Thelen, Kathrin und Marius R. Busemeyer (2008), *From Collectivism Toward Segmentalism: Institutional Change in German Vocational Training. MPIfG Discussion Paper Nr. 13.* Köln.

Thurow, Lester C. (1975), *Generating inequality.* New York.

– (1979), »A job competition model«, in: *Unemployment and inflation*, hg. von Michael J. Piore. S. 17–32. New York.

Thyssen, Simon (1954), *Die Berufsschule in Idee und Gestaltung.* Essen.

Tilly, Chris und Charles Tilly (1994), »Capitalist Work and Labor Markets«, in: *The Handbook of Economic Sociology*, hg. von Neil J. Smelser und Richard Swedberg. S. 283–312. Princeton.

Tippelt, Rudolf und Bernhard Schmidt (2009), *Handbuch Bildungsforschung. 2., überarbeitete und erweiterte Auflage.* Wiesbaden.

Titze, Hartmut (1990), *Der Akademikerzyklus: historische Untersuchungen über die Wiederkehr von Überfüllung und Mangel in akademischen Karrieren.* Göttingen.

Toynbee, Arnold (2004), *Lectures on the Industrial Revolution in England.* Whitefish.

Trampusch, Christine (2010), »Employers, the State, and the Politics of Institutional Change. Vocational Education and Training in Austria, Germany and Switzerland«, in: *European Journal of Political Research* 49(4). S. 545–573.

Troger, Vincent (2004), *Vocational training in French schools: the fragile State-employer alliance*, in: *Towards a history of vocational education and training (VET) in Europe in a comparative perspective. Proceedings of the first international conference October 2002, Florence. Volume 1*, hg. von CEDEFOP. S. 66–74. Thessaloniki.

Ulrich, Joachim Gerd (2004), »Probleme bei der Bestimmung von Ausbildungsplatznachfrage und Ausbildungsplatzangebot. Definitionen, Operationalisierungen, Messprobleme«, in: *Der Ausbildungsmarkt und seine Einflussfaktoren. Dokumentation der Fachtagung der Arbeitsgemeinschaft Berufsbildungsforschungsnetz*, hg. von Bundesinstitut für Berufsbildung. S. 5–36. Bonn.

Undervisnings Ministeriet (2009a), *Initial vocational education and training programmes.* Kopenhagen.

– (2009b), *Facts about production schools.* Kopenhagen.

– (2009c), *Facts about basic vocational education and training – EGU.* Kopenhagen.

Venn, Danielle (2009), *Legislation, collective bargaining and enforcement: Updating the OECD employment protection indicators. OECD Social, Emplyoment and Migration Working Papers No. 89.* Paris.

Vereinigung der Bayerischen Wirtschaft e.v. (2008) (Hg.), *Bildungsrisiken und -chancen im Globalisierungsprozess. Jahresgutachten 2008.* Wiesbaden.

Verordnung über die Berufsbildung (2003), 1.12.2011, *http://www.admin.ch/ch/d/sr/4/412.101.de.pdf*

Visser, Jelle (2009), *ICTWSS: Database on Institutional Characteristics of Trade Unions, Wage Setting, State Intervention and Social Pacts in 34 Countries between 1969 and 2007. 1.12.2011, http://www.uva-aias.net/208*

von Kopp, Botho (2007a), »Tschechische Republik«, in: *Internationales Handbuch der Berufsbildung*, hg. von Uwe Lauterbach, Georg Spöttl, Ute Clement, Uwe Faßhauer, Dietmar Frommberger, Philipp Grollmann, Botho von Kopp und Felix Rauner. S. Bielefeld.

– (2007b), »Slowakische Republik«, in: *Internationales Handbuch der Berufsbildung*, hg. von Uwe Lauterbach, Georg Spöttl, Ute Clement, Uwe Faßhauer, Dietmar Frommberger, Philipp Grollmann, Botho von Kopp und Felix Rauner. Bielefeld.

von Kopp, Botho und Wolfgang Huck (2007), »Tschechische Republik. Slowakische Republik«, in: *Internationales Handbuch der Berufsbildung*, hg. von Uwe Lauterbach, Georg Spöttl, Ute Clement, Uwe Faßhauer, Dietmar Frommberger, Philipp Grollmann, Botho von Kopp und Felix Rauner. Bielefeld.

von Saldern, Adelheid (2002), »Leistungsdruck im Handwerk während der NS-Zeit«, in: *Unternehmerwirtschaft zwischen Markt und Lenkung. Organisationsformen, politischer Einfluss und ökonomisches Verhalten 1930–1960*, hg. von Thomas Großbölting und Rüdiger Schmidt. S. 39–68. München.

Voß, G. Günter und Hans J. Pongratz (1998), »Der Arbeitskraftunternehmer. Eine neue Grundform der Ware Arbeitskraft?«, in: *Kölner Zeitschrift für Soziologie und Sozialpsychologie* 50(1). S. 131–158.

Weber, Max (1980), *Wirtschaft und Gesellschaft. Grundriss der verstehenden Soziologie.* Tübingen.

– (2005), *Wirtschaft und Gesellschaft.* Frankfurt.

Wettstein, Emil (2009a), *Unterlagen zum Bildungswesen der Schweiz. Berufsfachschulen. 1.12.2011, http://www.bbprojekte.ch/files/taetigkeit/verschiedenes/7228.pdf*

– (2009b), *Unterlagen zum Bildungswesen der Schweiz: Berufliche Grundbildung. 1.12.2011, http://www.bbprojekte.ch/files/taetigkeit/verschiedenes/7308.pdf*

Wettstein, Emil und Uwe Lauterbach (2007), »Schweiz«, in: *Internationales Handbuch der Berufsbildung*, hg. von. S. 73. Bielefeld.

White, Harrison C. (1970), *Chains of Opportunities: System Models of Mobility in Organizations* Cambridge.

Wiemann, Günter (2004), *Lehrgangsausbildung: a European prototype of a universal industry-based training method*, in: *Towards a history of vocational education and training (VET) in Europe in a comparative perspective. Proceedings of the first international conference October 2002, Florence. Volume 1*, hg. von CEDEFOP. S. 137–157. Thessaloniki.

Willke, Helmut (2001), *Systemtheorie III: Steuerungstheorie.* Stuttgart.

Witte, James C. und Arne L. Kalleberg (1995), »Matching Training and Jobs: The Fit Between Vocational Education and Employment in the German Labour Market«, in: *European Sociological Review* 11(3). S. 293–317.

Wittig, Wolfgang und Bruno Clematide (2009), »Dänemark«, in: *Steuerung der beruflichen Bildung im internationalen Vergleich*, hg. von Bertelsmann Stiftung. S. 113–153. Gütersloh.

WKO (2011), Lehrlinge: Alles über Probezeit & Co.: S.

Wolbers, Maarten (2003), »Job Mismatches and their Labour-Market Effects among School-Leavers in Europe«, in: *European Sociological Review* 19(3). S. 249–266.

Anhang

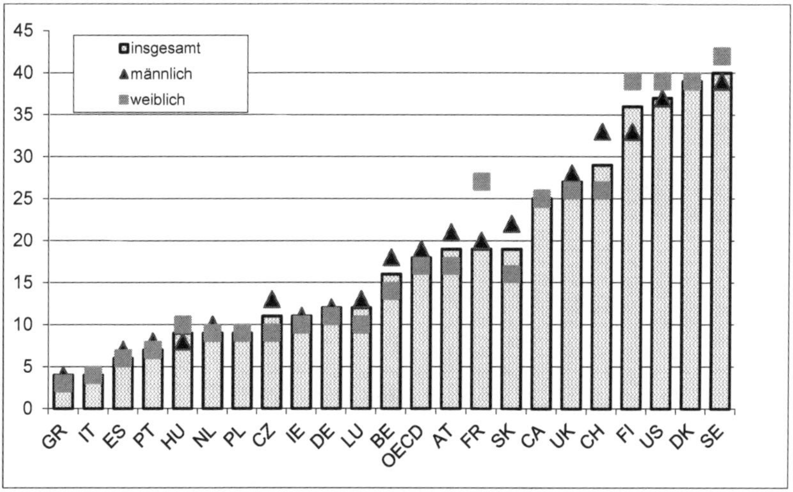

Abbildung A 1: Nicht-formale berufliche Weiterbildung in der OECD, getrennt nach Geschlecht (2003)

(Quelle: OECD [2008b: 407f.])

Tabelle A 1: Vorgenommene Zuordnung von Bildungsgängen zu Bildungskategorien in Deutschland, Österreich, der Schweiz und Dänemark

	Deutschland	Österreich	Schweiz	Dänemark
Kein berufl. Abschluss	keine Ausbildung; Anlernausbild.; Praktikum; BVJ	Pflichtschule; Abschl. HS, Abschl. AHS-Unterst.; BMS (1–2 J.), BMS (2 J. [2004, 2005]); kürzer als 2 Jahre BMS (2006, 2007); AHS, Uni ohne Erstabschl.	keine Ausbildung; obligatorische Schule; Anlehre; allgemeinbild. Schule; Maturitätsschule	Abschl. unter Sek II (ISCED1, 2); allgemeinbild. Sek II (ISCED 3A); berufliche Ausbild. unter 2 Jahre (ISCED3C short); Fachabitur (ISCED 3B)
Dualer Abschluss	Lehrabschluss	Lehrabschluss	Berufslehre, Berufsmaturität	berufliche Ausbildung mind. 2 Jahre (ISCED3c long)
Vollzeitschul. Abschluss	Berufsfachsch.	Mind. 3 Jahre BMS (2004, 2005); mind. 2 Jahre BMS (2006, 2007); Krankenpflege; BHS	Berufliche Vollzeitschule; Handelsschule/ HH-Lehrjahr	in Dänemark nur marginal vorhanden
Tertiär B	Meister, Techniker, Fachschule	Meister oder Werkmeister; Hochschulverw. Lehranstalt (Akademie)	Meister; Eidg. Fachausweis; Techniker/ Fachsch.; Höh. Fachschule; HTL; HWV; Fachhochschule (2004–2006)	ISCED 5B
Tertiär A	Verwaltungs-fachhochsch.; Fachhochsch.; Uni	Fachhochschule; Uni	Uni/ ETH; Fachhochschule (2007); Pädagogische Hochsch. (2007)	ISCED 5A

Tabelle A 2: Höchster beruflicher Ausbildungsabschluss junger Menschen (25 bis 34 Jahre) in Deutschland, Österreich, der Schweiz und Dänemark, getrennt nach Geschlecht (Angaben in %)

	Deutschland		Österreich		Schweiz		Dänemark	
	w	m	w	m	w	m	w	m
In (Aus-) Bildung	9,7	13,5	8,7	9,9	9,4	13,9	19,2	16,7
Nicht in Ausbildung: darunter	90,3	86,5	91,3	90,1	90,6	86,1	80,8	83,3
Ohne berufl. Abschluss	16,4	15,6	20,7	14,1	17,3	10,4	16,6	18,8
Dualer Berufsabschluss	56,0	57,3	33,0	49,0	51,3	47,4	38,6	47,9
Vollzeitschul.	4,1	2,2	29,6	19,1	8,1	4,2	-	-
Tertiär B	7,2	7,8	5,6	6,6	11,1	21,8	7,9	10,3
Tertiär A	16,3	17,1	11,1	10,3	12,1	16,2	36,9	23,0
Ausbildungsarmut	14,8	13,5	18,9	12,7	15,7	9,0	13,4	15,7
N	42852	43149	11069	10540	9624	8520	4801	3887

Anmerkung: Alle Zahlen sind gewichtet (landesspezifische Hochrechnungsfaktoren). Die Zuordnung einzelner Bildungsgänge zu Bildungskategorien kann Tabelle A 1 entnommen werden.

(Quellen: Mikrozensus Deutschland, Mikrozensus Österreich, Schweizerische Arbeitskräfteerhebung, Dänischer Labour Force Survey. Jahre 2004 bis 2007 [immer 2. Quartal] gepoolt. Eigene Berechnungen.)

Tabelle A 3: Anerkannte Lehrberufe nach Ausbildungsberufsfeldern in Deutschland, Österreich, der Schweiz und Dänemark (2007)

	Deutschland	*Österreich*	*Schweiz*	*Dänemark*
Landwirtschaft und Veterinärwesen	Fachkraft Agrarservice	Bienenwirtschaftsfacharbeiter/in	Bereiter/in	Agricultural training
	Fischwirt/in	Facharbeiter/in der ländlichen Hauswirtschaft	Gärtner/in	Forest and landscape technician
	Forstwirt/in	Facharbeiter/in landwirtschaftliche Lagerhaltung	Geflügelzüchter/in	Greenhouse gardener
	Gärtner/in	Feldgemüsebaufacharbeiter/in	Gemüsegärtner/in	Greenkeeper
	Landwirt/in	Fischereifacharbeiter/in	Forstwart/-in EFZ	Keeper at a zoo
	Pferdewirt/in	Forstfacharbeiter/in	Landschaftsgärtner/in	Landscape gardener
	Revierjäger/in	Forstgarten- und Forstpflegefacharbeiter/in	Landwirt/in	Production gardener
	Tiermedizinische/r Fachangestellte/r	Friedhofs- und Ziergärtner/in	Landwirt/in – Biolandbau	Veterinary nurse
	Tierpfleger/in	Garten- und Grünflächengestaltung – Schwerpunkt Greenkeeping	Obstbauer/-bäuerin	
	Tierwirt/in	Garten- und Grünflächengestaltung – Schwerpunkt Landschaftsgärtnerei	Pferdepfleger/in	
	Weinküfer/in	Gärtnereifacharbeiter/in	Tiermedizinische/r Praxisassistent/in	
	Winzer/in	Geflügelwirtschaftsfacharbeiter/in	Tierpfleger/in	
		Landwirtschaftl. Facharbeiter/in	Winzer/in	
		Obstbaufacharbeiter/in		
		Pferdewirtschaftsfacharbeiter/in		
		Tierpfleger/in		
		Weinbau- und Kellereifacharbeiter/in		
	= 12	= 17	= 13	= 8

Tabelle A 3: Fortsetzung

	Deutschland	*Österreich*	*Schweiz*	*Dänemark*
Handwerk, Industrie, Bau, IT	Änderungs-schneider/in	Anlagenelektrik	Anlagen- und Apparate-bauer/in	Air mechanic
	Anlagen-mechaniker/in	Bäcker/in	Architektur-modellbauer/in	Automatics and process mechanics
	Anlagenme-chaniker/in Sanitär-, Heizungs- und Klimatechnik	Baumaschinentechnik	Automatiker/in	Baker and confectioner
	Asphalt-bauer/in	Bautechnische/r Zeichner/in	Automobil-Assistent/in EBA	Blacksmith
	Aufbereitungs mechaniker/in	Bekleidungs-fertiger/in	Automobil-Fachmann/-frau EFZ	Boat mechanic
	Ausbaufach-arbeiter/in	Betonfertiger/in – Betonwaren-erzeugung	Automobil-Mechatro-niker/in EFZ	Bricklayer
	Bäcker/in	Betonfertiger/in – Betonwerk-steinerzeugung	Bäcker/in	Buildings mounting/fitting technician
	Baugeräte-führer/in	Betonfertiger/in – Terrazzo-herstellung	Bauisoleur/in	Building training of carpenters
	Baustoff-prüfer/in	Binnenschifffahrt	Baumaschinen-mechaniker/in EFZ	Chimney sweeper
	Bauten- und Objektbe-schichter/in	Bodenleger/in	Bauwerk-trenner/in	CNC-technique
	Bauwerks-abdichter/in	Bonbon- und Konfekt-macher/in	Bauzeichner/in	Coach builder
	Bauwerksme-chaniker/in Abbruch- und Beton-trenntechnik	Bootbauer/in	Bekleidungs-gestalter/in	Coach painter
	Bauzeichner/in	Brau- und Getränketechnik	Betonwerker/in	Construction
	Behälter- und Apparate-bauer/in	Brunnen- und Grundbau	Biologie-laborant/in	Contractor/agri-cultural machine Mechaninc
	Bergmecha-niker/in	Büchsenma-cher/in	Bodenleger/in	Cut cleaner

Tabelle A 3: Fortsetzung

	Deutschland	*Österreich*	*Schweiz*	*Dänemark*
Handwerk, Industrie, Bau, IT	Berg- und Maschinen-mann/-frau	Chemielabor-technik	Bootbauer/in	Cycle and motorcycle mechanic
	Bergvermes-sungstech-niker/in	Chemieverfahrens-technik	Bootfach-wart/in	Dairyman
	Betonfertig-teilbauer/in	Chirurgieinstru-mentenerzeuger/in	Büchsen-macher/in	Data and communication training
	Beton- und Stahlbeton-bauer/in	Dachdecker/in	Carosserie-sattler/in	Electrician
	Binnen-schiffer/in	Damenkleider-macher/in	Carossier/in Lackiererei EFZ	Electronics and communication engineer
	Biologiela-borant/in	Destillateur/in	Carossier/in Spenglerei EFZ	Electronics operator
	Biologiemo-dellmacher/in	Drechsler/in	Chemie-laborant/in	Farrier
	Bodenleger/in	Dreher/in	Cheminist	Food for humans
	Bootsbauer/in	Drucktechnik	Dachdecker/in	Food industry
	Böttcher/in	Druckvorstufen-technik	Drechsler/in	Former
	Brauer/in und Mälzer/in	EDV-Systemtechnik	Elektroinstalla-teur/in EFZ	Frontline PC-supporter
	Brenner/in	Elektroanlagen-technik	Elektroniker/in	Frontline radio-TV supporter
	Brunnen-bauer/in	Elektrobetriebs-technik	Elektronik-monteur/in	Glazier
	Büchsen-macher/in	Elektroenergie-technik	Elektroplaner/in EFZ	Gourmet (Chef)
	Bürsten- und Pinselmacher/in	Elektro-installationstechnik	Elektro-praktiker/in	Graphics technical
	Chemie-laborant/in	Elektromaschinen-technik	Elektro-zeichner/in	Housepainter
	Chemielabor-jungwerker/in	Elektronik – Schwerpunkt angewandte Elektronik	Etuismacher/in	Industrial butcher
	Chemikant/in	Elektronik – Schwerpunkt Mikrotechnik	Fahrzeug-Elektriker/in - Elektroniker/in	Industrial painting
	Dach-decker/in	Fahrzeug-tapezierer/in (Fahrzeug-sattler/in)	Fahrzeug-schlosser/in	Industrial repairman

Tabelle A 3: Fortsetzung

	Deutschland	*Österreich*	*Schweiz*	*Dänemark*
Handwerk, Industrie, Bau, IT	Dekorvorlagen-hersteller/in	Fassbinder/in	Fassaden-bauer/in	Industrial technology
	Destillateur/in	Feinoptik	Fassaden-monteur	Industrial welder
	Drahtwaren-macher/in	Fertigteil-hausbau	Feinwerk-optiker/in	Joiners training
	Drahtzieher/in	Fleischver-arbeitung	Feuerver-zinker/in	Lorry mechanic
	Drechsler/in (Elfenbein-schnitzer/in)	Former/in und Gießer/in (Metall und Eisen)	Flachdach-bauer/in	Marine fitter
	Edelmetall-prüfer/in	Gerberei	Galvaniker/in	Marine mechanic
	Elektroanlagen-monteur/in	Gießereime-chaniker/in	Geomatiker/in	Maritime crafts
	Elektroniker/in	Glaser/in	Gerüstmon-teur/in	Metal smith
	Elektroniker/in für Automati-sierungstechnik	Glasmacherei	Gestalter/in Werbetechnik	Motor and motor electronic mechanic
	Elektroniker/in für Betriebs-technik	Großmaschinen-sticker/in	Gipser/in	Pattern maker
	Elektroniker/in für Gebäude- und Infrastruk-tursysteme	Hafner/in	Gipser/in und Maler/in	Paver and structor
	Elektroniker/in für Geräte und Systeme	Handschuh-macher/in	Glaser/in	Plastic maker
	Elektroniker/in für luftfahrttech-nische Systeme	Herrenkleider-macher/in	Gleisbauer	Plumbers training
	Elektroniker/in für Maschinen und Antriebs-technik	Holz- und Sägetechnik	Grundbauer	Precision mechanic
	Estrichleger/in	Hutmacher/in	Gussformer/in	Process operator
	Fachinforma-tiker/in	Hüttenwerk-schlosser/in	Gusstechno-loge/-in	Production and development
	Fachkraft für Fruchtsaft-technik	Informations-technologie – Informatik	Hafner/in	Productor
	Fachkraft für Holz- und Bautenschutz	Informations-technologie – Technik	Haustechnik-planer/in	Refridgerator fitter

Tabelle A 3: Fortsetzung

	Deutschland	*Österreich*	*Schweiz*	*Dänemark*
Handwerk, Industrie, Bau, IT	Fachkraft für Lebensmittel-technik	Installations- und Gebäude-technik	Heizungs-monteur/in	Retail butcher
	Fachkraft für Straßen- und Verkehrstechnik	Isolier-monteur/in	Hochbau-zeichner/in	Roofer
	Fachkraft für Süßwaren-technik	Kälteanlagen-techniker/in	Industrie- und Unterlagsboden-bauer/in	Shipbuilder
	Fachkraft für Veranstaltungs-technik	Kappen-macher/in	Industriekera-miker/in	Shoemaker
	Fachlagerist/in	Karosserie-bautechnik	Industrie-lackierer/in EFZ	Sign writer
	Fahrrad-monteur/in	Kartograf/in	Industrie-polsterer/-in	Stucco worker
	Fahrzeuginnen-ausstatter/in	Kartonagewa-renerzeuger/in	Industrieuhr-macher/in	Supply operator
	Fahrzeug-lackierer/in	Koch/Köchin	Informatiker/in EFZ	Technical designer
	Fassaden-monteur/in	Kommunikati-onstechniker/in – Audio- und Videoelektronik	Informations- und Dokumen-tations-assistent /in	Technical insulator
	Federmacher/in	Kommunikati-onstechniker/in – Elektronische Datenverarbei-tung und Tele-kommunikation	Innenausbau-zeichner/in	Technology and communication
	Feinoptiker/in	Kommunikati-onstechniker/in – Nachrichten-elektronik	Innendekorateur	Toolmaker
	Feinpolierer/in	Konditor/in (Zucker-bäcker/in)	Innendekora-tions-Näher/in	Trades and technique
	Feinwerkme-chaniker/in	Konstrukteur/in	Isolierspeng-ler/in	Training of industrial operators
	Fertigungs-mechaniker/in	Kraftfahrzeug-elektriker/in	Kachel- und Baukeramik-former	Watchmaker
	Feuerungs- und Schornstein-bauer/in	Kraftfahrzeug-technik	Kältemon-teur/in	·Web-integrator
	Flachglas-mechaniker/in	Kunststoff-formgebung	Kartograf/in	Woodcutting machinist

Tabelle A 3: Fortsetzung

	Deutschland	*Österreich*	*Schweiz*	*Dänemark*
Handwerk, Industrie, Bau, IT	Fleischer/in	Kunststofftechnik	Koch/Köchin	Yacht maintenance
	Fliesen-, Platten- und Mosaikleger/in	Kupferschmied/in	Konditor/in	
	Fluggerätmechaniker/in	Kürschner/in	Konstrukteur/in	
	Fräser/in	Lackierer/in	Küchenangestellte/r EBA	
	Gerätezusammensetzer/in	Landmaschinentechniker/in	Küfer/in	
	Gerber/in	Lebensmitteltechnik	Kunststofftechnologe/-in	
	Gerüstbauer/in	Ledergalanteriewarenerzeuger/in und Taschner/in	Kuvertmaschinenführer/in	
	Gießereimechaniker/in	Leichtflugzeugbauer/in	Laborant/in EFZ	
	Glasapparatebauer/in	Luftfahrzeugtechnik	Landmaschinenmechaniker/in EFZ	
	Glaser/in	Maler/in und Anstreicher/in	Landschaftsbauzeichner/in	
	Glasmacher/in	Maschinenbautechnik	Lebensmitteltechnologe/-in	
	Gleisbauer/in	Maschinenfertigungstechnik	Lüftungsanlagenbauer/in	
	Handschuhmacher/in	Maschinenmechanik	Maler/in	
	Hochbaufacharbeiter/in	Maschinsticker/in	Maurer/in	
	Holzbearbeitungsmechaniker/in	Maurer/in	Mechapraktiker/in	
	Holzmechaniker/in	Mechatronik	Mediamatiker/in	
	Holz- und Bautenschützer/in	Messerschmied/in	Messerschmied/in	
	Industrie-Isolierer/in	Metallbearbeitung	Metallbauer/in EFZ	
	Industriekeramiker/in Anlagentechnik	Metalltechnik – Blechtechnik	Metallbaukonstrukteur/in EFZ	
	Industriekeramiker/in Dekorationstechnik	Metalltechnik – Fahrzeugbautechnik	Metallbaupraktiker/in EBA	

Tabelle A 3: Fortsetzung

	Deutschland	*Österreich*	*Schweiz*	*Dänemark*
Handwerk, Industrie, Bau, IT	Industriekeramiker /in Modelltechnik	Metalltechnik – Metallbautechnik	Metalldrücker/in	
	Industriekeramiker/in Verfahrenstechnik	Metalltechnik – Metallbearbeitungstechnik	Metzger/in	
	Industriemechaniker/in	Metalltechnik – Schmiedetechnik	Mikromechaniker/in	
	Informationselektroniker /in	Metalltechnik – Stahlbautechnik	Mikrozeichner/in	
	Informations- und Telekommunikationssystem-Elektroniker/in	Miedererzeuger/in	Milchpraktiker EBA	
	Informations- und Telekommunikationssystem-Kaufmann/-frau	Modellbauer/in	Milchtechnologe/-in	
	Isolierfacharbeiter/in	Modist/in	Montage-Elektriker/in EFZ	
	Kabeljungwerker/in	Molkereifachmann/-frau	Motorgerätemechaniker/in EFZ	
	Kanalbauer/in	Molkerei- und Käsereifacharbeiter/-in	Motorradmechaniker/in	
	Karosserie- und Fahrzeugbaumechaniker/in	Oberflächentechnik	Müller/in	
	Kartograf/in	Oberteilherrichter/in	Multimediaelektroniker/in	
	Klempner/in	Obst- und Gemüsekonservierer/in	Netzelektriker/in	
	Koch/Köchin	Papiertechniker/in	Papiertechnologe/-in	
	Konditor/in	Pflasterer/-in	Pflästerer/-in EFZ	
	Konstruktionsmechaniker/in	Pharmatechnologie	Physiklaborant/in	
	Kraftfahrzeugmechatroniker/in	Physiklaborant/in	Plattenleger/in	
	Kraftfahrzeugservicemechaniker/in	Platten- und Fliesenleger/in	Polisseur/in	

Tabelle A 3: Fortsetzung

	Deutschland	*Österreich*	*Schweiz*	*Dänemark*
Handwerk, Industrie, Bau, IT	Kürschner/in	Polsterer/-in	Polybauer/in EFZ	
	Lacklaborant/in	Posamentierer/in	Polymechaniker/in	
	Landwirtschaftlich-technische/r Laborant/in, Landwirtschaftliche/r Laborant	Präparator/in	Portefeuiller/in	
	Leitflugzeugbauer/in	Präzisionswerkzeugschleiftechnik	Raumplanungszeichner/in	
	Leuchtröhrenglasbläser/in	Produktionstechniker/in	Reifenpraktiker/in EBA	
	Maler/in und Lackierer/in	Prozessleittechniker/in	Säger/in	
	Maschinen- und Anlagenführer/in	Rauchfangkehrer/in	Sanitärmonteur/in	
	Maschinenzusammensetzer/in	Rauchwarenzurichter/in	Sattler/in	
	Maßschneider/in	Rohrleitungsmonteur/in	Schmied/in – Hufschmied/in	
	Mathematisch-technische/r Softwareentwickler/in	Säckler/in (Lederbekleidungserzeugung)	Schreiner/in	
	Maurer/in	Sattler/in und Riemer/in	Schreinerpraktiker/in EBA	
	Mechaniker/in für Karosserieinstandhaltungstechnik	Schalungsbau	Schuhmacher/in	
	Mechaniker/in für Land- und Baumaschinentechnik	Schiffbauer/in	Skibauer/in	
	Mechaniker/in für Reifen- und Vulkanisierungstechnik	Schilderherstellung	Spengler/in	
	Mechatroniker/in	Schuhfertigung	Spengler/in – Sanitärinstallateur/in	
	Mechatroniker/in für Kältetechnik	Schuhmacher/in	Storenmonteur/in	
	Metallbauer/in	Seilbahnfachmann/-frau	Strassenbauer	
	Metallbildner/in	Skierzeuger/in	Technische/r Modellbauer/in	

Tabelle A 3: Fortsetzung

	Deutschland	*Österreich*	*Schweiz*	*Dänemark*
Handwerk, Industrie, Bau, IT	Metallschleifer/in	Sonnenschutz-technik	Telematiker/in EFZ	
	Mikrotechno-loge/-in	Spengler/in	Textillabo-rant/in	
	Milchwirtschaftli-che/r Laborant/in	Stempelerzeuger/in und Flexograf/in	Textilmechani-ker/in EFZ	
	Modellbauer/in	Stickereizeichner/in	Textiltechnologe /-in EFZ	
	Modellbaumecha-niker/in	Stoffdrucker/in	Tiefdruckgra-veur/in	
	Modenäher/in	Straßenerhaltungs-fachmann/-frau	Uhrgehäuse-mechniker/in	
	Modeschneider/in	Strickwarenerzeuger/in	Uhrmacher/in	
	Modist/in	Stukkateur/in und Trockenausbauer/in	Uhrmacher Praktiker/in	
	Molkereifachmann /-frau	Tapezierer/in und Dekorateur/in	Verkehrsweg-bauer/in	
	Müller/in (Verfah-renstechnologe/-in in der Mühlen- und Futtermittel-wirtschaft)	Technische/r Zeichner/in	Verpackungs-technologe/-in	
	Naturwerkstein-mechaniker/in	Textilchemie	Verpackungs-technologe/-in EFZ	
	Oberflächen-beschichter/in	Textilmechanik	Wagner/in	
	Ofen- und Luftheizungs-bauer/in	Textiltechnik – Maschentechnik	Weintechnologe /-in EFZ	
	Papiertechno-loge/-in	Textiltechnik – Webtechnik	Weissküfer	
	Parkettleger/in	Tiefbauer/in	Zement-maschinist	
	Pelzveredler/in	Tischlerei	Zimmermann/ Zimmerin	
	Physiklaborant/in	Tischlereitechnik	Zweirad-mechaniker/in	
	Polsterer/-in	Uhrmacher/in		
	Polster- und Dekorations-näher/in	Universal-schweißer/in		
	Produktions-fachkraft Chemie	Veranstaltungs-technik		

Tabelle A 3: Fortsetzung

	Deutschland	*Österreich*	*Schweiz*	*Dänemark*
Handwerk, Industrie, Bau, IT	Produktionsmechanik – Textil	Verfahrenstechnik für die Getreidewirtschaft		
	Produktprüfer/in Textil	Vermessungstechniker/in		
	Produktveredler/in – Textil	Verpackungstechnik		
	Revolverdreher/in	Vulkanisierung		
	Rohrleitungsbauer/in	Waagenhersteller/in		
	Rollladen- und Sonnenschutzmechatroniker/in	Waffenmechaniker/in		
	Sattler/in	Wagner/in		
	Schiffszimmerer/-in	Wäschewarenerzeuger/in		
	Schilder- und Leuchtreklamehersteller/in	Werkstofftechnik		
	Schirmmacher/in	Werkzeugbautechnik		
	Schleifer/in	Werkzeugmaschineur/in		
	Schneidwerkzeugmechaniker/in	Werkzeugmechanik		
	Schornsteinfeger/in	Zerspanungstechnik		
	Schuhfertiger/in	Zimmerei		
	Schuhmacher/in	Zinngießer/in		
	Schuh- und Lederwarenstepper/in			
	Segelmacher/in			
	Seiler/in			
	Spezialtiefbauer/in			
	Spielzeughersteller/in			
	Stoffprüfer/in (Chemie) Glas-, Keramische Industrie sowie Steine			
	Straßenbauer/in			
	Straßenwärter/in			

Tabelle A 3: Fortsetzung

	Deutschland	*Österreich*	*Schweiz*	*Dänemark*
Handwerk, Industrie, Bau, IT	Stricker/in			
	Stuckateur/in			
	Systeminformatiker/in			
	Technische/r Konfektionär/in			
	Technische/r Produktdesigner/in			
	Technische/r Zeichner/in			
	Teilezurichter/in			
	Textillaborant/in			
	Thermometermacher/in			
	Tiefbaufacharbeiter/in			
	Tischler/in			
	Trockenbaumonteur/in			
	Uhrmacher/in			
	Verfahrensmechaniker/in für Beschichtungstechnik			
	Verfahrensmechaniker/in für Brillenoptik			
	Verfahrensmechaniker/in für Kunststoff- und Kautschuktechnik			
	Verfahrensmechaniker/in Glastechnik			
	Verfahrensmechaniker/in in der Hütten- und Halbzeugindustrie			
	Verfahrensmechaniker/in in der Steine- und Erdenindustrie			
	Vergolder/in			
	Vermessungstechniker/in			
	Verpackungsmittelmechaniker/in			

Tabelle A 3: Fortsetzung

	Deutschland	*Österreich*	*Schweiz*	*Dänemark*
Handwerk, Industrie, Bau, IT	Vorpolierer/in Schmuck- und Kleingeräteherstellung			
	Wagner/in			
	Wärme-, Kälte- und Schallschutzisolierer/in			
	Werkgehilfe/-in Schmuckwarenindustrie, Taschen- und Armbanduhren			
	Werkstoffprüfer/in			
	Werkzeugmechaniker/in			
	Zerspanungsmechaniker/in			
	Zimmerer/-in			
	Zweiradmechaniker/in			
	= 197	= 158	= 140	= 69
Medien, Design, Kunsthandwerk	Bogenmacher/in	Bildhauerei	Blasinstrumentereparateur/in	Bookbinder
	Buchbinder/in	Blechblasinstrumentenerzeugung	Blech-Blasinstrumentebauer/in	Clothing craftsman
	Bühnenmaler/in und -plastiker/in	Blumenbinder/in und -händler/in (Florist/in)	Buchbinder/in	Digital media training
	Diamantschleifer/in	Buchbinder/in	Dekorationsgestalter/in	Film and TV production training
	Drucker/in	Dessinateur/in für Stoffdruck	Drucktechnologe/-in	Goldsmith
	Edelsteinfasser/in	Edelsteinschleifer/in	Flexodrucker/in EFZ	Media graphics
	Edelsteingraveur/in	Fotograf/in	Florist/in EFZ	Media production
	Edelsteinschleifer/in	Glasbläser/in und Glasinstrumentenerzeuger/in	Fotofachmann/-frau EFZ	Photographer

Tabelle A 3: Fortsetzung

	Deutschland	*Österreich*	*Schweiz*	*Dänemark*
Medien, Design, Kunsthandwerk	Emailschriftenmaler/in	Gold-, Silber- und Perlensticker/in	Fotograf/in	Porcelain painter
	Figurenkeramformer/in	Gold- und Silberschmied/in und Juwelier/in	Fotolaborant/in	Potter
	Film- und Videoeditor/in	Harmonikamacher/in	Geigenbauer/in	Precious stone founder
	Film- und Videolaborant/in	Hohlglasveredler/in – Glasmalerei	Gestalter/in / Designer/in	Precious stone work up and socking
	Flechtwerkgestalter/in	Hohlglasveredler /in – Gravur	Glasmaler/in	Serigrapher
	Flexograf/in	Hohlglasveredler /in – Kugel	Goldschmied/in	Stonemason
	Florist/in	Holzblasinstrumentenerzeugung	Grafiker/in	Theatre and technical exhibition assistant
	Fotograf/in	Keramiker/in	Graveur/in	
	Fotolaborant/in	Kerammaler/in	Holzbildhauer/in	
	Fotomedienlaborant/in	Keram-modelleur/in	Juwelenfasser/in	
	Geigenbauer/in	Klavierbau	Keramiker/in	
	Gestalter/in für visuelles Marketing	Kristallschleiftechnik	Keramikmaler/in	
	Glasbläser/in	Lebzelter/in und Wachszieher/in	Keramik-Modelleur/in	
	Glas- und Porzellanmaler/in	Medienfachmann/-frau – Mediendesign	Klavierbauer/in	
	Glasveredler/in	Medienfachmann/-frau – Medientechnik	Korbflechter/in	
	Goldschmied/in	Metalldesign – Schwerpunkt Gravur	Multimediagestalter/in	
	Graveur/in	Metalldesign – Schwerpunkt Gürtlerei	Oberflächenveredler/in Uhren und Schmuck	
	Handzuginstrumentenmacher/in	Metalldesign – Schwerpunkt Metalldrückerei	Orgelbauer/in	
	Holzbildhauer/in	Orgelbau	Polygraf/in EFZ	

Tabelle A 3: Fortsetzung

	Deutschland	*Österreich*	*Schweiz*	*Dänemark*
Medien, Design, Kunst-handwerk	Holzblasinstru-mentenmacher/in	Porzellan-former/in	Printmedienver-arbeiter/in EFZ	
	Holzspielzeug-macher/in	Porzellan-maler/in	Reprograf/in	
	Keramiker/in	Reprografie	Siebdrucker/in	
	Klavier- und Cembalobauer/in	Steinmetz/in	Silber-schmied/in	
	Manufaktur-porzellanmaler/in	Streich- und Saiteninstru-mentenbau	Steinbild-hauer/in	
	Maskenbildner/in	Textilmuster-zeichner/in	Steinhauer/in	
	Mediengestalter/in Bild und Ton	Vergolder/in und Staffierer/in	Steinmetz/in	
	Mediengestalter/in für Digital- und Printmedien	Weber/in	Steinwerker/in	
	Metallblasinstru-mentenmacher/in		Textilgestal-ter/in Hand-weben	
	Metall- und Glockengießer/in		Theatermaler/in	
	Orgel- und Harmonium-bauer/in		Töpfer/in	
	Produktgestal-ter/in – Textil		Vergolder/in	
	Siebdrucker/in		Zinngiesser/in	
	Silberschmied/in		Zinnpfeifen-macher/in	
	Steindrucker/in			
	Steinmetz/in und Bildhauer/in			
	Sticker/in			
	Wachszieher/in			
	Weber/in			
	Zupfinstrumenten-macher/in			
	= 47	= 35	= 41	= 15

Tabelle A 3: Fortsetzung

	Deutschland	*Österreich*	*Schweiz*	*Dänemark*
Wirtschaft, Recht, Verkauf	Automobilkauf-mann/-frau	Archiv-, Biblio-theks- und Informations-assistent/in	Bahnbüro-angestellte/r	Event Coordinator
	Bankkauf-mann/-frau	Bankkauf-mann/-frau	Buchhändler/in	Financial training
	Buchhändler/in	Betriebsdienst-leistung	Detailhandels-assistent /in EBA	Office assistance education
	Bürokauf-mann/-frau	Buchhaltung	Detailhandels-fachmann/-frau EFZ – Beratung	Office training
	Drogist/in	Buch- und Medienwirt-schaft – Buch- und Musikalien-handel	Detailhandels-fachmann/-frau Bewirtschaftung	Real property service assistant
	Fachangestellte/r für Büro-kommunikation	Buch- und Medienwirt-schaft – Buch- und Presse-großhandel	Drogist/in	Sales assistant
	Fachangestellte/r für Markt- und Sozialforschung	Buch- und Medienwirt-schaft – Verlag	Kaufmann/-frau B	Wholesale assistant
	Fachkraft für Hafenlogistik	Bürokauf-mann/-frau	Kaufmann/-frau E	
	Fachkraft für Lagerlogistik	Drogist/in	Logistiker/in EBA	
	Fachverkäufer/in im Lebensmittel-handwerk	EDV-Kaufmann/-frau	Logistiker/in EFZ	
	Immobilienkauf-mann/-frau	Einkäufer/-in		
	Industriekaufmann /-frau	Einzelhandel		
	Informatik-kaufmann/-frau	Finanzdienst-leistungs-kaufmann/-frau		
	Investmentfonds-kaufmann/-frau	Fleischverkauf		
	Justizfach-angestellte/r	Fotokaufmann/-frau		
	Kaufmann/-frau für audiovisuelle Medien	Gartencenter-kaufmann/-frau		

Tabelle A 3: Fortsetzung

	Deutschland	*Österreich*	*Schweiz*	*Dänemark*
Wirtschaft, Recht, Verkauf	Kaufmann/-frau für Bürokommunikation	Großhandelskaufmann/-frau		
	Kaufmann/-frau für Dialogmarketing	Immobilienkaufmann/-frau		
	Kaufmann/-frau für Marketingkommunikation	Industriekaufmann/-frau		
	Kaufmann/-frau für Spedition und Logistikdienstleistung	Lagerlogistik		
	Kaufmann/-frau für Verkehrsservice	Medienfachmann/-frau – Marktkommunikation und Werbung		
	Kaufmann/-frau für Versicherungen und Finanzen	Personaldienstleistung		
	Kaufmann/-frau im Einzelhandel	Pharmazeutisch-kaufmännische Assistenz		
	Kaufmann/-frau im Eisenbahn- und Straßenverkehr	Rechtskanzleiassistent/in		
	Kaufmann/-frau im Gesundheitswesen	Speditionskaufmann/-frau		
	Kaufmann/-frau im Groß- und Außenhandel	Speditionslogistik		
	Luftverkehrskaufmann/-frau	Versicherungskaufmann/-frau		
	Medienkaufmann/-frau Digital und Print	Verwaltungsassistent/in		
	Musikalienhändler/in	Waffen- und Munitionshändler/in		
	Notarfachangestellte/r			
	Patentanwaltsfachangestellte/r			

Tabelle A 3: Fortsetzung

	Deutschland	*Österreich*	*Schweiz*	*Dänemark*
Wirtschaft, Recht, Verkauf	Rechtsanwalts-fachangestellte/r			
	Rechtsanwalts- und Notarfach-angestellte/r			
	Schifffahrtskauf-mann/-frau			
	Sozialversicher-ungsfachan-gestellte/r			
	Sport- und Fitnesskaufmann/-frau			
	Steuerfachange-stellte/r			
	Veranstaltungs-kaufmann/-frau			
	Verwaltungsfach-angestellte/r			
	= 39	= 29	= 10	= 7

Tabelle A 3: Fortsetzung

	Deutschland	*Österreich*	*Schweiz*	*Dänemark*
Gesundheit, Sozialwesen, Erziehung	Augenoptiker/in	Augenoptik	Augenoptiker/in	Dental Clinic assistant
	Chirurgiemechaniker/in	Fußpfleger/in	Dental-assistent/in	Dental technician
	Fachangestellte/r für Arbeitsförderung	Hörgeräteakustiker/in	Diätkoch/-köchin EFZ	Health secretary
	Hörgeräteakustiker/in	Masseur/in	Fachangestellte/r Gesundheit	Hospital technical assistant
	Medizinische/r Fachangestellte/r	Orthopädieschuhmacher/in	Fachmann/-frau Betreuung EFZ	Optometrist
	Orthopädiemechaniker/in	Orthopädietechnik	Hauspfleger/in	Orthopaedist
	Orthopädieschuhmacher/in	Zahntechnik	Medizinische/r Praxisassistent/in	Pedagogy
	Pharmakant/in		Orthopädie-Schuhmacher/in	Social- and health assistant
	Pharmazeutisch-kaufmännische/r Angestellte/r		Orthopädist/in EFZ	Social- and health helper
	Zahnmedizinische/r Fachangestellte/r		Pharma-Assistent/in EFZ	
	Zahntechniker/in		Podologe/-in EFZ	
			Sozialpädagoge/-in	
			Zahntechniker/in	
	= 11	= 7	= 13	= 9

Tabelle A 3: Fortsetzung

	Deutschland	*Österreich*	*Schweiz*	*Dänemark*
Persönliche Dienst-leistungen	Berufskraft-fahrer/in	Berufskraft-fahrer/in	Bahnbetriebs-disponent/in	Airport cargo/ transport operator
	Bestattungs-fachkraft	Denkmal-, Fassaden- und Gebäudereiniger /in	Bahnbetriebs-sekretär/in	Bus driver
	Eisenbahner/in im Betriebsdienst	Entsorgungs- und Recycling-fachmann/-frau – Abfall	Coiffeur/ Coiffeuse EFZ	Cleaning of trains
	Fachangestellte/r für Bäderbetriebe	Entsorgungs- und Recycling-fachmann/-frau – Abwasser	Fachmann/-frau Betriebs-unterhalt EFZ	Cosmetician
	Fachkraft für Abwassertechnik	Fitnessbetreu-ung	Fachmann/-frau Hauswirtschaft EFZ	Customer contact centre training
	Fachkraft für Kreislauf- und Abfallwirtschaft	Friseur/in und Perücken-macher/in	Gebäudereiniger /in	Driver
	Fachkraft für Kurier-, Express- und Postdienst-leistungen	Gastronomie-fachmann/-frau	Hauswirtschaft – Pflege	Fitness instructor
	Fachkraft für Möbel-, Küchen- und Umzugs-service	Hotel- und Gastgewerbe-assistent/in	Hauswirtschafts-praktiker/in EBA	Fresh food assistant
	Fachkraft für Rohr-, Kanal- und Industrieservice	Kosmetiker/in	Hotelfachmann/ -frau EFZ	Hairdresser
	Fachkraft für Schutz und Sicherheit	Mobilitätsservice	Hotellerieange-stellte/r EBA	Hotel and leisure assistant
	Fachmann/-frau für System-gastronomie	Reisebüro-assistent/in	Hotel- und Gastrofachmann /-frau	Kitchen and cafeteria assistant
	Fachkraft für Wasserversorgungs -technik	Restaurantfach-mann/-frau	Kaminfeger/in	Mail and goods operator
	Fachkraft für Wasserwirtschaft	Schädlings-bekämpfer/in	Kosmetiker/in EFZ	Receptionist
	Fachkraft im Fahrbetrieb	Sportadministra-tion	Lastwagen-führer/in	Sail and interior decorator training
	Fachkraft im Gastgewerbe	Systemgastro-nomiefachmann /-frau	Luftverkehrs-angestellte/r	Salvage-corps man

Tabelle A 3: Fortsetzung

	Deutschland	*Österreich*	*Schweiz*	*Dänemark*
Persönliche Dienst-leistungen	Friseur/in	Textilreiniger/in	Matrose/-in der Binnenschiff-fahrt	Security guard
	Gebäude-reiniger/in		Recyclist/in	Service assistant
	Hafenschiffer/in		Rennreiter/in	Transport and logistics
	Hauswirt-schafter/in		Restaurationsan-gestellte/r EBA	Warehouse training
	Hotelfachmann/-frau		Restaurations-fachfrau/-mann	
	Hotelkaufmann/-frau		Seilbahner/in EFZ	
	Kaufmann/-frau für Kurier-, Express- und Postdienstleistun-gen		Textilpfleger/in EFZ	
	Kaufmann/-frau für Tourismus und Freizeit		Zugbegleiter/in	
	Kosmetiker/in			
	Raumausstatter/in			
	Schädlingsbe-kämpfer/in			
	Servicefachkraft für Dialog-marketing			
	Sportfachmann/-frau			
	Servicefahrer/in			
	Servicekaufmann /-frau			
	Tankwart/in			
	Textilreiniger/in			
	Verkäufer/in			
	Wasserbauer/in			
	= 36	= 16	= 23	= 19
Gesamt	342	262	240	127

(Quellen: Deutschland: Liste anerkannter Ausbildungsberufe 2007, siehe BIBB [2007]. Österreich: Eine Liste der Lehrberufe in Österreich für das Jahr 2007 findet sich in BMWA [2008]. Schweiz: Datenlieferung Bundesamt für Berufsbildung und Technologie BBT für das Jahr 2007. Eine Liste des aktuellen Berufsverzeichnisses findet sich unter http://www.bbt.admin.ch/bvz/grundbildung/index.html?lang=de Dänemark: Ausbildungsberufe für Dänemark können für unterschiedliche Jahre der Statistikseite Dänemarks entnommen werden: http://www.statbank.dk/statbank5a/default.asp?w=1280. Ausbildungsinhalte werden ausführlich unter http://www.ug.dk/Uddannelser.aspx beschrieben.)

Tabelle A 4: Zahl der Ausbildungsberufe nach Ausbildungsberufsfeld in Deutschland, Österreich, der Schweiz und Dänemark (2007)

Ausbildungsberufsfeld	Deutschland	Österreich	Schweiz	Dänemark
Landwirtschaft	12	17	13	8
Industrie, Handwerk, Bau	197	158	140	69
Medien, Design, Kunsthandwerk	47	35	41	15
Wirtschaft, Recht, Verkauf	39	29	10	7
Gesundheit, Sozialwesen, Erziehung	11	7	13	9
Persönliche Dienstleistungen	36	16	23	19
gesamt	342	262	240	127

(Quellen: Deutschland: Liste anerkannter Ausbildungsberufe 2007, siehe BIBB [2007]. Österreich: Eine Liste der Lehrberufe in Österreich für das Jahr 2007 findet sich in BMWA [2008]. Schweiz: Datenlieferung Bundesamt für Berufsbildung und Technologie BBT für das Jahr 2007. Eine Liste des aktuellen Berufsverzeichnisses findet sich unter: http://www.bbt.admin.ch/bvz/grundbildung/index.html?lang=de Dänemark: Ausbildungsberufe für Dänemark können für unterschiedliche Jahre der Statistikseite Dänemarks entnommen werden: http://www.statbank.dk/statbank5a/default.asp?w=1280. Ausbildungsinhalte werden ausführlich unter http://www.ug.dk/Uddannelser.aspx beschrieben.)

Tabelle A 5: Ausbildungsberufsfelder nach Eurostat-Defintion

Übergreifende Bereiche (9)	Enger gefasste Bereiche (25)	Detaillierte Bereiche (75)
0 Allgemeinbildung	01 Allgemeinbildung 08 Lese-/Schreib- und rechnerische Fähigkeiten 09 Persönliche Fähigkeiten	010 Allgemeinbildung 080 Lese-/Schreib- und rechnerische Fähigkeiten 090 Persönliche Fähigkeiten
1 Bildungswesen	14 Lehrerausbildung und Erziehungswissenschaft	*(141[116] Lehre und Ausbildung = 143+144+145+146)* 142 Erziehungswissenschaft 143 Ausbildung für Vorschulerziehung 144 Ausbildung für Lehrer auf Primarstufe 145 Ausbildung für Lehrer mit Fächer-Spezialisierung 146 Ausbildung für Lehrer der Berufsbildung
2 Kunst und Geisteswissenschaften	21 Künste und Design	211 Bildende Kunst 212 Musik und darstellende Kunst 213 Audiovisuelle Verfahren und Medienproduktion 214 Design 215 Handwerkskunst
	22 Geisteswissenschaften	221 Religion 222 Fremdsprachen 223 Muttersprache *(224 Geschichte, Philosophie und verwandte Fächer = 225+226)* 225 Geschichte und Archäologie 226 Philosophie und Ethik

[116] Dieses Feld sowie auch die anderen in Klammer gesetzten Felder werden im EUROSTAT und CEDEFOP Klassifikationssystem für Ausbildungsbereiche für die Berufsausbildung benutzt. Seine Unterteilung in der gegenwärtigen Klassifikation wird in den Klammern angezeigt.

Tabelle A 5: Fortsetzung

3 Sozialwissenschaften, Wirtschaft und Recht	31 Sozial- und Verhaltenswissenschaften	311 Psychologie 312 Soziologie und Kulturwissenschaften 313 Politikwissenschaft und Gemeinschaftskunde 314 Volkswirtschaftslehre
	32 Journalismus und Information	321 Journalismus und Berichterstattung 322 Bibliothekswesen, Information, Archivierung
	34 Betriebswirtschaft und Verwaltung	341 Großhandel und Einzelhandel 342 Marketing und Werbung 343 Finanzwesen, Bankwesen und Versicherungswesen 344 Buchhaltung und Steuerwesen 345 Management und Verwaltung 346 Sekretariats- und Bürotätigkeiten 347 Arbeitsleben
	38 Recht	380 Recht
4 Naturwissenschaften, Mathematik und EDV	42 Lebenswissenschaften	421 Biologie und Biochemie 422 Umweltwissenschaft
	44 Naturwissenschaften	441 Physik 442 Chemie 443 Geowissenschaft
	46 Mathematik und Statistik	461 Mathematik 462 Statistik
	48 EDV	481 Informatik 482 Computerbedienung

Tabelle A 5: Fortsetzung

5 Ingenieurwesen, verarbeitendes Gewerbe und Baugewerbe	52 Ingenieurwesen	521 Mechanik und Metallarbeiten
		522 Elektrizität und Energie
		523 Elektronik und Automatisierung
		524 Chemische Verfahren
		525 Kraftfahrzeuge, Schiffe und Flugzeuge
	54 Produzierendes und verarbeitendes Gewerbe	541 Lebensmittelverarbeitung
		542 Textilien, Kleidung, Schuhwerk, Leder
		543 Materialien (Holz, Papier, Plastik, Glas)
		544 Bergbau und Förderung
	58 Architektur und Bausektor	581 Architektur und Stadtplanung
		582 Bauwesen
6 Landwirtschaft und Tierheilkunde	62 Landwirtschaft, Forstwirtschaft und Fischerei	621 Pflanzenbau und Viehwirtschaft
		622 Gartenbau
		623 Forstwirtschaft
		624 Fischerei
	64 Tierheilkunde	641 Tierheilkunde
7 Gesundheit und Sozialwesen	72 Gesundheit	721 Medizin
		(722 Medizinische Dienste = 725+726+727)
		723 Krankenpflege
		724 Zahnheilkunde
		725 Medizinische Diagnostik und Behandlungstechnologie
		726 Therapie und Reha
		727 Pharmazie
	76 Soziale Dienste	761 Kinderbetreuung und Jugendarbeit
		762 Sozialarbeit und Beratungsdienste

Tabelle A 5: Fortsetzung

8 Dienstleistungen	81 Persönliche Dienstleistungen	811 Hotel, Restaurant und Catering
		812 Reise, Tourismus und Freizeit
		813 Sport
		814 Haushaltsdienste
		815 Haar- und Kosmetikdienstleistungen
	84 Beförderung	840 Beförderung
	85 Umweltschutz	851 Umweltschutztechnologie
		852 Natürliche Umwelt und Wildtiere
		853 Kommunales Sanitärwesen
	86 Sicherheitsdienstleistungen	861 Personen- und Eigentumsschutz
		862 Arbeitsschutz und -sicherheit
		863 Militär und Verteidigung

(Quelle: Andersson und Olsson [1999: 8f.]. Eigene Übersetzung vom Englischen ins Deutsche)

Tabelle A 6: Berufshauptgruppen in der ISCO-88 COM-Klassifikation

ISCO-88 Berufshauptgruppen	
1	Leitende Verwaltungsbedienstete, Führungskräfte in der Privatwirtschaft und Angehörige gesetzgebender Körperschaften
2	Wissenschaftler
3	Techniker und gleichrangige nicht-technische Berufe
4	Bürokräfte, kaufmännische Angestellte
5	Dienstleistungsberufe, Verkäufer in Geschäften und auf Märkten
6	Fachkräfte in der Landwirtschaft und Fischerei
7	Handwerks- und verwandte Berufe
8	Anlagen- und Maschinenbediener sowie Monteure
9	Hilfsarbeitskräfte
0	Soldaten

(Quelle: Unter folgender Quelle findet sich neben den Berufshauptgruppen auch eine ausführliche Auflistung der ISCO-88-COM 3-Steller Berufscodes: http://www.bibb.de/dokumente/pdf/a22_bibb-baua-erwerbstaetigenbefragung_2005-06_isco88.pdf [Zugriff: 1.12.2011]. Eine detaillierte Beschreibung und Einordnung der ISCO-Klassifikation findet sich auf den offiziellen Seiten der International Labour Organization [ILO]: http://www.ilo.int/public/english/bureau/stat/isco/index.htm)

Tabelle A 7: Lehrabsolventen in einem Normalarbeitsverhältnis in Deutschland, Österreich, der Schweiz und Dänemark, Linear Probability Models inklusive Interaktionsterm

	Deutschland	Österreich	Schweiz	Dänemark
Konstante	0,587*** (0,046)	0,811*** (0,041)	0,558*** (0,034)	0,737*** (0,054)
Soziodemogr.				
Weiblich	-0,019+ (0,010)	-0,037+ (0,019)	0,016 (0,019)	-0,204*** (0,034)
Verheiratet	0,035 (0,022)	0,056 (0,035)	0,096** (0,032)	-0,077 (0,071)
Weibl. x verh.	-0,220*** (0,028)	-0,350*** (0,055)	-0,454*** (0,047)	-0,042 (0,089)
Alter 25–29	-0,008 (0,009)	-0,090** (0,031)	-0,001 (0,019)	0,024 (0,029)
Ausländer	-0,043* (0,021)	0,011 (0,032)	0,031* (0,016)	-0,157 (0,147)
In Bildung	-0,452*** (0,009)	-0,524*** (0,023)	-0,370*** (0,023)	-0,449*** (0,031)
Ostdeutschl.	-0,160*** (0,010)	-	-	-
Zeit s. Abschl.				
Bis 1 Jahr (R.)	-	-	-	-
2 bis 3 Jahre	0,081*** (0,011)	0,073*** (0,020)	0,115*** (0,022)	0,015 (0,032)
4 bis 5 Jahre	0,118*** (0,016)	0,066* (0,027)	0,151*** (0,029)	0,069* (0,035)
Periode				
Jahr 2004	0,016 (0,013)	-0,042* (0,021)	0,054* (0,023)	-0,090* (0,038)
Jahr 2005	-0,009 (0,012)	-0,030 (0,020)	0,018 (0,022)	-0,051 (0,039)
Jahr 2006 (R.)	-	-	-	-
Jahr 2007	0,029* (0,012)	0,023 (0,019)	0,053* (0,022)	0,024 (0,036)
ELQ Abschl.	-0,011+ (0,006)	-0,028 (0,019)	0,037* (0,015)	0,009 (0,023)
Ausbildungsfeld				
Ind./H. (R.)	-	-	-	-
Landw.	-0,058+ (0,030)	-0,089* (0,040)	-0,030 (0,050)	-0,054 (0,057)
Design	-0,074** (0,024)	-0,054 (0,045)	-0,135** (0,051)	0,053 (0,096)
Wirtschaft	0,044*** (0,011)	-0,037+ (0,021)	0,004 (0,019)	0,071* (0,034)
Gesundheit	0,009 (0,015)	-0,091+ (0,048)	-0,062* (0,031)	-0,225*** (0,049)
Pers. Dienste	-0,021 (0,014)	-0,142*** (0,024)	-0,167*** (0,031)	-0,073 (0,050)
N	13969	4078	3817	1264
R^2	0,135	0,165	0,115	0,242

*+ $p < 0,10$, * $p < 0,05$, ** $p < 0,01$, *** $p < 0,001$; Koeffizienten: b-Koeffizienten; Standardfehler in Klammern*

Tabelle A 8: Beschäftigte Lehrabsolventen: Determinanten einer Vollzeiterwerbstätigkeit in Deutschland, Österreich, der Schweiz und Dänemark, Modell ohne Ausbildungsberufsfelder und Wirtschaftszweige

	Deutschland	Österreich	Schweiz	Dänemark
Konstante	0,838*** (0,039)	0,919*** (0,025)	0,911*** (0,028)	0,898*** (0,053)
Soziodemogr.				
Weiblich	-0,125*** (0,007)	-0,113*** (0,010)	-0,088*** (0,011)	-0,223*** (0,026)
Verheiratet	-0,068*** (0,014)	-0,126*** (0,027)	-0,122*** (0,023)	-0,037 (0,043)
Alter 25–29	-0,056*** (0,009)	-0,029 (0,023)	-0,028^{+} (0,015)	-0,042 (0,027)
Ausländer	-0,019 (0,019)	0,011 (0,021)	0,032** (0,011)	-0,013 (0,141)
In Bildung	-0,246*** (0,016)	-0,033 (0,020)	-0,352*** (0,028)	-0,129** (0,049)
Ostdeutschl.	-0,025** (0,010)	-	-	-
Zeit s. Abschl.				
Bis 1 Jahr (R.)	-	-	-	-
2 bis 3 Jahre	-0,014 (0,009)	-0,016 (0,012)	-0,004 (0,016)	-0,010 (0,030)
4 bis 5 Jahre	-0,035** (0,013)	-0,013 (0,016)	0,002 (0,021)	0,026 (0,031)
Periode				
Jahr 2004	0,011 (0,013)	0,023^{+} (0,012)	0,010 (0,017)	-0,027 (0,037)
Jahr 2005	0,004 (0,010)	0,002 (0,012)	-0,005 (0,016)	0,017 (0,037)
Jahr 2006 (R.)	-	-	-	-
Jahr 2007	0,010 (0,010)	-0,002 (0,012)	-0,006 (0,016)	0,001 (0,033)
ELQ Abschl.	-0,003 (0,005)	0,010 (0,011)	0,015 (0,011)	0,012 (0,022)
Betrieb				
1–10 Mit. (R.)	-	-	-	-
11–19 Mit.	0,045*** (0,013)	0,018 (0,013)	-0,000 (0,018)	-0,066^{+} (0,037)
20–49 Mit.	0,047*** (0,012)	0,014 (0,013)	0,016 (0,016)	-0,015 (0,034)
50+ Mit.	0,087*** (0,010)	0,027** (0,011)	0,026* (0,013)	0,025 (0,029)
Monate	0,005*** (0,000)	0,002*** (0,001)	0,002*** (0,001)	0,003** (0,001)
Monate^2	-0,000*** (0,000)	-0,000** (0,000)	-0,000^{+} (0,000)	-0,000* (0,000)
Befristung	0,021* (0,010)	0,020 (0,016)	-0,042^{+} (0,023)	0,005 (0,048)
N	8831	3526	3026	1002
R^2	0,126	0,084	0,162	0,129

$^{+}p < 0,10$, $^{*}p < 0,05$, $^{**}p < 0,01$, $^{***}p < 0,001$; Koeffizienten: b-Koeffizienten; Standardfehler in Klammern

Tabelle A 9: Beschäftigte Lehrabsolventen in Vollzeiterwerbstätigkeit in Deutschland, Österreich, der Schweiz und Dänemark, Modell ohne Ausbildungsberufsfeld und Wirtschaftszweige, Test der Konstanten auf Signifikanz

Land	a1	a2	S.F. a1	S.F. a2	Testwert	p<0,05
AT vs. CH	0,919	0,911	0,025	0,028	0,21	Nein
AT vs. DK	0,919	0,898	0,025	0,053	0,36	Nein
AT vs. DE	0,919	0,838	0,025	0,039	1,75	(p<0,10)
CH vs. DK	0,911	0,898	0,028	0,053	0,22	Nein
CH vs. DE	0,911	0,838	0,028	0,039	1,52	Nein
DK vs. DE	0,898	0,838	0,053	0,039	0,91	Nein

Tabelle A 10: Beschäftigte Lehrabsolventen: Determinanten eines unbefristeten Arbeitsverhältnisses in Deutschland, Österreich, der Schweiz und Dänemark, Modell ohne Ausbildungsberufsfelder und Wirtschaftszweige

	Deutschland	Österreich	Schweiz	Dänemark
Konstante	0,565*** (0,053)	0,795*** (0,032)	0,794*** (0,026)	0,810*** (0,048)
Soziodemogr.				
Weiblich	-0,006 (0,009)	-0,020* (0,010)	0,018+ (0,010)	-0,112*** (0,023)
Verheiratet	0,005 (0,013)	0,033* (0,015)	0,007 (0,014)	-0,036 (0,036)
Alter 25–29	0,037*** (0,009)	0,005 (0,022)	0,018 (0,011)	0,051* (0,025)
Ausländer	-0,007 (0,021)	0,028 (0,019)	0,027** (0,010)	0,100*** (0,025)
In Bildung	-0,255*** (0,016)	-0,582*** (0,028)	-0,021 (0,018)	-0,348*** (0,043)
Ostdeutschl.	-0,039*** (0,011)	-	-	-
Zeit s. Abschl.				
Bis 1 Jahr (R.)	-	-	-	-
2 bis 3 Jahre	0,063*** (0,013)	0,085*** (0,015)	0,072*** (0,016)	0,052+ (0,030)
4 bis 5 Jahre	0,085*** (0,018)	0,065** (0,020)	0,085*** (0,019)	0,022 (0,031)
Periode				
Jahr 2004	0,061*** (0,015)	-0,050*** (0,015)	0,018 (0,015)	-0,043 (0,032)
Jahr 2005	0,002 (0,012)	-0,006 (0,014)	0,000 (0,015)	-0,055+ (0,033)
Jahr 2006 (R.)	-	-	-	-
Jahr 2007	0,012 (0,012)	0,020 (0,014)	0,016 (0,014)	-0,018 (0,028)
ELQ Abschl.	-0,002 (0,007)	-0,018 (0,014)	0,008 (0,010)	0,015 (0,021)
Betrieb				
1–10 Mit. (R.)	-	-	-	-
11–19 Mit.	-0,057*** (0,014)	-0,012 (0,014)	-0,020 (0,015)	-0,041 (0,036)
20–49 Mit.	-0,066*** (0,013)	0,011 (0,014)	-0,039** (0,015)	0,000 (0,029)
50+ Mit.	-0,130*** (0,010)	0,010 (0,012)	-0,042*** (0,011)	0,011 (0,025)
Monate	0,011*** (0,000)	0,005*** (0,001)	0,003*** (0,000)	0,006*** (0,001)
Monate²	-0,000*** (0,000)	-0,000*** (0,000)	-0,000*** (0,000)	-0,000*** (0,000)
Teilzeit	0,029* (0,014)	0,026 (0,021)	-0,034+ (0,019)	0,004 (0,037)
N	8831	3526	3026	1002
R^2	0,182	0,306	0,056	0,216

$^{+}p < 0,10$, $^{*}p < 0,05$, $^{**}p < 0,01$, $^{***}p < 0,001$; *Koeffizienten: b-Koeffizienten; Standardfehler in Klammern*

Tabelle A 11: Beschäftigte Lehrabsolventen mit unbefristetem Arbeitsvertrag in Deutschland, Österreich, der Schweiz und Dänemark, Modell ohne Ausbildungsberufsfeld und Wirtschafszweige, Test der Konstanten auf Signifikanz

Land	a1	a2	S.F. a1	S.F. a2	Testwert	p<0,05
DK vs. AT	0,81	0,795	0,048	0,032	0,26	Nein
DK vs. CH	0,81	0,794	0,048	0,026	0,29	Nein
DK vs. DE	0,81	0,565	0,048	0,053	3,43	Ja
AT vs. CH	0,795	0,794	0,032	0,026	0,03	Nein
AT vs. DE	0,795	0,565	0,032	0,053	3,72	Ja
CH vs. DE	0,794	0,565	0,026	0,053	3,88	Ja

Tabelle A 12: Determinanten eines Wechsels des Ausbildungsberufsfelds in Deutschland, Österreich, der Schweiz und Dänemark, Referenzausbildungsfeld: Wirtschaft

	Deutschland	**Österreich**	**Schweiz**	**Dänemark**
Konstante	0,087* (0,044)	0,163*** (0,041)	0,081* (0,033)	0,235*** (0,065)
Soziodemogr.				
Weiblich	-0,010 (0,011)	0,037^{+} (0,020)	-0,023 (0,017)	-0,098** (0,036)
Verheiratet	-0,011 (0,014)	0,049^{+} (0,030)	0,014 (0,021)	-0,019 (0,041)
Alter 25–29	0,006 (0,010)	0,036 (0,034)	0,042* (0,017)	-0,000 (0,029)
Ausländer	0,002 (0,020)	-0,019 (0,029)	-0,002 (0,012)	-0,100 (0,126)
In Bildung	0,124*** (0,016)	0,017 (0,028)	0,016 (0,022)	0,025 (0,041)
Ostdeutschl.	0,010 (0,011)	-	-	-
Zeit s. Abschl.				
Bis 1 Jahr (R.)	-	-	-	-
2 bis 3 Jahre	0,072*** (0,010)	0,052** (0,016)	0,034* (0,017)	0,074* (0,030)
4 bis 5 Jahre	0,120*** (0,015)	0,115*** (0,023)	0,026 (0,024)	0,099** (0,034)
Periode				
Jahr 2004	0,068*** (0,015)	0,015 (0,019)	-0,008 (0,018)	-0,027 (0,039)
Jahr 2005	-0,002 (0,011)	-0,010 (0,017)	0,001 (0,018)	0,010 (0,042)
Jahr 2006 (R.)	-	-	-	-
Jahr 2007	-0,014 (0,010)	-0,006 (0,017)	0,004 (0,018)	-0,021 (0,036)
ELQ Abschl.	0,006 (0,005)	0,023 (0,016)	-0,002 (0,013)	-0,012 (0,021)
Ausbildungsfeld				
Wirtsch. (R.)	-	-	-	-
Landw.	0,103** (0,040)	0,374*** (0,051)	0,291*** (0,060)	0,156* (0,073)
Design	0,305*** (0,036)	0,645*** (0,049)	0,492*** (0,063)	0,364** (0,137)
Ind./H.	-0,007 (0,012)	-0,034^{+} (0,020)	0,023 (0,017)	-0,117** (0,036)
Gesundheit	-0,046*** (0,013)	0,265*** (0,055)	0,012 (0,021)	-0,038 (0,049)
Pers. Dienste	0,048** (0,015)	0,032 (0,022)	0,059* (0,027)	0,023 (0,055)
Betrieb				
1–10 Mit. (R.)	-	-	-	-
11–19 Mit.	0,011 (0,013)	-0,029^{+} (0,017)	-0,023 (0,018)	-0,011 (0,040)
20–49 Mit.	0,010 (0,013)	-0,051** (0,017)	0,057** (0,019)	-0,008 (0,037)
50+ Mit.	0,030** (0,010)	0,018 (0,016)	0,030* (0,014)	-0,014 (0,033)
Monate	-0,004*** (0,000)	-0,004*** (0,001)	-0,001** (0,000)	-0,002* (0,001)
Monate^2	0,000*** (0,000)	0,000** (0,000)	-0,000 (0,000)	0,000 (0,000)
Teilzeit	0,111*** (0,014)	0,112*** (0,031)	0,040^{+} (0,024)	0,152*** (0,043)
Befristung	0,077*** (0,011)	0,043^{+} (0,025)	0,087** (0,029)	0,122** (0,045)
N	8483	3480	2877	974
R^2	0,113	0,174	0,095	0,109

$^{+}p < 0,10$, $^{*}p < 0,05$, $^{**}p < 0,01$, $^{***}p < 0,001$; Koeffizienten: b-Koeffizienten; Standardfehler in Klammern

Tabelle A 13: Determinanten unterwertiger Beschäftigung in Deutschland, Österreich, der Schweiz und Dänemark, Modell inklusive Ausbildungsberufsfeldern, Referenz: Wirtschaft

	Deutschland	Österreich	Schweiz	Dänemark
Konstante	0,133*** (0,038)	0,072** (0,025)	0,007 (0,025)	0,396*** (0,075)
Soziodemogr.				
Weiblich	-0,009 (0,009)	0,002 (0,012)	0,023* (0,012)	-0,003 (0,043)
Verheiratet	-0,006 (0,011)	0,006 (0,017)	0,063** (0,021)	-0,098* (0,047)
Alter 25–29	-0,029*** (0,008)	-0,017 (0,015)	-0,037** (0,012)	-0,076* (0,032)
Ausländer	-0,011 (0,016)	-0,005 (0,017)	0,017+ (0,010)	0,174 (0,180)
In Bildung	-0,019 (0,012)	-0,042*** (0,012)	-0,027* (0,014)	-0,050 (0,042)
Ostdeutschl.	0,011 (0,010)	-	-	-
Zeit s. Abschl.				
Bis 1 Jahr (R.)	-	-	-	-
2 bis 3 Jahre	0,036*** (0,009)	-0,009 (0,010)	-0,008 (0,013)	0,038 (0,035)
4 bis 5 Jahre	0,058*** (0,013)	0,022 (0,015)	-0,017 (0,018)	0,036 (0,038)
Periode				
Jahr 2004	0,038** (0,013)	-0,008 (0,011)	0,009 (0,014)	0,020 (0,044)
Jahr 2005	-0,015 (0,009)	0,003 (0,011)	0,025+ (0,014)	0,045 (0,045)
Jahr 2006 (R.)	-	-	-	-
Jahr 2007	-0,005 (0,009)	0,001 (0,011)	0,018 (0,013)	0,008 (0,040)
ELQ Abschl.	-0,001 (0,005)	-0,012 (0,010)	-0,020* (0,009)	0,015 (0,025)
Ausbildungsfeld				
Wirtsch. (R.)	-	-	-	-
Landw.	-0,016 (0,030)	0,024 (0,027)	0,077* (0,030)	-0,177** (0,067)
Design	-0,025 (0,023)	-0,019 (0,021)	-0,001 (0,016)	-0,118 (0,124)
Ind./H.	-0,032*** (0,009)	0,002 (0,013)	0,054*** (0,011)	-0,279*** (0,043)
Gesundheit	-0,082*** (0,009)	-0,001 (0,020)	0,099*** (0,020)	0,359*** (0,047)
Pers. Dienste	0,198*** (0,015)	0,001 (0,012)	0,351*** (0,033)	0,100 (0,061)
Betrieb				
1–10 Mit. (R.)	-	-	-	-
11–19 Mit.	0,030** (0,012)	0,001 (0,008)	0,027+ (0,014)	0,091* (0,045)
20–49 Mit.	0,027* (0,011)	0,007 (0,008)	0,048** (0,015)	0,030 (0,041)
50+ Mit.	0,027** (0,009)	0,061*** (0,010)	0,037*** (0,011)	0,031 (0,037)
Monate	-0,004*** (0,000)	-0,001*** (0,000)	-0,002*** (0,000)	-0,001 (0,001)
Monate²	0,000*** (0,000)	0,000 (0,000)	0,000** (0,000)	-0,000 (0,000)
Teilzeit	0,141*** (0,013)	-0,005 (0,015)	0,026 (0,019)	0,234*** (0,041)
Befristung	0,034*** (0,010)	0,025 (0,016)	0,064** (0,023)	0,002 (0,045)
N	8483	3480	2877	974
R^2	0,129	0,044	0,154	0,275

$^{+}p < 0{,}10$, $^{*}p < 0{,}05$, $^{**}p < 0{,}01$, $^{***}p < 0{,}001$; *Koeffizienten: b-Koeffizienten; Standardfehler in Klammern*

Tabelle A 14: Determinanten unterwertiger Beschäftigung in Deutschland, Österreich, der Schweiz und Dänemark, Modell inklusive Variable zu Berufsfeldwechsel

	Deutschland	Österreich	Schweiz	Dänemark
Konstante	0,075* (0,033)	0,059** (0,023)	0,051* (0,023)	0,091 (0,063)
Soziodemogr.				
Weiblich	-0,006 (0,009)	0,007 (0,011)	0,026* (0,012)	0,018 (0,042)
Verheiratet	-0,002 (0,011)	0,000 (0,017)	0,061** (0,021)	-0,091* (0,046)
Alter 25–29	-0,031*** (0,007)	-0,021 (0,015)	-0,041*** (0,012)	-0,076* (0,032)
Ausländer	-0,012 (0,015)	-0,003 (0,017)	0,017^{+} (0,009)	0,195 (0,175)
In Bildung	-0,061*** (0,011)	-0,045*** (0,012)	-0,029* (0,013)	-0,055 (0,041)
Ostdeutschl.	0,008 (0,009)	-	-	-
Zeit s. Abschl.				
Bis 1 Jahr (R.)	-	-	-	-
2 bis 3 Jahre	0,012 (0,008)	-0,015 (0,010)	-0,012 (0,013)	0,022 (0,035)
4 bis 5 Jahre	0,018 (0,012)	0,009 (0,015)	-0,019 (0,018)	0,015 (0,038)
Periode				
Jahr 2004	0,015 (0,011)	-0,010 (0,011)	0,010 (0,014)	0,026 (0,042)
Jahr 2005	-0,014^{+} (0,009)	0,004 (0,011)	0,025^{+} (0,014)	0,04 (0,044)3
Jahr 2006 (R.)	-	-	-	-
Jahr 2007	-0,000 (0,008)	0,002 (0,010)	0,018 (0,013)	0,013 (0,039)
ELQ Abschl.	-0,003 (0,004)	-0,014 (0,009)	-0,020* (0,009)	0,018 (0,025)
Ausbildungsfeld				
Ind./H. (R.)	-	-	-	-
Landw.	-0,021 (0,028)	-0,027 (0,025)	-0,004 (0,028)	0,043 (0,060)
Design	-0,097*** (0,022)	-0,103*** (0,023)	-0,102*** (0,024)	0,056 (0,145)
Wirtschaft	0,030*** (0,009)	-0,007 (0,012)	-0,052*** (0,010)	0,253*** (0,042)
Gesundheit	-0,037*** (0,011)	-0,039^{+} (0,021)	0,046* (0,022)	0,620*** (0,058)
Pers. Dienste	0,212*** (0,017)	-0,009 (0,014)	0,293*** (0,035)	0,348*** (0,064)
Betrieb				
1–10 Mit. (R.)	-	-	-	-
11–19 Mit.	0,026* (0,011)	0,005 (0,008)	0,029* (0,014)	0,093*(0,044)
20–49 Mit.	0,023* (0,010)	0,013 (0,009)	0,043** (0,015)	0,032 (0,040)
50+ Mit.	0,017* (0,008)	0,059*** (0,010)	0,034** (0,011)	0,034 (0,036)
Monate	-0,003*** (0,000)	-0,001* (0,000)	-0,001*** (0,000)	-0,000 (0,001)
Monate^2	0,000*** (0,000)	0,000 (0,000)	0,000** (0,000)	-0,000 (0,000)
Teilzeit	0,104*** (0,011)	-0,019 (0,015)	0,022 (0,019)	0,201*** (0,040)
Befristung	0,008 (0,009)	0,020 (0,015)	0,056* (0,023)	-0,025 (0,044)
Berufswechsel	0,333*** (0,013)	0,120*** (0,016)	0,098*** (0,022)	0,217*** (0,040)
N	8463	3480	2877	974
R^2	0,264	0,081	0,168	0,302

$^{+}p < 0,10$, $^{*}p < 0,05$, $^{**}p < 0,01$, $^{***}p < 0,001$; Koeffizienten: b-Koeffizienten; Standardfehler in Klammern